Prüfung bestanden

Kompaktwissen für Sport- und Fitnesskaufleute

Karl-Heinz Linow
Jürgen Baumann
Hartwig Heinemeier
Hans Jecht

unter Mitarbeit der Verlagsredaktion

Sicher vorbereitet auf alle Tests, Klausuren und Prüfungen

Winklers

4., überarbeitete und erweiterte Auflage, 2010
Druck 1, Herstellungsjahr 2010

Westermann Schroedel Diesterweg
Schöningh Winklers GmbH
Postfach 33 20, 38023 Braunschweig
Telefon: 01805 996696* Fax: 0531 708-664
E-Mail: service@winklers.de
www.winklers.de
Lektorat: Cornelia Osterbrauck, München
Redaktion: Katja Becker
Illustrationen: Boris Kaip
Druck: westermann druck GmbH, Braunschweig
ISBN: 978-3-8045-**9709**-9

* 14 ct/min aus dem deutschen Festnetz, abweichende Preise aus den Mobilfunknetzen (Stand Feb. 2010)

Alles auf einen Blick – ohne langwieriges und äußerst lästiges Nachschlagen

Es ist so weit – die Zwischen- oder Abschlussprüfung steht an. Ein jeweils großer Schritt, entweder in Richtung Halbzeit oder – in letzterem Fall – in eine wichtige neue Lebensphase. Doch wie arbeitet und lernt man am sinnvollsten, am effektivsten, d. h. mit dem kleinstmöglichen Aufwand und dem größtmöglichen Nutzen und Erfolg?

Das vorliegende Prüfungsbuch für die Zwischen- oder Abschlussprüfung für Sport- und Fitnesskaufleute – wie übrigens alle Bücher aus der Winklers Reihe „Kompaktwissen für ..." – ist so angelegt, dass Sie auf jeder Doppelseite für die Prüfung Fragen und deren detaillierte Antworten finden (die Sie im Zuge Ihrer Vorbereitung zunächst natürlich bitte abdecken).

Ein angehängter Lösungsteil entfällt also, was das lästige und Zeit raubende Nachschlagen und das Wälzen von oft mehreren hundert Buchseiten verhindert.

Verlagseigener Prüfungsservice im Internet – speziell für Sie!

An dieser Stelle wollen wir auch auf einen ganz speziellen Service des Verlages im Internet hinweisen: den Einstiegstest zur Prüfung.

Rufen Sie dazu einfach www.pruefungbestanden.de auf, gehen Sie dann unter die Rubrik Prüfungsaufgaben und schon können Sie nach dem Download schnell und unkompliziert Ihr Wissen testen.

Ein Buch mit optimalem Nutzen gleich für zwei Prüfungen

Um das vorliegende Buch zunächst für die Zwischenprüfung einzusetzen, sind die entsprechenden Zwischenprüfungsfragen extra gekennzeichnet: Z!

Vor allem diese Fragen sind für die Prüfung entsprechend den bundesdeutschen Lehrplänen maßgeblich. Sollte jedoch im Unterricht auf den einen oder anderen

Themenbereich stärker eingegangen worden sein, dann ist natürlich bei der Vorbereitung Gleiches von Ihnen gefordert. Später, zur Abschlussprüfung, sind selbstverständlich alle Fragen wichtig.

Im fünften Kapitel dieses Buches findet sich darüber hinaus ein lernfeldorientierter Teil mit Fragen, die die verschiedenen Lernbereiche für Sport- und Fitnesskaufleute gleichzeitig behandeln. Auch hier erwartet Sie ein besonderer Service: Die jeweiligen Lernbereiche sind angegeben, damit Sie gegebenenfalls bestimmte Themenbereiche noch einmal überarbeiten und vertiefen können, falls die richtige Antwort noch nicht leicht fällt oder vielleicht nicht so recht klappen will.

Tipps, die Ihnen die Arbeit sehr erleichtern

Obwohl sie ganz am Ende des Buches stehen, sollten sie jedoch zu Beginn der Vorbereitungszeit gelesen werden – unsere Tipps zur Prüfungsvorbereitung, denn sie garantieren Ihnen ein optimales Lernen für Ihre Prüfung. Viele altbewährte Erkenntnisse bezüglich des richtigen Lernens und der besten Lernstrategie, aber auch solche neueren Datums wurden auf den letzten Seiten für Sie zusammengetragen, damit Sie auch wirklich absolut gut gerüstet in die Prüfung gehen, die von Erfolg gekrönt sein soll.

Für Ihre Anstrengungen wünschen wir Ihnen schon jetzt alles Gute, erfolgreiches Gelingen und natürlich auch das berühmte Quäntchen Glück, das nach dem Durcharbeiten dieses Buches unserer Ansicht nach allerdings nur noch klein ausfallen muss.

Nur Mut und viel Erfolg für die Zukunft!

Verfasser und Redaktion

1 Aufbau und Strukturen des Sports

Inhalt

2 Kaufmännische Steuerung der Geschäfts- und Leistungsprozesse

970910

970912

5 Fallbezogene Fachgesprächaufgaben

1 Aufbau und Strukturen des Sports

1.1 Sportrechtliche Grundlagen

1.1.1 Abgrenzung der Begriffe Sport, Fitness und Wellness

Was versteht man unter dem Begriff Sport?

Z!

Sport ist ein Sammelbegriff. Er umfasst die spielerische Selbstentfaltung und das Leistungsstreben der menschlichen Betätigungen, die der körperlichen und geistigen Beweglichkeit dienen.

Welche Ziele sind mit sportlicher Betätigung verbunden?

Z!

Die **sportliche Bestätigung** gewinnt in der gegenwärtigen bewegungs- und kommunikationsarmen, technisierten Arbeitswelt zunehmend an Bedeutung. Ihre Ziele sind:

- Erhaltung und Verbesserung der Gesundheit,
- Förderung der sozialen Interaktion,
- Verbreitung des Fairnessgedankens,
- Zusammenführung von Menschen verschiedener Herkunft und Kulturbereiche.

Was umfasst der Begriff der Fitness?

Z!

Mit **Fitness** wird die Fähigkeit der Menschen bezeichnet ihre psychische und physische Leistungsfähigkeit durch sportliche Aktivitäten, durch gezielte Ernährung und gesunde Lebensführung zu verbessern.

Durch ein gezieltes Fitnesstraining ist es möglich, die motorischen Fähigkeiten wie Kraft, Ausdauer, Beweglichkeit und Koordination zu verbessern. Diese wirken sich dann entsprechend positiv auf den gesamten Organismus aus.

Was beinhaltet der Begriff Wellness?

Unter **Wellness** versteht man das aktive und eigenverantwortliche Bemühen, ein Gleichgewicht von Körper, Geist und Seele herzustellen. Denn die menschliche Gesundheit wird nicht ausschließlich durch körperliche Vorgänge, sondern insbesondere durch das Zusammenwirken von seelischem, geistigem und sozialem Wohlbefinden bestimmt.
Reiseveranstalter, Hotels und Beautyfarmen haben die Zeichen der Zeit erkannt und werben mit speziellen Programmen gegen Stress und Erschöpfung.

Skizzieren Sie kurz, was Sie unter den exemplarisch ausgewählten Wellness-Therapien Akupunktur, Aromatherapie, Ayurveda, Cleopatra-Bad und Farbtherapie verstehen.

- **Akupunktur:** Chinesische Heilkunst der kleinen Stiche. Durch feine Nadeln werden an neuralgischen Punkten Nerven aktiviert. Das Verfahren dient der Schmerzbehandlung und soll Störungen des Organismus ausgleichen.

- **Aromatherapie:** Durch den Einsatz ätherischer Öle, die z. B. aus Blättern, Blüten oder Wurzeln gewonnen werden, können Selbstheilungskräfte angeregt und gefördert werden. Das seelische und körperliche Wohlbefinden wird dadurch erheblich positiv beeinflusst.

- **Ayurveda:** Durch diese indische Wissenschaft vom Leben soll der Körper durch eine gesunde Lebensführung entgiftet und das seelische Gleichgewicht erneuert werden.

- **Cleopatra-Bad:** Es dient der Schönheitsbehandlung für trockene Haut. Dabei wird der ganze Körper in warme Tücher gewickelt, die zuvor in Milch, Honig und Öl getränkt wurden.

- **Farbtherapie:** Jedem Organ wird eine Farbe zuordnet. So wirkt z. B. die Farbe Blau entspannend.
  Eine heilende Wirkung kann durch entsprechende Farbeinwirkungen erreicht werden. Diese können z. B. bei Verspannungen, Depressionen und Hautproblemen eingesetzt werden.

1.1.1 Abgrenzung der Begriffe Sport, Fitness und Wellness

Was beinhalten die neben anderen praktizierten Wellness-Therapien Hydrotherapie, Liquid Sound, Rasulbad und Thalassotherapie?

- **Hydrotherapie:** Sie basiert auf Reizen durch Wasserbehandlung in Form von Bädern, Wickeln, Güssen oder Dampfbädern. Diese sollen den Stoffwechsel anregen, das Immunsystem stärken und Schmerzen lindern.
- **Liquid Sound:** Beinhaltet das Baden in Licht und Musik; frei nach dem Motto: Einfach träumen und treiben lassen, z. B. in einem Salzwasserpool. Dies alles kann das Wohlbefinden fördern.
- **Rasulbad:** Hierbei handelt es sich um ein orientalisches Pflegezeremoniell, das mit dem Auftragen von verschiedenen Schlammarten auf der Haut beginnt. Im Rasulraum erwärmt sich der Schlamm bei Dampf und Duftschüben.
- **Thalassotherapie:** Diese Therapie beruht auf der Heilkraft aus dem Meer. Thalassa bedeutet auf Altgriechisch „Meer" und soll Stress, Erschöpfung und Verspannung durch Meerwasser, Meeresschlick und Algenprodukte hinwegspülen.

Was zeichnet die Wellness-Therapien Modellage, Qigong, Reiki und Shiatsu-Massage aus?

- **Modellage:** Durch die erhärtende Massage (Thermomaske), die spezielle Wirkstoffe beinhaltet und auf einer Wärmeentwicklung des Körpers, des Gesichts und der Hände beruht, soll eine glättende, reinigende und durchblutungsfördernde Wirkung der Haut erzielt werden.
- **Qigong:** Dabei handelt es sich um eine chinesische Atem- und Meditationstherapie, die zur „Kultivierung der inneren Energie" eingesetzt wird. Durch entsprechende Körperübungen wird der Stoffwechsel angeregt und die Motorik verbessert. Diese Therapie verbindet eine bewusste, tiefe Atmung mit geistiger Aufmerksamkeit und langsamen Bewegungen.
- **Reiki:** Diese fernöstliche, japanische Heilmethode beruht auf der Energieübertragung durch Handauflegen.
  Der Reiki-Meister legt seine Hand mehrere Minuten lang auf verschiedene Körperstellen und überträgt somit seine Energie. Dabei soll nicht nur der Körper gestärkt, sondern auch

970916

das Denken positiv beeinflusst werden. Reiki soll also das Wohlbefinden stärken, Schmerzen lindern, die Selbstheilungskräfte aktivieren und dadurch Krankheiten verhindern und heilen.

- **Shiatsu-Massage:** Durch Klopfen, Pressen und Drücken mit den Händen oder Fingerkuppen werden Regionen auf der Hautoberfläche gereizt. Das Ziel ist in der Harmonisierung des gesamten Organismus zu sehen.

1.1.2 Funktionen und Wirkungen des Sports

Welche Funktion kann der Sport angesichts der gegenwärtigen gesellschaftspolitischen Probleme haben?

Der **Sport** kann als wirksame **Alternative gegen soziale Vereinsamung und gesellschaftliche Ausgrenzung** dienen.
Insbesondere sind in diesem Zusammenhang die negativen Zukunftsperspektiven von Kindern und Jugendlichen zu erwähnen, denn sie reagieren aufgrund ihrer Alltagserfahrung häufig mit Kriminalität, Gewaltbereitschaft und Drogenkonsum. Auch in diesem Fall stellt der Sport eine gute Möglichkeit dar wirksame Alternativen in Form von verschiedenen Freizeitveranstaltungen anzubieten.

Welche Ziele sind mit dem Breitensport verbunden? Nennen Sie mögliche Beispiele.

Durch den **Breitensport** werden
- sozialintegrative und
- kommunikative

Ziele effizient umgesetzt.

Beispiel: Frankfurter Bankenmarathonlaufs, bei dem mit der Vorbereitung, der Durchführung und der anschließenden Abschlussveranstaltung versucht wird das Zugehörigkeitsgefühl zu einer Gemeinschaft unter den Bankbediensteten umfassend zu fördern.

Beispiel: Das Freizeitsportangebot einer Vielzahl von Unternehmen für ihre Beschäftigten (z. B. Betriebssportgruppen). Dadurch erhalten die Mitarbeiter die Möglichkeit, ihre sozialkommunikativen Beziehungen im Betrieb eingehend zu pflegen und zu verbessern.

970917

1.1.2 Funktionen und Wirkungen des Sports

Wie werden Jugendliche in den Sportvereinen gefördert?

Sportvereine leisten einen hohen **Beitrag zur sozialen Integration von Jugendlichen.** Den Jugendlichen wird z. B. die Möglichkeit geboten im Rahmen der verschiedenen Sportdisziplinen Kinder- und Jugendgruppen eigenverantwortlich zu betreuen.
Der Vorstand hat allerdings sicherzustellen, dass die rechtlichen Rahmenbedingungen eingehalten werden und darüber hinaus die Aufsichtspflicht jederzeit gewährleistet ist.

Wie versucht die Sport- und Fitnessbranche der hohen Fluktuationsrate bei Jugendlichen zu begegnen?

Junge Mitglieder im Alter von 14 bis 18 Jahren weisen eine hohe Fluktuationsrate auf. Die Vereine haben auf diese Entwicklung allerdings nur einen geringen Einfluss.
Aus diesem Grund bieten häufig kommerziell geführte Sport- und Fitnessstudios **nachtaktive Freizeitveranstaltungen** in Form von **Midnight-Cups** in den verschiedenen Sportdisziplinen an den Wochenenden an. Den Jugendlichen wird damit eine wirksame Alternative zur Disco- und Drogenszene geboten.

Erläutern Sie den Bildungswert des Sports.

Beim **Bildungswert des Sports** handelt es sich zunächst um die Beachtung der Regeln, die mit einer speziellen Sportdisziplin verbunden sind.
Die Einhaltung dieser Regeln und damit verbunden das Verhalten dem Übungsleiter, den eigenen Sportkameraden und dem Gegner bzw. der gegnerischen Mannschaft gegenüber sind Komponenten, die sich nachhaltig auf das gesamte Leben des Sportlers auswirken.
Somit ist die Bildung durch den Sport – insbesondere der Gedanke der Fairness – für die Entfaltung der Persönlichkeit wichtig. Der Sportler findet durch den Sport seine persönliche Identität und verbessert dadurch sein Selbstwertgefühl.

1.1.3 Breiten- und Leistungssport

Wie grenzt sich der Breitensport vom Leistungssport ab?

- Durch ein umfassendes und differenziertes Sportangebot wird der Bevölkerung die Möglichkeit geboten ihre individuellen Interessen und Neigungen umzusetzen. Das **Sportangebot** ist dabei zunächst **zielgruppenorientiert,** d. h., das Angebot richtet sich nach den verschiedenen Altersgruppen mit deren unterschiedlichen Interessen und deren verschiedenartigen Leistungspotenzialen.

  Der **Breitensport** ist somit für jeden Bürger gedacht, wobei das umfangreiche Angebot das Ziel verfolgt die Bürger zum Sporttreiben zu ermutigen. Verbunden damit sind Freude, Spaß, Erlebnis, Erholung, Entspannung und Geselligkeit. Der Breitensport versucht folglich den verschiedenen Motivationen und Interessen seiner Teilnehmer gerecht zu werden.

- Der **Leistungssport** fasst dagegen die gesamten sportlichen Aktivitäten zusammen, die dem Erreichen der körperlichen Höchstleistung dienen. Der Leistungssport wird häufig professionell, d. h. überwiegend berufsmäßig ausgeübt. Dabei werden die Leistungen in regelmäßig durchgeführten nationalen und internationalen Wettbewerben miteinander verglichen. An diesen objektiven Leistungsmaßstäben hat sich der Leistungssportler zu orientieren und muss sich darüber hinaus seiner besonderen Stellung in der Öffentlichkeit und der Gesellschaft bewusst werden.

  In diesem Zusammenhang ist der sicherlich nicht unerhebliche Einfluss der Massenmedien auf die Persönlichkeitsstruktur der Spitzensportler zu erwähnen. Dabei wird auch der Privatbereich der Leistungssportler mit erfasst.

Welche Folgen können sich bei Kindern ergeben, die eine intensive Sportart betreiben?

In vielen Sportarten beginnen bereits Kinder im Alter von acht bis vierzehn Jahren – eventuell auch schon früher – mit dem Training. Die sich daraus ergebenden **negativen Folgewirkungen** können neben der Vernachlässigung der Schul- und Berufsausbildung auch erhebliche gesundheitliche Folgeschäden sein.

1.1.4 Grenzen der Belastbarkeit

Welche Folgewirkungen können sich ergeben, wenn die natürliche Leistungsgrenze überschritten wird?

Das ständige Erreichen der persönlichen Höchstleistung bei Leistungssportlern führt häufig zu erheblichen Verschleißerscheinungen an Gelenken, Sehnen und Muskeln. Um den Anforderungen und Maßstäben der internationalen Konkurrenz gerecht werden zu können, greifen viele Sportler zu unerlaubten Mitteln. Durch die Einnahme von **Dopingmitteln** können sie jedoch die Kontrolle über ihren Organismus verlieren. Dazu kommt die Einnahme von verbotenen anabolen Steroiden, die das Muskelwachstum durch hormonelle Beeinflussung fördern. Auf diese Art und Weise überschreiten nicht nur Leistungssportler ihre natürliche Leistungsgrenze, sondern auch Tiere (z. B. beim Reitsport).

Wann und wie werden Dopingkontrollen durchgeführt?

Die Mitgliedsstaaten des Europarates haben ein **Übereinkommen gegen Doping im Sport** unterzeichnet. Damit soll dem Fairplay-Gedanken und der Einhaltung der Sport- und Wettkampfregeln auf nationaler und internationaler Ebene Rechnung getragen werden. Die entsprechenden **Dopingkontrollen** werden sowohl bei Wettkämpfen als auch im Training durchgeführt und dienen zunächst dem Schutz der Gesundheit des Sportlers sowie der Gewährleistung der gleichen Rahmenbedingungen für die Sportler.

- Bei *Wettkämpfen* wird der betreffende Sportler entweder durch eine bestimmte Platzierung oder durch das Los zur Dopingkontrolle ausgewählt. Zu beachten ist, dass bei Wettkämpfen der Veranstalter durch ein ausgebildetes Personal für die Durchführung der Dopingkontrollen zu sorgen hat. Diese wird entweder nach Beendigung des Wettkampfes oder vor der Siegerehrung durchgeführt.
- Im *Training* dagegen wird der Sportler nach einem Zufallsprinzip oder durch eine gezielte Auswahl zur Dopingprobe bestimmt, wobei die Kontrollen mit oder ohne Ankündigungen erfolgen. Sollen Dopingkontrollen im Trainingsablauf vorgenommen werden, so ist ein unabhängiges Unternehmen mit der Durchführung dieser Kontrollen zu beauftragen. Dabei sind die Kontrollbeauftragten zur Vertraulichkeit verpflichtet.

1.1.5 Rechtsstellung der Sportler

Z!

Wie unterscheiden sich die Rechtsstellungen der Sportler?

Die **rechtliche Stellung der Sportler** ergibt sich aus den nachfolgenden Sachverhalten. Die Sportler sind tätig

a) als **Vereinsmitglieder** im Verein. Ihre Rechtsstellung richtet sich dabei nach dem Vereinsrecht. So haben sie u. a. das Recht, die vereinsinternen Räumlichkeiten und Gerätschaften zu nutzen. Ihre Pflicht besteht darin, die Bestimmungen der Satzung einzuhalten.

b) als **Amateure** für ihren Verein. Ihre Rechte und Pflichten richten sich nach der Satzung des Vereins. Im Gegensatz zu den Vereinsmitgliedern verpflichten sie sich jedoch ihre sportliche Leistungsfähigkeit dem Verein zur Verfügung zu stellen. Amateure erhalten für ihre sportliche Betätigung kein Entgelt. Lediglich ein Auslagenersatz für die entstandenen Kosten ist gesetzlich zulässig.

c) als **Vertragssportler** für ihren Verein. Neben dem Abschluss des Mitgliedschaftsvertrages ist noch der privatrechtliche Vertragsabschluss zu erwähnen. Die Sportler verpflichten sich aufgrund des Vertrages, ihre sportliche Leistungsbereitschaft und Leistungsfähigkeit dem Verein uneingeschränkt zur Verfügung zu stellen. Der andere Vertragspartner (der Arbeitgeber ist der Verein) verpflichtet sich dementsprechend die vereinbarte Vergütung ordnungsgemäß zu entrichten. Auch die **Fürsorgepflicht** ist zu erwähnen. Der Sportler ist somit als Arbeitnehmer anzusehen und hat im Rahmen seiner Pflichten die Anordnungen (Weisungsrecht) der Vereinsführung und dessen Beauftragte (z. B. Trainer bzw. Übungsleiter) zu befolgen. Darüber hinaus hat er neben den Satzungsbestimmungen auch die Verbandsbestimmungen einschließlich der Disziplinanordnungen zu beachten.

d) als **Berufssportler** für ihren Verein. Aufgrund eines abgeschlossenen Arbeits- bzw. Dienstvertrages verpflichten sie sich fremdbestimmte Arbeit in persönlicher Abhängigkeit zu leisten. Sie sind somit Arbeitnehmer ihres Vereins. Die Pflichten des Arbeitgebers, also des Vereins, bestehen u. a. darin, die umfassenden Fürsorgepflichten zu beachten.
Berufssportler erzielen Einkünfte wie ein Gewerbebetrieb, wenn sie als Individualsportler tätig sind.
Berufssportler, die in einer Mannschaftssportart ihre berufliche Tätigkeit ausüben, erzielen in den meisten Fällen Einkünfte aus nichtselbstständiger Tätigkeit. Werbeeinnahmen, die direkt an die Sportler gezahlt werden, sind als steuerpflichtiger Arbeitslohn zu berücksichtigen.

1.1.5 Rechtsstellung der Sportler

Was ist bei der Auswahl von Mannschaftsspielern durch den Übungsleiter oder Trainer zu beachten?

Z!

Sportler, die in einer **Mannschaftssportart** ihre sportliche Betätigung ausüben, können nicht uneingeschränkt zur Arbeitsleistung herangezogen werden. Gemäß den vorgegebenen Reglementierungen ist nur eine begrenzte Anzahl von aktiven Spielern zulässig. Die übrigen Spieler werden als Ersatz- oder Reservespieler u. U. nur bedingt nachträglich in das aktive Spielgeschehen eingebunden.
Es entspricht der allgemeinen Anschauung, dass einige Spieler zu einer Arbeitsleistung nicht herangezogen werden können. Sie haben ihre Arbeitsleistung, d. h. ihr gesamtes sportliches Können, lediglich im Training zu erbringen. Der Übungsleiter bzw. Trainer muss objektiv entscheiden, ob die erbrachte sportliche Leistung einen aktiven Spieleinsatz rechtfertigt oder nicht.
Für die Auswahl der Spieler müssen demnach sachliche Gründe vorliegen, für die der Trainer die Verantwortung trägt. Damit ist eine Trainerwillkür ausgeschlossen.

1.1.6 Haftung der Sportler

Der aktive Freizeitsportler Markus Endres bucht im Rahmen einer Ski-Freizeit mit seiner Familie einen Winterurlaub in Österreich. Obwohl er keine Erfahrung im Skifahren hat, fährt er alleine im Tiefschnee. Dabei stürzt er und zieht sich infolgedessen Rippenbrüche und ein ausgekugeltes Schlüsselbein zu.

Ist Herr Endres berechtigt den Veranstalter zu verklagen? Begründen Sie Ihre Ansicht.

Z!

Markus Endres ist nicht berechtigt den Veranstalter auf Schadensersatz zu verklagen, denn er hat seine eigene Leistungsfähigkeit überschätzt. Der Unfall ist demnach auf sein persönliches Fehlverhalten zurückzuführen.
Mit der sportlichen Betätigung sind auch mögliche Verletzungsgefahren verbunden, die im Zusammenhang mit der Teilnahme an der entsprechenden Sportdisziplin verbunden sind.
Sportler, die ihre eigenen Fähigkeiten nicht einschätzen können und eine untrainierte Sportart ausüben, handeln auf eigene Gefahr, wenn sie ihre gegenwärtige körperliche Konstitution überschreiten.
Herr Endres kann folglich nur zunächst die Leistungen der gesetzlichen Krankenkasse – evtl. der gesetzlichen Rentenversicherung bei Invalidität – in Anspruch nehmen.

Thorsten Kull, aktives Mitglied im Sportverein Sport und Bewegung e. V., bricht sich beim Aufwärmtraining ohne Einwirkung eines Mitspielers das rechte Fußgelenk.

Welche Versicherungsleistung kann Herr Kull in Anspruch nehmen?

Herr Kull ist als Mitglied im Sportverein Sport und Bewegung e. V. versichert. An die betreffenden Landessportverbände führen die Vereine jährlich einen bestimmten Betrag ab. Diese LSV sind i. d. R. Vertragspartner einer Versicherungsgesellschaft.
Anzumerken ist u. a., dass diese Verletzung aus der Teilnahme an einer Gemeinschaftssportübung resultiert, für die weder der Übungsleiter noch die anderen aktiven Sportler verantwortlich gemacht werden können.

Der lizenzierte Übungsleiter Martin Lackmann hat den Schwimmer Oliver Mayfahrt intensiv auf den bevorstehenden Wettkampf vorbereitet. Am Wettkampftag ignoriert der die Äußerung Herrn Mayfahrts, dass er gesundheitlich nicht in der Lage ist am Wettkampf teilzunehmen.

Welche Rechte stehen Herrn Mayfahrt zu?

Der lizenzierte Übungsleiter Martin Lackmann hat es pflichtwidrig unterlassen, den Sportler Oliver Mayfahrt die Teilnahme an dem Wettkampf zu untersagen, obwohl ihm dessen erhebliche gesundheitliche Beeinträchtigung bekannt war.
Er hat in einem erheblichen Ausmaß seine Aufsichts- und Fürsorgepflicht verletzt und im Sinne des Gesetzes vorsätzlich eine unerlaubte Handlung im Sinne des § 823 BGB begangen. Herr Mayfahrt ist somit berechtigt, Schadensersatzansprüche im Sinne des § 823 BGB gegen Herrn Lackmann geltend zu machen.

Walter Don, Handballspieler des Hüttenberger Handballverein e. V., verletzt sich beim Tempogegenstoß vom Kreis aus so schwer, dass er sich eine langwierige Kopfverletzung zuzieht. Der gegnerische Spieler hat versucht im Sinne der Spielregeln den Wurf zu verhindern.

Welche Ansprüche kann er geltend machen?

Bei der Teilnahme an Gemeinschaftssportarten ist zu beachten, dass besondere Anforderungen an den betreffenden Sportler gestellt werden müssen, denn er hat sich auf ständige Veränderungen des Spielflusses einzustellen. Es ist in dieser Situationsbeschreibung zu prüfen – eventuell durch einen neutralen Sachverständigen –, ob Herr Don die geltenden Spielregeln dieser Sportdisziplin auch eingehalten hat. Wird festgestellt, dass Herr Don diese Regeln beachtet hat und dem gegnerischen Spieler weder eine fahrlässige noch vorsätzliche Handlung nachzuweisen ist, hat Herr Don die Folgen dieser Verletzung selbst zu tragen. Diese Verletzung hat sich aus der besonderen Eigenart der Sportart ergeben.

970923

1.1.6 Haftung der Sportler

Der aktive Fußballspieler Thomas Faßl wird bei einem vereinsinternen Pokalspiel vom gegnerischen Spieler in der 24. Minute absichtlich so verletzt, dass neben einem Fuß- und Schienbeinbruch auch noch die Schulter gebrochen ist.

Welche Ansprüche kann Thomas Faßl nach diesem Spiel einfordern?

Z!

In dieser Situationsbeschreibung ist zunächst der strafrechtliche Tatbestand einer **vorsätzlichen Körperverletzung** im Sinne des § 223 StGB gegeben. Zivilrechtlich sind Schadensersatzansprüche geltend zu machen.

In diesem Zusammenhang ist anzumerken, dass häufig persönliches, sportliches Unvermögen kompensiert wird durch unangemessene Härte, die zu erheblichen Verletzungen führen kann. Neben den strafrechtlichen Konsequenzen sind weitere zivilrechtliche und vereinsinterne Sanktionen wegen groben, unsportlichen Verhaltens nicht ausgeschlossen.

1.1.7 Selbstverwaltung des Sports

Was versteht man unter der Selbstverwaltung des Sports?

Z!

Der **Sport in der Bundesrepublik Deutschland** ist u. a. dadurch gekennzeichnet, dass er sich selbst organisiert, also seine Angelegenheiten **in eigener Verantwortung autonom regelt.** Das heißt, die Bürger bestimmen zunächst selbst darüber, in welcher Art und Weise und in welchen gesellschaftlichen Interessengemeinschaften sie sich zu ihren sportlichen Aktivitäten zusammenschließen.

Durch welche Organe wird die Selbstverwaltung des Sports realisiert?

Z!

Die **Selbstverwaltung des Sports** wird in Vereinen und Verbänden realisiert.

- Dabei werden in den **Vereinen** die vereinsinternen organisatorischen Rahmenbedingungen zur Durchführung der angebotenen Sportarten festgelegt.
- Die Vereine sind Mitglieder der entsprechenden sportspezifischen **Landesfachverbände**. Die Selbstverwaltung der

970924

verschiedenen Landesfachverbände besteht darin, dass sie eigenverantwortlich entsprechende Lehrgänge, Wettkämpfe und Prüfungen durchführen und die Vereine bei ihren umfangreichen administrativen Aufgaben unterstützen.

- Die einzelnen sportspezifischen Landesfachverbände haben sich bis auf wenige Ausnahmen in **Bundesfachverbände** zusammengeschlossen, die für den gesamten Aufgabenbereich der betreffenden Sportdisziplin zuständig sind. Zu ihren Aufgaben gehören u. a. die Organisation und die Durchführung der nationalen und internationalen Meisterschaften in der entsprechenden sportspezifischen Disziplin, die Ausbildung in den Bundesleistungszentren und die Aktualisierung der theoretischen und praktischen Umsetzung neuer Methoden.

Was sind Landessportbünde und welche Aufgaben haben sie zu erfüllen?

Landessportbünde (LSB) sind der Zusammenschluss der Sportvereine auf Landesebene. Zu ihren Aufgaben gehören auf Landesebene die Interessenvertretung gegenüber öffentlichen und politischen Institutionen, die Beantragung von Zuschüssen für die Unterhaltung und Erweiterung ihrer Sportstätten, Zuschüsse für die Übungsleiterausbildung und die Tätigkeit der Übungsleiter zu beantragen, den Versicherungsschutz umfassend zu regeln usw.

Landessportbünde und die Bundesfachverbände haben den Deutschen Sportbund als Dachverband des Sports gegründet.

1.1.7 Selbstverwaltung des Sports

Welche Aufgaben übernimmt der Deutsche Olympische Sportbund?

Z!

Der Deutsch Sportbund (DSB) und das Nationale Olympische Komitee (NOK) haben am 20. Mai 2006 die Fusion der beiden Sportdachverbände als **Deutscher Olympischer Sportbund (DOSB),** mit Sitz in Frankfurt/Main, vollzogen. Der DOSB vertritt somit die Interessen des Internationalen Olympischen Komitees (IOC). Die Aufgaben sind vergleichbar mit denen des Nationalen Olympischen Komitees.
Der DOSB ist als eine regierungsunabhängige Dachorganisation des deutschen Sports geschaffen worden. Ausgehend von dem Leitgedanken „Sport für alle Bürger“ entwickelt der DOSB alters- und geschlechtsunabhängige Programme zur Förderung des Breitensports, betreibt eine intensive Förderung des Spitzensports und engagiert sich intensiv beim Drogenmissbrauch.

Weitere Aufgabenbereiche beziehen sich auf:
- die Nominierung der Olympiamannschaften,
- die Förderung des olympischen Leitgedankens,
- die aktive Mitarbeit an den IOC-Zulassungsbestimmungen,
- die Austragung der Olympischen Spiele,
- die Betreuung der deutschen Sportler bei den Spielen,
- die intensive Zusammenarbeit mit den ausländischen Sport-Dachverbänden,
- die Interessenvertretung und Weiterentwicklung der Sportstrukturen auf europäischer Ebene,
- die Förderung und Unterhaltung allgemeiner Kontakte,
- das Engagement hinsichtlich der Einführung von demokratischen Sportstukturen in anderen Ländern.

Was ist unter European-Non-Governmental Sports Organisation (ENGSO) zu verstehen?

Z!

Die nichtstaatliche internationale Organisationen des Sports wird als „European-Non-Governmental Sports Organisation“ (ENGSO) bezeichnet. Ihre Zielsetzung liegt unter anderem darin, eine sportpolitische Zusammenarbeit und Interessenvertretung auf europäischer Ebene zu gewährleisten.

1.1.8 Sportförderung

Warum ist eine Sportförderung notwendig?

Die besondere Bedeutung des Sports in der modernen Gesellschaft ist insbesondere darin zu sehen, dass durch eine sinnvolle sportliche Freizeitgestaltung die Eigeninitiative, Eigenverantwortung und das Selbstbewusstsein der betreffenden Sportler gefördert wird.
Darüber hinaus wird durch den Sport ein erheblicher Beitrag zur Förderung pädagogischer, gesellschaftlicher und gesundheitsvorbeugender Maßnahmen erzielt.
Diese Erkenntnisse und Verhaltensformen lassen sich dabei auf alle gesellschaftlichen Bereiche übertragen. Die **gesellschaftspolitische Bedeutung des Sports** rechtfertigt aus diesem Grund eine angemessene **Sportförderung** durch die entsprechenden Gremien.

Was ist unter Subsidiarität der Sportförderung zu verstehen?

Für die Sportförderung des Bundes gilt der Grundsatz der **Subsidiarität,** d. h., dass die Organisatoren des Sports, die beabsichtigen, eine öffentliche Sportförderung des Bundes in Anspruch zu nehmen, zunächst ihre eigenen Finanzierungsmöglichkeiten verwenden müssen, bevor sie ergänzende finanzielle Unterstützung durch die Bundesregierung erhalten.

1.1.8 Sportförderung

Welche Bereiche umfasst die Sportförderung des Bundes?

Z!

Die **Sportförderung des Bundes** wird von dem Bewusstsein um den besonderen Stellenwert, den der Sport in der modernen Gesellschaft einnimmt, bestimmt. Gefördert

- werden Leistungssportmaßnahmen der Bundessportfachverbände. Diese nehmen in der Sportförderung des Bundesministeriums des Innern neben der Förderung des Stützpunktsystems (z. B. Olympiastützpunkte, Bundesleistungszentren und Bundesstützpunkte) und der Unterstützung von Bauten für den Hochleistungssport – in Zusammenarbeit mit den Organisationen des Sports, den Ländern und Kommunen – eine zentrale Stellung ein.
- wird der Breitensport, wie z. B. über eine Beteiligung des Bundes an der Errichtung von Sportstätten für den Breitensport.
- wird der Leistungssport für Menschen mit Behinderungen. Das Bundesministerium des Innern erhöhte in den vergangenen Jahren kontinuierlich die Fördermittel für den Spitzensport von diesen Menschen.
- wird der Kampf des autonomen Sports gegen Doping. Dabei konnten durch zusätzlich bewilligte Mittel die Voraussetzungen für die praktischen Verbesserungen im Bereich von Dopinganalytik und Anti-Doping-Forschung geschaffen werden.
- wird die Entwicklung des Sports innerhalb und außerhalb Europas. Als eine der weltweit führenden Sportnationen bringt Deutschland seine sportpolitischen Erfahrungen bei der Zusammenarbeit im Europarat, in der Europäischen Union, in der UNESCO und in Zusammenarbeit mit anderen Staaten mit ein.

Welche Punkte gehören zur Sportförderung der Länder?

Z!

Die **Sportförderung durch das Land** hat das Ziel, optimale Rahmenbedingungen zu schaffen für den Breiten- und den Leistungssport, den Behindertensport und insbesondere den Kinder- und Jugendsport. Es fördert den Sport mit direkten Fördermaßnahmen und indirekt mit Zuwendungen an den Landessportbund (LSB).

- Zu der direkten Förderung gehören u. a. der kommunale Sportstättenbau, die Vorbereitung auf Olympische Spiele und die Paralympics, den Rehabilitationssport und ausgewählte Breitensportprojekte.

- Eine indirekte Förderung erfolgt durch die Zuwendung an den LSB aufgrund der entsprechenden Zuwendungs- und Budgetierungsverträge.

Welche Leistungen umfasst die Sportförderung der Gemeinden?

Die **kommunale Sportförderung** bezieht sich auf die direkte Unterstützung von Sportvereinen und die Zurverfügungstellung von Sporteinrichtungen.
Auf der Grundlage der städtischen Sportförderrichtlinien erhalten die Vereine von den entsprechenden Stellen, wie z. B. dem Sportamt, finanzielle Sportförderung in Form von Zuschüssen für

- den Bau und die Erhaltung von Vereinssportanlagen,
- den Kinder- und Jugendsport,
- Sportprojekte mit sozialer Zielsetzung,
- den Leistungssport einschließlich der Nachwuchsförderung usw.

Für den Unterhalt der Sportstätte wird ein Zuschuss zu den Betriebskosten gewährt. Dies zeigt, dass ein enger Kontakt zur Stadtverwaltung unerlässlich ist, um entsprechende Fördermittel zu erhalten. Je nach Gliederung der kommunalen Aufgaben ist das Sportamt, das Jugendamt oder die Kulturförderung eine mögliche Anlaufstelle.

Bedingt durch die angespannte Haushaltslage müssen freiwillige Leistungen der Kommunen eingehend geprüft werden, denn die Sporteinrichtungen stellen einen Kostenfaktor für die öffentlichen Haushalte dar, erfordern Unterhalt und Instandhaltung doch ständig finanzielle Mittel.

In diesem Zusammenhang steht die Erhebung von Nutzungsgebühren und die Übergabe von Sporteinrichtungen in Vereinsregie. Die damit verbundene Erwartung ist eine Entlastung des Haushaltes durch niedrige Kosten.

1.1.9 Grundlagen der Aufsichtspflicht

Was versteht man unter Aufsichtspflicht?

Aufsichtspflichtige Personen haben dafür zu sorgen, dass die ihnen zur Aufsicht anvertrauten minderjährigen Personen selbst nicht zu Schaden kommen und auch keiner anderen Person Schaden zufügen. Diese Verpflichtung beruht auf der Annahme, dass minderjährige Kinder und Jugendliche aufgrund ihres Alters sowie ihrer fehlenden körperlichen und geistigen Reife ihnen drohende Gefahren nicht erkennen bzw. nicht richtig einschätzen können und daher eines besonderen Schutzes bedürfen.
Weiterhin bestehen aus denselben Gründen auch erhöhte Gefahren für andere Personen, die durch bewusstes bzw. unüberlegtes Verhalten von Minderjährigen in Gefahr gebracht werden und dadurch Schäden erleiden können.

Welche Personen nehmen die gesetzliche Aufsichtspflicht wahr?

Grundsätzlich unterliegen Kinder und Jugendliche der Aufsichtspflicht ihrer Eltern, ihres Vormundes oder Pflegers. Diese Pflicht ergibt sich aus dem BGB. Es wird bestimmt, dass die Eltern/der Vormund das Recht und die Pflicht haben, das Kind zu pflegen, zu erziehen, zu beaufsichtigen und seinen Aufenthalt zu bestimmen.

Beschreiben Sie, wie die vertragliche Aufsichtspflicht geregelt ist.

Im Rahmen der **vertraglichen Aufsichtspflicht** haben die Erziehungsberechtigten die Möglichkeit, ihre Pflicht auf Betreuungskräfte bzw. eine Einrichtung zu übertragen. Diese Übertragung der Aufsichtspflicht ist gesetzlich nicht geregelt und es ist ausreichend, wenn die Eltern über die Tätigkeit der Gruppe unterrichtet sind und dem Eintritt ihres Kindes zugestimmt haben. Empfehlenswert ist allerdings eine schriftliche Einverständniserklärung der Eltern, insbesondere bei Aktivitäten, die über die gewöhnliche Tätigkeit der Gruppe hinausgehen. Dies gilt vor allem bei Aufnahme von Sportarten oder Tätigkeiten, mit denen eine besondere Gefahr verbunden ist (z. B. Kampfsportarten, Ballsportarten usw.). Aus diesem Grund ist auch eine schriftliche Einverständniserklärung bei Veranstaltungen, die sich über eine längere Zeit erstrecken, wie z. B. bei Freizeiten, Fahrten usw., erforderlich. In dieser Einverständniserklärung sollte auch enthalten sein, dass das Kind gesundheitlich in der Lage ist, an dieser Veranstaltung teilzunehmen.

Was ist bei der Aufsichtspflicht gesetzlich geregelt und was nicht?

Gesetzlich geregelt sind die Rechtsfolgen, die sich aus einer Verletzung der Aufsichtspflicht ergeben.
Nicht gesetzlich geregelt dagegen ist aber der Inhalt und der Umfang einer ordnungsgemäßen Aufsichtsführung. Es liegt also im Ermessen der Betreuungskräfte, den Kindern und Jugendlichen im Umgang mit möglichen Gefahrensituationen entsprechende Handlungsmöglichkeiten bzw. Reaktionen aufzuzeigen und ihnen die Gelegenheit zu geben eigene Erfahrungen zu sammeln und ihre eigenen Grenzen zu erkennen.

Nach welchen Kriterien richtet sich die Führung der Aufsicht?

Wie die Aufsicht zu führen ist, richtet sich nach

- den persönlichen Eigenschaften des Kindes,
- den sonstigen Umständen und
- danach, was dem Aufsichtspflichtigen bei vernünftigen Anforderungen zugemutet werden kann.
  Zu den persönlichen Eigenschaften des Kindes gehören
  - das Alter,
  - der Entwicklungsstand,
  - die Charaktereigenschaften,
  - das bisherige Verhalten und
  - die Erfahrungen.

- Die Betreuungskräfte haben ferner die Pflicht, sich vor dem Beginn der Veranstaltung über die persönlichen Verhältnisse der aufsichtsbedürftigen Personen zu informieren, wie z. B. über Krankheiten, Medikamenteneinnahme, Allergien usw.
- Darüber hinaus haben sie die Pflicht, die örtliche Umgebung der Veranstaltung zu analysieren, um möglichen Gefahren vorzubeugen.
- Weiterhin sind sie für die notwendige medizinische Erste-Hilfe-Ausrüstung zuständig; evtl. ist sogar eine medizinische Erstversorgung sicherzustellen.

Nur bei Beachtung dieser Rahmenbedingungen sind mögliche Risiken, Gefahren und Schäden auf ein Minimum zu begrenzen.

1.1.9 Grundlagen der Aufsichtspflicht

Wann beginnt die Aufsichtspflicht?

Der **Beginn der Aufsichtspflicht** hängt davon ab, was vertraglich vereinbart wurde. Oft gibt es jedoch weder mündliche noch schriftliche Vereinbarungen. In solchen Fällen gilt, was stillschweigend vereinbart wurde bzw. was allgemein üblich ist und der momentanen Verkehrssitte (§138 BGB) entspricht.
Für den Sport- und Freizeitbereich gilt im Sinne des § 138 für Trainer und Übungsleiter:

- Beginn der Aufsichtspflicht: mindestens zehn Minuten vor der Übungsstunde
- Ende der Aufsichtspflicht: 20 Minuten nach Ende der Übungsstunde, d. h., je nach Struktur der Gruppe ist die Aufsichtsperson verpflichtet die Schutzbefohlenen so lange zu beaufsichtigen, bis sie die Sportstätte verlassen haben oder durch eine für die Aufsicht verantwortliche Person abgeholt worden sind.

Wann haftet die aufsichtpflichtige Person?

Eine **Verletzung der Aufsichtspflicht und damit eine Haftung** der Betreuungskraft liegt vor, wenn ihr ein Verschulden bei der Ausübung der Aufsichtspflicht nachgewiesen wird. Diese Pflichtverletzung wird im Recht als Unerlaubte Handlung bezeichnet und ist den Rechtsvorschriften der §§ 823 und 832 BGB geregelt. Dabei sind die Begriffe Vorsatz und Fahrlässigkeit wie folgt zu unterscheiden.

- Ein Vorsatz der Betreuungskraft liegt vor, wenn sie den Sportler nicht daran hindert, seine Handlung zu unterlassen, sondern bewusst eine Verletzung des Sportlers dabei in Kauf nimmt.
- Eine Fahrlässigkeit liegt vor, wenn die Betreuungskraft die erforderliche Sorgfalt nicht beachtet hat.

In diesem Zusammenhang ist anzumerken, dass Kinder bis zum vollendeten siebten Lebensjahr für einen Schaden, den sie einem anderem Kind bzw. Jugendlichen zufügen, nicht verantwortlich sind und damit auch nicht haftbar gemacht werden können. Für diese Schäden haftet die aufsichtsführende Person, wenn sie ihre Aufsichtspflicht vorsätzlich oder fahrlässig verletzt hat.
Kinder über sieben Jahre sind für Schäden dann selbst verantwortlich, wenn sie über die notwendige Einsicht, also über die erforderliche geistige Reife verfügen und trotzdem fahrlässig

oder vorsätzlich handeln. Schädigt das Kind eine dritte Person, muss die aufsichtsführende Person beweisen, dass sie ihre Aufsichtspflicht nicht verletzt hat. Das gilt auch, wenn sich das Kind verletzt hat. In diesem Fall tritt zunächst die Krankenversicherung ein, die aber bei Verletzung der Aufsichtspflicht natürlich Regressansprüche erhebt. Aus diesem Grund ist der Abschluss einer Haftpflichtversicherung dringend zu empfehlen.

Z!

Wie kann sich ein Unternehmen in der Sport- und Fitnessbranche gegen Haftungsansprüche Dritter absichern?

- **Eingetragene Sportvereine** decken die Versicherungsprämien über Teile der Beitragszahlungen ihrer Mitglieder ab.
- **Privatwirtschaftliche Sport- und Freizeitunternehmen** schließen normalerweise eine Betriebshaftpflichtversicherung ab. Diese Versicherung ist eine der wichtigsten betrieblichen Versicherungen. Sie hat quasi eine Rechtsschutzfunktion, indem sie den Versicherungsnehmer und die mitversicherten Betriebsangehörigen vor dem Risiko unberechtigter Haftpflichtansprüche schützt und bei berechtigten Ansprüchen Dritter Schadensersatz leistet.

1.2 Vereinsrecht

1.2.1 Von der Interessengemeinschaft zum Verein

Der kaufmännische Angestellte und aktive Freizeitsportler Walter Muchel beabsichtigt mit acht Kollegen einen regelmäßigen Lauftreff zu organisieren. Dieser soll bei zunehmenden Mitgliedern eventuell in Form eines Vereins geführt werden.

a) Welche verfassungsrechtlichen Grundlagen sind zu beachten?

b) Welcher Unterschied besteht zwischen einem nicht wirtschaftlichen und einem wirtschaftlichen Verein?

a) Der privatrechtliche, freiwillige Zusammenschluss von Personen als Lauftreff ist ohne Einschränkung zulässig. Gemäß den Bestimmungen des Grundgesetzes (Art. 9 GG) haben alle Deutschen das Recht, Vereine und Gesellschaften zu gründen, zunächst unabhängig von der zu wählenden Rechtsform.
Vereinigungen und Zusammenschlüsse, die sich gegen die freiheitlich demokratische Grundordnung der Bundesrepublik Deutschland richten, sind verboten.
Ein Verein ist also
- ein freiwilliger Interessenzusammenschluss von mehreren Personen,
- der auf eine bestimmte oder unbestimmte Zeit angelegt ist,
- der einen gemeinsamen Zweck verfolgt,
- der unter einem eigenen Namen in der Öffentlichkeit auftritt,
- der durch ein Organ, den Vorstand, nach außen vertreten wird und
- der besteht, wenn die Mitglieder wechseln.

Die Rechtsgrundlagen, die den Verein betreffen, sind in den §§ 21 bis 79 BGB festgelegt.

b) Das Bürgerliche Recht unterscheidet zunächst zwischen einem nicht wirtschaftlichen und einem wirtschaftlichen Verein.

Nicht wirtschaftlicher Verein im Sinne des § 21 BGB
Der ideelle Bereich des Vereins umfasst die gesamten Aktivitäten, die der normale Vereinsbetrieb mit sich bringt. Dabei ist die Vereinstätigkeit direkt auf die Erfüllung steuerbegünstigter Zwecke ausgerichtet. Bei der Vereinsgründung stehen demnach gemeinnützige Zielsetzungen im Vordergrund der primären Vereinstätigkeiten.

Wirtschaftlicher Verein im Sinne des § 22 BGB
Unter einem wirtschaftlichen Geschäftsbetrieb ist im Sinne der Steuergesetzgebung gemäß des § 14 AO (Abgabenordnung) eine selbstständige, nachhaltige Tätigkeit zu verstehen, durch die Einnahmen oder andere wirtschaftliche Vorteile erzielt werden und die über den Rahmen einer Ver-

mögensverwaltung hinausgehen. Wirtschaftliche Absichten mit der Zielsetzung, Gewinne zu erwirtschaften, sind nur im Rahmen der so genannten Nebenzwecke zulässig.

Wie ist der Lauftreff unter den gegebenen vereinsrechtlichen Bestimmungen zu beurteilen?

Nicht rechtsfähige Vereine im Sinne des § 54 BGB
Der Lauftreff als freiwilliger Zusammenschluss von Personen zur Durchführung dieser Freizeitaktivität wird nicht in das Vereinsregister eingetragen und ist somit auch kein rechtsfähiger Verein. Auf diese Konstellation sind die Vorschriften des § 54 BGB in Verbindung mit dem § 705 BGB über die Gesellschaft des bürgerlichen Rechts (auch BGB-Gesellschaft genannt) entsprechend anzuwenden. Für rechtsgültig abgeschlossene Verträge, die den Verein betreffen, haften die handelnden Personen unbeschränkt, also auch mit ihrem Privatvermögen.

Welche Vorteile ergeben sich für Walter Muchel, wenn er den Zusammenschluss als einen Verein mit dem Zusatz e. V. eintragen lässt?

Der **eingetragene Verein** ist als häufigste Rechtsform anzusehen, weil er folgende Vorteile bietet:

- Der Vereinsname ist gesetzlich geschützt.
- Der e. V. unterliegt dem Vereinsrecht und ist berechtigt Vermögen zu bilden und Grundbesitz zu erwerben.
- Die Haftung ist auf das Vereinsvermögen beschränkt. Als juristische Person haftet der Verein für eingegangene Verbindlichkeiten. Eine persönliche Haftung der Mitglieder ist somit ausgeschlossen.
- Der Verein kann als Kläger oder Beklagter auftreten.
- Die Vereinsmitglieder verfügen im Rahmen der Satzung über viele demokratische Mitbestimmungsmöglichkeiten.
- Die Gründungsformalitäten sind relativ einfach.
- Ein Eigenkapital von Personen ist für die Vereinsgründung nicht erforderlich.
- Bei der Vereinsgründung sind nur geringe Gründungskosten erforderlich.
- Der Verein bleibt auch weiterhin bestehen, wenn die Mitglieder und der Vorstand wechseln. Damit können sich Vereine unmittelbar an die veränderten Bedingungen anpassen.
- Mit der Anerkennung der gemeinnützigen Ziele eines Vereins können Steuervorteile gesichert werden (einzelne Einnahmequellen des Vereins werden von der Besteuerung freigestellt oder unterliegen verminderter Steuerlast).

1.2.1 Von der Interessengemeinschaft zum Verein

Was ist unter Gemeinnützigkeit zu verstehen?

Z!

Die rechtliche Grundlage der **Gemeinnützigkeit** bildet die Steuergesetzgebung. In der Abgabenordnung (AO) sind in den Bestimmungen der §§ 51 bis 68 die entsprechenden Ausführungen enthalten.

Demnach ist ein Verein als gemeinnützig anzusehen, wenn er die Allgemeinheit fördert und gemeinnützige Zwecke verfolgt. Die gemeinnützigen Vereine erfüllen aus diesem Grund Aufgaben, für die sonst Bund, Länder und Gemeinden im Interesse ihrer Bürger entsprechende finanzielle Mittel aufbringen müssten.

Folgende Vorteile ergeben sich aus der Gemeinnützigkeit für die Vereine:

- Spenden an den Verein sind unter bestimmten Voraussetzungen als Sonderausgaben abzugsfähig, wenn die Höhe des Einkommens ermittelt wird, das der Spender zu versteuern hat.
- Die Zuwendung öffentlicher Fördermittel ist wesentlich von der Feststellung der Gemeinnützigkeit abhängig.
- Personen, die für einen Verein eine erzieherische oder eine ähnliche Tätigkeit ausüben, können eine sogenannte Übungsleiterpauschale von 2.100,00 € (Stand 2009) im Jahr geltend machen. Handelt es sich um eine andere Vereinstätigkeit, wie zum Beispiel die der Sportwarte u. Ä., dann sind jährlich 500,00 € steuerfrei. Anzumerken ist, dass beide Freibeträge nebeneinander nicht steuerlich geltend gemacht werden können.
- Der Verein ist von der Erbschaft- und Schenkungsteuer befreit. Der gleiche Sachverhalt ist unter bestimmten Voraussetzungen auf die Grundsteuer anzuwenden.

Die Gemeinnützigkeit ist beim zuständigen Finanzamt zu beantragen, um die steuerlichen Vergünstigungen in Anspruch nehmen zu können. Darüber hinaus gilt die Feststellung der Gemeinnützigkeit als Voraussetzung für den Erhalt öffentlicher Zuwendungen.

Die steuerliche Anerkennung sollte parallel zur Eintragung in das Vereinsregister beantragt werden, um Zeitverzögerungen zu vermeiden.

1.2.2 Gründung des Vereins

Z!

Was muss bei einer Vereinsgründung beachtet werden?

Auf der **Gründerversammlung** wird die Satzung beschlossen und der Vorstand gewählt. Damit ist eine wichtige Voraussetzung für die Eintragung des Vereins in das Vereinsregister erfüllt.
Die nachfolgenden **Gründungsformalitäten** sind für den eingetragenen und damit rechtsfähigen Verein mit dem Zusatz e. V. zu beachten:

- Für die Vereinsgründung sind mindestens sieben Personen (§ 56 BGB) nötig. Minderjährige bedürfen zur Teilnahme der schriftlichen Zustimmung ihrer gesetzlichen Vertreter.
- Eine Gründerversammlung ist einzuberufen und durchzuführen.
- Die Gründerversammlung muss gemäß den gesetzlichen Bestimmungen die Satzung erstellen und beschließen.
- Anschließend ist erforderlich, dass diese Satzung von mindestens sieben Vereinsgründungsmitgliedern unterschrieben wird.
- Danach sind die Organe des Vereins (Vorstand, Kassenwart, Schriftführer usw.) zu wählen. Grundlage ist die zuvor beschlossene Satzung.
- Gemäß den vereinsrechtlichen Bestimmungen ist ein Protokoll zu erstellen, das von dem gewählten Versammlungsleiter und den Protokollführern zu unterschreiben ist.
- Der Vorstand ist gesetzlich verpflichtet den Verein beim zuständigen Amtsgericht in das Vereinsregister anzumelden. Zu beachten ist, dass die Anmeldung schriftlich erfolgen muss.

Gemäß der Rechtsvorschrift des § 59 BGB ist dieser Antrag von den gesamten vertretungsberechtigten Vorstandsmitgliedern zu unterzeichnen. Dabei sind Name, Sitz und Anschrift des Vereins, der Tag der Errichtung der Satzung sowie Name, Beruf und Anschrift der Vereinsmitglieder anzugeben.
Weiterhin ist anzumerken, dass die Unterschriften der Vorstandsmitglieder öffentlich beglaubigt sein müssen. Die Beglaubigung erfolgt durch das persönliche Erscheinen unter Vorlage des Personalausweises beim Notar oder beim Ortsgericht. Danach werden die Unterlagen mit den beglaubigten Unterschriften beim Amtsgericht zur Vereinsanmeldung eingereicht.

1.2.2 Gründung des Vereins

Über die Gründerversammlung ist ein Protokoll zu erstellen.

Welche Angaben sollte das Protokoll enthalten?

Gegründet wird der Verein in seiner ersten Mitgliederversammlung, der Gründerversammlung. Die Gründungsmitglieder vereinbaren eine Satzung, an der sie ihre gemeinsame Tätigkeit ausrichten und den Vorstand wählen. Dabei ist zu beachten, dass zur Gründung eines rechtsfähigen Vereins die Satzung schriftlich abzufassen ist.
Über die Gründerversammlung ist ein **Protokoll** anzufertigen. Das Protokoll ist als Vollmacht der Vorstandsmitglieder anzusehen den Verein beim Registergericht anzumelden.

Das Protokoll sollte folgende Angaben enthalten:

- Ort und Tag der Versammlung,
- die Namen des Versammlungsleiters und des Protokollführers,
- die Mitteilung, dass die Satzung beraten und einstimmig angenommen und die Gründung des Vereins beschlossen wurde,
- bei der Wahl des Vorstandes deren Namen, Geburtsdaten und Wohnorte, ihre Ämter im Vorstand einschließlich des zahlenmäßigen Abstimmungsergebnisses und dass die Gewählten die Wahl auch angenommen haben,
- sonstige Beschlüsse der Versammlung,
- die Unterschriften der Personen entsprechend der Satzung für Versammlungsprotokolle.

Was verstehen Sie unter einem Vorverein?

Die Rechtsfähigkeit des Vereins beginnt mit der Eintragung ins Vereinsregister (konstitutive Wirkung der Eintragung). Der Zeitpunkt der Gründerversammlung ist mit dem Zeitpunkt der Eintragung in das Vereinsregister nicht identisch. Bis zum Zeitpunkt der Eintragung in das Vereinsregister wird der Verein als **Vorverein** bezeichnet.
Vor der Eintragung müssen alle Personen, die für den Verein handeln, auch für diese Verpflichtungen persönlich haften. Die Haftung erstreckt sich auch auf das Privatvermögen. Mit der Eintragung gehen die Rechte und Pflichten des bisherigen Vorvereins dann auf den eingetragenen Verein über.

1.2.2.1 Satzung des Vereins

Warum ist eine Vereinssatzung notwendig?

Die **Erstellung der Satzung** ist eine elementare rechtliche Voraussetzung, um den gemeinnützigen Verein beim zuständigen Vereinsregister anzumelden. Der Gesetzgeber hat gesetzliche Mindestinhalte vorgeschrieben, die auch uneingeschränkt einzuhalten sind.
Somit ist die Satzung die verfassungsrechtliche Grundlage des Vereins (§ 25 BGB).

Welche Bestimmungen, die über den gesetzlichen Rahmen hinausgehen, sollten dennoch Eingang in die Satzung finden?

Um dem besonderen Stellenwert der **Satzung** gerecht zu werden, sollten nachfolgende **Bestimmungen,** die über den gesetzlichen Rahmen hinausgehen, mit aufgenommen werden:

- Vereinszweck,
- Name des Vereins,
- Sitz des Vereins,
- Anmeldung beim Vereinsregister,
- Ein- und Austritt von Mitgliedern,
- Leistung von Mitgliedsbeiträgen,
- Bildung des Vorstandes,
- Einberufung der Mitgliederversammlung einschließlich der Protokollführung ihrer Beschlüsse,
- Form der Einberufung und die Frist vor dem Versammlungstermin,
- besondere Vereinsorgane, ihre Zuständigkeit, Zusammensetzung und Bildung,
- Satzungsänderungen,
- besondere Rechte und Pflichten der Mitglieder.

1.2.2.1 Satzung des Vereins

Erläutern Sie kurz diejenigen Bestimmungen, die über den gesetzlichen Rahmen hinausgehen und dennoch Eingang in die Satzung finden sollten.

Z!

- **Vereinszweck:** In der Satzung ist die Zielsetzung und die Aufgaben des gemeinnützigen Vereins festzulegen.
- **Name des Vereins:** Beim Vereinsnamen ist zu beachten, dass jeder Verein seinen eigenen Namen führt und dass dieser Name sich deutlich von den anderen Vereinsnamen in der gleichen Gemeinde unterscheidet.
- **Sitz des Vereins:** In der Satzung muss der Sitz des Vereins angegeben werden (Ort der Führung der Vereinsverwaltung).
- **Anmeldung beim Vereinsregister:** Die Rechtsfähigkeit eines eingetragenen Vereins als juristische Person beginnt mit der Eintragung in das Vereinsregister (konstitutive Wirkung). In der Satzung muss deshalb dieser Sachverhalt ausdrücklich festgelegt sein.
- **Ein- und Austritt von Mitgliedern:** In der Vereinssatzung muss der Ein- und Austritt von Mitgliedern eindeutig festgelegt sein.
- **Leistung von Mitgliedsbeiträgen:** Die Mitglieder haben den Vereinszweck zu fördern. Aus diesem Grund sollte in der Satzung die Höhe des Beitrages festgelegt sein, um spätere Beitragsanpassungen vornehmen zu können.
- **Bildung des Vorstandes:** In der Satzung sind die Voraussetzungen für die Wahl, die Zusammensetzung und die Amtsdauer der Vorstandsmitglieder festzulegen sowie Angaben über mögliche Beschränkungen der Vertretungsbefugnis.
- **Einberufung der Mitgliederversammlung sowie Protokollführung:** Die Art und Form der Einladung zur Mitgliederversammlung ist festzuhalten. Unabhängig von den Bestimmungen in der Satzung hat der Vorstand jederzeit das Recht, die Mitgliederversammlung einzuberufen, wenn es das Interesse des Vereins erfordert. Auch eine Einberufung auf Verlangen einer Minderheit ist gesetzlich zulässig. Die Mitgliederversammlungsbeschlüsse sind zu protokollieren.
- **Form der Einberufung und die Frist vor dem Versammlungstermin:** Die Form und die zu beachtenden Fristen zur Einladung vor dem Versammlungstermin sind aufzunehmen.
- **Besondere Vereinsorgane (Zuständigkeit, Zusammensetzung, Bildung):** Eine Bestimmung ist darüber aufzunehmen, dass zusätzliche Organe benannt werden, um die vereinsinternen Organe fachlich zu beraten und zu entlasten.
- **Satzungsänderungen:** Ein Beschluss, der eine Satzungsänderung enthält, ist nur möglich, bei Zustimmung von drei Viertel der erschienenen Mitglieder.
- **Besondere Rechte und Pflichten der Mitglieder:** Angaben über eventuelle Sonderstimmrechte für einzelne Mitglieder, Vereinsstrafen, Rechte von Ehrenmitgliedern usw.

1.2.2.2 Eintragung in das Vereinsregister

Was ist bei der Eintragung in das Vereinsregister zu beachten?

Die **Anmeldung des gemeinnützigen Vereins beim Vereinsregister,** das beim zuständigen Amtsgericht (Registergericht) geführt wird, erfolgt durch den Vorstand.
Zu beachten ist, dass die Anmeldung öffentlich zu beglaubigen ist und der Anmeldung das Original und eine Abschrift (Fotokopie) der Satzung und des Gründungsprotokolls beizufügen sind (§ 59 BGB).

Erklären Sie, was Sie unter einer Zwischenverfügung verstehen.

Das zuständige Amtsgericht (Registergericht) erlässt im Rahmen der freiwilligen Gerichtsbarkeit eine **Zwischenverfügung,** wenn die Satzung unvollständig ist bzw. noch Unterlagen nachzureichen sind (§ 60 BGB).
Innerhalb einer vorgegebenen Frist erhält der Verein die Gelegenheit, fehlende Unterlagen noch nachzureichen bzw. zu ergänzen. Die Eintragung in das Vereinsregister wird öffentlich, überwiegend in der Tagespresse, bekannt gegeben. Weiterhin ist noch zu beachten, dass die Vereinsgründung dem Finanzamt mitzuteilen ist.

970941

1.2.3 Organe des Vereins

1.2.3.1 Vorstand

Welche Aufgaben hat der Vorstand eines Vereins auszuführen?

Z!

Der eingetragene Verein ist eine juristische Person und demnach körperschaftlich organisiert. Die Rechtshandlungen werden durch die Organe (Vorstand, Mitgliederversammlung), die mit natürlichen Personen besetzt sind, vorgenommen.
Gemäß der Rechtsvorschrift des § 26 BGB vertritt der **Vorstand** den Verein in allen gerichtlichen und außergerichtlichen Angelegenheiten. Er ist somit das **leitende und ausführende Vereinsorgan.**
In diesem Zusammenhang ist allerdings anzumerken, dass er an die Beschlussfassung seiner Mitglieder gebunden ist. Im Rahmen der satzungsrechtlichen Bestimmungen des Vereins ist auch das Vertretungsrecht des Vorstandes bzw. deren Mitglieder geregelt.
Mögliche Beschränkungen, die das Außenverhältnis betreffen, sind in das Vereinsregister einzutragen.
In der Mitgliederversammlung hat der Vorstand Rechenschaft über seine Amtsführung abzugeben. Der Tagesordnungspunkt „Entlastung" ist in das Protokoll mit aufzunehmen, damit der Beschluss auch rechtswirksam ist.

Was versteht man unter einer Entlastung des Vereinsvorstandes?

Z!

Eine **Entlastung** liegt vor, wenn die Mitgliederversammlung dem Vorstand ihre Zustimmung gibt, dass Einwände hinsichtlich der Geschäftsführung im abgelaufenen Geschäftsjahr/Berichtsjahr nicht vorliegen.
Dieser Sachverhalt macht deutlich, dass Schadensersatzansprüche der Mitgliederversammlung nicht vorliegen. Aus diesem Grund ist der Vorstand verpflichtet den Kassenprüfern die gesamten Geschäftsunterlagen zur Verfügung zu stellen, damit sie in der Mitgliederversammlung die ordnungsgemäße Geschäftsführung anhand der Unterlagen bestätigen können.

970942

1.2.3.2 Mitgliederversammlung

Welche Rechte hat die Mitgliederversammlung?

Das Zusammentreffen aller Vereinsmitglieder wird als **Mitgliederversammlung** bzw. Hauptversammlung bezeichnet und ist gemäß der Rechtsvorschrift des § 32 BGB das oberste beschlussfassende Vereinsorgan. Sie ist gegenüber dem Vorstand weisungsberechtigt. Auf der Mitgliederversammlung werden grundsätzlich alle Entscheidungen getroffen.
Die Einberufung einschließlich der Tagesordnung muss vom Vorstand fristgerecht (dies ist in der Satzung festgelegt) erfolgen. Über die Versammlung ist ein Protokoll zu erstellen.

Welche Angaben sollte das Protokoll enthalten?

Das zu erstellende **Protokoll** sollte enthalten:

- Vereinsnamen,
- Ort und den Tag der Mitgliederversammlung,
- Namen des Versammlungsleiters und des Protokollführers,
- Feststellung, dass die Mitgliederversammlung ordnungsgemäß auch einberufen worden ist,
- Anzahl der anwesenden stimmberechtigten Mitglieder und die Feststellung, dass die einberufene Mitgliederversammlung auch beschlussfähig ist,
- Annahme der Tagesordnung und deren Inhalte,
- die zur Abstimmung gestellten Anträge und die Abstimmungsart,
- Wortlaut der gefassten Beschlüsse mit den jeweiligen Abstimmungsergebnissen,
- sind Wahlen vorgesehen, dann sind zusätzlich die persönlichen Daten der gewählten Personen zu erfassen und deren Zustimmung, dass sie die Aufgaben übernehmen werden,
- nach dem Gesetz wird der Vorstand mit einfacher Mehrheit gewählt,
- bei Satzungsänderungen ist zusätzlich der Wortlaut der geänderten Bestimmungen aufzunehmen. Für diese Änderung ist nach dem Gesetz eine Dreiviertelmehrheit der erschienenen Mitglieder erforderlich (§ 33 BGB),
- Prüfungsbericht des Kassenwartes und des Vorstandes,
- Entlastung des Vorstandes,
- Anzahl von Unterschriften, die in der Satzung festgelegt sind.

Die gesetzlich vorgegebenen Mehrheiten beziehen sich auf die anwesenden Mitglieder.

1.2.4 Versicherungsschutz im Verein

Dirk Atzori, ehrenamtlicher Übungsleiter des Budokan Ju-Jutsu Wetzlar e. V., hat nach dem Aufwärmtraining Fallübungen angeordnet und durchgeführt. Dabei hat sich der 19-jährige Alexander Don so verletzt, dass er für mehrere Wochen krankgeschrieben ist.

a) Welche Versicherungsleistung kann Alexander Don in Anspruch nehmen?

b) Welchen Versicherungsschutz hat Übungsleiter Dirk Atzori?

Z!

a) Bei **Sportunfällen,** die sich im Rahmen des Vereinssports ereignen, können die Leistungen der gesetzlichen Unfallversicherungen nicht in Anspruch genommen werden.

Alexander Don hat jedoch die Möglichkeit, die Kosten seiner Heilbehandlung im Rahmen der Vereinsunfallversicherung geltend zu machen, denn Sportvereine als Mitglieder im Landessportbund sind über diesen versichert. Der Landessportbund hat als Vertragspartner mit einer Versicherungsgesellschaft einen günstigen Gruppenvertrag abgeschlossen, in dem auch eine Haftpflichtversicherung und eine Vereinsunfallversicherung enthalten sind.

Anzumerken ist, dass die Leistungen bei einer möglichen Invalidität unterschiedlich geregelt sind.

b) Diese Versicherung schließt auch Trainer, Übungsleiter und Kampfrichter mit ein. Der Abschluss dieser Sportversicherung ist notwendig, um sich gegen mögliche Ansprüche aufgrund von Sportverletzungen zu versichern. Allerdings sind diese Versicherungen lediglich Ergänzungen zu den bereits bestehenden privaten Versicherungsverträgen.

Der Verein wird in der Regel die Versicherungsbeiträge über seine Beitragsgestaltung finanzieren.

Auch der Übungsleiter Dirk Atzori ist im Rahmen der Haftpflichtversicherung also gegen mögliche Schadensersatzansprüche, die auf einer Verletzung der Aufsichtspflicht beruhen, versichert.

Der 16-jährige Simon Weiland, Mitglied des Budokan Ju-Jutsu Wetzlar e. V., verletzt sich auf dem nicht zum Verein gehörenden Gelände so erheblich, dass ein mehrwöchiger Krankenhausaufenthalt notwendig ist.

Z!

Simon Weiland hat sich diese Verletzung im Rahmen einer **privaten Freizeitveranstaltung** zugezogen. Aus diesem Grund können für seinen Sportunfall auch nur die Versicherungsleistungen der Erziehungsberechtigten in Anspruch genommen werden.

Der Anspruch der Vereinsmitglieder auf Leistungen der Vereinssportversicherungen bestehen nur, wenn sich die Verletzungen auch im Rahmen der vereinssportlichen Aktivitäten ereignet haben.

Dieser Versicherungsschutz ist auch dann gegeben, wenn das Vereinsmitglied im Auftrag des Vereins handelt.

Welche Versicherungsleistungen können die Eltern in Anspruch nehmen?

Z!

Wie ist die Aufsichtspflicht im Fall von Herrn Dirk Atzori und des 16-jährige Simon Weiland geregelt?

Der Übungsleiter Dirk Atzori hat die Aufsichtspflicht vom Beginn bis zum Ende der Trainingseinheit (= Verantwortungsbereich des Vereins) jederzeit zu gewährleisten. Das schließt auch die Einbeziehung weiterer aufsichtspflichtiger Personen mit ein.

Der Vereinsvorsitzende Walter Muchel hat darüber hinaus zu gewährleisten, dass der lizenzierte Übungsleiter über die aktuellen rechtlichen Bestimmungen und sportspezifischen Erkenntnisse nachweisbar informiert ist und diese bei der Durchführung der Trainingseinheit auch so umsetzt, dass ein persönliches Fehlverhalten auszuschließen ist.

Die Beachtung der Sorgfaltspflicht des Übungsleiters besteht darin, dass er seine Planungen und Durchführungen der Übungsstunden so zu gestalten hat, dass ein mögliches Verletzungsrisiko auszuschließen ist.

Z!

Welche versicherungsrechtlichen Bestimmungen hat der Vereinsvorsitzende Walter Muchel zu beachten, wenn er Übungsleiter mit der Durchführung der Sportsequenzen betraut?

Walter Muchel, Vereinsvorsitzender des Budokan Ju-Jutsu Wetzlar e .V., hat im Rahmen seiner **Fürsorgepflicht** seinen Verein nach den Bestimmungen des Sozialgesetzbuches bei dem Träger der gesetzlichen Unfallversicherung, der Verwaltungsberufsgenossenschaft (VBG), anzumelden und die entsprechenden Beiträge an die Institution zu entrichten.

Durch diese Pflichtmitgliedschaft sind arbeitnehmerähnliche Personen (also Übungsleiter, die auch unentgeltlich für den Verein tätig sind) gegen mögliche Arbeitsunfälle geschützt. Die abzuführenden Beiträge richten sich nach den Gefahrenklassen.

Die damit verbundene Versicherungsleistung bezieht weiterhin Wegeunfälle, Arbeitsunfälle und Berufskrankheiten mit in ihren Leistungskatalog ein.

970945

1.2.4 Versicherungsschutz im Verein

Welche weiteren zusätzlichen Versicherungsleistungen werden den Vereinen angeboten?

Nachfolgende **zusätzliche Versicherungen** können von Vereinen abgeschlossen werden:

- **Eine Zusatzversicherung, die Freizeitsportangebote für Nichtmitglieder betrifft**
  Vereine schließen derartige Versicherungen ab, um Nichtmitgliedern einen Versicherungsschutz zu gewähren, wenn z. B. in Kooperation mit Städten und Kommunen Sportaktivitäten in der Ferienzeit von den Vereinen angeboten und durchgeführt werden.

- **Der Abschluss einer Kfz-Versicherung für Vereinsmitglieder**
  Die Notwendigkeit des Abschlusses einer derartigen Versicherung beruht auf der Erkenntnis, dass eine Teilnahme an Veranstaltungen, die im Rahmen des Vereins durchgeführt werden, häufig nur durch Fahrten der Vereinsmitglieder mit dem eigenen Fahrzeug möglich sind. Die Kfz-Zusatzversicherung ist mit einer Rechtsschutzversicherung kombiniert und erstreckt sich auf den Schadenausgleich für selbstverschuldete Unfälle.

- **Abschluss von privaten Versicherungen**
  Die Versicherungsgesellschaften bieten den Vereinsmitgliedern umfangreich gestaffelte Einzel- und Paketversicherungen an, die sich z. B. auf die Haftpflicht- und Sachversicherung beziehen. Als weitere Versicherungsarten sind die private Kranken- und Unfallversicherung zu erwähnen.

Auf der Mitgliederversammlung des Budokan Ju-Jutsu Wetzlar e. V. wird beschlossen ein vierwöchiges Probetraining bzw. Schnupperkurs für interessierte Personen durchzuführen.

Wie ist die Versicherungspflicht geregelt?

Zunächst sind nur die Vereinsmitglieder über den Sportversicherungsvertrag, den der betreffende Landessportbund mit einer Versicherungsgesellschaft abschließt, versichert. Diese Versicherung bezieht sich auf die gesamten Veranstaltungen, die im Rahmen der Vereinssatzung festgelegt sind, so auch z. B. auf die Teilnahme an Lehrgängen, die vom betreffenden Fachverband des Landes durchgeführt werden.
Der Sportversicherungsvertrag bezieht sich also ausschließlich nur auf die Vereinsmitglieder. Mitglieder, die dem Verein nicht

970946

angehören, sind demnach nicht mitversichert. Ein Versicherungsschutz ist für diesen Personenkreis (Nichtmitglieder) zunächst nicht gegeben. Die Vereine haben aber die Möglichkeit, eine Versicherung für diese Personen bei der entsprechenden Versicherungsgesellschaft abzuschließen. Der Versicherungsschutz ist dann dem der Sportversicherung gleichzusetzen. Lediglich das Wegerisiko ist in dem Versicherungsschutz nicht enthalten und die Laufzeit ist auf ein Jahr beschränkt.

1.2.5 Steuern des Vereins

An welche Voraussetzungen sind die steuerlichen Vergünstigungen für eingetragene Vereine gebunden?

Die Tätigkeiten des eingetragenen Vereins mit dem Zusatz e. V. sind auf die Erfüllung gemeinnütziger Zwecke ausgerichtet. Diese Zwecke sind in der Rechtsvorschrift des § 52 Abgabenordnung aufgelistet. Aus diesem Grund wird der gemeinnützige Verein durch **steuerliche Vergünstigungen** gefördert.
So sind z. B. die erzielten Einnahmen aus den Mitgliedsbeiträgen, Spenden und Zuschüsse von Kommunen und Städten nicht zu versteuern. Im Sinne der Steuergesetzgebung müssen diese Einnahmen allerdings wieder für die steuerbegünstigten Zwecke des Vereins ausgegeben werden.
Eine langfristige Vermögensbildung ist somit für gemeinnützige Vereine ausgeschlossen. Aus diesem Grund ist der Verein verpflichtet seine Einnahmen und Ausgaben einschließlich seines Vermögens vollständig aufzuzeichnen und diese dem Finanzamt vorzulegen.

Wie oft überprüft das Finanzamt in der Regel die steuerlichen Voraussetzungen der Gemeinnützigkeit bei eingetragenen Vereinen?

Das **Finanzamt prüft** bei gemeinnützigen Vereinen i. d. R. nur alle drei Jahre, ob die Voraussetzungen der Gemeinnützigkeit noch gegeben sind.
Die Vereine werden vom Finanzamt aufgefordert in einem Erklärungsvordruck ihre Tätigkeit ausführlich darzulegen.

970947

1.2.5 Steuern des Vereins

Walter Muchel, Vorsitzender des Sportvereins Budokan Ju-Jutsu Wetzlar e. V., betreibt gemäß dem Beschluss der Mitgliederversammlung eine Vereinsgaststätte und erzielt Einnahmen in Höhe von 8.437,00 € einschließlich Umsatzsteuer. Die Ausgaben betragen 5.250,00 €. Walter Muchel hat einen Nettogewinn in Höhe von 2.747,41 € erwirtschaftet.

Wie ist dieser Sachverhalt steuerrechtlich zu behandeln?

Der Gesetzgeber hat gemeinnützigen Vereinen die Möglichkeit eingeräumt in bestimmten Teilbereichen wirtschaftliche Aktivitäten in einem vorgegebenen Rahmen, als **Nebenzweck,** auszuüben. Bei der Beurteilung, in welchem Rahmen die wirtschaftliche Betätigung des gemeinnützigen Vereins über den Nebenzweck hinausgeht, ist den Finanzämtern ein gewisser Handlungsspielraum vorgegeben. Eine wirtschaftliche Betätigung liegt gemäß der Rechtsvorschrift des § 14 AO vor, „... wenn eine selbstständige, nachhaltige Tätigkeit, durch die Einnahmen erzielt werden und die über die bloße Vermögensverwaltung hinausgehen ..."
Aus der Situationsbeschreibung lassen sich nachfolgende Sachverhalte ableiten:

- Gemäß der Rechtsvorschrift des § 64 Abs. 3 AO ist eine Steuerbefreiung bei gemeinnützigen Vereinen bis zu einem Betrag in Höhe von 30.678,00 € einschließlich Umsatzsteuer vorgegeben (bezogen auf die Einnahmen).Demnach ist Herr Muchel von der Körperschaft- und Gewerbesteuer befreit.
- Für den Gewinn ist ein Freibetrag von 3.835,00 € vorgesehen. Dieser Betrag wurde nicht erreicht. Herr Muchel ist auch in diesem Fall von der Körperschaftsteuer befreit. Bei Überschreitung des Betrages ist eine Körperschaftsteuer in Höhe von 25 % zu entrichten.
- Zu beachten ist, dass die gesamten Tätigkeiten des Vereins, die gegen Entgelt angeboten werden, umsatzsteuerpflichtig sind, wie z. B. der Verkauf von Speisen und Getränken.

Hinsichtlich der getätigten Umsätze, die steuerbegünstigten Zwecken dienen, wie z. B. dem Volkslauf, gilt, dass diese mit dem ermäßigten Steuersatz zu versteuern bzw. von der Umsatzsteuer befreit sind.
Bezieht Herr Muchel die Speisen und Getränke von anderen Unternehmen, so ist er berechtigt, die ihm in Rechnung gestellte Umsatzsteuer als Vorsteuer geltend zu machen und diese mit seiner Umsatzsteuerschuld zu verrechnen.

Welche Einnahmen sind generell steuerfrei?

Generell **steuerfrei** sind folgende Einnahmen:

- Mitgliedsbeiträge
- Aufnahmegebühren
- Spenden
- Zuschüsse

970948

Worin besteht der Unterschied zwischen Sponsoring und Spenden?

- **Spenden** erfolgen ohne Gegenleistung.
- **Sponsoring** ist eine Leistung, auf die eine Gegenleistung erfolgt.

Merke: Eine Spendenquittung für eine Sponsoringleistung ist unzulässig. Eine Ausstellung dieser Quittung kann zum Verlust der Gemeinnützigkeit führen.

1.2.6 Ehren- und hauptamtliche Mitarbeiter des Vereins

Welche Entwicklung hat in den letzten Jahrzehnten – bezogen auf die Vereinsgröße – im Vereinssport eingesetzt und welche Auswirkung hat dies auf die Ehren- bzw. Hauptamtlichkeit?

Ausübungs- und Organisationsformen im Vereinssport haben sich in den letzten fünf Jahrzehnten enorm **gewandelt.** Der Trend geht zum Großverein mit einem vielfältigen Angebot in den verschiedensten Sportarten. Diese Vereine verstehen sich überwiegend als Dienstleister gegenüber ihren Mitgliedern. Hier finden viele Sporttreibende des Breiten- und Freizeitsports ihre Heimat.
Solche Organisationen mit teilweise mehr als 1 500 Mitgliedern lassen sich nicht mehr allein mit ehrenamtlichen Funktionären führen. Aus diesem Grund haben viele Großvereine in den letzten Jahren die Chance des so genannten „zweiten Arbeitsmarktes" genutzt und sowohl Mitarbeiter in der Verwaltung und Organisation als auch Mitarbeiter im Übungsleiterbereich als Arbeitnehmer eingestellt. Ursprünglich waren dies befristete Stellen auf ABM- oder SAM-Basis. In etlichen Vereinen und Verbänden sind im Laufe der Jahre viele dieser befristeten Arbeitsverhältnisse in unbefristete umgewandelt worden.

Wie werden die Mitarbeiterstellen im Verein finanziert?

Die **Stellen werden finanziert**

- aus Mitgliedsbeiträgen (viele Vereine haben den Beitrag für Freizeitsportler erhöht und finanzieren damit den Trainer einer Jugendmannschaft im Leistungsbereich)
- aus Zuschüssen des LSB, über Projekte, z. B. Schule und Verein, aus kommunalen Zuschüssen sowie aus Sponsoring, Spenden usw.

1.2.6 Ehren- und hauptamtliche Mitarbeiter des Vereins

Auf welche Weise ist die Finanzierung der Mitarbeiterstellen gesichert?

Bei der momentanen Finanzlage der öffentlichen Haushalte – und hier ist auf lange Frist keine Besserung zu erwarten – muss die **Finanzplanung für die Mitarbeiter,** für die kein Zuschuss mehr vonseiten der Bundesagentur für Arbeit erfolgt, jährlich neu erfolgen. Dies bedeutet bundesweit gesehen, dass ein großer Bedarf an hauptamtlichen Mitarbeitern in Vereinen besteht, jedoch nicht ausreichende Finanzmittel zur Verfügung stehen.

Wie wird eine hauptamtliche Stelle im Verein gestaltet?

Generell gibt das Ehrenamt die Richtung für das **Hauptamt** vor. Die Haftung liegt jedoch beim Inhaber des Ehrenamtes.
Beispiel: Ein Großverein beschäftigt einen hauptamtlichen Geschäftsführer. Dieser erhält Weisungen vonseiten seines Vorstandes, vertreten durch den Vorsitzenden. Der Geschäftsführer ist Arbeitnehmer, der Verein, vertreten durch den Vorstand, ist Arbeitgeber.
Im Normalfall haftet der Geschäftsführer nur bei vorsätzlichem Fehlverhalten. Für fahrlässiges Fehlverhalten ist zuerst einmal der Vorsitzende als Inhaber des Ehrenamtes in der Haftung. Für dessen Handlungsweise haftet zuerst der Verein. (In der Realität muss jedoch jeder einzelne Haftungsfall individuell geprüft werden.)

1.2.7 Auflösung des Vereins

Auflösung und Verlust der Rechtsfähigkeit führen zum Untergang der juristischen Person.

Welche Auflösungsgründe gibt es?

Auflösungsgründe können sein:

- Beschluss der Mitgliederversammlung (§ 41 BGB)
- Eintritt von Terminen oder Tatsachen, die nach Satzung zur Auflösung führen sollen
- Wegfall sämtlicher Mitglieder

Welche Gründe führen zum Verlust der Rechtsfähigkeit?

Die **Rechtsfähigkeit geht verloren** bei:
- Eröffnung des Konkursverfahrens; bei Überschuldung hat dies der Vorstand zu beantragen
- Entziehung der Rechtsfähigkeit durch das Gericht, wenn die Mitgliederzahl unter drei sinkt
- Sitzverlegung ins Ausland
- Wandel vom Ideal- zum wirtschaftlichen Verein

1.3 Unternehmensgründung und Unternehmensformen

1.3.1 Voraussetzungen für die Gründung eines Unternehmens

Der Wirtschaftsprüfer Walter Muchel beabsichtigt ein eigenes Sport- und Fitnessstudio zu betreiben. Welche persönlichen Voraussetzungen benötigt er?

Persönliche Voraussetzungen eines Unternehmensgründers:
- Fachkenntnisse
- Führungsqualitäten
- Leistungsbereitschaft, Motivation und Kreativität
- Erfahrung und Zuverlässigkeit sowie Durchhaltevermögen

Welche rechtlichen Pflichten hat Walter Muchel zu beachten?

Die **Eröffnung eines Unternehmens muss** unverzüglich bei folgenden **Behörden und Körperschaften gemeldet werden**:
- Gewerbeamt
- Krankenkasse
- IHK oder Handwerkskammer
- Finanzamt
- Berufsgenossenschaft
- evtl. Anmeldung Handels register/zust. Amtsgericht

Welche weiteren Voraussetzungen müssen gegeben sein?

- Kapital für Finanzierung des Betriebsvermögens, erste Lohnzahlungen, erste Lieferungen
- günstiger Standort
- Kundenkreis
- Werbung
- geeignetes Personal
- Lieferanten

1.3.2 Kaufmannseigenschaften

Welche Arten von Kaufleuten unterscheidet das Gesetz?

Z!

Das **Gesetz unterscheidet** in:
- ➢ Istkaufmann (Kaufmann kraft Handelsgewerbes)
- ➢ Kannkaufmann (Kaufmann kraft Handelsregistereintragung)
- ➢ Formkaufleute (Kaufmann kraft Rechtsform)

Auf welche Weise wird die jeweilige Kaufmannseigenschaft erworben?

Z!

Die **Kaufmannseigenschaft** kann erworben werden als:

◆ **Kaufmann kraft Handelsgewerbe (Istkaufmann)**
Jeder Gewerbetreibende, dessen Betrieb eine kaufmännische Organisation erfordert, gilt von vornherein, d. h. mit Aufnahme der Geschäfte (auch ohne Handelsregistereintragung), als Kaufmann gem. § 1 HBG.

◆ **Kaufmann kraft Rechtsform (Formkaufmann)**
Jede Kapitalgesellschaft (z. B. AG, KGaA, GmbH) und die eingetragene Genossenschaft entsteht erst mit Eintragung ins Handelsregister und wird dadurch erst zum Kaufmann (§ 6 HGB, § 36 AktG, §§ 7 und 11 GmbHG).

◆ **Kaufmann kraft Handelsregistereintrag (Kannkaufmann)**
Land- und Forstwirte und deren Nebenbetrieb (z. B. Molkerei, Brennerei, Mühle) sowie Kleingewerbetreibende, die nach Art und Umfang keinen in kaufmännischer Weise eingerichteten Geschäftsbetrieb erfordern, **können** sich ins Handelsregister eintragen lassen (Eintragungswahlrecht) und werden durch den Eintrag zum Kaufmann (§§ 2 und 3 HGB).

Wovon hängt es ab, wann im Einzelfall Art oder Umfang der Tätigkeit einen in kaufmännischer Weise eingerichteten Geschäftsbetrieb erfordern?

Z!

Die Art oder der Umfang der Tätigkeit, die eine kaufmännische Organisation erfordern, ist gesetzlich nicht geregelt. Bei der Entscheidung über die Notwendigkeit kaufmännischer Einrichtungen sind die Verhältnisse des einzelnen Unternehmens in ihrer Gesamtheit zu berücksichtigen. Insbesondere sind dabei die Kriterien für die Istkaufmannseigenschaft einzubeziehen:
- ➢ die Zahl, Funktion und Qualifikation der Beschäftigten,

- das Umsatzvolumen,
- der Wert des Anlage- und Umlaufvermögens,
- die Vielfalt der erbrachten Leistungen/Geschäftsbeziehungen,
- die Inanspruchnahme oder Gewährung von Krediten,
- die Teilnahme am Wechsel- und Frachtverkehr,
- der Umfang der Werbung und
- die Größe der Lagerhaltung.

Ob ein in kaufmännischer Weise eingerichteter Geschäftsbetrieb notwendig ist, entscheidet das Amtsgericht – ggf. mit Unterstützung der zuständigen Industrie- und Handels- oder Handwerkskammer.

Welche Rechte und Pflichten haben eingetragene Kaufleute?

Eingetragene Kaufleute haben u. a.

- folgende **Rechte**:
  - Führung einer Firma (§ 17 ff. HGB)
  - Prokuraerteilung (§ 48 HGB)
  - Gründung von OHG (§ 105 HGB) oder KG (§ 161 HGB)
  - Festsetzung eines vom Kalenderjahr abweichenden Geschäftsjahres
  - Formfreiheit bei der Erteilung von Bürgschaftserklärungen oder Schuldversprechen oder Schuldanerkenntnissen (§ 350 HGB)

- folgende **Pflichten**:
  - Eintragung ins Handelsregister (§ 29 HGB)
  - Buchführungspflicht (§ 238)
  - keine Einrede der Vorausklage bei Bürgschaften (§ 349 HGB)

Wer gilt als Nichtkaufmann?

Nichtkaufleute sind:

- Land- und Forstwirte, die sich im Handelsregister nicht haben eintragen lassen,
- Kleingewerbetreibende, die sich im Handelsregister nicht haben eintragen lassen,
- Freiberufler, wie beispielsweise Ärzte, Schriftsteller, Anwälte, Architekten.

Für Nichtkaufleute gelten die Bestimmungen des BGB.

1.3.3 Firma

Was verstehen Sie unter der Firma eines Kaufmanns?

Die **Firma** ist der Name eines Kaufmanns, unter dem er
- seine Geschäfte betreibt,
- die Unterschrift abgibt,
- klagen und verklagt werden kann (§ 17 HGB).

Aus welchen Elementen besteht eine Firma?

Eine **Firma** besteht aus dem **Firmenkern und** dem **Firmenzusatz**.

- Der **Firmenkern** beinhaltet den Personen-, Sach- oder Fantasienamen sowie den Vermerk, der ein Gesellschaftsverhältnis anzeigt, wie e. K., OHG, KG, GmbH, AG, GmbH & Co. KG, eG, KGaA.
- Der **Firmenzusatz** erleichtert die Unterscheidung der Person oder des Geschäftes. Hierbei ist ebenfalls ein Fantasiename gestattet.

Welche weiteren Firmengrundsätze sind vorgeschrieben?

Weitere Firmengrundsätze sind die **Firmenwahrheit** und die **Firmenklarheit**:

- **Firmenwahrheit** bedeutet, dass bei Gründung eines Unternehmens der Firmenkern wahr sein muss.
- **Firmenklarheit** nimmt Bezug auf den Firmenzusatz und dient der Unterscheidung zu anderen Kaufleuten und gegenüber anderen Firmen.
  Ist eine Firma ins Handelsregister (HR) eingetragen, so kann dieser Name ausschließlich nur von einer Unternehmung geführt werden. Neue Firmen müssen sich von allen am selben Ort bereits bestehenden ins HR eingetragenen Firmen unterscheiden.

Wie kann diese Unterscheidung erfolgen?

Diese **Unterscheidung** kann erfolgen:

- durch Angabe des Vornamens
- durch Zusätze wie jun. oder sen.
- durch einen Fantasienamen
- durch Hinweis auf den Geschäftszweig

Diese Unterscheidungen erfolgen, weil die Firma einer Unternehmung durch den Gesetzgeber geschützt ist. Wer widerrechtlich eine Firma benutzt, sodass Verwechslungen mit bereits bestehenden Firmen möglich sind, kann u. U. auf Schadensersatz verklagt werden **(Firmenschutz)**.

Unterscheiden Sie zwischen Personen-, Sach-, gemischter und Fantasiefirma.

- Bei **Personenfirmen** besteht der Firmenname aus einem oder mehreren bürgerlichen Namen.
- Bei einer **Sachfirma** ist der Firmenname aus dem Gegenstand des Unternehmens abgeleitet.
- Die **gemischte Firma** beinhaltet neben dem Personennamen den Gegenstand des Unternehmens.
- Die **Fantasiefirma** kann aus Abkürzungen oder Firmenzeichen entstehen.

Der Ingenieur Joachim Wagner übernimmt das Studio „Sport und Bewegung Ulrich Gerhard KG", das er auch unter diesem Namen weiterführt.

Wie ist die Haftung geregelt, wenn Ulrich Gerhard noch einen Bestand an Verbindlichkeiten in Höhe von 135.000,00 € ausweist?

Herr Joachim Wagner haftet für die gesamten Verbindlichkeiten des früheren Inhabers, also für die Verbindlichkeiten von Herrn Ulrich Gerhard (§§ 25 und 26 HGB). Der frühere Inhaber hat nach den gesetzlichen Bestimmungen (§ 26 HGB) noch fünf Jahre für seine Verbindlichkeiten aufzukommen.

Beabsichtigt Herr Wagner, seine Haftung gegenüber Dritten auszuschließen, so muss er diesen Ausschluss in das Handelsregister eintragen lassen, d. h. diesen Haftungsausschluss bekannt machen oder ihn Dritten mitteilen (§ 25 Abs. 2 HGB).

Beim Wechsel des Inhabers ist es zulässig, den bisherigen Firmennamen beizubehalten. Demzufolge ist es möglich, entsprechende Zusätze aufzunehmen, die das Nachfolgeverhältnis betreffen.

970955

1.3.3 Firma

Muss ein Inhaberwechsel im Firmennamen angezeigt werden?

Beim **Wechsel des Inhabers** (durch Erbschaft, Verkauf, Verpachtung, Schenkung) kann der alte Firmenname beibehalten werden. Zusätze, um das Nachfolgeverhältnis auszudrücken, sind zulässig.

1.3.4 Handelsregister

Was verstehen Sie unter einem Handelsregister?

Das **Handelsregister** ist ein amtliches Verzeichnis aller Kaufleute eines Amtsgerichtsbezirks. Es wird beim zuständigen Amtsgericht (Registergericht) geführt.

Erläutern Sie den Aufbau und nennen Sie die Inhalte der Eintragungen des Handelsregisters.

Das **Handelsregister** besteht aus den Abteilungen A (Abkürzung HRA) und B (Abkürzung HRB). In der Abteilung A werden die Einzelkaufleute und Personengesellschaften (OHG, KG) geführt und die Abteilung B führt Kapitalgesellschaften (AG, GmbH, KGaA) auf.

Inhalt der Eintragungen:

- Firma
- Name des Inhabers bzw. des persönlich haftenden Gesellschafters, des Geschäftsführers oder des Vorstandes
- Rechtsform der Firma
- Unternehmenszweck (Gegenstand des Unternehmens)
- Geschäftssitz (Ort der Niederlassung)
- Zweigniederlassungen
- Höhe der Einlagen, des Grund- oder Stammkapitals
- Erteilung und Erlöschung einer Prokura
- Insolvenzverfahren, Vergleich, Liquidation

Wie müssenEintragungen ins Handelsregister erfolgen?

Anmeldungen (über Neueintrag, Veränderung, Löschung) müssen in öffentlich beglaubigter Form erfolgen (§ 14 Abs.

970956

1 HGB). Ab Januar 2007 können die Unterlagen auch elektronisch über den Notar eingereicht werden (elektronisches Handelsregister).
Eintragungen erfolgen grundsätzlich nur auf Antrag. Vor jeder Handelsregistereintragung erfolgt eine firmenrechtliche Prüfung sowie die Stellungnahme durch die IHK (= Prüfung der Eintragsfähigkeit). Über den Eintrag entscheidet immer das Registergericht.

Wann muss die Firma oder die Firmenänderung zur Eintragung ins Handelsregister angemeldet werden?

Jede **Anmeldung zur Eintragung** in das Handelsregister muss **unverzüglich** erfolgen. Seit 1. Januar 2007 stehen alle Bekanntmachungen im Internet unter www.registerbekanntmachungen.de. Ungültig gewordene Eintragungen werden im Handelsregister nicht durchgestrichen, sondern rot unterstrichen (gerötelt).

Welchen Zweck erfüllt das Handelsregister?

Zweck des Handelsregisters ist es,

- die Firma des Kaufmanns zu schützen,
- der Allgemeinheit, insbesondere aber den Geschäftspartnern die Möglichkeit zur Information über die kaufmännischen Verhältnisse eines Kaufmanns zu geben (Gläubigerschutz).

Das Handelsregister steht daher jedermann unter www.handelsregister.de zur Einsicht offen.

Welche rechtlichen Wirkungen haben die einzelnen Eintragungen ins Handelsregister?

Bei den **Eintragungen in das Handelsregister** gilt es, zwischen zwei rechtlichen Folgewirkungen zu unterscheiden:

- die **konstitutive** (= rechtsbegründende oder rechtserzeugende) Wirkung. In solch einem Fall ist die Eintragung notwendig, damit eine bestimmte Rechtslage überhaupt entsteht (z. B. Form- und Kannkaufleute);
- die **deklaratorische** (= rechtsbezeugende) Wirkung. Der Rechtsvorgang ist dabei **ohne** die Eintragung wirksam, die Eintragung bestätigt ihn lediglich (z. B. Erteilung und Widerruf der Prokura; Kaufmannseigenschaft bei Vorliegen bestimmter Voraussetzungen).

1.3.5 Rechtsformen der Unternehmung

Was verstehen Sie unter der Rechtsform eines Unternehmens?

Mit der **Rechtsform** tritt ein Unternehmen nach außen auf. Die einzelnen Unternehmensformen unterscheiden sich durch:

- die Leitungsbefugnis der Teilhaber
- Art und Umfang der Teilhaber am Gewinn
- die Art der Aufbringung des Kapitals
- die Haftung der Inhaber gegenüber Dritten

Aus der jeweiligen Rechtsform lassen sich Art bzw. Ausmaß der eben genannten Merkmale erkennen.

1.3.5.1 Einzelunternehmung

Was ist eine Einzelunternehmung?

Bei der Rechtsform der **Einzelunternehmung** bringt eine einzelne Person das Kapital zur Geschäftsgründung auf. Diese trägt auch allein das Geschäftsrisiko, erntet aber auch dafür allein den Gewinn.

Eigentümer und Unternehmer sind bei der Einzelunternehmung in einer Person vereinigt: Diese Person trifft die Entscheidungen allein und trägt dafür allein die Verantwortung. Der Einzelunternehmer haftet mit seinem Geschäfts- und Privatvermögen.

Für wen ist die Einzelunternehmung geeignet?

Die **Einzelunternehmung** ist die geeignetste Rechtsform für Unternehmer, die ihre eigenen Ideen allein, frei und schnell verwirklichen wollen. In keiner anderen Unternehmungsform hat der Unternehmer eine größere Entfaltungsmöglichkeit seiner Fähigkeiten, muss sich diese aber durch die persönliche Haftung erkaufen.

Sie ist die am häufigsten gewählte Unternehmungsform in der Bundesrepublik Deutschland. Die Einzelunternehmung eignet sich am besten für kleinere Betriebe.

Welche Vor- und Nachteile hat die Einzelunternehmung?

Vorteilhaft für den Einzelunternehmer ist, dass er
- andere Meinungen nicht berücksichtigen muss,
- alle Entscheidungen allein, frei und rasch treffen kann,
- die alleinige Gewinnmöglichkeit hat.

Nachteilig wirkt sich aus, dass er
- das Risiko allein trägt,
- mit seinem geschäftlichen u. privaten Vermögen haftet,
- nur begrenztes Eigenkapital/Kreditbasis zur Verfügung hat.

1.3.5.2 Offene Handelsgesellschaft

Was ist eine Gesellschaft?

Bei einer **Gesellschaft** sind mehrere Personen am Unternehmen beteiligt. Vorteile einer Gesellschaft im Vergleich zu einer Einzelunternehmung sind z. B.:
- Das Risiko der Haftung verteilt sich auf mehrere Personen.
- Die Kapitalkraft kann durch Aufnahme von Gesellschaftern erweitert werden.
- Die Arbeit kann verteilt werden, die Gesellschafter können sich spezialisieren.

Was ist eine Personengesellschaft?

Bei einer **Personengesellschaft,** wie z. B. die offene Handels- oder die Kommanditgesellschaft, leitet mindestens ein Gesellschafter die Gesellschaft persönlich und haftet mit seinem Privatvermögen.

Was ist eine offene Handelsgesellschaft?

Die **offene Handelsgesellschaft** (im Folgenden OHG abgekürzt) ist ein Unternehmen, das mindestens von zwei Gesellschaftern betrieben wird. Alle Gesellschafter haben dieselben Rechte und Pflichten, falls sie im Gesellschaftsvertrag nichts anderes vereinbart haben. Alle Gesellschafter haften sowohl mit ihrem Geschäftsvermögen als auch mit ihrem Privatvermögen. Die OHG ist deshalb eine Personengesellschaft.

1.3.5.2 Offene Handelsgesellschaft

Die Gesellschafter der OHG haften unbeschränkt, unmittelbar und solidarisch.

Was bedeutet dies?

Z!

- **Unbeschränkte Haftung** bedeutet, der Gesellschafter haftet nicht nur mit seinem Gesellschafts-, sondern auch mit seinem Privatvermögen.
- Bei einer **unmittelbaren Haftung** kann ein Gläubiger sich direkt an jeden Gesellschafter wenden und von ihm z. B. Zahlung verlangen.
- **Solidarische (gesamtschuldnerische) Haftung** bedeutet, jeder Gesellschafter haftet für die Gesamtschulden der Gesellschaft.

Führen Sie die Rechte eines OHG-Gesellschafters auf.

Z!

Alle **OHG-Gesellschafter** haben unter anderem:

- Kontrollrecht
- Geschäftsführungsbefugnis
- Vertretungsrecht (Recht zur alleinigen Abgabe von Willenserklärungen für die Gesellschaft [im Außenverhältnis] für gewöhnliche und außergewöhnliche Rechtsgeschäfte)
- Recht auf Anteil am Gewinn
- Recht zu Privatentnahmen
- Anrecht auf Ersatz von Aufwendungen
- Kündigungsrecht mit sechsmonatiger Frist auf Geschäftsjahresende

Welche Pflichten haben die Gesellschafter einer OHG?

Z!

Pflichten der Gesellschafter einer OHG:

- unbeschränkte, unmittelbare, solidarische Haftung
- Kapitaleinlagepflicht
- Geschäftsführungspflicht
- Beachtung des Wettbewerbsverbots
- Beteiligungspflicht an evtl. Verlusten

Welche Regelungen gelten für den Eintritt eines Gesellschafters in eine OHG?

Der **neu eintretende Gesellschafter** haftet wie alle anderen Gesellschafter: unmittelbar, unbeschränkt, solidarisch. Er haftet auch für die vor seinem Eintritt entstandenen Schulden der OHG.
Der ausscheidende Gesellschafter haftet noch fünf Jahre für die bei seinem Ausscheiden bestehenden Schulden der OHG.

Wie ist die gesetzliche Regelung des Gewinns einer OHG?

Wenn vertraglich nichts anderes vereinbart wurde, erhält jeder Gesellschafter vom **Jahresgewinn** zunächst **vier Prozent** seiner Kapitaleinlage.
Der **restliche Reingewinn** wird nach Köpfen (also zu gleichen Anteilen) verteilt.

Die Inhaber des Studios „Fit und Fight – Kampfkunst und Bewegung – OHG“ haben die nachfolgenden Kapitaleinlagen wie folgt geleistet: Walter Don 200.000,00 €, Thorsten Kull 400.000,00 € und Karsten Krischker 600.000,00 €. Im abgelaufenen Geschäftsjahr haben sie einen Gewinn in Höhe von 738.000,00 € erwirtschaftet.

Wie hoch sind die Gewinnanteile der Gesellschafter gemäß den gesetzlichen Bestimmungen?

Gesellschafter	***Kapitaleinlage***	***4 % Verzinsung auf die Kapitaleinlage***	***Verteilung des Restgewinns***	***Gesamtgewinn***
Don	200.000	8.000	230.000	238.000
Kulll	400.000	16.000	230.000	246.000
Krischker	600.000	24.000	230.000	254.000
		48.000	690.000	738.000

Erwirtschafteter Gewinn	738.000,00 €
– Verzinsung	48.000,00 €
RESTGEWINN	**690.000,00 €**

→ bezogen auf drei Gesellschafter

1.3.5.3 Kommanditgesellschaft

Was ist eine Kommanditgesellschaft?

Z!

Eine **Kommanditgesellschaft** (im Folgenden KG abgekürzt) ist eine Personengesellschaft, die aus Gesellschaftern mit unterschiedlichen Rechten und Pflichten besteht. Mindestens ein **Komplementär** (Vollhafter) haftet mit seinem gesamten Vermögen. Er besitzt das Recht der Geschäftsführung und -vertretung.
Weiterhin muss es mindestens einen Kommanditisten (Teilhafter) geben: Dieser haftet nur mit seiner Kapitaleinlage und ist von der Geschäftsführung und -vertretung ausgeschlossen.

Welche Rechte und Pflichten haben Komplementäre und Kommanditisten?

Z!

- Die **Komplementäre** (Vollhafter) haben dieselben Rechte und Pflichten wie die Gesellschafter einer OHG.
- Die **Kommanditisten** (Teilhafter) haben folgende **Rechte**:
  - Kontrollrecht (Einsichtnahme in Bilanz, Geschäftsbücher und -papiere)
  - Widerspruchsrecht bei Handlungen, die über den gewöhnlichen Betrieb des Unternehmens hinausgehen
  - Kündigungsrecht
- **Pflichten** des Kommanditisten sind:
  - Haftpflicht bis zur Höhe der Einlage
  - Verlustbeteiligung in angemessenem Verhältnis
  - Leistung einer Kapitaleinlage

Wie sieht die Gewinnverteilung bei der KG aus?

Z!

Wenn vertraglich nichts anderes vereinbart wurde, sollen die Gesellschafter nach der **gesetzlichen Regelung** zunächst **vier Prozent** ihrer Kapitaleinlage bekommen.
Der **Gewinnrest** soll anschließend zwischen Teil- und Vollhaftern in angemessenem Verhältnis verteilt werden.

1.3.5.4 GmbH & Co. KG

Was ist eine GmbH & Co. KG?

Achtung: Die besondere Rechtsform GmbH & Co. KG ist keine Kapitalgesellschaft, sondern eine Personengesellschaft.

Eine **GmbH & Co. KG i**st eine **Personengesellschaft,** bei der die GmbH Komplementär einer KG ist, sodass alle Gesellschafter dann nur mit ihrer Einlage haften.
Ein weiterer Vorteil besteht in der Einsparung von Steuern.

1.3.5.5 Unvollkommene Gesellschaften

Was ist unter einer unvollkommenen Gesellschaft zu verstehen?

Die **unvollkommene Gesellschaft** beruht auf einem vertraglichen Zusammenschluss von mehreren Personen, die in der Regel keine Kaufleute im Sinne des Handelsgesetzes sind und die ein gemeinsames Ziel verfolgen. Diese Gesellschaft wird nicht in das Handelsregister eingetragen und wird häufig nur auf eine bestimmte Zeit gegründet.
Freiberufler haben somit die Möglichkeit, Partnerschaftsgesellschaften zu gründen. Aus diesem Grund sind ergänzend die Vorschriften der BGB-Gesellschaft anzuwenden.

970963

1.3.5.5 Unvollkommene Gesellschaften

Was ist eine Gesellschaft des bürgerlichen Rechts?

Z!

Die **Gesellschaft des bürgerlichen Rechts** ist ein vertraglicher Zusammenschluss von Personen, die sich zur Erreichung eines gemeinsamen Zweckes verpflichten, der im Vertrag festgelegt ist, insbesondere die vereinbarten Beiträge zu leisten (gemäß § 705 BGB). Hinsichtlich der Gestaltung des Gesellschaftsvertrages besteht Formfreiheit; der Gesellschaftsvertrag kann auch mündlich geschlossen werden.
Diese Gesellschaft wird nicht in das Handelsregister eingetragen und endet mit dem Erreichen des festgelegten Zieles. Die Gesellschafter verfügen gemäß § 709 BGB über eine gemein-schaftliche Geschäftsführung. Für jedes abgeschlossene Rechts-geschäft ist daher die Zustimmung aller Gesellschafter erfor-derlich. Aus diesem Grund wird i. d. R. eine Person beauftragt die Gesellschaft rechtswirksam zu vertreten (§ 714 BGB). Die Gesellschafter haften den Gläubigern gegenüber persönlich als Gesamtschuldner gemäß § 427 BGB. Nach der gesetzlichen Regelung im Sinne des § 722 BGB steht jedem Gesellschafter der gleiche Gewinnanteil zu und er hat auch den gleichen Verlust-anteil zu tragen.
Mögliche Auflösungsgründe sind unter anderem das Erreichen des im Gesellschaftsvertrag festgelegten Zieles, der Ablauf der im Vertrag festgelegten Zeit oder die Kündigung eines Gesellschafters.

Was versteht man unter einer stillen Gesellschaft?

Z!

Die **stille Gesellschaft** beruht auf der vertraglichen Vereinbarung zwischen einem Kapitalgeber und einem Kaufmann, dass der Kapitalanteil des Kapitalgebers in das Vermögen des Kaufmanns übergeht, ohne dass die Beteiligung nach außen erkennbar wird. Diese Kapitalbeteiligung wird nicht in das Handelsregister eingetragen; der Kapitalgeber hat lediglich ein Kontrollrecht gemäß § 716 BGB. Die Gewinnbeteiligung ist vertraglich zu regeln. Die Haftung des Kapitalgebers ist bis zur Höhe seiner Kapitaleinlage begrenzt; sie kann aber auch vertraglich ausgeschlossen werden.
Die Bedeutung der stillen Gesellschaft ist unter anderem darin zu sehen, dass dem Kaufmann die Gelegenheit geboten wird, zusätzliches Kapital zu erhalten, ohne dass er in seiner Geschäftsführung eingeschränkt wird.

970964

1.3.5.6 Kapitalgesellschaften

1.3.5.6.1 Gesellschaft mit beschränkter Haftung

Was ist eine Kapitalgesellschaft?

Bei **Kapitalgesellschaften** haften die Gesellschafter nicht mit ihren Privatvermögen. Es steht also die kapitalmäßige Beteiligung der Gesellschafter im Vordergrund. Eine Mitarbeit der Gesellschafter ist nicht erforderlich.
Die bekanntesten Kapitalgesellschaften sind die Aktiengesellschaft und die Gesellschaft mit beschränkter Haftung.

Was ist eine Gesellschaft mit beschränkter Haftung?

Eine **Gesellschaft mit beschränkter Haftung** (im Folgenden GmbH abgekürzt) ist eine Kapitalgesellschaft, die zu jedem gesetzlich zulässigen Zweck errichtet werden kann.
Das Gesellschaftskapital wird Stammkapital genannt und wird von den Gesellschaftern in Form von Stammeinlagen aufgebracht.
Die Gesellschafter der GmbH haften nicht persönlich für die Verbindlichkeiten der GmbH, das Haftungsrisiko ist auf das Geschäftsvermögen bezogen.

1.3.5.6.1 Gesellschaft mit beschränkter Haftung

Was muss bei der Gründung einer GmbH beachtet werden?

Am 01. November 2008 ist das GmbH-Modernisierungsgesetz in Kraft getreten.

Diese neuen Regelungen beziehen sich unter anderem auf:

- Die Gründung einer „Mini GmbH" (haftungsbeschränkte Unternehmergesellschaft) mit dem Zusatz (UG) ist mit einem Stammkapital von einem Euro möglich.
- Die Gründung kann durch eine oder mehrere Personen erfolgen.
- Eine notarielle Beurkundung des Gesellschaftsvertrages ist auch erforderlich, wenn eine Standard-Satzung = Musterprotokoll (dieses besteht aus dem Gesellschaftsvertrag, dem Geschäftsführervertrag und der Gesellschafterliste) ohne Einschränkung verwendet wird. Diese Vereinfachung ist nur möglich, wenn eine Ein-Personen-Gesellschaft oder eine Mehr-Personen-Gesellschaft – bestehend aus maximal drei Gesellschaftern und einem Geschäftsführer – vorhanden ist. Dadurch werden die Gründungskosten gemindert.
  Werden Grundstücke eingebracht ist ebenfalls eine notarielle Beurkundung des Gesellschaftsvertrages erforderlich.
- Das Stammkapital beträgt 25.000,00 €. Von diesem Betrag muss die Hälfte, bei der Gründung, also 12.500,00 €, eingezahlt werden bzw. ist von jedem Gesellschafter ¼ seiner Kapitaleinlage erforderlich.
- Die Stammeinlage von bisher 100,00 € wird auf einen Betrag in Höhe von einem Euro gesenkt. Die Geschäftsanteile können somit leichter aufgeteilt, zusammengelegt und übertragen werden.
  Über die Höhe der Stammeinlagen entscheiden die Gesellschafter.
- Das Gesetz beinhaltet auch die Regelung, dass 25 % des Jahresgewinnes in die Rücklagen eingestellt werden müssen, bis der Betrag in Höhe von 25.000,00 € (Mini-GmbH) erreicht ist.
- Eine Anmeldung ins Handelsregister (Abt. B) muss erfolgen.

Führen Sie die Organe der GmbH auf und erklären Sie deren Aufgaben.

- Der oder die **Geschäftsführer** sind für die Geschäftsführung verantwortlich und vertreten die Gesellschaft gerichtlich und außergerichtlich. Sie sind an die Weisungen der Gesellschafter gebunden und handeln grundsätzlich gemeinsam.
- Ein **Aufsichtsrat** ist nur bei 500 und mehr Arbeitnehmern vorgeschrieben. Er kann aber auch bei einer kleineren GmbH durch Satzung vorgesehen sein. Seine Aufgabe ist die eines Kontrollorgans.
- Die **Gesellschafterversammlung** wird durch alle Gesellschafter gebildet. Hier entscheiden die Gesellschafter über alle grundsätzlichen Angelegenheiten. Die Zahl der Stimmen eines Gesellschafters richtet sich nach der Höhe seiner Stammeinlage.

Welche Rechte haben die Gesellschafter einer GmbH?

- **Recht auf Gewinnanteil** (im Verhältnis der Geschäftsanteile, sofern im Gesellschaftsvertrag nichts anderes vereinbart ist)
- **Stimmrecht** bei der Gesellschafterversammlung
- bei Auflösung der Gesellschaft **Recht auf Anteil am Liquidationserlös**

Nennen Sie Pflichten eines Gesellschafters einer GmbH.

- **Einlagepflicht** (fristgerechte Einzahlung der übernommenen Stammeinlage)
- **Haftpflicht** bis zur Höhe der Stammeinlage
- **Nachschusspflicht** (Leistung von Zahlungen über den Betrag der Stammeinlage hinaus, falls dies im Gesellschaftsvertrag vereinbart wurde)

1.3.5.6.2 Aktiengesellschaft

Was ist eine Aktiengesellschaft?

Die **Aktiengesellschaft** (im Folgenden AG abgekürzt) ist eine Kapitalgesellschaft (juristische Person), deren Grundkapital in viele Anteile (dies sind die Aktien) zerlegt ist und deren Teilhaber (das sind die Aktionäre) nur der Gesellschaft gegenüber mit ihrer Einlage haften.

In welchen Situationen ist die Gründung einer AG sinnvoll?

Die **Rechtsform der AG** sollte dann gewählt werden, wenn sehr viel Kapital für das Unternehmen benötigt wird und sich Geldgeber beteiligen sollen, die lediglich mit ihrer Einlage haften sollen bzw. wollen.

Was ist eine Aktie?

Eine **Aktie** ist ein normiertes, verbrieftes Anteilsrecht an einer Aktiengesellschaft, das leicht übertragbar ist und sich daher für den Börsenhandel eignet.
Der Mindestnennbetrag einer Aktie beträgt 1,00 €.

Was versteht man unter Grundkapital?

Das **Grundkapital** ist die Summe des Nennwertes aller Aktien einer AG.

Nennen Sie Voraussetzungen für die Gründung einer AG.

Die **Voraussetzungen für die Gründung einer AG** sind:
- mindestens fünf Gründer
- ein Grundkapital von wenigstens 50.000,00 €
- ein notariell beurkundeter Gesellschaftsvertrag (Satzung)
- die Eintragung ins Handelsregister

Erläutern Sie die Organe einer Aktiengesellschaft.

- Der **Vorstand** ist das leitende Organ in der AG. Er wird vom Aufsichtsrat auf maximal fünf Jahre bestellt und kann aus einer oder mehreren Personen bestehen.
- Der **Aufsichtsrat** ist das überwachende Organ in einer AG. Dieses Kontrollorgan wird auf vier Jahre gewählt. Die Zusammensetzung ergibt sich aus den verschiedenen Mitbestimmungsregelungen.
- Die **Hauptversammlung** ist das beschließende Organ einer AG. Diese Versammlung der Gesellschafter (Aktionäre) findet in der Regel einmal jährlich statt (ordentliche Hauptversammlung). Eine außerordentliche Hauptversammlung kann bei besonderen Anlässen einberufen werden.

Führen Sie die Rechte eines Aktionärs auf.

- **Recht auf Auszahlung einer Dividende** (Gewinnanteil)
- **Stimmrecht** auf der Hauptversammlung (eine Stimme pro Aktie)
- **Recht auf Auskunft** bei der Hauptversammlung
- **Bezugsrecht** bei der Ausgabe neuer Aktien

1.3.5.7 Besondere Gesellschaftsformen

1.3.5.7.1 Genossenschaft

Was ist eine Genossenschaft?

Eine **Genossenschaft** ist eine Selbsthilfeorganisation mit mindestens sieben Mitgliedern zur Förderung der wirtschaftlichen Ziele ihrer Mitglieder. Sie ist eine juristische Person.
Das Grundkapital, dessen Größe gesetzlich nicht vorgeschrieben ist, wird durch Einlagen der Genossen (dies sind die Mitglieder) aufgebracht.
Ein Mindestkapital ist nicht vorgeschrieben.

Welche Grundidee liegt der Genossenschaft zugrunde?

Der **Grundgedanke der Genossenschaft** ist die gegenseitige Hilfe und Solidarität. Dabei soll durch den Zusammenschluss vieler (z. T. wirtschaftlich schwacher) Mitglieder der selbstständige Geschäftsbetrieb dieser Genossen gestärkt werden, indem ihnen Vorteile geboten werden, die sonst nur einem kapitalstarken Großbetrieb vorbehalten sind.

Was ist ein Geschäftsanteil?

Ein **Geschäftsanteil** ist der Betrag, mit dem die Genossen an der Genossenschaft beteiligt sind. Er ist für alle Genossen gleich groß.

Nennen Sie Voraussetzungen für die Gründung einer Genossenschaft.

- mindestens sieben Genossen (Mitglieder)
- Aufstellung eines schriftlichen Gesellschaftsvertrages (Statut)
- Wahl von Vorstand und Aufsichtsrat aus dem Kreis der Mitglieder
- Erstellung einer Namensliste aller Genossen
- Anmeldung der Genossenschaft zum Eintrag ins Genossenschaftsregister beim Amtsgericht

Erläutern Sie die Organe der Genossenschaft.

- Der **Vorstand** ist das leitende Organ in der Genossenschaft. Er setzt sich aus mindestens zwei Genossen zusammen, die die Genossenschaft unter eigener Verantwortung leiten und sie nach außen hin vertreten.
- Der **Aufsichtsrat** ist das überwachende Organ in der Genossenschaft. Er umfasst mindestens drei Genossen, die von der Generalversammlung gewählt werden.
  Als Kontrollorgan überwacht er den Vorstand, prüft den Jahresabschluss und berichtet darüber der Generalversammlung.
- Die **Generalversammlung** ist das beschließende Organ. Dabei hat jeder Genosse in diesem obersten Organ der Genossenschaft, unabhängig von der Zahl seiner Geschäftsanteile, eine Stimme.

Welche Rechte hat ein Genossenschaftsmitglied?

- Sie können die **Dienste der Genossenschaft** in Anspruch nehmen (z. B. Maschinen benutzen, Waren einkaufen).
- **Stimmrecht** bei der Generalversammlung
- Sie haben ein **Recht auf Anteil am Gewinn**.

Führen Sie die Pflichten eines Genossenschaftsmitgliedes auf.

- Die Genossen müssen mindestens einen Geschäftsanteil übernehmen, sofern die Satzung keine andere Regelung vorsieht, und eine entsprechende Einlage leisten **(Einlagepflicht)**.
- Die Genossen haben eine **Haftpflicht,** die sich nur gegenüber der Genossenschaft auswirkt. Diese erstreckt sich auch auf eine eventuelle Nachschusspflicht, falls sie nicht durch das Statut ausgeschlossen wurde.

1.3.6 Not leidende Unternehmung

Welche außerbetrieblichen Ursachen können eine Unternehmung in eine Krise führen?

Zu den **außerbetrieblichen Ursachen** zählen insbesondere das veränderte Verhalten der Kunden aufgrund der allgemeinen konjunkturellen Wirtschaftslage (eine hohe Arbeitslosigkeit führt zu einer gravierenden Veränderung der Nachfrage) und die häufig unzureichende Zahlungsmoral der Kunden.
In diesem Zusammenhang sind die zunehmenden Forderungsausfälle zu erwähnen, die ein Unternehmen in einen erheblichen Liquiditätsengpass bringen können.
Weiterhin haben die gravierenden Preissteigerungen im Energiesektor erhebliche Auswirkungen auf die betriebsinterne Kostenstruktur eines Unternehmens.

Welche innerbetrieblichen Ursachen können eine Unternehmung in eine Krise führen?

Zu den **innerbetrieblichen Ursachen** für eine Unternehmenskrise ist unter anderem eine mögliche Fehleinschätzung hinsichtlich der Sortimentsgestaltung und der Umsatzplanung zu zählen.
Ein zu hoher Lagerbestand und die damit verbundenen Kapitalbindungskosten (Kapital, das in Warenvorräten festgelegt ist und über die Umsatzerlöse wieder zu liquiden Mitteln wird) sind als mögliche innerbetriebliche Ursachen anzuführen.
Weiterhin können Fehleinschätzungen in der Vergabe von Zahlungszielen an Kunden zu einer Beeinträchtigung der Liquidität führen. Eine eventuelle Vernachlässigung der Kundenbindungskonzepte (auf mögliche notwendige Verkaufsschulungen wurde aus Kostengründen verzichtet) führt zu einer Beeinträchtigung des Umsatzes. Auch eine unzureichende Organisation und eine mangelnde Personaleinsatzplanung sind als mögliche innerbetriebliche Ursachen zu nennen. Weiterhin sind die Privatentnahmen des Eigentümers bzw. der Gesellschafter zu prüfen.

Was besagt der Begriff Insolvenz?

Insolvenz bedeutet, dass sich das Unternehmen in Zahlungsschwierigkeiten befindet, es ist also nicht mehr liquide, d. h., die laufenden Zahlungsverpflichtungen können nicht mehr ordnungsgemäß geleistet werden bzw. die Zahlungen werden eingestellt, das Unternehmen ist somit zahlungsunfähig.

Erklären Sie, was Sie unter der Sanierung eines Unternehmens verstehen.

Sanierung bedeutet eine innerbetriebliche Schwachstellenanalyse verbunden mit der Zielsetzung, die wirtschaftliche Leistungsfähigkeit des Unternehmens wiederherzustellen.

Welche Zielsetzung ist mit dem außergerichtlichen Vergleich verbunden?

Bei einem **außergerichtlichen Vergleich** versuchen der Eigentümer bzw. die Gesellschafter des in Zahlungsschwierigkeiten geratenen Unternehmens, mit den Gläubigern eine Einigung zu erzielen, um den Fortbestand des Unternehmens weiterhin zu gewährleisten.

Was ist unter einem Stundungs- und einem Erlassvergleich zu verstehen?

- Um einen **Stundungsvergleich** handelt es sich, wenn die Gläubiger einem Tilgungsplan zustimmen, der eine Stundung der Außenstände vorsieht.
- Um einen **Erlassvergleich** handelt es sich, wenn die Gläubiger auf einen Teil ihrer Forderungen verzichten, um dem Unternehmen somit die Möglichkeit einzuräumen, seine Leistungsfähigkeit wiederherzustellen.

  In beiden Fällen ist die Zustimmung aller beteiligten Gläubiger notwendig.

1.3.6 Not leidende Unternehmung

Was bewirkt das gerichtliche Insolvenzverfahren?

Durch das **gerichtliche Insolvenzverfahren** wird das Unternehmen aufgelöst und aus dem vorhandenen Vermögen werden die Gläubiger entsprechend befriedigt. Dabei hat der Schuldner die Möglichkeit, eine Restschuldbefreiung zu beantragen (siehe Seite 75).

Welche Gründe müssen für die Eröffnung eines Insolvenzverfahrens vorliegen?

Notwendige **Voraussetzungen für die Eröffnung des Insolvenzverfahrens**:

1. Die Zahlungsunfähigkeit des Schuldners liegt vor. Er ist nicht mehr in der Lage, seinen Zahlungsverpflichtungen nachzukommen; sie werden nicht mehr von ihm ausgeführt.

2. Auch wenn die Zahlungsunfähigkeit droht, ist ein Antrag auf Eröffnung des Insolvenzverfahrens durch den Schuldner möglich. Der Schuldner stellt fest, dass er seine bestehenden Zahlungsverpflichtungen voraussichtlich bis zur Fälligkeit nicht erfüllen kann.

Was versteht man unter einer Überschuldung?

Eine **Überschuldung** einer juristischen Person ist dann gegeben, wenn die Verbindlichkeiten das Vermögen übersteigen.

970974

Unter welchen Voraussetzungen kann das Insolvenzgericht den Antrag auf Eröffnung des Insolvenzverfahrens ablehnen?

Das Insolvenzgericht wird den **Insolvenzantrag mangels Masse ablehnen**, wenn eine Kostendeckung nicht mehr vorhanden ist. Das Vermögen des Schuldners erweist sich also als nicht ausreichend, um die Verfahrenskosten auszugleichen.

Was verstehen Sie unter einer Insolvenzmasse?

Zunächst wird vom Insolvenzgericht ein Insolvenzverwalter bestellt, der das gesamte Vermögen **(Insolvenzmasse)** des Schuldners verwaltet. Er hat ein Verzeichnis der Forderungen zu erstellen, bevor eine Verteilung der Insolvenzmasse an die Gläubiger durch das Gericht erfolgt.

Warum wird ein Insolvenzplan aufgestellt und was beinhaltet er?

Durch Maßnahmen, die den Fortbestand der Unternehmung in Aussicht stellen, erhalten die Gläubiger einen größeren Betrag ihrer Forderungen, als wenn das Unternehmen zwangsweise aufgelöst wird. Aus diesem Grund beauftragen sie einen Insolvenzverwalter mit der Aufstellung eines **Insolvenzplans**.
Darin wird u. a. festgelegt, welche Maßnahmen künftig eingeleitet werden sollen, um die Forderungen der Gläubiger sicherzustellen.

Wann besteht die Möglichkeit einer Restschuldbefreiung?

Handelt es sich bei dem Schuldner um eine natürliche Person, so hat er die Möglichkeit, auf Antrag vom Insolvenzgericht von seinen **Restschulden befreit** zu werden. Dies wird ihm allerdings nur unter Einhaltung von Auflagen gewährt.

970975

1.3.6 Not leidende Unternehmung

Was ist unter einer Liquidation zu verstehen?

Unter **Liquidation** ist die freiwillige Auflösung des Unternehmens zu verstehen. Dabei wird das gesamte Vermögen des Unternehmens verkauft und somit in liquide Mittel umgewandelt. Die Auflösung des Unternehmens ist im Handelsregister einzutragen und die Geschäftsbücher sind zehn Jahre aufzubewahren.

Was ist ein Bankrott?

Bankrott ist die vom Schuldner selbst verursachte Insolvenz, die mit einer Straftat gleichzusetzen ist und mit einer Freiheitsstrafe bis zu zehn Jahren geahndet wird.

1.4 Betriebliche Organisationslehre

1.4.1 Arten der betrieblichen Regelungen

Was ist unter der Betriebsorganisation im Sport- und Fitnessstudio zu verstehen?

Durch die **Betriebsorganisation** wird ein System von Regelungen und Arbeitsanweisungen mit der Zielsetzung geschaffen einen ordnungsgemäßen Betriebsablauf jederzeit zu gewährleisten.

In einem Sport- und Fitnessstudio sind zunächst die Aufgaben- und Zuständigkeitsbereiche der einzelnen Mitarbeiter eindeutig zu ordnen und festzulegen, damit eine systematische Strukturierung der Arbeitsabläufe gewährleistet ist.

Wie lassen sich die betrieblichen Regelungen unterscheiden?

Folgende **Arten der betrieblichen Regelungen** können getroffen werden:

1. **Generelle Regelungen**
   Diese allgemein gültigen Regelungen können dann getroffen werden, wenn es sich um gleichartige Aufgabenstellungen handelt, die auf Dauer angelegt sind und sich ständig unverändert wiederholen.

2. **Fallweise Regelungen (Disposition)**
   Diese Regelungen sind erforderlich, wenn allgemein gültige Regelungen zu ergänzen sind, wie es zum Beispiel bei der Bearbeitung von Reklamationen im Sport- und Fitnessstudio der Fall ist.

3. **Improvisation**
   Häufig treten im Sport- und Fitnessstudio unerwartete Ereignisse ein, die ein sofortiges Handeln erfordern. Diese nicht planbaren Regelungen erfordern – zum Beispiel beim Ausfall einer Mitarbeiterin im Bistrobereich oder eines Trainers – die erforderliche Entscheidungskompetenz des zuständigen Mitarbeiters, um unverzüglich eine Ersatzkraft einzusetzen.

1.4.2 Grundsätze der Organisation

Z!

In welche Phasen lässt sich eine Neuorganisation im Sport- und Fitnessstudio unterteilen?

Die Neu- oder Reorganisation, d. h. die Änderung von bestehenden Arbeitsabläufen, lässt sich i. d. R. in folgende Phasen unterteilen:

1. **Ermittlung des Istzustandes:** Der tatsächliche Arbeitsablauf wird in dieser Phase festgestellt.

2. **Kritische Analyse des Istzustandes:** Der festgestellte Arbeitsablauf wird kritisch analysiert. Im Anschluss daran wird in dieser Phase ein Sollvorschlag (was soll erreicht werden) erarbeitet.

3. **Umsetzung des Konzepts:** Das erarbeitete Konzept wird realisiert.

4. **Kontrollphase:** Das Konzept wird nach der Einführung mit dem neuen Istzustand verglichen (Soll-Ist-Vergleich); mögliche Abweichungen sind dabei umfassend zu analysieren.

1.4.2 Gundsätze der Organisation

Wie lassen sich Organisationsgrundsätze unterteilen?

Z!

Bei der Auswahl der Regelungen sind nachfolgende Grundsätze zu beachten:

1. **Grundsatz der Wirtschaftlichkeit**
   Organisatorische Regelungen sind unter Beachtung des ökonomischen Prinzips zu treffen, d. h., bedingt durch die Organisation sind Arbeitsvorgänge kostengünstig zu gestalten.
2. **Grundsatz der Zweckmäßigkeit**
   Organisatorische Regelungen sind zweckmäßig zu gestalten. Die einzelnen Arbeitsschritte sind bei der Zerlegung eines Arbeitsauftrages sinnvoll aufeinander abzustimmen.
3. **Grundsatz der Klarheit**
   Hinsichtlich der Festlegung der Kompetenzen sind eindeutige organisatorische Regelungen zu formulieren. Die Mitarbeiter erhalten somit klare Kompetenzzuweisungen. Damit ist auch das Über- und Unterordnungsverhältnis festgelegt.
4. **Grundsatz des organisatorischen Gleichgewichts**
   Organisatorische Regelungen sollten so getroffen werden, dass ein ausgeglichenes Verhältnis zwischen den Dauerregelungen, den fallweisen Regelungen und den Improvisationen besteht.

Was ist unter einer Über- und Unterorganisation zu verstehen?

Z!

- **Überorganisation** liegt vor, wenn jede Arbeitsaufgabe detailliert geplant wird. Der gesamte Betriebsablauf wird strukturell vorgegeben. Die Mitarbeiter erhalten nur eine geringe Kompetenz (Entscheidungsbefugnis). Treten unvorhergesehene Ereignisse auf, können nicht unmittelbar betriebliche Entscheidungen getroffen werden; sie sind erst nach zeitaufwändigen Rücksprachen möglich. Damit wird die Motivation der Mitarbeiter negativ beeinflusst.
- **Unterorganisation** liegt vor, wenn der Betriebsablauf nur unzureichend organisiert ist. Durch fehlende Regelungen (Anweisungen) sind die Kompetenzen der Mitarbeiter nicht eindeutig festgelegt und es kommt dadurch häufig zu Kompetenzstreitigkeiten und zu zeitlichen Verzögerungen im Arbeitsablauf. Allerdings können die Mitarbeiter auf unvorhersehbare Ereignisse unmittelbar reagieren; doch ihre Motivation wird durch unzureichende Anweisungen ebenfalls negativ beeinträchtigt.

970978

Ein organisatorisches Gleichgewicht ist gegeben, wenn ein ausgewogenes Verhältnis zwischen der Über- und Unterorganisation vorliegt.

1.4.3 Ablauforganisation

Was ist unter einer Ablauforganisation zu verstehen?

Das Ziel der **Ablauforganisation** in einem Sport- und Fitnessstudio besteht darin, die Betriebsabläufe exakt zu ordnen und zu koordinieren. Betriebliche Tätigkeiten und Arbeitsabläufe sind so zu organisieren, dass eine optimale Auslastung der gesamten beteiligten Stellen gegeben ist und deren Reihenfolge systematisch zeitlich aufeinander abgestimmt ist.

In welchen Schritten werden Arbeitsabläufe im Rahmen der Ablauforganisation durchgeführt?

Die einzelnen **Schritte bei der Ablauforganisation** sind:

- ➢ Ermittlung des Istzustandes,
- ➢ Darstellung des Istzustandes,
- ➢ Bewertung/Kritik des Istzustandes,
- ➢ Entwicklung eines Konzeptes zur Beseitigung der Schwachstellen (Sollkonzept),
- ➢ Einführung des Sollkonzepts,
- ➢ Prüfung des Sollkonzepts.

Welche Methoden stehen zur Verfügung, um in einem Sport- und Fitnessstudio den Istzustand der Arbeitsabläufe zu erfassen?

Die **bestehenden Arbeitsabläufe** in einem Sport- und Fitnessstudio können wie folgt erfasst werden:

a) Erfassung der bestehenden Arbeitsabläufe durch schriftliche (z. B. Fragebögen) oder mündliche Mitgliederbefragung (z. B. Interview)

b) Erfassung der bestehenden Arbeitsabläufe durch Beobachtung (z. B. Einzel-/Dauerbeobachtung oder Multimomentaufnahme)

c) Erfassung der bestehenden Arbeitsabläufe durch Aufschreiben (Mitarbeiter verfasst z. B. Tätigkeitsbericht, aus dem u. a. Schwachstellen im Arbeitsablauf unmittelbar ersichtlich sind)

Die Erfassung des Istzustandes der Arbeitsabläufe dient als Grundlage zur Entwicklung bzw. Erstellung eines Sollkonzepts.

1.4.3 Ablauforganisation

Was versteht man unter einem Netzplan?

Ein **Netzplan** ist eine Möglichkeit, ein Planungsvorhaben zu steuern und zu überwachen. Es ist somit ein Planungs- und Kontrollinstrument, das wie folgt abgestimmt ist:

1. **Strukturanalyse der Netzplantechnik**
   Es wird zunächst festgelegt, welche Arbeitsvorgänge insgesamt anfallen bzw. zu erledigen sind und wie diese aufeinander abzustimmen sind.
2. **Zeitanalyse der Netzplantechnik**
   Die zeitliche Reihenfolge der Vorgänge ist zu planen.
3. **Erstellung des Netzplanes – Terminplanung**
   Der Netzplan wird grafisch dargestellt. Die einzelnen Vorgänge sind mit einem Anfangs- und Endzeitpunkt einschließlich einer Pufferzeit zu planen und grafisch in einem Netzplan darzustellen.
   Der Netzplan dient somit der Ablaufkontrolle, also dem Soll-Ist-Vergleich.

Was besagt der „kritische Weg"?

Als **kritischer Weg** wird die gesamte Dauer vom Beginn des Projektes bis zum Projektende bezeichnet, ohne Pufferzeiten. Unerwartete Ereignisse, wenn z. B. terminierte Lieferungen nicht ordnungsgemäß eintreffen, verzögern die gesamte Projektdauer.

Was ist unter einer Aufgabenanalyse zu verstehen?

Unter einer **Aufgabenanalyse** ist die Zerlegung der betrieblichen Gesamtaufgabe im Sport- und Fitnessstudio (z. B. Gewinnmaximierung durch den Verkauf von Mitgliedschaften, Verkauf im Bistrobereich, Verkauf von Sportartikeln, Fitnesszubehör, Nahrungsergänzungsprodukten, Beautyartikeln usw.) in einzelne Teilbereiche zu verstehen, die von den Mitarbeitern eigenverantwortlich betreut werden. Die Zerlegung der Arbeitsaufgabe kann wie folgt vorgenommen werden:

a) **nach der Verrichtung**
   Die Aufteilung erfolgt nach der Art der Tätigkeit bzw. nach den betrieblichen Funktionsbereichen im Sport- und Fitnessstudio, wie z. B. den Bistrobereich, den Sportbereich, den

Fitnessbereich, den Beautybereich, den Nassbereich und den Verwaltungsbereich.

b) nach dem Objekt
Die Aufgabengliederung erfolgt nach den Objekten, das sind Dienstleistungen, die ein Sport- und Fitnessstudio seinen Mitgliedern anbietet. Darunter sind z. B. die eingehenden Beratungen, Check-ups und die Erstellung und Kontrolle der individuellen Trainingspläne zu verstehen.

c) nach der Phase
Die Aufgabengliederung erfolgt nach der zeitlichen Reihenfolge der einzelnen Arbeitsschritte, diese sind z. B. Planung, Durchführung und Kontrolle.

d) nach dem Rang
Die Aufgabengliederung erfolgt nach der Rangstufe (Wertigkeit) der betrieblichen Aufgabenstellung. Eine Differenzierung ist in eine leitende und eine ausführende Funktion möglich (z. B. Bereichsleiter, Kurse und Trainer).

Auf der Grundlage der Aufgabenanalyse erfolgt eine Stellen- und Abteilungsbildung.

1.4.4 Aufbauorganisation

Was ist unter einer Aufbauorganisation zu verstehen?

Die **Aufbauorganisation** gliedert das Unternehmen in organisatorische Teil- bzw. Geschäftsbereiche (zum Beispiel Abteilungen, Stellen) und weist den Stelleninhabern bestimmte Kompetenzen zu.

1.4.4.1 Stelle und Abteilung

Was ist eine Stelle?

Eine **Stelle** ist die kleinste organisatorische Einheit eines Sport- und Fitnessstudios. Dabei wird das Leistungsvermögen des Stelleninhabers berücksichtigt und ist bezogen auf seinen Aufgaben- und seinen Arbeitsbereich. Die Stelle beinhaltet somit auch die Weisungsbefugnis des Stelleninhabers.

1.4.4.1 Stelle und Abteilung

Was ist ein Arbeitsplatz?

Der **Arbeitsplatz** ist der räumlich organisatorische Bereich, an dem der Mitarbeiter seine betriebliche Tätigkeit zu verrichten hat. Die Gestaltung des Arbeitsplatzes erfolgt unter Beachtung bestehender Vorschriften und einer flexiblen Anpassung an veränderte Aufgabenstellungen. Bezogen auf das Anforderungsprofil des Arbeitsplatzes ist dieser mit modernen Informations- und Kommunikationstechnologien ausgestattet.

Was versteht man unter einer Instanz?

Eine **Instanz** ist eine Stelle, die Leitungs- und Entscheidungsaufgaben für eine Reihe untergeordneter Stellen übernimmt und gegenüber diesen über eine Anordnungs- und Kontrollbefugnis verfügt.

Was ist eine Stellenbeschreibung?

Stellenbeschreibungen enthalten alle wichtigen Angaben über die Stelle in einem Unternehmen. Sie dienen sowohl dem Mitarbeiter, da sie die von ihm zu erbringende Leistung beschreiben, als auch dem Unternehmen, für das sie eine Grundlage für die Bewertung der Leistung des Stelleninhabers und für die Neubesetzung bilden.

Sie sollten mindestens Auskunft geben über:

- die Bezeichnung der Stelle,
- die Stelleneingliederung (die Beziehungen zu anderen Stellen),
- die zu verrichtenden Aufgaben,
- die Verantwortungs- und Entscheidungsbefugnisse,
- die persönlichen Anforderungen an den Stelleninhaber,
- die Vertretungsregelung.

Die Festlegung der Vergütung ist **nicht** Bestandteil der Stellenbeschreibung.

Was ist ein Stellenplan?

Die gesamten Stellen im Unternehmen werden in einem Ordnungssystem (Organigramm) übersichtlich dargestellt. Aus dem **Stellenplan** ist u. a. die Stellenbezeichnung und die Sollanzahl der Mitarbeiter ersichtlich.

Erläutern Sie den Begriff der Unternehmenshierarchie.

Die unterschiedlichen Abteilungen und Stellen eines Unternehmens werden in eine betriebliche Rangfolge gebracht, die Hierarchie. Dabei lassen sich vier Hierarchiestufen unterscheiden:

1. **Topmanagement**
   Das Topmanagement bildet die oberste Hierarchiestufe im Unternehmen und wird repräsentiert durch den Geschäftsinhaber, den Geschäftsführer, den Vorstand. Ihre Aufgaben umfassen unter anderem die Planung und die Festlegung der betrieblichen Ziele.

2. **Middlemanagement**
   Die mittlere Leitungsebene wird repräsentiert durch Hauptabteilungs- und Abteilungsleiter. Sie sind zunächst für den reibungslosen Arbeitsablauf in ihrer Abteilung verantwortlich. Ihre Aufgabe besteht in der Umsetzung der Zielsetzungen des Topmanagements.

3. **Lowermanagement**
   Diese untere Leitungsebene wird unter anderem repräsentiert durch Meister, Gruppenleiter. Sie haben die Aufgabe, den reibungslosen Arbeitsablauf in ihrem Bereich zu gewährleisten.

4. **Ausführende Ebene**
   Diese Ebene befindet sich am Ende der Unternehmenshierarchie. Die Aufgabe der Sacharbeiter, der angelernten und ungelernten Arbeitskräfte besteht darin, Anweisungen sachgerecht auszuführen.

Was ist eine Abteilung?

Eine **Abteilung** ist die Zusammenfassung von sachlich zusammengehörenden Stellen unter einheitlicher Leitung. Sie besteht aus mindestens einer Instanz und mehreren untergeordneten Stellen.

1.4.4.2 Leitungssysteme

Was ist ein Weisungssystem?

Z!

Weisungs- bzw. Leitungssysteme legen die Anordnungs- und Weisungsbefugnisse der einzelnen Abteilungs- bzw. Stelleninhaber innerhalb eines Unternehmens fest. Es wird für jede Stelle detailliert festgelegt, welche anderen Stellen über- bzw. untergeordnet sind. Weisungssysteme geben Auskunft über die Informationswege im Unternehmen.

Erläutern Sie die Organisationsform des Einliniensystems und stellen Sie dieses grafisch dar.

Z!

Das **Einliniensystem** ist eine Organisationsform, die gekennzeichnet ist durch einen einheitlichen Instanzenweg, der auch eingehalten werden muss (= Dienstweg). Jeder Mitarbeiter erhält nur von seinem unmittelbaren Vorgesetzten Anweisungen, mit deren Ausführung er beauftragt ist.

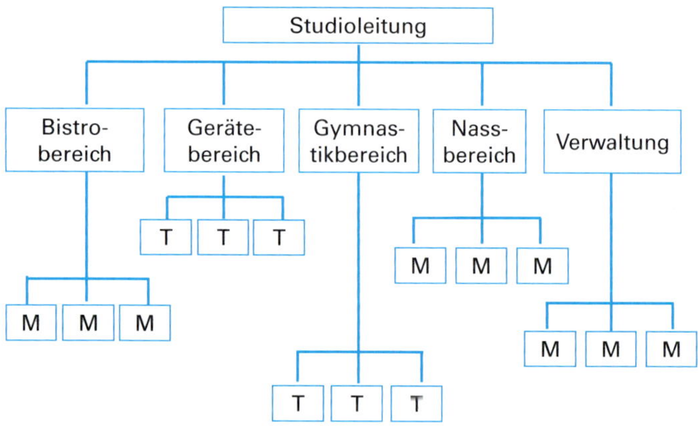

M = Mitarbeiter
T = Trainer

970984

Welche Vor- und Nachteile sind mit dem Einliniensystem verbunden?

- **Vorteile des Einliniensystems** sind:
  - übersichtlicher organisatorischer Aufbau des Unternehmens,
  - eindeutig geregelte Zuständigkeiten,
  - unmittelbare Kontrollmöglichkeit.
- Das **Einliniensystem** weist folgende **Nachteile** auf:
  - starre Organisation,
  - langer, zeitaufwändiger Befehlsweg,
  - starke Belastung mit steigender Ranghöhe im Instanzenzug,
  - Überlastung der Geschäftsführung,
  - Gefahr von Fehleinschätzungen.

Was kennzeichnet ein Stabliniensystem und wie kann es grafisch dargestellt werden?

Das **Stabliniensystem** ist ein Liniensystem, das durch Stäbe erweitert wird.
Stabsstellen sind besondere Stellen, die Informationen verarbeiten, Entscheidungen vorbereiten und die Instanzen fachlich beraten, aber über keine Entscheidungs- bzw. Anordnungsbefugnis verfügen. Sie sind in der Regel Führungskräften der obersten und mittleren Unternehmensebene zugeordnet.

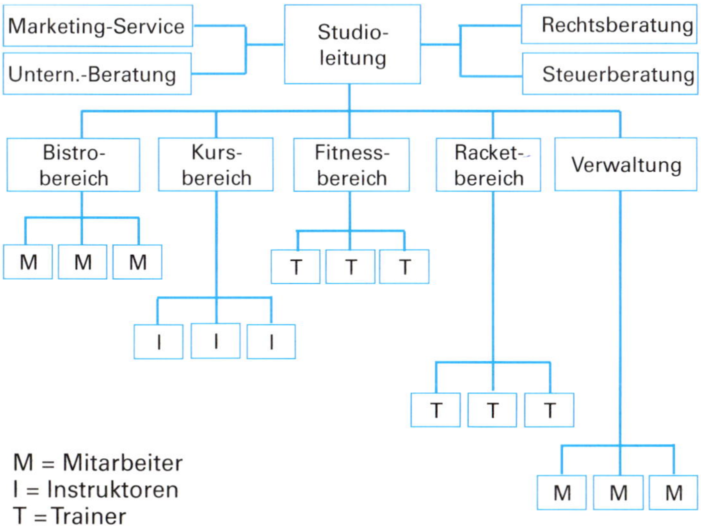

M = Mitarbeiter
I = Instruktoren
T = Trainer

1.4.4.2 Leitungssysteme

Welche Vor- und Nachteile sind mit dem Stabliniensystem verbunden?

Z!

- Die **Vorteile des Stabliniensystems** sind:
  - Nutzung von Fachwissen; die Geschäftsführung wird dadurch entlastet.
  - Entscheidungen können fundierter getroffen werden.
  - Eindeutige Anordnungsbefugnis des Liniensystems bleibt erhalten.

- **Nachteile des Stabliniensystems** sind:
  - Es besteht die Gefahr der Kompetenzüberschreitung; die Stabsstelleninhaber werden zu indirekten Abteilungsleitern.
  - Höhere Personalkosten entstehen durch Einstellung von spezialisierten Fachkräften.
  - Führungskräfte, denen Stabsstellen zugeordnet sind, können sich den Vorschlägen der Stabsstellen widersetzen, um ihre Autorität weiterhin aufrechtzuerhalten.

Charakterisieren Sie das Mehrliniensystem und skizzieren Sie es.

Z!

Das **Mehrliniensystem** ist dadurch gekennzeichnet, dass jede Stelle von mehreren Vorgesetzten Anweisungen erhalten kann. Der Mitarbeiter ist also gleichzeitig mehreren Vorgesetzten gegenüber verantwortlich. Dieses System wird auch als Funktionssystem bezeichnet.

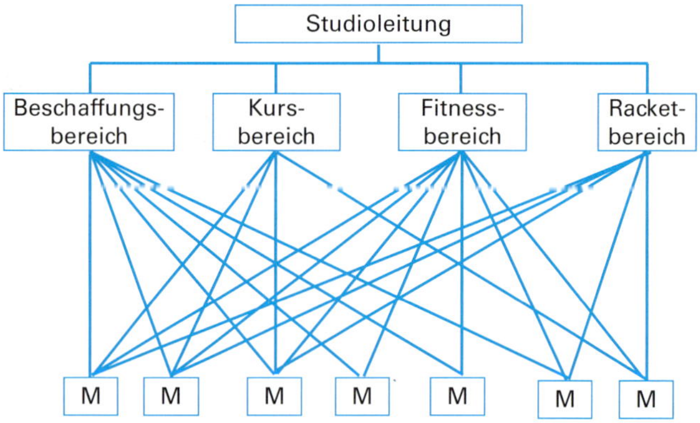

M = Mitarbeiter

970986

Welche Vor- und Nachteile sind mit dem Mehrliniensystem verbunden?

- **Vorteile des Mehrliniensystems** sind:
  - kurze Befehlswege,
  - geringe Fehlentscheidungen,
  - Entlastung der Geschäftsführung.
- **Nachteile des Mehrliniensystems** sind:
  - keine eindeutige Kompetenzabgrenzung,
  - keine zufrieden stellende Klärung der Verantwortung,
  - Probleme bei der Koordination dezentraler Entscheidungen.

Was ist eine Spartenorganisation?

Die **Spartenorganisation** wird auch als divisionale Organisation bezeichnet und ist eine Organisationsform, die sich für große Unternehmen eignet. Das Unternehmen wird in mehrere Geschäftsbereiche (Divisionen/Sparten) unterteilt, die wie wirtschaftlich unabhängige Teilunternehmen (Profitcenter) behandelt werden, denen lediglich die Gesamtunternehmensleitung übergeordnet ist.

Was ist unter einer Matrixorganisation zu verstehen und wie sieht sie grafisch umgesetzt aus?

Die **Matrixorganisation** gliedert das Unternehmen (Sport- und Fitnessstudio) horizontal nach dem Verrichtungsprinzip, den betrieblichen Teilbereichen Beschaffung, Marketing, Verkauf und Controlling, und vertikal nach dem Objektprinzip, dem Bistrobereich, dem Kursbereich und dem Fitnessbereich. Der Vorteil liegt unter anderem darin, dass verrichtungs- und objektbezogene Sachargumente gleichberechtigt in den Entscheidungsprozess mit einbezogen werden.

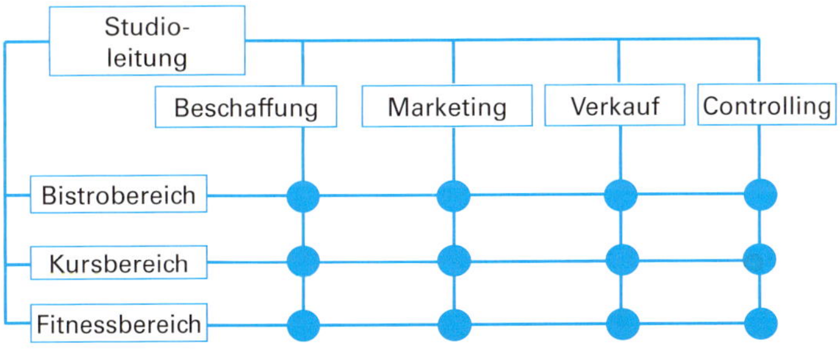

1.4.4.2 Leitungssysteme

Was ist unter einer Teamorganisation zu verstehen?

Z!

Bei der **Teamorganisation** werden einzelnen Teams (Personengruppen) Aufgabenstellungen übertragen. In Zusammenarbeit mit einer Führungskraft erarbeiten sie für diese Problemstellung entsprechende Konzepte.

Welche Unterschiede bestehen zwischen Ausschüssen und Projekten?

Z!

- **Ausschüsse** werden gebildet, wenn in der Regel umfassende betriebliche Problemlösungsstrategien zu entwickeln sind. Die Mitglieder der Ausschüsse sind neben ihrer eigentlichen Tätigkeit zeitlich unbefristet an der Lösung derartiger Problemstellungen beteiligt. Ausschüsse werden auch als Arbeitskreise und Kommissionen bezeichnet.

- **Projekte** sind zeitlich befristete Aufgabenstellungen, die von mehreren Personen bearbeitet werden. Ihre Mitglieder setzen sich aus spezialisierten Führungskräften der verschiedenen betrieblichen Teilbereiche zusammen. Es ist ein Projektleiter zu bestimmen, der mit der Projektgruppenleitung betraut wird und unter anderem die Verantwortung für einen reibungslosen Arbeitsablauf übernimmt.

1.4.5 Vollmachten

Warum ist die Erteilung einer Handlungsvollmacht notwendig?

Z!

Der selbstständige Kaufmann ist nicht in der Lage, die gesamten Aufgaben der Unternehmung eigenständig zu lösen. Er ist deshalb auf qualifizierte Mitarbeiter angewiesen, die für ihn Verantwortung übernehmen. Aus diesem Grund erteilt er seinen Mitarbeitern entsprechende **Vollmachten**. Werden Mitarbeiter beauftragt Rechtsgeschäfte für die Unternehmung abzuschließen, so treten sie stellvertretend für die Unternehmung auf.
Gemäß § 164 BGB handelt der vertretungsberechtigte Mitarbeiter im Namen und auf Rechnung der Unternehmung.

970988

Wie wird die Handlungsvollmacht erteilt?

Die Erteilung der **allgemeinen Handlungsvollmacht** richtet sich nach den Bestimmungen des § 167 BGB. Eine Form ist nicht vorgeschrieben, d. h., sie kann sich auch auf schlüssige Handlung oder stillschweigende Duldung beziehen. Handlungsbevollmächtigte sind berechtigt begrenzte Untervollmachten zu erteilen.

Welche Rechtsgeschäfte darf ein Angestellter mit allgemeiner Handlungsvollmacht ausüben?

Die **allgemeine Handlungsvollmacht** berechtigt den Angestellten gemäß § 54 HGB zur Ausübung aller gewöhnlichen Rechtsgeschäfte, die der Betrieb eines Handelsgewerbes gewöhnlich mit sich bringt, wie z. B. die gesamten Beschaffungsvorgänge rechtsverbindlich abzuschließen und Tätigkeiten, die im Zusammenhang mit den Verkaufsverhandlungen stehen, eigenverantwortlich zu erledigen.

Die Handlungsvollmacht kann im Gegensatz zur Prokura in ihrem Umfang beliebig eingegrenzt werden. Der Handlungsbevollmächtigte unterzeichnet mit dem Zusatz i. V. oder i. A.

Wie können die Handlungsvollmachten unterteilt werden?

Die **Handlungsvollmacht** kann wie folgt **unterteilt** werden:

1. **Gewöhnliche Handlungsvollmacht**
   Sie berechtigt den Angestellten zur Ausübung aller gewöhnlichen Rechtsgeschäfte, die im Betrieb vorkommen.

2. **Artvollmacht**
   Diese Vollmacht ist bezogen auf den Umfang des im Arbeitsvertrag festgelegten Aufgabenbereiches. Die Artvollmacht berechtigt Angestellte, Rechtsgeschäfte dauernd zu erledigen.

3. **Einzelvollmacht**
   Der Angestellte erhält eine Vollmacht, eine Rechtshandlung einmalig auszuführen.

1.4.5 Vollmachten

Was ist unter einer Prokura zu verstehen?

Z!

Die **Prokura** ist eine besonders umfassende Vollmacht, die dazu berechtigt, gerichtliche und außergerichtliche Rechtshandlungen rechtsverbindlich für die Unternehmung durchzuführen.

In welcher Form muss die Prokura erteilt werden?

Z!

Die **Prokura** kann vom Inhaber des Handelsgeschäftes oder von seiner gesetzlichen Vertretung nur mittels ausdrücklicher Erklärung **erteilt** werden (§ 53 HBG) und ist in das Handelsregister einzutragen. Es handelt sich um eine deklaratorische Wirkung der Eintragung, d. h., mit der Eintragung in das Handelsregister wird die Tatsache lediglich öffentlich bekannt gemacht.

Welche Tätigkeiten darf ein Prokurist vornehmen?

Z!

Die Prokura ermächtigt zu allen Arten von gerichtlichen und außergewöhnlichen Geschäften und Rechtshandlungen, die der Betrieb eines Handelsgewerbes mit sich bringt (§ 49 HGB).

So ist ein **Prokurist** z. B. **befugt**:
- ➢ Mitarbeiter einzustellen und zu entlassen,
- ➢ Wechsel zu unterschreiben (akzeptieren),
- ➢ Bürgschaften einzugehen,
- ➢ Prozesse für das Unternehmen zu führen.

Ein **Prokurist** ist aber **nicht befugt** nachfolgend aufgeführte Rechtsgeschäfte abzuschließen:
- ➢ Grundstücke zu veräußern oder zu belasten (Ausnahme: Ihm wurde gemäß § 49 Abs. 2 HGB eine ausdrückliche Vollmacht erteilt),
- ➢ die Unternehmung zu veräußern,
- ➢ Anmeldungen zum Handelsregister vorzunehmen (Ausnahme besteht bei der gemischten Prokura),
- ➢ selbst Prokura zu erteilen,
- ➢ Gesellschafter aufzunehmen,
- ➢ Bilanzen und Steuererklärungen zu unterschreiben.

970990

Ist eine Beschränkung des gesetzlich festgelegten Umfangs der Prokura möglich?

Eine **Beschränkung** des gesetzlich festgelegten Umfangs der **Prokura** ist nur im Innenverhältnis möglich.
Im Außenverhältnis, also Dritten gegenüber, ist gemäß § 50 HGB eine Beschränkung unwirksam.

Welche Arten der Prokura können unterschieden werden?

Die **Prokura** kann wie folgt **unterteilt** werden:

1. **Einzelprokura:** Der Prokurist ist allein befugt die Unternehmung gemäß den gesetzlichen Bestimmungen rechtswirksam zu vertreten.

2. **Filialprokura:** Die Prokura erstreckt sich auf die Filiale (Zweigstelle) des Unternehmens (§ 50 Abs. 3 HGB).

3. **Gesamtprokura:** Bei dieser Art der Prokura bevollmächtigt der Inhaber des Handelsgewerbes mehrere (mindestens zwei) Prokuristen, nur gemeinsam Rechtsgeschäfte abzuschließen (§ 48 Abs. 2 HGB). Handelt ein Prokurist trotzdem allein, so liegt eine Vertretung ohne Vertretungsmacht im Sinne des § 177 BGB vor.

Wann erlischt die Prokura?

Die **Prokura erlischt**:

a) wenn der Inhaber sie widerruft,
b) wenn der Prokurist aus dem Unternehmen ausscheidet,
c) wenn das Geschäft aufgelöst oder verkauft wird.

1.4.6 Führungsstile

Welcher Unterschied besteht zwischen einem Direktorial- und einem Kollegialprinzip?

Der Unternehmensleitung stehen grundsätzlich zwei Entscheidungssysteme zur Verfügung, die erhebliche Auswirkungen auf die Einstellung und das Verhalten der Mitarbeiter haben:

1. **Direktorialprinzip:** Bei diesem Entscheidungssystem verfügt nur eine Person über eine uneingeschränkte Entscheidungsbefugnis (z. B. der Inhaber eines Einzelunternehmens).

2. **Kollegialprinzip:** Die Entscheidungen werden bei diesem System von den Mitgliedern der Instanz oder eines Teams gemeinsam getroffen.

Was ist unter einem Führungsstil zu verstehen?

Unter einem **Führungsstil** ist die Art und Weise zu verstehen, wie ein Vorgesetzter seine Entscheidungen trifft.

Was unterscheidet den autoritären vom kooperativen Führungsstil?

- Ein **autoritärer Führungsstil** liegt vor, wenn der Vorgesetzte sämtliche Entscheidungen ohne Mitwirkung seiner ihm zugeordneten bzw. unterstellten Mitarbeiter trifft. Die Mitarbeiter haben lediglich seine Anordnungen auszuführen.

- Der **kooperative Führungsstil** ist geprägt durch die Mitwirkung der Mitarbeiter am Entscheidungsprozess. Die Mitarbeiter verfügen über umfangreiche Kompetenzen und sind befugt Entscheidungen eigenverantwortlich auszuführen. Der Vorgesetzte kontrolliert lediglich das Arbeitsergebnis.

Nennen Sie die verschiedenen Arten von Führungstechniken.

Die **Führungstechniken** finden Anwendung bei der Umsetzung von Delegationsproblemen und beim kooperativen Führungsstil.

1. **Management by Exceptions**
Diese Führungstechnik bedeutet das Führen nach dem Ausnahmeprinzip. Die Geschäftsleitung bzw. der Vorgesetzte überträgt dem Mitarbeiter die gesamte Verantwortung für die zu erledigende Arbeitsaufgabe. Eine ständige Kontrolle ist nicht vorgesehen. Die Geschäftsleitung bzw. der Vorgesetzte wird nur dann eingreifen, wenn unerwartete bzw. unvorhersehbare Ereignisse/Probleme auftreten, die den Entscheidungsspielraum des Mitarbeiters übersteigen.

2. **Management by Delegation**
Diese Führungstechnik basiert auf dem Prinzip der Verantwortungsübertragung. Der Mitarbeiter erhält für seinen Aufgabenbereich die gesamte Entscheidungsbefugnis. Er ist somit in der Lage, eigenständig für seinen Aufgabenbereich die notwendigen Entscheidungen zu treffen. Der Vorgesetzte beschränkt sich lediglich auf stichprobenartige Kontrollen.

3. **Management by Objectives**
Diese Führungstechnik bedeutet Führen nach dem Prinzip der Zielvereinbarung. Der Vorgesetzte und der Mitarbeiter entscheiden gemeinsam über die Festlegung der zu erreichenden Ziele. Diese Ziele sollen durch den Mitarbeiter eigenverantwortlich erreicht werden. Die Kontrolle des Vorgesetzten ist lediglich beschränkt auf das zu erwartende Ergebnis.

Z!

Was ist unter Humanisierung der Arbeitswelt zu verstehen?

Humanisierung der Arbeit umfasst die gesamten Maßnahmen, die auf eine menschengerechtere Gestaltung der Arbeitsbedingungen gerichtet sind.

Mögliche Auswirkungen der Humanisierungsbemühungen:
- Die Aufgabenbereiche werden anspruchsvoller.
- Das Selbstwertgefühl des Arbeitnehmers steigt.
- Individuelle Fähigkeiten werden besser genutzt.
- Teilverrichtungen wiederholen sich nicht so oft.
- Die Arbeitszufriedenheit nimmt zu.
- Das Betriebsklima verbessert sich.

1.4.6 Führungsstile

Nennen Sie die neuen Formen der Arbeitsorganisation, die auf eine menschengerechtere Gestaltung der Arbeitsbedingungen abzielen.

Z!

Zu den **neuen Formen der Arbeitsorganisation** gehören:

- **Arbeitsplatzwechsel (Jobrotation):** regelmäßiger Aufgabenwechsel.
- **Arbeitserweiterung (Jobenlargement):** Erweiterung des Arbeitsumfangs, indem nacheinander folgende Tätigkeiten, die von mehreren Personen vollzogen wurden, nun von einer Person erledigt werden.
- **Arbeitsbereicherung (Jobenrichment):** Verschiedene Teilarbeiten werden zu einer Arbeitseinheit zusammengefasst. Die Mitarbeiter erhalten bestimmte Entscheidungskompetenzen und kontrollieren ihre Arbeitsergebnisse selbst.

1.4.7 Einflussfaktoren auf die menschliche Arbeitsleistung

Von welchen Faktoren ist die menschliche Arbeitsleistung abhängig?

Z!

Die **Arbeitsleistung des Menschen** ist im Wesentlichen abhängig von:

- den körperlichen und geistigen Fähigkeiten, die auch im Rahmen der Ausbildung erworben werden
- der Leistungsbereitschaft
- dem Leistungswillen
- der Beanspruchung
- den vorgegebenen betrieblichen Arbeitsbedingungen

Welcher Unterschied besteht zwischen der Leistungsfähigkeit und der Leistungsbereitschaft?

Z!

- Die **Leistungsfähigkeit** eines Menschen ist unter anderem abhängig von seiner körperlichen Verfassung, also seinem Gesundheitszustand. Weiterhin sind seine Fähigkeiten und seine erworbenen Kenntnisse, die er durch die Ausbildung erworben hat, anzuführen. Auch die persönlichen Erfahrungen sind in diesem Zusammenhang zu berücksichtigen.

- Körperliche und seelische Faktoren beeinflussen dagegen die individuelle **Leistungsbereitschaft** des Menschen. Witterungseinflüsse und der Tagesablauf sind dabei als mögliche Einflussgrößen anzusehen. Weiterhin bestimmen die Arbeitseinstellung und die Arbeitsmoral die Leistungsbereitschaft des einzelnen Menschen.

Welche anderen Einflussgrößen können die menschliche Arbeitsleistung beeinflussen?

Die **Arbeitsbedingungen** können einen erheblichen Einfluss auf die menschliche Arbeitsleistung ausüben. Diese liegen allerdings nicht in der Person des Arbeitnehmers begründet, sondern sind als objektive Rahmenbedingungen der Arbeitswelt anzusehen, wie zum Beispiel die Arbeitsplatzgestaltung, das Betriebsklima, die Gestaltung der Arbeitszeit und die Arbeitsorganisation. Durch eine Verbesserung dieser Einflussgrößen wird das Wohlbefinden der Mitarbeiter gesteigert und damit auch ihre Arbeitsleistung.

Welches Gesetz bezieht sich auf die Regelung der Arbeitszeit?

Das **Arbeitszeitgesetz (ArbZG)** regelt die Rahmenbedingungen bei der Festlegung der Arbeitszeit. Durch dieses Gesetz soll die Gesundheit des Arbeitnehmers geschützt werden.

Was ist unter der täglichen Arbeitszeit im Sinne des Gesetzes zu verstehen?

Als **Arbeitszeit im Sinne des Gesetzes** wird die Zeit vom Beginn bis zum Ende der Arbeit ohne Ruhepausen festgelegt.

Was ist unter einer Kernarbeitszeit und einer Gleitzeit zu verstehen?

- **Kernarbeitszeit:** Die Arbeitszeit, in der jeder Arbeitnehmer an seinem Arbeitsplatz anwesend sein muss, wird als Kernarbeitszeit bezeichnet.
- **Gleitzeit:** Innerhalb einer bestimmten Zeit vor und nach der Kernarbeitszeit hat der Arbeitnehmer die Möglichkeit, seine Arbeitszeit selbst zu bestimmen.

Durch Führen von Arbeitszeitkonten (Zeiterfassungsgeräte) der einzelnen Arbeitnehmer wird eine Prüfung seiner Arbeitszeiten vorgenommen.

1.4.8 Kundenbindungsmanagement

Was versteht man unter Kundenbindungsmanagement?

Das **Kundenbindungsmanagement** umfasst die gesamten Maßnahmen des Studiobetreibers, die dazu führen, die Mitglieder langfristig an sein Studio zu binden. Darüber hinaus beinhaltet ein entsprechendes Konzept auch die Gewinnung von Neumitgliedern. Die effektive Umsetzung dieses Konzepts bestimmt somit den wirtschaftlichen Erfolg des Studios.

Wie kann eine Kundenbindung erreicht werden?

Eine **langfristige Kundenbindung** ist in einem Sport- und Fitnessstudio allerdings nur dann zu erreichen, wenn eine **stringente Kunden- bzw. Mitgliederzufriedenheit** gewährleistet wird.

Die umfangreichen angebotenen Leistungen des Studios sind demnach ausschließlich auf die Anforderungen und Erwartungen der Mitglieder auszurichten. Somit ist eine Kundenbindung durch eine Qualitätssicherung gewährleistet, die sich auch in der Beitragsgestaltung widerspiegeln kann.

Welcher Zusammenhang besteht zwischen dem Qualitätsmanagement und der Kundenbindung?

Die **erfolgreiche Umsetzung des Qualitätsmanagements** ist eine wesentliche Voraussetzung für die Kunden- bzw. Mitgliederzufriedenheit. Die **Qualitätssicherung** in einem Sport- und Fitnessstudio bezieht sich dabei im Wesentlichen auf die angebotenen Dienstleistungen, die kunden- bzw. mitgliedergerecht zu gestalten sind. Beispiele sind u. a. die individuelle Beratung des Mitglieds, die Erstellung eines individuellen Trainingsplanes, die Betreuung sowie die Durchführung der Erfolgskontrolle usw.

Vor diesem Hintergrund zeigt sich, dass die Mitarbeiter des Studios unmittelbar und maßgeblich durch ihren Qualitätsstandard das subjektive Mitgliederverhalten positiv beeinflussen können und sie somit ihren Beitrag zur Kunden- bzw. Mitgliederzufriedenheit leisten.

Auch die Zertifizierung der Studios durch entsprechende unabhängige Gremien mit der Vergabe eines Qualitätssiegels ist in diesem Zusammenhang zu erwähnen.

970996

Was ist ein Qualitätszirkel?

Diese interne Möglichkeit im Rahmen des Qualitätsmanagements richtet sich an engagierte Mitarbeiter des Sport- und Fitnessstudios. In einem **Arbeitskreis** treffen sich ca. fünf bis acht Mitarbeiter eines bestimmten Arbeitsbereiches, um Problemlösungsstrategien zu erarbeiten, die zu einer Verbesserung des Arbeitsablaufes in ihrem Bereich führen.
Anzumerken ist, dass diese Beratungen nach Beendigung der täglichen Arbeitszeit durchgeführt werden und die Mitglieder nicht befugt sind die notwendigen Entscheidungen auch durchzuführen.

Was bedeutet das Qualitätssiegel „Prae-fit Gesundheitsstudio"?

Das **Gütesiegel „Prae-fit Gesundheitsstudio"** erhalten Studios, die ihren Mitgliedern entsprechende gesundheitsfördernde Leistungen anbieten. Diese Leistungen beziehen sich z. B. auf die Qualität der vorhandenen Gerätschaften, auf das Qualifizierungspotenzial der Mitarbeiter des Studios, auf die hygienischen Bedingungen, das Notfallmanagement usw.
Dieses Qualitätssiegel wurde von der Arbeitsgemeinschaft „Gesundheit-Fitness-Wellness" anhand wissenschaftlicher Erkenntnisse entwickelt und wird den entsprechenden Studios für zwei Jahre verliehen.

Was ist in einem Qualitätsmanagement-Handbuch festgelegt?

Verfügt das Sport- und Fitnessstudio über ein entsprechendes Qualitätssiegel, so ist davon auszugehen, dass zuvor festgelegte Qualitätsanforderungen im Studio eingehalten werden.
In einem **Qualitätsmanagement-Handbuch** werden dazu die internen Maßnahmen entsprechend schriftlich dokumentiert, wie z. B. die betriebsinternen Arbeitsabläufe, die Zuständigkeiten und die Arbeitsanweisungen.

1.4.8 Kundenbindungsmanagement

Welche Maßnahmen führen zu einer Kundenbindung?

Z!

Dem Sport- und Fitnessbetreiber stehen verschiedene Möglichkeiten zur Verfügung, um seine **Mitglieder langfristig** an sein Studio zu **binden.** So ist z. B. neben

- einer umfassenden mitgliedergerechten Beratung durch entsprechendes Fachpersonal,
- der Erstellung eines individuellen Trainingsplanes,
- der Durchführung der Erfolgskontrolle,
- den umfangreichen Serviceleistungen des Studios,
- der Einhaltung der Hygienevorschriften,
- dem Konflikt- und Beschwerdemanagement usw.

auch die Mitarbeiterzufriedenheit durch entsprechende Motivation zu erwähnen.

Ein zusätzliches Merkmal der Kundenbindung ist darüber hinaus auch die kommunikative Einbeziehung der Mitglieder in gruppendynamische Prozesse, deren Zielsetzung u. a. in der Förderung der sozialen Interaktionen der Mitglieder untereinander liegt.

Welcher Zusammenhang besteht zwischen dem Beschwerdemanagement und der Kundenbindung?

Z!

Das **Beschwerdemanagement** ist ein weiterer Bestandteil des Kundenbindungsmanagements, um zunächst Informationen über mögliche Abweichungen zu erhalten, die die Vorstellungen und Erwartungen der Mitglieder mit den angebotenen Leistungen des Studios betreffen.

Beschwerden werden von den Mitgliedern i. d. R. persönlich in einem Gespräch mit dem entsprechenden Mitarbeiter des Studios vorgetragen.

Der Mitarbeiter ist somit in der Lage, bedingt durch sein Engagement und sein Verhalten, die möglichen Schwachstellen im Studio zu erkennen und eine unmittelbare Lösungsmöglichkeit anzubieten. Damit ist die Zufriedenheit des Mitglieds wieder gewährleistet.

1.4.8.1 Kommunikationsformen

Was ist unter Kommunikation zu verstehen?

Unter **Kommunikation** wird im wissenschaftlichen Bereich zunächst die Sprache als ein gedanklicher Vorgang und die Körpersprache als eine Form der Emotion bzw. des Gefühls interpretiert.
Kommunikation ist die Verständigung zwischen Menschen mithilfe von Schrift, Sprache und Zeichen. Übermittelt werden Informationen, Gedanken und Gefühle zwischen einem „Sender" und einem „Empfänger".

Erläutern Sie die verschiedenen Arten von Kommunikation und geben Sie jeweils Beispiele.

- **Schriftliche Kommunikation**: Austausch von Nachrichten durch Buchstaben, Ziffern, Sonderzeichen, Zeichnungen, Bilder usw., z. B. per Brief, Telefax, E-Mail, ePost, SMS.
- **Mündliche Kommunikation**: Austausch von Nachrichten, z. B. in einer Unterhaltung, per Telefon, durch Rundfunk oder Sprechanlage.
- **Nonverbale Kommunikation**: Austausch von Nachrichten, z. B. durch Gesten, Mimik, Blicke, Körpersprache.

Unterscheiden Sie zwischen:

a) einseitiger und zweiseitiger Kommunikation und
b) sozialer und technischer Kommunikation.

a) **Einseitige Kommunikation** findet z. B. durch das Radio oder eine Lautsprecherdurchsage statt. Es wird nur von einer Seite „gesendet", der Empfänger kann nicht direkt antworten.

Bei der **zweiseitigen Kommunikation,** z. B. in einem Gespräch, können beide Partner senden und empfangen.

b) **Soziale Kommunikation** ist eine zwischenmenschliche Kommunikation.

Technische Kommunikation ist die nachrichtentechnische Übermittlung von Informationen, z. B. durch Telefax, PC usw.

970999

1.4.8.1 Kommunikationsformen

Warum ist es wichtig, Kommunikationsstrukturen im Sport- und Fitnessstudio ständig zu überarbeiten und zu verbessern?

Durch die **gezielte Anwendung nonverbaler Kommunikationsformen** ist es den Mitarbeitern möglich, die gegenüberstehende Person (Mitglied) zunächst in der Gesamtheit zu erfassen, um sie unmittelbar positiv beeinflussen zu können. In diesem Zusammenhang ist u. a. der gezielte Einsatz der Körpersprache zu erwähnen. Damit wird bewusst oder unbewusst eine Beziehungsebene zwischen dem Mitglied und dem Mitarbeiter hergestellt.
Die sich daran **anschließende mündliche Kommunikationsform** ist u. a. geprägt von der sachlichen Ausdrucks- und Überzeugungsfähigkeit des Mitarbeiters und der Beherrschung der Grundregeln einer partnerbezogenen Gesprächsführung.
Eine langfristige Mitgliederbindung – einschließlich der Gewinnung von Neumitgliedern – ist allerdings nur möglich, wenn die Mitarbeiter der Studios darüber hinaus über die entsprechenden wissenschaftlichen Informationen zur Verbesserung der Kommunikationsfähigkeiten und -techniken verfügen, die sie im Studio dann auch situativ anwenden können. Aus diesem Grund ist die Teilnahme an entsprechenden Schulungen unerlässlich.

1.4.9 Grundlagen der Datenverarbeitung

Was ist Hardware?

Hardware ist ein Sammelbegriff für alle elektronischen und mechanischen Bestandteile einer EDV-Anlage.

Was versteht man unter Software?

Software ist ein Sammelbegriff für Programme und Daten. Eine Hardware ist ohne Software nicht funktionsfähig. Es werden zwei verschiedene Arten von Software unterschieden, nämlich Programmdateien (Programme) und Datendateien (Dateien im engeren Sinn).

Was verstehen Sie unter Konfiguration?

Eine **Konfiguration** ist die sinnvolle Zusammenstellung von Hardwarebestandteilen.

Was ist unter Dateien zu verstehen?

Dateien sind Ansammlungen von Informationen. Sie bestehen aus inhaltlich zusammengehörenden Daten, die in der Regel auf Datenträgern gespeichert und durch einen Dateinamen eindeutig identifizierbar sind.

Was beinhalten Datendateien?

Datendateien enthalten Informationen für den Benutzer. Sie sind passiv: Diese für den Anwender interessanten Daten können vom Computer mithilfe von Programmen bearbeitet werden.

Was bedeutet EVA-Prinzip?

Jede Informationsverarbeitung sowohl beim Menschen als auch beim Computer verläuft immer in drei Schritten:

- **E**ingabe der Daten,
- **V**erarbeitung der Daten und
- **A**usgabe der Daten.

Das gesamte EDV-System funktioniert nach diesem Prinzip.

1.4.9.1 Aufbau einer EDV-Anlage

Erläutern Sie den typischen Aufbau einer EDV-Anlage.

Z!

Eine **EDV-Anlage** ist nach dem EVA-Prinzip aufgebaut:
- Für die Eingabe stehen Eingabegeräte zur Verfügung.
- Für die Verarbeitung ist die Zentraleinheit zuständig.
- Die Ausgabe der Daten erfolgt über die Ausgabegeräte.

Nennen Sie zwei Aus- und Eingabegeräte.

Z!

- Die **Dateneingabe** erfolgt entweder mit einer Tastatur oder mit der Maus.
- Die **Datenausgabe** erfolgt über den Bildschirm (Monitor) und über den Drucker (Plotter = Zeichengerät).

Was bedeutet CPU?

Aus welchen Bestandteilen setzt er sich zusammen?

Z!

CPU (Central Processing Unit) ist eine Abkürzung für die Zentraleinheit, den Bestandteil eines Computers, der für die Verarbeitung der eingegebenen Daten zuständig ist. Die CPU besteht aus:

1. **Prozessor**
   Der Prozessor ist die Zusammenfassung von Steuer- und Rechenwerk. Das Steuerwerk liest und interpretiert die von außen kommenden Befehle und veranlasst deren Durchführung. Das Rechenwerk führt die Rechenoperationen durch. Die Leistungsfähigkeit eines Prozessors wird in Megahertz (MHz) gemessen.
2. **Arbeitsspeicher**
   Dieser wird häufig auch Hauptspeicher oder interner Speicher genannt. Er nimmt alle Programme und Daten auf, die unmittelbar zur Verarbeitung anstehen. Die Kapazität eines Arbeitsspeichers wird in Megabyte (MB) angegeben.

Welcher Unterschied besteht zwischen RAM- und ROM-Speicher?

Z!

Der **Arbeitsspeicher** eines Computers setzt sich aus *RAM*- und *ROM-Speicher* zusammen:

9709102

- Der **RAM-Speicher** (Random Access Memory) ist ein flüchtiger Speicher mit wechselndem Inhalt: Nach Unterbrechung der Stromzufuhr sind alle Daten verloren. RAM-Speicher sind sehr schnell, aber im Vergleich zu externen Speichern sehr teuer.
- Der **ROM-Speicher** (Read Only Memory) hat einen vom Computerhersteller fest vorgegebenen, unveränderbaren Inhalt.

Was sind externe Speicher?

Externe Speicher befinden sich außerhalb der Zentraleinheit und enthalten, z. B. auf Diskette oder Festplatte, Programme oder Daten, die langfristig aufbewahrt werden sollen.

Was ist unter einer Off- und Onlineverbindung zu verstehen?

- Eine **Offlineverbindung** besteht, wenn eine räumliche Trennung, also eine indirekte Erfassung der Daten vorliegt. Die Daten werden zunächst auf Diskette oder Magnetbandkassette gespeichert, um anschließend zur weiteren Auswertung zu einer EDV-Anlage gebracht zu werden.
- Eine **Onlineverbindung** liegt vor, wenn die Daten direkt und sofort über Leitungen an den Computer weitergegeben werden.

Welche Arten von Programmen können unterschieden werden?

Die beiden grundsätzlichen **Programmarten** sind *Betriebssysteme* und *Anwendersoftware*.

1. **Betriebssysteme** (Systemsoftware) sind die für eine EDV-Anlage notwendigen Programme, die die Voraussetzung für die Inbetriebnahme des Computers sind.
2. **Anwendersoftware** (Anwendungsprogramme) besteht aus Programmen, die die speziellen Probleme des Anwenders lösen (z. B. Textverarbeitung, Tabellenkalkulation). Diese Software wird erstellt für kaufmännische, technische und private Zwecke.

1.4.9.2 Betriebssysteme

Welche Aufgabe hat das Betriebssystem?

Das **Betriebssystem** steuert das gesamte EDV-System. Es

- steuert und kontrolliert den Ablauf von Programmen.
- koordiniert die verschiedenen Hardwarebestandteile des Computers.

Nennen Sie Betriebssysteme.

MS-DOS
WINDOWS
LINUX
WINDOWS NT

1.4.9.3 Software

Was ist unter einer Individual- und einer Standardsoftware zu verstehen?

- Unter **Individualsoftware** versteht man Anwendungsprogramme, die von dem Anwender selbst oder für ihn geschrieben werden.

- **Standardsoftware** oder -programme sind fertige Programme, die zum Kauf angeboten werden. Sie sind für eine Vielzahl von Anwendern geschrieben, die gleichartige Aufgabenstellungen haben.
  Es handelt sich also um Software, die auf vielseitige Nutzung ausgerichtet ist. Sie ist in der Regel gegenüber der Individualsoftware kostengünstiger und technisch immer auf dem neuesten Stand.

1.4.9.4 Telekommunikationsnetze

Was verstehen Sie unter einem Intranet?

Das **Intranet** ist ein Informations- und Kommunikationssystem, das für den betriebsinternen Datenaustausch konzipiert wurde. Ein Zugriff auf das Firmennetzwerk durch externe Personen ist durch das Extranet (Hyperlink) möglich.

Was besagen die Begriffe 1. Server, 2. User, 3. Provider, 4. HTML und 5. Browser?

1. Ein **Server** ist ein Computer, der mit einer speziellen Server-Software ausgestattet ist, mit der er die vom Client (= Computer mit einer bestimmten Software, mit dem der Unser arbeitet) geforderten Anfragen beantwortet bzw. geforderte Maßnahmen ausführt. In der Regel hat jeder Server mehrere Serverprogramme und jedes dieser Programme hat seine eigene Protokollsprache, z. B. HTTP (Hypertext Transfer Protokoll) für das WWW.

2. **User** (Klienten) sind Teilnehmer, die die Angebote von Servern nutzen.

3. **Provider** sind Unternehmen, die die Zugangsberechtigung zum Internet erteilen, z. B. T-Online.

4. **HMTL** (Hypertext Markup Language) ist eine „Sprache", in der Dokumente für das Internet erstellt werden.

5. Durch einen **Browser** können die HTML-Dokumente beim Empfänger-Computer entschlüsselt werden (Client-Programm zum Lesen von WWW-Seiten ist z. B. Microsoft Explorer).

1.4.9.4 Telekommunikationsnetze

Was ist unter „Onlinedienst" zu verstehen? Über welche Grundausstattung muss einen Teilnehmer dabei verfügen?

Z!

Bei den **Onlinedienst** der Deutschen Telekom (T-Online) werden Informationen für die Allgemeinheit und für einzelne Personen angeboten. Zusätzlich ist es möglich, den Austausch von Informationen auf geschlossene Besuchergruppen (GBG), zum Beispiel für Vereine, einzuschränken. Der Anwender bei einer GBG kann selbst bestimmen, welchem Teilnehmerkreis er den Zugang zu seinen Informationen gestatten möchte.

- **Grundausstattung Hardware**
  analoger Telefonanschluss (Modem) oder ISDN-Anschluss (ISDN-Steckkarte), leistungsfähiger PC

- **Grundausstattung Software**
  Kommunikationssoftware (z. B. kostenlose T-Online Software der Telekom); die Benutzung wird durch die fensterorientierte multimediafähige Benutzeroberfläche mit Titelleiste, Symbolen und Fenstern erleichtert.

1.4.9.5 Datensicherung und -schutz

Wodurch unterscheiden sich Datensicherung und Datenschutz?

- Das Anliegen der **Datensicherung** ist es, die bei der Datenverarbeitung eingesetzten Mittel und Verfahren vor solchen Gefahren abzusichern, die die Funktion der EDV-Anlagen beeinträchtigen könnten. Die Datensicherung bezieht sich also auf die technischen Aspekte der Datenverarbeitung.
- Der **Datenschutz** soll die Bürger vor dem Missbrauch der Daten, die an irgendeiner Stelle gespeichert oder verarbeitet werden, bewahren.

Welche gesetzliche Regelung dient dem Schutz der Privat- und Intimsphäre der Bürger?

Das **Bundesdatenschutzgesetz** hat die Aufgabe, alle personenbezogenen Daten vor Missbrauch bei ihrer Verarbeitung zu schützen.

Nennen Sie Beispiele für personenbezogene Daten.

Personenbezogene Daten sind:
- Name
- Vorname
- Geburtsdatum
- Beruf
- Anschrift
- Gesundheitszustand
- Finanzlage
- Vermögenslage
- Straftaten und Ordnungswidrigkeiten
- politische und religiöse Anschauungen

1.4.9.5 Datensicherung und -schutz

Welche Rechte können geltend gemacht werden, wenn von einer Person Daten gespeichert werden?

Z!

Hinsichtlich der **Speicherung personenbezogener Daten** können die nachstehenden **Rechte** geltend gemacht werden:

- **Berichtigungsrecht:** Die speichernde Stelle muss unrichtige Daten korrigieren.
- **Löschungsrecht:** Wenn die Speicherung personenbezogener Daten unzulässig ist, muss die speichernde Stelle diese von ihrem Datenträger entfernen.
- **Sperrungsrecht:** Wenn weder die Richtigkeit noch die Unrichtigkeit personenbezogener Daten bewiesen werden kann, darf die speichernde Stelle die Daten nicht weiterverwenden.
- **Auskunftsrecht:** Wenn sich ein Betroffener mit einer Anfrage über die zu seiner Person gespeicherten Daten unmittelbar an eine speichernde Stelle wendet, ist diese zur Auskunft verpflichtet.

Welche Pflichten haben die Daten verarbeitenden Stellen?

Z!

Die **Daten verarbeitende Stelle** ist verpflichtet zur:

- Wahrung des Datengeheimnisses
- Prüfung der Zulässigkeit der Verarbeitung von Daten
- Benachrichtigung der Betroffenen bei erstmaliger Speicherung
- Ernennung eines Beauftragten für den Datenschutz
- Durchführung von Kontrollen zur Erreichung der Datensicherheit

Welche zehn Gebote sind für Datenschutz und Datensicherung von großer Bedeutung?

Z!

Zur Aufrechterhaltung der **Datensicherung** und des **Datenschutzes** müssen im Unternehmen folgende Kontrollen permanent vorgenommen werden:

- Zugangskontrolle
- Abgangskontrolle
- Speicherkontrolle
- Benutzerkontrolle

9709108

➢ Zugriffskontrolle
➢ Übermittlungskontrolle
➢ Eingabekontrolle
➢ Auftragskontrolle
➢ Transportkontrolle
➢ Organisationskontrolle

Nennen Sie vier Gefahren, die die Datensicherung gefährden.

- Höhere Gewalt (Wasser, Feuer, Sturm)
- Technisches Versagen (Ausfall von Schaltelementen, Ausfall von Schaltkreisen, fehlerhafte Beschichtungen)
- Menschliches Versagen (Vergesslichkeit, Interesselosigkeit, Gedankenlosigkeit)
- Bewusste Herbeiführung (Hardwaremanipulation, Datenmanipulation)

Führen Sie Maßnahmen der Datensicherung auf.

- **Parallelrechner**: Ein Parallelrechner ist ein zusätzlicher Computer, der bei Ausfall der eigentlichen EDV-Anlage deren Aufgaben wahrnimmt. Im Notfall wird automatisch umgeschaltet, sodass Gesamtausfälle vermieden werden.
- **Hardware-Schreibschutz**: Disketten besitzen einen Schreibschutzhalter. Wird dieser in eine entsprechende Position gebracht, ist ein versehentliches Überschreiben der Diskette nicht möglich.
- **Notstromaggregate**
- **Streamer**: spezielle Magnetbandgeräte zur Datensicherung
- **Räumliche und mechanische Sicherungen**
- **Schulungen**
- **Doppelbesetzungen**
- **Passwortverfahren**
- **Plausibilitätskontrollen**
- **Prüfziffern**
- **Anfertigen von Sicherheitskopien**: am besten nach dem Großvater-Vater-Sohn-Prinzip
- **Führen von Überwachungsprotokollen**

9709109

1.5 Rechtliche Rahmenbedingungen des Wirtschaftens

1.5.1 Abgrenzung öffentliches und privates Recht

Was versteht man unter öffentlichem und privatem Recht?

Grenzen Sie zudem die Begriffe Gesetze, Verordnungen und Satzungen voneinander ab.

Z!

- Das **öffentliche Recht** regelt die **Beziehungen zwischen dem Staat und seinen Bürgern.** Es kann nicht von Privatpersonen abgeändert werden.
  Beispiele sind:
  - Grundgesetz,
  - Strafgesetzbuch,
  - Straßenverkehrsordnung.

- Das **Privatrecht** (Zivilrecht) regelt die **Beziehungen der Bürger untereinander.**
  Beispiele sind:
  - Handelsgesetzbuch,
  - Bürgerliches Gesetzbuch.

- **Gesetze** werden vom Gesetzgeber – der Legislative – erlassen und binden jeden im Staatsgebiet Ansässigen.

- **Verordnungen** werden von einer Behörde der Exekutive, die der Gesetzgeber dazu ermächtigt hat, erlassen. Sie dienen i. d. R. der Ergänzung und Spezifizierung eines bereits erlassenen Gesetzes.

- **Satzungen** werden von im Staat bestehenden staatlichen Verbänden und den Körperschaften, Anstalten und Stiftungen des öffentlichen Rechts zur Regelung ihrer Angelegenheiten erlassen und sind öffentlich bekannt zu machen.

Können aus Satzungen, Verordnungen oder Gesetzen keine eindeutigen Lösungen in Problemfällen gewonnen werden, müssen Richter entscheiden. Diese argumentativ begründeten Urteile werden von anderen Richtern in ähnlich gelagerten Fällen zur Lösung herangezogen.

9709110

1.5.2 Rechtssubjekte

Was ist unter Rechtsfähigkeit zu verstehen?

Innerhalb der Rechtsordnung der Bundesrepublik Deutschland ist festgelegt, dass jeder einzelne Mensch Träger von Rechten und Pflichten ist.

Die **Rechtsfähigkeit** von Personen beginnt mit der Vollendung der Geburt (§ 1 BGB) und endet mit dem Tod (§ 1922 BGB).

Wie unterscheiden sich natürliche und juristische Personen?

- Als eine **natürliche Person** ist jeder einzelne Mensch anzusehen.
- Als **juristische Personen** sind Personenvereinigungen anzusehen, die mit einer eigenen Rechtspersönlichkeit ausgestattet sind.

  Juristische Personen des privaten Rechts sind eingetragene Vereine und Kapitalgesellschaften. Eingetragene Vereine erlangen ihre Rechtsfähigkeit erst mit der Eintragung in das Vereinsregister, das beim zuständigen Amtsgericht geführt wird. Der eingetragene Verein erhält erst nach der Eintragung den Zusatz e. V.

  Kapitalgesellschaften sind den juristischen Personen zuzuordnen. Ihre Rechtsfähigkeit erlangen sie erst nach ihrer Eintragung in das Handelsregister.

  Als juristische Personen des öffentlichen Rechts werden Gebietskörperschaften (z. B. Gemeinden), Anstalten des öffentlichen Rechts (z. B. die Rundfunkanstalten) und Stiftungen des öffentlichen Rechts (z. B. Stiftung Preußischer Kulturbesitz) bezeichnet. Diese juristischen Personen sind mit der Erledigung von öffentlichen Aufgaben betraut und werden aufgrund von Gesetzen eingerichtet und auch aufgelöst.

1.5.2 Rechtssubjekte

Was ist unter Geschäftsfähigkeit, Geschäftsunfähigkeit und beschränkter Geschäftsfähigkeit zu verstehen und wie kann Letztere unterteilt werden?

- **Geschäftsfähigkeit**
  Sie ist die Fähigkeit, selbstständig am Geschäftsleben teilzunehmen. Durch die Abgabe eigener Willenserklärungen werden Rechte und Pflichten begründet. Der Gesetzgeber setzt dabei ein bestimmtes Lebensalter voraus.

- **Geschäftsunfähigkeit**
  Kinder unter sieben Jahren sind geschäftsunfähig. Rechtsgeschäfte mit ihnen sind nichtig. Diese Personen sind nicht berechtigt eigenständige Willenserklärungen abzugeben; für sie handelt ausschließlich der Erziehungsberechtigte oder der Vormund.

- **Beschränkte Geschäftsfähigkeit**
  Minderjährige Personen vom vollendeten 7. Lebensjahr bis zum vollendeten 18. Lebensjahr sind beschränkt geschäftsfähige Personen. Die Rechtsgeschäfte dieser Personen sind abhängig von der Zustimmung oder Ablehnung der Erziehungsberechtigten.
  Der Vertrag ist schwebend unwirksam gemäß § 108 BGB, solange die Zustimmung der Erziehungsberechtigten nicht vorliegt.
  Nachfolgende Rechtsgeschäfte bedürfen bei beschränkt geschäftsfähigen Personen nicht der Zustimmung der Erziehungsberechtigten:
  1. Abschluss von Rechtsgeschäften, die für diese minderjährigen Personen lediglich einen rechtlichen Vorteil (z. B. in Form von Geldzuwendungen) beinhalten.
  2. Rechtsgeschäfte, die im Rahmen des Taschengeldes gemäß § 110 BGB abgeschlossen wurden. Die Höhe des Taschengeldes ist abhängig von den Vermögensverhältnissen der Erziehungsberechtigten.
  3. Rechtsgeschäfte, die sie im Rahmen ihres Arbeitsvertrages – die Erziehungsberechtigten haben zuvor ihre Zustimmung abgegeben – abschließen (§ 113 BGB).

Was ist unter unbeschränkter Geschäftsfähigkeit zu verstehen?

Unbeschränkt geschäftsfähig sind Personen, die das 18. Lebensjahr vollendet haben. Sie sind berechtigt eigenständige Rechtsgeschäfte abzuschließen.

9709112

Z!

Welcher Unterschied besteht zwischen einem zivilrechtlichen Delikt und einer strafrechtlichen Straftat?

- Unter einem **Delikt** ist die zivilrechtliche Verantwortung für eine schuldhaft begangene, unerlaubte Handlung zu verstehen. So wurden zum Beispiel studiobezogene Anweisungen/Verbote nicht beachtet und dem Studiobetreiber ist dadurch ein Schaden entstanden. Den Auszubildenden ist es beispielsweise untersagt, in der Mittagspause in den Räumlichkeiten des Studios eine Ballsportart auszuüben. Die Auszubildenden haben diese studiobezogene Anweisung nicht beachtet und es ist eine aufwendige Glasverkleidung erheblich beschädigt worden.

  Hierbei handelt es sich um einen privatrechtlichen Begriff, der im § 823 BGB aufgeführt ist und in der Regel zu Schadensersatzansprüchen führt.

- **Straftaten** sind im Strafgesetzbuch (StGB) und anderen Nebengesetzen festgelegt.

  Allerdings beginnt die Straffähigkeit erst mit der Vollendung des 14. Lebensjahres. Straftaten, die vor dem 14. Lebensjahr begangen wurden, werden nicht nach dem Strafgesetzbuch geahndet.

  Personen zwischen dem 14. und dem 18. Lebensjahr werden bei der Strafzuweisung als Jugendliche behandelt; der Erziehungsgedanke steht dabei im Vordergrund.

  Personen zwischen dem 18. und dem 21. Lebensjahr sind als Heranwachsende anzusehen und können im Rahmen des Jugendgerichtsgesetzes zur strafrechtlichen Verantwortung herangezogen werden.

1.5.3 Rechtsobjekte

Welcher Unterschied besteht zwischen Sachen und Rechten?

- **Sachen** sind im Sinne des § 90 BGB körperliche Gegenstände.
- **Rechte** können auch Gegenstände des Rechtsverkehrs sein. Rechte (als nicht körperliche Gegenstände) werden von Personen erworben und gewährleisten dann diesen Personen einen bestimmten Anspruch wie z. B. die Kaufpreisforderung aus einem Kaufvertrag oder die Rechte aus Vermietung und Verpachtung.

Welcher Unterschied besteht zwischen beweglichen und unbeweglichen Sachen?

- **Bewegliche Sachen** (Mobilien) sind alle Sachen außer Grundstücke.
- **Unbewegliche Sachen** sind Immobilien oder Liegenschaften wie z. B. Grundstücke und Gebäude.

Wie können die beweglichen Sachen unterteilt werden?

Bewegliche Sachen können wie folgt unterteilt werden:

1. **Vertretbare Sachen**
   werden nach Maß, Zahl oder Gewicht bestimmt und sind durch gleiche Sachen ersetzbar (Gattungsware). Vertretbare Sachen sind serienmäßig hergestellte Güter.
2. **Nicht vertretbare Sachen**
   sind einmalig hergestellte Güter (Einzelstücke). Bei Beschädigung oder Verlust ist lediglich eine Schadenersatzleistung in Form einer Geldzahlung möglich.

Wie lassen sich Besitz und Eigentum unterscheiden?

Besitz ist die tatsächliche Herrschaft einer Person über eine Sache, während **Eigentum** die rechtliche Herrschaft einer Person über eine Sache bedeutet.

9709114

Wie kann Eigentum übertragen werden?

- Der **Eigentumserwerb an beweglichen Sachen** erfolgt durch Einigung und Übergabe im Sinne des § 929 BGB.
- Der **Eigentumserwerb an unbeweglichen Sachen** erfolgt durch die Auflassung gemäß § 873 BGB. So ist z. B. bei einem Grundstückskauf eine notarielle Beurkundung des Kaufvertrages (§ 311 b BGB) und eine Grundbucheintragung erforderlich.

1.5.4 Rechtsgeschäfte

Was ist unter einem Rechtsgeschäft zu verstehen?

Jede geschäftsfähige Person ist berechtigt ein **Rechtsgeschäft** abzuschließen und damit ein Rechtsverhältnis zu begründen. Als wesentlicher Bestandteil eines Rechtsgeschäftes sind die Willenserklärungen dabei immer auf einen rechtlichen Erfolg gerichtet.

Wie können Rechtsgeschäfte unterteilt werden?

Rechtsgeschäfte können wie folgt unterteilt werden:

1. **Einseitige Rechtsgeschäfte**
   sind solche Rechtsgeschäfte, bei denen nur die Willenserklärung einer Person erforderlich ist, um den Rechtserfolg herbeizuführen.
   Diese einseitigen Rechtsgeschäfte können weiter unterteilt werden in:
   a) ***empfangsbedürftige Willenserklärungen:***
   Sie werden erst wirksam, wenn sie dem Empfänger zugegangen sind, d. h., sie müssen seinen Herrschaftsbereich erreichen, um rechtlich wirksam zu werden.
   Beispiele: Kündigung
   Vollmachten
   Anfechtung
   Rücktritt
   b) ***nicht empfangsbedürftige Willenserklärungen:***
   Sie werden mit der Abgabe der Willenserklärung wirksam, z. B. das Testament.
2. **Mehrseitige Rechtsgeschäfte (Verträge)**
   Bei diesen Rechtsgeschäften (Verträgen) müssen mindestens zwei übereinstimmende Willenserklärungen vorliegen.

1.5.4 Rechtsgeschäfte

Wie können die verpflichtenden Verträge weiter unterteilt werden?

- Bei **einseitig verpflichtenden Verträgen** übernimmt nur ein Vertragspartner die Pflichten, wie es z. B. bei der Bürgschaft oder der Schenkung der Fall ist.
- Bei **zweiseitig verpflichtenden Verträgen** ergeben sich für beide Vertragspartner entsprechende Pflichten, wie z. B. beim Kaufvertrag oder dem Mietvertrag.

1.5.4.1 Vertragsfreiheit

Was verstehen Sie unter Vertragsfreiheit?

Vertragsfreiheit bedeutet:

- Freiheit, eine Willenserklärung abzugeben oder nicht **(Abschlussfreiheit)**.
- Freiheit bei der Wahl der Vertragsform **(Formfreiheit),** d. h. mündlich, schriftlich, fernmündlich oder durch bloßes Handeln.
- Freiheit bei der Gestaltung des Vertragsinhaltes **(Gestaltungs- oder Inhaltsfreiheit)**.

Zeigen Sie die Grenzen der Vertragsfreiheit auf.

Das **Prinzip der Vertragsfreiheit gilt dann nicht**, wenn

- *Abschlusszwang* (= Kontrahierungszwang) besteht (z. B. bei der Post AG, Krankenhäusern, Gas-, Elektrizitäts- und Wasserwerken),
- *ein wirtschaftlich schwächerer Vertragspartner* durch besondere Formvorschriften *geschützt* werden soll.

Das Gesetz kennt folgende **Formtypen**:

- *Schriftform*, die für bestimmte Verträge und Erklärungen gesetzlich vorgeschrieben ist.
- *öffentliche Beglaubigung (§ 129 BGB)*, bei der die Echtheit der Unter-schrift des Ausstellers unter die schriftliche Erklärung von einem Notar beglaubigt wird.

- *elektronische Form (§ 126 a BGB)*, mit der die Möglichkeit besteht formbedürftige Rechtsgeschäfte im Internet abzuwickeln. Die elektronische Form kann die schriftliche Form ersetzen, wenn sich nicht aus dem Gesetz etwas anderes ergibt.
- *Textform (§ 126 b BGB)*, die hauptsächlich der Bequemlichkeit des Nutzers dient (z. B. „Vorwarnung" eines Mieters durch den Vermieter bei geplanten Modernisierungsmaßnahmen). Sehr häufig geht es um Informations- und Dokumentationsanforderungen.
- *notarielle Beurkundung (§ 128 BGB)*, wobei z. B. der Notar durch seine Unterschrift den Wahrheitsgehalt der Unterschrift(en) **und** den gesamten protokollierten Vorgang beurkundet.

Wird die **gesetzlich vorgeschriebene Form** nicht beachtet, so ist das Rechtsgeschäft nichtig.

Für den Verbrauchsgüterkauf gilt insbesondere

- die Wahlfreiheit des Käufers bei Mängelrechten,
- die Beweislastumkehr innerhalb der ersten sechs Monate und
- die Verjährungsfrist von zwei Jahren für Mängel an der Kaufsache.

Vereinbarungen sind unwirksam, mit denen versucht wird den Käufer auf eine bestimmte Form des Nacherfüllungsrechts zu begrenzen oder den Rücktritt vom Vertrag oder die Minderung von zusätzlichen Bedingungen abhängig zu machen, die das Gesetz nicht vorsieht.

1.5.4.2 Abschluss von Verträgen

Z!

Auf welche Weise können Verträge abgeschlossen werden?

Verträge können abgeschlossen werden:

a) mündlich,
b) schriftlich oder durch
c) konkludentes (schlüssiges) Verhalten.

9709117

1.5.4.2 Abschluss von Verträgen

Wie kommt a) ein Vertrag zustande und b) wie wird er erfüllt?

Z!

a) **Verträge** kommen durch mindestens zwei übereinstimmende Willenserklärungen zustande. Die erste Willenserklärung wird als Antrag und die zweite als Annahme bezeichnet. Der Antrag auf Vertragsabschluss kann von beiden Vertragspartnern ausgehen. Weiterhin kommt ein Vertrag zustande durch:
   1. Angebot und Bestellung,
   2. Bestellung und Auftragsbestätigung.

b) Die Grundpflichten der Vertragspartner sind in § 433 BGB festgelegt (dem sogenannten **Verpflichtungsgeschäft**). Der Verkäufer erfüllt seine Vertragsverpflichtungen aus dem Kaufvertrag durch eine mangelfreie Übergabe und die rechtzeitige Lieferung an den vereinbarten Ort. Der Käufer erfüllt seinen Vertrag durch die Annahme der ordnungsgemäß gelieferten Ware und die Begleichung des Rechnungsbetrages. Die Ware geht in das Eigentum des Käufers über. Durch diese Handlungen haben die Vertragsparteien (Verkäufer und Käufer) ihre Vertragsverpflichtungen (sogenanntes **Erfüllungsgeschäft**) im Sinne des § 929 BGB erfüllt.

1.5.4.3 Vertragsarten

1.5.4.3.1 Kaufvertrag: Verplichtungs- und Erfüllungsgeschäft

Wann spricht man von einem Verpflichtungsgeschäft?

Z!

Von einem **Verpflichtungsgeschäft** wird deshalb gesprochen, weil beim Zustandekommen eines Kaufvertrages durch Antrag und Annahme Verkäufer und Käufer bestimmte Verpflichtungen übernehmen.

- Der **Käufer** verpflichtet sich
  - die ordnungsgemäß gelieferte Ware abzunehmen und
  - rechtzeitig zu bezahlen.
- Der **Verkäufer** verpflichtet sich
  - rechtzeitig zu liefern,
  - dem Käufer das Eigentum an der Ware zu verschaffen,
  - die Ware frei von Sach- und Rechtsmängeln zu übergeben.

Dabei ist ein Sachmangel abhängig von der Beschaffenheit der Sache zum Zeitpunkt des Gefahrenübergangs. Frei von Rechtsmängeln bedeutet, dass die Sache frei von Rechten Dritter sein muss, d. h., dass Dritte also in Bezug auf die Sache keine oder nur die im Kaufvertrag übernommenen Rechte gegen den Käufer geltend machen können.

Was ist ein Erfüllungsgeschäft?

Verkäufer und Käufer müssen ihre Pflichten aus dem Kaufvertrag (siehe Verpflichtungsgeschäft) erfüllen. Das **Erfüllungsgeschäft** ist daher dadurch gekennzeichnet, dass

- der Verkäufer die Ware frei von Sach- und Rechtsmängeln an den Käufer rechtzeitig am vereinbarten Ort übergeben hat,
- die Ware in das Eigentum des Käufers übergegangen ist,
- der Käufer die Ware abgenommen hat und den vereinbarten Kaufpreis rechtzeitig bezahlt hat.

Die Erfüllung der Pflichten aus dem Kaufvertrag ist rechtlich immer unabhängig vom eigentlichen Verpflichtungsgeschäft. Zeitlich können zwischen dem Abschluss (Verpflichtungsgeschäft) und der Erfüllung (Erfüllungsgeschäft) Wochen oder sogar Monate liegen.

1.5.4.3.2 Kaufvertragsarten

Unterscheiden Sie die verschiedenen Kaufverträge nach ihrer Art.

Kaufvertragsarten

Unterscheidung nach

Art und Beschaffenheit der Ware	***der Lieferzeit***	***dem Zahlungszeitpunkt***	***der rechtlichen Stellung der Vertragspartner***	***dem Leistungsort (Erfüllungsort)***
• Kauf auf Probe • Kauf nach Probe • Kauf zur Probe • Gattungskauf • Stückkauf • Bestimmungskauf (Spezifikationskauf) • Ramschkauf (Kauf „en bloc" bzw. „in Bausch und Bogen")	*• Sofortkauf (Tageskauf) • Terminkauf • Fixkauf • Kauf auf Abruf*	*• Kauf gegen Anzahlung • Barkauf • Kommissionskauf • Zielkauf • Abzahlungskauf (Ratenkauf)*	*• Handelskauf a) zweiseitiger Handelskauf b) einseitiger Handelskauf • bürgerlicher Kauf*	*• Handkauf • Platzkauf • Versendungskauf • Kauf im Streckengeschäft*

1.5.4.3.2 Kaufvertragsarten

Beschreiben Sie:
– Kauf auf Probe,
– Kauf nach Probe und
– Kauf zur Probe.

Kauf auf Probe
Der Käufer hat das Recht, den Kaufgegenstand innerhalb einer vereinbarten Frist zu prüfen, auszuprobieren und zurückzugeben (Kauf mit Rückgaberecht).

Kauf nach Probe
Beim Kauf nach Probe liefert der Verkäufer die Ware aufgrund einer vorher vorgelegten oder übergebenen Probe oder eines Musters. Der Verkäufer muss sich bei seiner späteren Lieferung ganz genau an sein Probeexemplar halten.

Kauf zur Probe
Der Kauf zur Probe ist ein endgültiger Kauf, mit dem der Käufer weitere Bestellmengen in Aussicht stellt, falls die Ware seinen Vorstellungen entspricht. Das Recht zur Rückgabe der Ware besteht nicht.

Worin besteht der Unterschied zwischen einem Gattungs- und einem Stückkauf?

- Von einem **Gattungskauf** spricht man, wenn im Kaufvertrag die Ware nur der Art oder Klasse nach (nach allgemeinen Merkmalen) bestimmt ist. Die Kaufgegenstände sind **gleichartige (= vertretbare) Sachen**. Eine vertretbare Sache kann durch eine andere gleiche Sache ersetzt werden (z. B. Getreide, Obst, Bier, Geld, Aktien oder Serienmöbel).
- Der **Stückkauf** betrifft eine nicht nur der Gattung nach, sondern vom Käufer auch persönlich bestimmte Ware. Kaufgegenstände sind in diesem Fall **genau bestimmte (= nicht vertretbare) Sachen**, wie z. B. der Kauf eines Grundstücks, eines gebrauchten Pkw, eines Originalgemäldes oder eines Maßanzuges.

Erklären Sie, was Sie unter einem Bestimmungskauf (Spezifikationskauf) verstehen.

Bei einem **Bestimmungskauf** legt der Käufer beim Vertragsabschluss lediglich die Warenart und die Gesamtmenge fest. Die Ware wird dann durch den Käufer innerhalb einer bestimmten Frist nach Maß, Form, Farbe, Stück u. v. m. näher bestimmt.

Worin sehen Sie den Unterschied zwischen Terminkauf einerseits und Fixhandelskauf (Fixgeschäft) andererseits?

- Von einem **Terminkauf** spricht man, wenn zwischen Käufer und Verkäufer vereinbart wird, dass die Ware zu einem bestimmten Termin oder innerhalb einer festgelegten Frist geliefert werden soll, z. B. Lieferung innerhalb der Zeit vom 1. bis 6. Juni; Lieferung Anfang Mai d. J.; Lieferung innerhalb eines Monats nach Bestellung.

- Bei einem zwischen Verkäufer und Käufer vereinbarten **Fixhandelskauf** muss der Verkäufer die bestellte Ware zu einem genau festgelegten Zeitpunkt liefern. Die Einhaltung des vereinbarten Liefertermins ist wesentlicher Bestandteil dieses Vertrages. Eine nachträgliche Leistung kann nicht mehr als Erfüllung des Vertrages angesehen werden.

  Beispiele: Lieferung am 15. Juli fix (bestimmt, exakt, präzise); Lieferung bis 11. März, 17:00 Uhr, fest; Lieferung genau am 24. Januar.

Erklären Sie den Kauf auf Abruf.

Beim **Kauf auf Abruf** liefert der Verkäufer die bestellte Ware erst später, wenn der Käufer sie abruft.

Vereinbart wird dabei ein Zeitpunkt innerhalb einer angemessenen Frist, zu dem der Käufer die Ware als Ganzes oder in Teilmengen geliefert haben möchte.

Was kennzeichnet den Zielkauf?

Man spricht von einem **Zielkauf,** wenn zwischen Käufer und Verkäufer vereinbart wird, dass die Zahlung des Kaufpreises erst einige Zeit nach der Lieferung der Ware erfolgen soll, z. B. nach 30 Tagen.

1.5.4.3.2 Kaufvertragsarten

Unterscheiden Sie zwischen zweiseitigem Handelskauf, bürgerlichem Kauf und Verbrauchsgüterkauf.

- Handelt es sich bei beiden Vertragspartnern um Kaufleute im Sinne des Handelsgesetzbuches, die im Rahmen ihres Handelsgewerbes ein Handelsgeschäft abschließen, so liegt ein **zweiseitiger Handelskauf** vor.
- Beim **bürgerlichen Kauf** sind beide Vertragspartner Nichtkaufleute, für beide ist das Geschäft kein Handelsgeschäft.
- Von einem **Verbrauchsgüterkauf** spricht man, wenn
  - ➢ ein Verbraucher von einem Unternehmer
  - ➢ eine bewegliche Sache

  kauft. Insofern gelten die Regeln zum Verbrauchsgüterkauf nicht bei Verträgen zwischen Unternehmern und zwischen Verbrauchern und auch nicht, wenn der Verkäufer Verbraucher und der Käufer Unternehmer ist.

1.5.4.3.3 Allgemeine Geschäftsbedingungen (AGB)

Was verstehen Sie unter Allgemeinen Geschäftsbedingungen?

Allgemeine Geschäftsbedingungen

- ➢ sind alle für eine Vielzahl von Verträgen vorformulierten Vertragsbedingungen,
- ➢ die eine Vertragspartei der anderen Vertragspartei **einseitig** stellt,
- ➢ ohne dass die Klauseln im Einzelnen ausgehandelt worden sind;
- ➢ können von einzelnen Unternehmen bzw. für Wirtschaftsbereiche formuliert werden: z. B. AGB bei Banken, Transportunternehmen, Reiseveranstaltern, Groß- und Einzelhandel.

Welche wirtschaftliche Bedeutung haben Allgemeine Geschäftsbedingungen für den Verkäufer?

Allgemeine Geschäftsbedingungen helfen Kosten und Arbeitszeit einzusparen und haben eine Rationalisierungsfunktion, da sie auf typische, regelmäßig wiederkehrende Probleme des Geschäftsverkehrs abgestimmt sind, wie z. B. Liefer- und Zahlungsbedingungen, Erfüllungsort und Gerichtsstand, Lieferzeit, Eigentumsvorbehalt, Gefahrenübergang, Verpackungs- und Beförderungskosten.

Warum haben Allgemeine Geschäftsbedingungen Vorrang vor den gesetzlichen Regelungen?

Allgemeine Geschäftsbedingungen sind Bestandteil eines zwischen Verkäufer und Käufer individuell ausgehandelten Vertrages, der unter dem Primat der Vertragsfreiheit abgeschlossen wurde und gemäß § 305 BGB auch vom Käufer akzeptiert wurde.

Was beabsichtigen die gesetzlichen Regelungen des BGB zur „Gestaltung rechtsgeschäftlicher Schuldverhältnisse durch Allgemeine Geschäftsbedingungen" (vorm. Gesetz zur Regelung des Rechts der Allgemeinen Geschäftsbedingungen; AGB-Gesetz)?

Die Bestimmungen des ehem. AGB-Gesetzes (das aufgelöst wurde) sind mit Wirkung zum 1. Januar 2002 in das BGB (§§ 305 bis 310) integriert worden und zielen darauf ab,

- Benachteiligungen des wirtschaftlich Schwächeren zu verhindern,
- mehr Rechtssicherheit und Gerechtigkeit zu schaffen.

1.5.4.3.3 Allgemeine Geschäftsbedingungen (AGB)

Nennen Sie maßgebliche Regelungen des BGB die Allgemeinen Geschäftsbedingungen betreffend.

Z!

Im Bürgerlichen Gesetzbuch wird zum **Sachverhalt der Allgemeinen Geschäftsbedingungen** u. a. ausgeführt:

- Klein Gedrucktes gehört nicht automatisch zum Vertrag.
- Mindestvoraussetzungen:
  - ausdrücklicher Hinweis des Verkäufers auf seine AGB,
  - AGB müssen für den Käufer leicht erreichbar und mühelos lesbar sein,
  - Käufer muss den AGB zustimmen.
- Persönliche Absprachen haben Vorrang vor abweichenden AGB; dies gilt auch für mündliche Absprachen; aber Vorsicht: Der Beweis ist schwierig!
- Überraschende Klauseln werden nicht Bestandteil des Vertrages – sie sind unwirksam.
- Einzelverbote, z. B.
  - Ausschluss oder Einschränkung von Reklamationsrechten,
  - unangemessen lange oder ungenau bestimmte Nachfrist,
  - Beschneidung von Rechten bei zu später Lieferung,
  - nachträgliche Preiserhöhungen (innerhalb von vier Monaten),
  - Ausschluss oder Beschränkung der Haftung bei grobem Verschulden u. Ä. m.

1.5.4.3.4 Verträge des Wirtschaftslebens

Was ist ein Kaufvertrag?

Z!

Beim Kaufvertrag geht es um den **entgeltlichen** Erwerb einer Sache oder eines Rechts:
Der Verkäufer verpflichtet sich gegen Bezahlung dem Käufer die Sache zu übergeben und ihm das **Eigentum** daran zu verschaffen.

Was ist ein Mietvertrag?

Beim Mietvertrag handelt es sich um die **entgeltliche** Überlassung einer Sache zum Gebrauch:
Der Vermieter verpflichtet sich dem Mieter das Mietobjekt zum Gebrauch zu überlassen.
Der Mieter ist verpflichtet dem Vermieter das Entgelt, also den vereinbarten Mietzins, zu entrichten und die gemietete Sache – die nur in seinem **Besitz** ist – nach der Beendigung des Mietverhältnisses zurückzugeben.

Durch welche Besonderheit ist der Pachtvertrag gekennzeichnet?

Der Pachtvertrag regelt die **entgeltliche** Überlassung einer Sache zum **Gebrauch** und zur **„Fruchtziehung"**:
Der Verpächter ist verpflichtet dem Pächter die Pachtsache zum Gebrauch zu überlassen und außerdem ihm die Fruchtziehung aus der Pachtsache zu gestatten (Eine Gaststätte wird verpachtet: Der Gastwirt darf die Gaststätte nutzen und die Gewinne einnehmen.).
Der Pächter ist verpflichtet den vereinbarten Pachtzins zu zahlen und die Pachtsache nach Vertragsende zurückzugeben.

Was ist ein Leihvertrag?

Leihe ist die **unentgeltliche Gebrauchsüberlassung** einer Sache:
Der Verleiher ist nach Abschluss eines Leihvertrages verpflichtet dem Entleiher die Sache unentgeltlich zum Gebrauch zu überlassen.

Was ist ein Dienstvertrag?

Vertragsgegenstand des **Dienstvertrages** ist die **entgeltliche** Leistung von Diensten. Dies können Arbeits- oder Dienstleistungen sein:
Der Dienstberechtigte (z. B. ein Arbeitgeber) ist verpflichtet die vereinbarte Vergütung (Lohn) zu zahlen.
Der Dienstverpflichtete ist verpflichtet die geschuldeten Arbeits- und Dienstleistungen zu erbringen.

1.5.4.3.4 Verträge des Wirtschaftslebens

Erläutern Sie den Darlehensvertrag.

Z!

Der **Darlehensvertrag** regelt die Überlassung von Geld oder anderen vertretbaren Sachen mit dem Recht auf Rückerstattung des Empfangenen in Sachen von gleicher Art, Güte und Menge.
Die Sachen werden nicht nur zum Gebrauch, sondern zum **Verbrauch** überlassen: Der Darlehensschuldner braucht nicht die genau gleichen Sachen zurückzugeben, sondern lediglich Sachen in der gleichen Menge und der gleichen Beschaffenheit.
Manchmal kann er per Vertrag verpflichtet werden Zinsen zu zahlen (Bankdarlehen). Der Darlehensgeber ist verpflichtet dem Darlehensnehmer die im Darlehensvertrag geschuldete Sache zu übergeben.

Erläutern Sie den Werkvertrag.

Z!

Gegenstand des **Werkvertrages** ist die entgeltliche Herstellung eines „Werkes". Dieser Begriff ist weit gefasst.

Dazu gehören:
- die Anfertigung einer Sache (Schneidern eines Anzugs),
- die Veränderung einer Sache (Reparatur),
- die Erzielung eines Erfolges durch eine Dienstleistung oder durch eine Arbeit (Taxifahrer soll Kunden zum Studio bringen).

Beim Werkvertrag (§ 651 BGB) verpflichtet sich der Unternehmer das „Werk" auch herzustellen.

1.5.4.4 Nichtigkeit und Anfechtbarkeit von Verträgen

Welche Unterschiede bestehen zwischen der Nichtigkeit und Anfechtbarkeit von Verträgen?

Z!

- Rechtsgeschäfte, die bestehende Gesetzesvorschriften nicht beachten, sind nichtig, d. h., sie sind schon bei der Abgabe der Willenserklärung rechtlich ungültig. Das Rechtsgeschäft ist nicht zustande gekommen.
  Rechtsgeschäfte sind nichtig, wenn sie z. B. mit geschäftsunfähigen Personen abgeschlossen wurden (§ 105 BGB)

9709126

oder wenn die Willenserklärung im Zustand der Bewusstlosigkeit oder vorübergehender Störung der Geistestätigkeit abgegeben wurde (§ 105 Abs. 2 BGB).
Auch Scheingeschäfte sind im Sinne des § 117 BGB und Scherzgeschäfte im Sinne des § 118 BGB rechtlich unwirksam.
Weiterhin sind Rechtsgeschäfte, die gegen ein gesetzliches Verbot verstoßen, im Sinne des § 134 BGB nichtig, ebenso sind die Rechtsgeschäfte nichtig, die gesetzliche Formvorschriften nicht beachten (§ 125 BGB).

- Zunächst rechtsgültig abgeschlossene Rechtsgeschäfte werden durch die **Anfechtung** rückwirkend ungültig, wenn einer der nachfolgend aufgeführten Anfechtungsgründe vorliegt.

Anfechtungsgründe sind:

a) Anfechtung wegen Irrtum bei Abgabe der Willenserklärung im Sinne des § 119 BGB,

b) Anfechtung wegen Eigenschaftsirrtum im Sinne des § 119 Abs. 2 BGB,

c) Anfechtung wegen falscher Übermittlung im Sinne des § 120 BGB.
Die Anfechtung muss im Sinne des § 121 BGB unverzüglich, also ohne schuldhaftes Zögern, erfolgen.

d) Anfechtung wegen arglistiger Täuschung und widerrechtlicher Drohung im Sinne des § 123 BGB.

Gemäß der Vorschrift des § 124 BGB muss die Anfechtung innerhalb eines Jahres erfolgen. Die Frist beginnt mit der Entdeckung der Täuschung bzw. mit der Beendigung der herbeigeführten Zwangslage. Die Anfechtungsfrist ist nach zehn Jahren seit der Abgabe der Willenserklärung nicht mehr möglich (§ 124 Abs. 2 BGB).

1.5.4.5 Störungen des Kaufvertrages

1.5.4.5.1 Mangelhafte Lieferung (Schlechtleistung)

Wann liegt ein Mangel an einer Ware vor?

Die **Lieferung von Waren und Dienstleistungen** kann mangelhaft sein. Man unterscheidet – neben Rechtsmängeln – die folgenden **Sachmängel:**

- ***Unterscheidung der Mängel nach Arten:***
  - **Ausdrückliche Liefervereinbarung:** Die gekaufte Sache gilt als **mangelfrei**, wenn sie **bei Gefahrenübergang** (meist Übergabe der Ware) die **vereinbarte Beschaffenheit** aufweist.
  - **Einigung für die gewöhnliche Verwendung:** Wurde im Kaufvertrag keine Beschaffenheit vereinbart, dann ist die Sache frei von Mängeln, wenn sie sich für die nach dem Vertrag vorausgesetzte Verwendung eignet (= Eignung für die gewöhnliche Verwendung).
  - **Beschaffenheit bei Sachen gleicher Art:**
    - Wurde zwischen den Vertragsparteien keine ausdrückliche Vereinbarung über die Beschaffenheit getroffen und
    - lässt sich auch die Eignung für die gewöhnliche Verwendung nicht ermitteln,
    - so ist die Sache frei von Mängeln, wenn sie eine Beschaffenheit aufweist, die bei Sachen der gleichen Art **üblich** ist und die der Käufer nach Art der Sache **erwarten** kann.
  - **Öffentliche Äußerungen:** Zur Beschaffenheit gehören auch öffentliche Äußerungen, insbesondere **Werbeaussagen** des Verkäufers, des Herstellers oder seines Gehilfen. Äußerungen in der Werbung, die beim Kunden entsprechende Erwartungen wecken, binden das werbende Unternehmen. Eine Werbeaussage, die nicht erfüllt werden kann, ist demzufolge nicht nur irreführend (i. S. v. § 3 UWG), sondern löst beim Kunden unmittelbar Ansprüche wegen eines Sachmangels aus.
  - **Montagefehler des Verkäufers:** Ein Sachmangel liegt auch bei unsachgemäßer **Montage** durch den Verkäufer oder einen von ihm beauftragten Dritten vor, auch wenn die Kaufsache ursprünglich mangelfrei war **(Montagefehler**

= Sachmangel). Voraussetzung ist allerdings, dass der Verkäufer zur Montage verpflichtet war (§ 434 Abs. 2 Satz 1 BGB).
Erfasst werden auch Fälle, in denen **allein die Montage selbst fehlerhaft** ist, ohne dass dies zu einer Beeinträchtigung der Beschaffenheit der verkauften Sache führt.
Hiernach stellt auch die **fehlerhafte bzw. fehlende Montageanleitung** (z. B. für den Zusammenbau eines Möbelstückes) einen Sachmangel dar, vorausgesetzt, der Kunde besitzt keine eigenen Sachkenntnisse (sog. *IKEA-Klausel*).

➢ **Falsch- und Minderlieferung** (§ 434 Abs. 3 BGB):
Gleich behandelt wie Sachmängel werden Fälle, in denen
- eine andere Sache **(Falschlieferung)** oder
- zu wenig geliefert **(Minder- oder Zuweniglieferung)**

wird. Demnach gelten auch die Lieferung einer anderen als der bestellten Ware und die Lieferung einer zu geringen Menge als Sachmängel.
Nicht gesetzlich geregelt sind Zuviellieferungen. In derartigen Fällen sind die Grundsätze der ungerechtfertigten Bereicherung anzuwenden. Die Waren müssen demzufolge vom Käufer zurückgegeben werden, der Verkäufer hat keinen Anspruch auf den Kaufpreis.

◆ ***Unterscheidung der Mängel nach der Erkennbarkeit:***
➢ **Offene Mängel:** Sie sind sofort erkennbar, z. B. eine beschädigte Oberfläche.
➢ **Versteckte Mängel:** Sie sind nicht erkennbar, stellen sich erst später heraus, z. B. verdorbene Konserven, Materialfehler bei einem Gerät.
➢ **Arglistig verschwiegene Mängel:** vom Verkäufer bewusst verheimlicht.

Was verstehen Sie unter einer Mängelrüge?

Ist mangelhafte Ware angeliefert worden, so muss der Käufer den Verkäufer über die vorgefundenen Warenmängel **unverzüglich informieren**.

Diese Mitteilung der Mängelrüge ist formfrei, d. h., sie kann telefonisch oder schriftlich erfolgen. Es genügt die rechtzeitige Absendung der Rüge durch ein zuverlässiges Beförderungsmittel.

1.5.4.5.1 Mangelhafte Lieferung (Schlechtleistung)

Welche Reklamationsfristen müssen bei der Lieferung mangelhafter Ware beachtet werden?

Der Käufer muss bestimmte Reklamationsfristen einhalten. Sie sind beim Verbrauchsgüterkauf und zweiseitigen Handelskauf unterschiedlich.

Art des Kaufs (Vertragspartner) / **Erteilung der Mängelanzeige bei**	**zweiseitiger Handelskauf:** Käufer und Verkäufer sind Kaufleute (für beide Seiten ist das Geschäft ein Handelsgeschäft)	**einseitiger Handelskauf:** (bei beweglichen Gütern: Verbrauchsgüterkauf): Käufer handelt als Privatperson und Verkäufer als Unternehmer (nur für eine Seite ist das Geschäft ein Handelsgeschäft)
offenen Mängeln	**unverzüglich** (= ohne schuldhaftes Verzögern) **nach Entdeckung** des Schadens bei der Eingangsprüfung; (§ 377 Abs. 1 HGB)	keine unverzügliche Prüfung der gelieferten Ware nötig; bei **neuen Sachen** innerhalb von **zwei Jahren** nach Ablieferung (gesetzliche Gewährleistungsfrist); bei **gebrauchten Sachen** haftet der Verkäufer innerhalb der Frist für Sachmängelhaftung von **einem Jahr** (§ 475 BGB)
versteckten (verdeckten) Mängeln	**unverzüglich nach Entdeckung,** jedoch spätestens innerhalb der Frist für Sachmängelhaftung (gem. BGB 2 Jahre); eine Frist für Sachmängelhaftung kann generell ausgeschlossen werden; § 377 Abs. 2 und 3 HGB	
arglistig verschwiegenen Mängeln	innerhalb von 3 Jahren, beginnend am 1. Januar des Jahres nach der Entdeckung (§ 195 BGB)	

Beim *Platzkauf* kann der Käufer die Annahme der mangelhaften Lieferung verweigern. Beim *Distanzkauf* muss er die mangelhafte Ware zunächst annehmen und lagern (§ 379 HGB).

Kommt beim zweiseitigen Handelskauf ein Käufer seiner Reklamationspflicht nicht fristgerecht nach, verliert er seine Rechte aus der mangelhaften Lieferung. Die Ware gilt dann als genehmigt, es sei denn, es handelt sich um einen „nicht erkennbaren" Mangel.

Welche Rechte hat der Käufer bei Sachmängeln nach BGB?

Der Käufer kann, vorausgesetzt, er hat den Mangel rechtzeitig gemeldet, folgende gesetzlichen **Gewährleistungsrechte** in Anspruch nehmen:

- **Vorrangig** besteht der Anspruch auf **Nacherfüllung**. Als Nacherfüllung kann der Käufer wahlweise verlangen:
  - **Nachbesserung** (Beseitigung des Mangels, z. B. Reparatur) oder
  - **Ersatz-(Neu-)Lieferung** (Lieferung einer mangelfreien Sache).

  Ist die Nacherfüllung gescheitert, hat der Käufer folgende Rechte:

- **Rücktritt** vom Kaufvertrag. Der Vertrag wird damit rückgängig gemacht, und zwar unter Rückabwicklung der jeweils empfangenen Leistungen. Durch den Rücktritt wird das Recht auf Schadensersatz bzw. Aufwendungsersatz nicht ausgeschlossen.

- **Minderung:** angemessene Herabsetzung des Kaufpreises verlangen (Preisnachlass) und die Ware behalten. Bei der Minderung bleibt – anders als beim Rücktritt – der Kaufvertrag bestehen und wird abgewickelt.

- **Schadensersatz statt der Leistung** (wegen Nichterfüllung). Der Käufer hat bei mangelhafter Lieferung einen Anspruch auf Schadensersatz, der entweder neben Rücktritt oder Minderung geltend gemacht werden kann. Hat er statt der Leistung Schadensersatz verlangt, so ist allerdings der Anspruch auf die Lieferung der Ware ausgeschlossen.

9709131

1.5.4.5.1 Mangelhafte Lieferung (Schlechtleistung)

Erklären Sie, was Sie im Rahmen des Verbrauchsgüterkaufs unter Beweislastumkehr verstehen.

Z!

Für den Verbrauchsgüterkauf gilt beim Vorliegen eines Sachmangels, der im Laufe der **ersten sechs Monate seit Gefahrübergang** (meist Übergabe der Ware) aufgetreten ist, die Beweislastumkehr.

Danach wird zugunsten des Käufers gesetzlich vermutet, dass die Sache bereits bei Gefahrübergang mangelhaft war.

Was verstehen Sie unter einer Garantie?

Z!

Unter einer Garantie (Beschaffenheits- und/oder Haltbarkeitsgarantie) wird verstanden, dass
- der Garantiegeber dem Begünstigten
- einen Anspruch einräumt,
- der **über die gesetzlichen Rechte hinausgeht**.

(Garantie = Freiwillige Zusatzleistung des Verkäufers!)

Welche Bestimmungen gibt es hinsichtlich Garantien gegenüber Verbrauchern (Verbrauchsgüterkauf)?

Z!

Eine Garantieerklärung muss einfach und verständlich formuliert sein. Sie muss im Rahmen von Verbrauchsgüterkäufen enthalten:

- den Hinweis auf die gesetzlichen Rechte des Verbrauchers sowie darauf, dass sie durch die Garantie nicht eingeschränkt werden und
- den Inhalt der Garantie und
- alle wesentlichen Angaben, die für die Geltendmachung der Garantie erforderlich sind, insbesondere Dauer und den räumlichen Geltungsbereich des Garantieschutzes sowie Namen und Anschrift des Garantiegebers.

Darüber hinaus kann der Verbraucher verlangen, dass ihm die Garantie schriftlich oder auf einem anderen dauerhaften Datenträger zur Verfügung gestellt wird. (Diese Sonderregelung für Garantien findet zwischen Unternehmern keine Anwendung.)

9709132

1.5.4.5.2 Lieferungsverzug (Nicht-Rechtzeitig-Lieferung)

Welches sind die Voraussetzungen für den Eintritt des Lieferungsverzuges?

Mit Abschluss des Kaufvertrages verpflichtet sich der Verkäufer, die bestellte Ware zur rechten Zeit am richtigen Ort zu übergeben. Liefert er nicht rechtzeitig, kann er sich im Lieferungsverzug befinden. Für den Eintritt des Lieferungsverzuges sind bestimmte Voraussetzungen gesetzlich festgelegt:

- Nichtleistung (-lieferung)
- Fälligkeit der Lieferung
- Mahnung durch den Käufer, wenn Liefertermin kalendermäßig nicht genau bestimmt bzw. bestimmbar ist
- Verschulden des Verkäufers

Wann ist eine Lieferung fällig?

Steht der Liefertermin (Leistungszeit) **kalendermäßig genau fest** oder ist er **kalendermäßig genau bestimmbar** (= Vereinbarung eines genau bestimmten Zeitpunkts oder eines begrenzten Zeitraums), so kommt der Verkäufer mit **Ablauf dieses Termins automatisch in Lieferungsverzug**.

Beispiel:

Lieferung am 6. Juni Lieferung 21 Tage ab heute Lieferung im September Lieferung Anfang Januar Lieferung zwischen 2. und 15. März Lieferung bis spätestens 24. Februar	Termingeschäfte
Lieferung 14. Juli fest Lieferung bis 9. November fix	oder: Fixgeschäfte

Formulierungen wie *exakt*, *genau* oder *prompt* weisen auf ein Fixgeschäft hin. Wird der Liefertermin (Leistungszeit) **kalendermäßig nicht genau** festgelegt, so muss der Käufer die Lieferung beim Verkäufer **anmahnen**. Erst wenn er die Ware nochmals ausdrücklich verlangt, gerät der Verkäufer in Lieferungsverzug. Die Mahnung ist formfrei, sie kann also auch mündlich erfolgen.

Beispiele: Lieferung ab Anfang Januar, Lieferung sofort, lieferbar ab Oktober, frühestens am 28. September.

Die Mahnung ist nicht notwendig, wenn der Verkäufer nicht liefern will oder liefern kann, weil er z. B. die für die Ausführung der Bestellung erforderlichen Materialien nicht rechtzeitig erhalten hat. Mit seiner Weigerung setzt er sich selbst in Verzug (→ Selbstinverzugsetzung, siehe Seite 135 und 138).

9709133

1.5.4.5.2 Lieferungsverzug (Nicht-Rechtzeitig-Lieferung)

Wann kann von einem Verschulden des Verkäufers gesprochen werden?

- Ein **Verschulden** liegt immer dann vor, wenn der Verkäufer **fahrlässig** oder **vorsätzlich** handelt. Fahrlässig handelt, wer die im Verkehr erforderliche Sorgfalt außer Acht lässt.
- Ist die verspätete Lieferung auf höhere Gewalt zurückzuführen (z. B. Brand, Sturm oder Streik), so kommt der Verkäufer nicht in Lieferungsverzug, da er unschuldig ist.

Wie ist die Haftung des Verkäufers beim Lieferungsverzug gesetzlich geregelt?

Befindet sich der Verkäufer bereits im Lieferungsverzug, so haftet er auch für Schäden, die auf höhere Gewalt zurückzuführen sind **(= Haftungserweiterung)**.

Welche Rechte besitzt der Käufer im Falle des Lieferungsverzuges?

Liegen die Voraussetzungen für den Eintritt des Lieferungsverzuges vor, so stehen dem Käufer nach erfolglosem Ablauf der Nachfrist *wahlweise* folgende Rechte zu:

- Auf die **Lieferung weiterhin bestehen** und – wenn nachweisbar – außerdem
- **Ersatz des Verzugsschadens** verlangen oder:
- **Rücktritt** vom Vertrag und/oder
- **Schadensersatz statt der Lieferung** (wegen Nichterfüllung).
- Anstelle des Schadensersatzes statt der Lieferung ist der **Ersatz vergeblicher Aufwendungen**, die der Käufer im Vertrauen auf den pünktlichen Erhalt der Ware gemacht hat, möglich.

  Der **Ersatz des Verzugsschadens** ist – nach erfolglos verstrichenem Termin zur Lieferung und Verschulden des Verkäufers – immer möglich.

Was verstehen Sie unter einem Deckungskauf?

Ein **Deckungskauf** liegt immer dann vor, wenn sich der Käufer eine dringend benötigte Ware von einem anderen Lieferer besorgt. Sind mit diesem Deckungskauf Mehrkosten für die Ware entstanden, so hat diese zuzüglich weiterer Kosten für z. B. Telefonate und Transport der sich in Lieferungsverzug befindende Verkäufer zu tragen.

Wann entfällt für den Käufer die Pflicht zur Nachfristsetzung?

Die Nachfristsetzung ist nicht erforderlich (§ 281 Abs. 2 BGB), wenn

- der Schuldner die Leistung ernsthaft und endgültig verweigert **(Selbstinverzugsetzung = Lieferungsverweigerung)**.
- wenn **besondere Umstände** vorliegen, die den sofortigen Rücktritt bzw. die sofortige Geltendmachung des Schadensersatzanspruches auch ohne vorherige Fristsetzung rechtfertigen; dies ist z. B. bei Just-in-time-Geschäften gegeben.

Nennen Sie die verschiedenen Möglichkeiten der Schadensberechnung beim Lieferungsverzug.

Der Verkäufer muss dem Käufer den durch den Lieferungsverzug entstandenen Schaden ersetzen.

- Von **konkreten Schäden** spricht man, wenn sie sich genau nachweisen lassen, z. B. die Mehrkosten bei einem Deckungskauf, Anwaltsgebühren, Mahn- und Telefonkosten.
- **Abstrakte Schäden** liegen immer dann vor, wenn sie nur geschätzt werden können oder schwer zu beweisen sind, z. B. der entgangene Gewinn des Käufers.

Was verstehen Sie im Zusammenhang mit dem Lieferungsverzug unter einer Konventionalstrafe?

Eine **Konventionalstrafe** ist eine *Vertragsstrafe*, die immer dann zu zahlen ist, sobald der Verkäufer in Lieferungsverzug gerät.

Die Höhe der Vertragsstrafe muss in einem vernünftigen Rahmen bleiben (0,2 bis 0,3 Prozent der Vertragssumme pro Tag). Neben der Konventionalstrafe kann der Käufer weiterhin auf Lieferung bestehen.

1.5.4.5.3 Annahmeverzug (Gläubigerverzug)

Wann befindet sich der Käufer im Annahmeverzug?

Der Käufer befindet sich im **Annahmeverzug**, wenn er die ordnungsgemäß gelieferte Ware nicht annimmt. Um einen Gläubigerverzug handelt es sich deshalb, weil es sich um ein Verschulden des Käufers (der Käufer ist der Gläubiger für die Warenlieferung) handelt.

Welche Voraussetzungen müssen für den Annahmeverzug gegeben sein?

Nachfolgend aufgeführte **Voraussetzungen** müssen für einen **Annahmeverzug** gegeben sein:

a) Die Lieferung muss fällig sein.
b) Das tatsächliche Anbieten der Ware, d. h., der Verkäufer ist verpflichtet die Ware ordnungsgemäß (an den rechten Ort, zur richtigen Zeit und in der richtigen Art und Güte) zu liefern.
c) Der Käufer hat die ordnungsgemäß gelieferte Ware nicht angenommen. Dabei ist es nicht von Bedeutung, aus welchem Grund der Käufer die Ware nicht angenommen hat.

Welche Folgewirkungen hinsichtlich der Haftung ergeben sich beim Annahmeverzug?

Die ordnungsgemäß gelieferte Ware wurde vom Käufer nicht angenommen. Aus diesem Grund haftet der Verkäufer (Lieferant) nur noch für Vorsatz und grobe Fahrlässigkeit. Die Haftung des Käufers erstreckt sich aus diesem Grund auch auf mögliche Schaden an der Ware, die durch Zufall bedingt sind, gemäß § 287 BGB.

Welche Rechte stehen dem Verkäufer (Lieferant) zu?

Dem **Verkäufer** (Lieferant) stehen nachfolgende **Rechte** zu, die er wahlweise in Anspruch nehmen kann:

1. ***Er kann vom Vertrag zurücktreten, die Ware zurücknehmen und sie anderweitig verkaufen.***

Dieses Kulanzrecht wird der Verkäufer dann anwenden, wenn es sich um einen langjährigen Kunden handelt und die Ware sich auch anderweitig leicht verkaufen lässt.

2. ***Er kann auf Erfüllung des Kaufvertrages bestehen.***
   Der Verkäufer verklagt den Käufer auf Abnahme der Ware. Dieses Recht wird dann in Anspruch genommen, wenn es sich um eine Sonderanfertigung handelt, die der Kunde nicht angenommen hat und die nicht anderweitig zu verkaufen ist. Diese Vorgehensweise ist allerdings sehr zeit- und kostenaufwändig.

3. ***Er hat die Möglichkeit, die Ware auf Kosten des Käufers einzulagern und den Selbsthilfeverkauf durchzuführen.***
   Der Selbsthilfeverkauf kann im Rahmen einer öffentlichen Versteigerung durchgeführt werden. Die Ware kann aber auch freihändig verkauft werden, wenn sie über einen Markt- oder Börsenpreis verfügt.

   Auf Waren, die im Rahmen einer öffentlichen Versteigerung erworben werden, entfallen die Gewährleistungsansprüche.

   Der Verkäufer ist berechtigt die gesamten Kosten vom Käufer zu verlangen bzw. einzuklagen.

Welche Vorgehensweise ist beim Selbsthilfeverkauf zu beachten?

Der Verkäufer ist bei der Durchführung des **Selbsthilfeverkaufs** an gesetzliche Regelungen gebunden. Diese beziehen sich insbesondere auf die Einhaltung nachfolgender Pflichten.

1. Der Verkäufer muss dem Käufer den Selbsthilfeverkauf androhen und ihm eine angemessene Nachfrist setzen, damit er die Ware noch abnehmen kann. Diese Nachfristsetzung entfällt aber, wenn es sich um leicht verderbliche Waren handelt (Notverkauf).

2. Der Verkäufer muss dem Käufer rechtzeitig den Ort und den Zeitpunkt des Selbsthilfeverkaufs mitteilen, damit der Käufer selbst an der Versteigerung teilnehmen kann.

3. Der Verkäufer muss dem Käufer das Ergebnis des Selbsthilfeverkaufs unverzüglich mitteilen. Die entstandenen Kosten und der Differenzbetrag zwischen dem Rechnungspreis und einem möglichen Minderpreis hat der Käufer zu tragen, denn der Selbsthilfeverkauf wird auf seine Rechnung durchgeführt. Ein möglicher erzielter Mehrerlös steht dem Käufer zu.

1.5.4.5.4 Zahlungsverzug (Nicht-Rechtzeitig-Zahlung)

Wann gerät der Käufer in Zahlungsverzug?

Z!

Der Käufer hat die Pflicht, den vereinbarten Kaufpreis ordnungsgemäß (umgehend) zu begleichen. Die gesetzliche Regelung gemäß des § 433 Abs. 2 BGB beinhaltet das Zug-um-Zug-Geschäft, also Ware gegen Geld.
Erfüllt der Käufer seine Zahlungspflicht nicht oder nicht rechtzeitig, kann er in **Zahlungsverzug** geraten. Da der Käufer als Geldschuldner mit der Erfüllung seiner Pflicht in Verzug ist, spricht man auch von einem Schuldnerverzug.

Welche Voraussetzungen müssen für den Zahlungsverzug gegeben sein?

Z!

Voraussetzung für den Zahlungsverzug sind:
- nicht rechtzeitige oder nicht vollständige Zahlung,
- **Mahnung** (wenn der Zahlungstermin kalendermäßig nicht genau festgelegt ist),
- **Fälligkeit** der Zahlung und
- **Verschulden** des Käufers. Der Käufer kommt allerdings auch ohne sein Verschulden in Zahlungsverzug, wenn es sich, wie es beim Geld der Fall ist, um Gattungsware handelt („Geld hat man zu haben."). Insofern hat der Käufer die Nichtzahlung stets zu vertreten.

Wann ist eine Mahnung nicht erforderlich?

Z!

Einer Mahnung ist nicht erforderlich, wenn

- der Zahlungstermin kalendermäßig genau bestimmt ist,
- der Schuldner die Zahlung ernsthaft und endgültig verweigert (= Selbstinverzugsetzung),
- 30 Tage nach Rechnungseingang vergangen sind,
- aus besonderen Gründen unter Abwägung der beiderseitigen Interessen der sofortige Eintritt des Verzuges gerechtfertigt ist.

Z!

Wann tritt der Zahlungsverzug ein?

Eintritt des Zahlungsverzuges:

- Ist der Zahlungstermin **kalendermäßig genau festgelegt**, zum Beispiel „zahlbar 18. Mai", dann tritt der Zahlungsverzug nach Ablauf des Fälligkeitstermins ein.
- Ist der Zahlungstermin **kalendermäßig nicht genau festgelegt**, zum Beispiel „zahlbar sofort", dann gerät der Schuldner durch eine Mahnung in Verzug, die nach dem Eintreffen der Fälligkeit erfolgte.
  Ohne Mahnung gerät er **spätestens** 30 Tage nach Fälligkeit und Zugang einer Rechnung oder einer gleichwertigen Zahlungsaufstellung in Verzug.
  Dies gilt bei einem Kaufvertrag mit einem Verbraucher nur, wenn dieser darauf besonders schriftlich hingewiesen wurde.
  Den Zugang der Rechnung hat im Streitfall der Gläubiger zu beweisen.

Z!

Welche Rechte stehen dem Gläubiger im Fall des Zahlungsverzuges zu?

Befindet sich der Käufer in Zahlungsverzug, stehen dem Verkäufer nach **Ablauf der Nachfrist**, soweit sie nicht entbehrlich ist, wahlweise folgende Rechte zu:

- **Zahlung verlangen** und ggf. den Käufer auf Zahlung verklagen oder
- **Zahlung und Schadensersatz wegen verspäteter Zahlung verlangen** (Ersatz des Verzugsschadens).
  Für verspätete Zahlungen kann der Verkäufer Verzugszinsen fordern und Kostenersatz verlangen. Die Verzugszinsen betragen beim Verbrauchsgüterkauf und bürgerlichen Kauf 5 %, beim zweiseitigen Handelskauf 8 % pro Jahr über dem Basissatz der deutschen Bundesbank (§§ 247, 288 BGB). Höhere Verzugszinsen können in den Allgemeinen Geschäftsbedingungen vereinbart werden.
- **Vom Kaufvertrag zurücktreten** und/oder
- **Schadensersatz statt Zahlung** (Nichterfüllungsschaden) verlangen.
  Anstelle des Schadensersatzes statt Zahlung kann der Gläubiger gleichzeitig mit seinem Rücktritt vom Vertrag
  - Aufwendungsersatz und
  - Zahlung und Ersatz des Verzugsschadens verlangen.

1.5.4.5.4 Zahlungsverzug (Nicht-Rechtzeitig-Zahlung)

Klaus Butte, zuständiger Mitarbeiter des Studios „Sport und Fit KG", stellt fest, dass Mitglieder zunehmend ihre Zahlungsverpflichtungen nicht ordnungsgemäß erfüllen.

a) Warum ist es notwendig, den fristgerechten Zahlungseingang der Mitglieder im Studio zu überwachen?

b) Nennen Sie sechs betriebliche Maßnahmen, mit denen Klaus Butte versuchen könnte die zukünftigen Zahlungsausfälle der Mitglieder zu vermeiden.

Z!

a) Die betriebliche Notwendigkeit der **Zahlungsüberwachung** ist Voraussetzung zur Erfüllung von Finanzierungsplanzielen wie:

- jederzeitige Liquidität
- Begrenzung des Kreditbedarfs
- Inanspruchnahme von Skonto bei der Bezahlung von Lieferantenrechnungen

Darüber hinaus kann das gerichtliche Mahnverfahren dazu beitragen, dass Forderungen bedingt durch Verjährung oder Insolvenz nicht ausfallen.

b) Vorbeugende Maßnahmen:

- Prüfen der Kreditwürdigkeit
- Warenverkauf unter Eigentumsvorbehalt
- Zahlungsbedingung: Voraus- und/oder Barzahlung
- Absichern der Forderung

Abwehrende Maßnahmen:

- betriebliches (kaufmännisches) Mahnwesen
- gerichtliches Mahnverfahren
- Inanspruchnahme von Inkassoinstituten
- Postnachnahme
- Factoring

1.5.4.6 Außergerichtliches (kaufmännisches) Mahnverfahren

Welchen Zweck hat das kaufmännische Mahnverfahren?

Z!

Der Hauptgrund für das kaufmännische Mahnverfahren besteht darin, dass nicht gleich das Gericht bemüht werden soll. Den Vertragspartnern wird die Möglichkeit gegeben die Situation untereinander – ohne die Einschaltung Dritter – gütlich zu bereinigen und dabei ganz individuell auf die möglichen Argumente und Belange des anderen Rücksicht nehmen zu können.

9709140

Wovon wird es abhängen, in welcher Form und wie oft ein Verkäufer einen Käufer mahnt?

Form und Häufigkeit der Mahnung können u. a. von den Gründen des in Verzug geratenen Kunden, von der Qualität der bestehenden Geschäftsbeziehung und der eigenen wirtschaftlichen Situation abhängen.

Beschreiben Sie die mögliche Vorgehensweise beim außergerichtlichen Mahnverfahren.

Grundsatz: Zunächst vorsichtig mahnen. Es sind folgende Stufen möglich, wobei eine Steigerung von „sehr höflich" über „energische Aufforderung" bis „Androhung gerichtlicher Schritte" denkbar wäre:

- (nette bzw. originelle) Zahlungserinnerung
- eventuell drei Mahnungen
- Postnachnahme/Beauftragung eines Inkassoinstituts
- vierte Mahnung
- Mahnbescheid (= Beginn des gerichtlichen Mahnverfahrens)

Ein allgemein gültiges Ablaufschema gibt es nicht.

Welche Bedeutung hat das kaufmännische (außergerichtliche) Mahnverfahren für den Studiobetreiber?

Der Studiobetreiber kann mit der laufenden Überwachung der Fälligkeitstermine und des pünktlichen Eingangs der Forderungen

- seine Liquidität erhöhen,
- Kreditkosten vermeiden,
- Skonti seiner Lieferer in Anspruch nehmen,
- günstige Angebote wahrnehmen,
- seine Kreditwürdigkeit verbessern,
- das Forderungsrisiko verringern.

1.5.4.7 Gerichtliches Mahnverfahren

In welcher Reihenfolge wird das gerichtliche Mahnverfahren durchgeführt?

Z!

1. Eingeleitet wird das gerichtliche Mahnverfahren durch Antragstellung auf Erlass eines Mahnbescheides. Diese Antragstellung erfolgt in der Regel über das Internet (www.online-mahnverfahren.de). Alle Bundesländer haben inzwischen zentrale Mahngerichte eingerichtet (zum Teil auch mit anderen Bundesländern).

2. Nach der formalen Prüfung (auf Vollständigkeit der Angaben) wird der Mahnbescheid erlassen und eine Ausfertigung dem Schuldner (= Antragsgegner) auf dem Postweg zugestellt.

3. Legt der Antragsgegner nicht rechtzeitig Widerspruch ein bzw. äußert er sich nicht zu dem Sachverhalt, so hat der Antragsteller (= Gläubiger) die Möglichkeit, nach Ablauf einer zweiwöchigen Widerspruchsfrist den Vollstreckungsbescheid zu beantragen.

4. Der Antragsgegner kann innerhalb von zwei Wochen nach Zustellung Einspruch gegen den Vollstreckungsbescheid erheben. Das Mahnverfahren wird dann als streitiges Verfahren im Rahmen eines Zivilprozesses weitergeführt. Wird kein Einspruch gegen den Vollstreckungsbescheid eingelegt, dann wird dieser rechtskräftig. Mit dem Titel kann der Gläubiger seine Forderung, zum Beispiel mithilfe des Gerichtsvollziehers, durchsetzen.

Was verstehen Sie unter a) Mahnbescheid und b) Vollstreckungsbescheid?

Z!

a) Der **Mahnbescheid** ist eine Aufforderung an den Schuldner, entweder innerhalb einer gegebenen Frist den geschuldeten Betrag zuzüglich Zinsen und entstandenen Kosten zu zahlen oder sich zu verteidigen.
b) Der **Vollstreckungsbescheid** ist ein „vollstreckbarer Titel" mit dem Recht, gegen den Schuldner die Zwangsvollstreckung einzuleiten.

Nennen Sie eine weitere Voraussetzung der Zwangsvollstreckung.

Eine weitere Voraussetzung für die **Zwangsvollstreckung** ist die Zustellung des Titels, wie zum Beispiel der Vollstreckungsbescheid.

Welche Arten der Zwangsvollstreckung gibt es?

Es sind folgende Arten der Zwangsvollstreckung zu unterscheiden:

- **Zwangsvollstreckung in das bewegliche Vermögen:**
  - Pfändung und anschließende öffentliche Versteigerung (frühestens nach sieben Tagen) körperlicher Sachen,
  - Pfändung von Geldforderungen und anderen Rechten. Hierzu zählen z. B. das Arbeitseinkommen, Bankguthaben, Kreditforderungen, Leistungen aus Lebensversicherungen, Mietforderungen.

- **Zwangsvollstreckung in das unbewegliche Vermögen** (zum unbeweglichen Vermögen zählen Grundstücke und Gebäude), beispielsweise durch:
  - Zwangsversteigerung: Der Schuldner verliert durch die Versteigerung sein Eigentum.
  - Zwangsverwaltung: Durch die vom Gericht auf Antrag des Gläubigers angeordnete Zwangsverwaltung werden das Grundstück und die Erträge aus dem Grundstück, z. B. Miet- und Pachteinnahmen, beschlagnahmt. Der Schuldner bleibt zwar Eigentümer des Grundstücks, doch erhält der Gläubiger die Einnahmen.

Was ist eine eidesstattliche Versicherung?

Die **eidesstattliche Versicherung** muss vom Schuldner abgegeben werden, wenn die bisherigen Zwangsvollstreckungsmaßnahmen nicht zum Erfolg geführt haben. Er bestätigt damit die Richtigkeit und Vollständigkeit seiner Vermögensverhältnisse. Falsche Angaben können mit Freiheitsstrafe geahndet werden (§ 163 StGB).
Verweigert der Schuldner die eidesstattliche Versicherung, kann er auf Antrag und Kosten des Gläubigers bis zu sechs Monate in Erzwingungshaft genommen werden.
Aus einem rechtskräftig festgestellten Titel kann man 30 Jahre vollstrecken.

1.5.4.8 Verjährungsrecht

Was verstehen Sie unter Verjährung?

Von **Verjährung** spricht man, wenn der Schuldner, obwohl der Anspruch des Gläubigers weiter bestehen bleibt, die **Einrede der Verjährung** erheben kann. Bezahlt der Schuldner allerdings eine bereits verjährte Forderung, so kann er die einmal geleistete Zahlung nicht mehr zurückverlangen. Ziel der Verjährung ist der **Rechtsfrieden.**

Nennen Sie die wichtigsten Verjährungsfristen bei mangelhafter Lieferung.

Verjährung der Rechte bei mangelhafter Lieferung (Fristen)

Mangel an:	***Allgemeines Kaufrecht*** *(es findet Anwendung auf alle Kauf-, Tausch- und Werklieferungsverträge)*	***Verbrauchsgüterkauf*** *(= Kaufverträge, bei denen ein Verbraucher von einem Unternehmer eine bewegliche Sache kauft)*	
neuen Sachen	*2 Jahre, beginnend mit der Ablieferung der Sachen*	*2 Jahre, beginnend mit der Ablieferung*	*Beweislastumkehr: Innerhalb der ersten sechs Monate wird angenommen, der Mangel habe bereits bei Übergabe bestanden.*
gebrauchten Sachen		*Verkürzung bis zu 1 Jahr möglich, beginnend mit Ablieferung*	
Sachen, wenn Verkäufer Mangel arglistig verschwiegen hat (§ 438 Abs. 3 BGB)	*3 Jahre, beginnend am Schluss des Jahres, in dem der Anspruch entstand und der Gläubiger Kenntnis erlangte (§ 195 BGB)*		
Bauwerken (§ 634a BGB) oder wenn die Sache für ein Bauwerk verwendet worden ist und dessen Mangel verursacht hat (§ 438 BGB)	*5 Jahre, beginnend mit der Ablieferung bzw. Abnahme des Werkes*		

9709144

Wodurch wird die Verjährung von Ansprüchen beeinflusst?

Die Verjährung wird beeinflusst durch Neubeginn der Verjährung einerseits und Hemmung andererseits.

- **Neubeginn der Verjährung** (siehe Aufgabe Seite 146): Der Neubeginn erfolgt unter bestimmten Voraussetzungen und hat zur Folge, dass mit dem Datum des Neubeginns der Lauf der bisherigen Verjährungsfrist endet und sofort die Verjährungsfrist **neu** in voller Länge zu laufen beginnt.
- **Hemmung:** Bei der Hemmung **läuft** die Verjährungsfrist **nicht weiter**. Während der Zeit der Hemmung **ruht** die Verjährungsfrist, d. h., es wird lediglich der Ablauf der laufenden Verjährungsfrist angehalten, bis der Hemmungsgrund entfallen ist. Entfällt schließlich der Hemmungsgrund, verlängert sich die Verjährungsfrist um die Zeit der Hemmung, d. h., die noch nicht abgelaufene restliche Verjährungszeit läuft zu Ende. Beginn und Ende der Hemmung sind fallbezogen im Gesetz geregelt.

Welche Hemmungsgründe sind Ihnen bekannt?

Eine Hemmung tritt ein, wenn zwischen Gläubiger und Schuldner Ansprüche ungeklärt sind (Beispiele: die Klage, die Gerichtsverhandlung und hiermit zusammenhängende Rechtshandlungen).
Als **Hemmungsgründe** kommen u. a. in Betracht:

- **Verhandlungen:** Solange Schuldner und Gläubiger miteinander über den Anspruch oder die den Anspruch begründenden Umstände verhandeln, ist die Verjährung gehemmt, bis der eine oder andere Teil die Verhandlung abbricht.
- **Hemmung durch Rechtsverfolgung:**
  - Der Schuldner kann die Zahlung aus berechtigten Gründen verweigern (Gegenanspruch).
  - Zustellung eines Antrags auf einstweilige Verfügung.
  - Gesuch um Prozesskostenhilfe.
  - Klageerhebung.
  - Zustellung des gerichtlichen Mahnbescheides.
  - Anmeldung eines Anspruchs im Insolvenzverfahren.
- **Leistungsverweigerungsrecht** des Schuldners (z. B. bei Stundung = Zahlungsaufschub).
- **Höhere Gewalt**, z. B. aufgrund von Naturkatastrophen oder Krieg. Die Verjährung ist gehemmt, solange der Gläubiger innerhalb der letzten sechs Monate der Verjährungsfrist durch höhere Gewalt an der Rechtsverfolgung seines Anspruchs gehindert ist.

Weitere Hemmungsgründe bestehen aus familiären Gründen oder bei nicht voll Geschäftsfähigen.
Das kaufmännische Mahnverfahren hat keinen Einfluss auf die Verjährungsfrist. Es bewirkt demzufolge auch keine Hemmung.

1.5.4.8 Verjährungsrecht

Durch welche Maßnahmen kann der Neubeginn der Verjährung erreicht werden?

Der **Neubeginn der Verjährung** kann erreicht werden, wenn

- gerichtliche oder behördliche Vollstreckungshandlungen beantragt oder vorgenommen werden;
- der Schuldner den **Anspruch anerkennt**, wie z. B. durch
  - Teil- bzw. Abschlagszahlung,
  - Zahlung von Verzugszinsen,
  - Sicherheitsleistung,
  - Beseitigung eines Mangels aufgrund einer Mängelrüge,
  - Bitte um Stundung.

Inwiefern ist eine Verkürzung der Verjährungsfristen möglich?

Eine **Verkürzung der Verjährungsfristen** ist möglich

- grundsätzlich durch individuelle Vereinbarungen,
- durch AGB, jedoch Mindestfrist ein Jahr bei den üblichen Sachmängeln (nicht Bauleistungen),
- beim Verbrauchsgüterkauf nur für gebrauchte Sachen, jedoch Mindestfrist ein Jahr.

Wie viel Jahre beträgt die regelmäßige Verjährungsfrist und wann beginnt sie?

Die **regelmäßige Verjährungsfrist** beträgt **drei Jahre**. Sie beginnt mit dem Schluss des Jahres,

- in dem der Anspruch entstanden ist und
- der Gläubiger Kenntnis der anspruchsbedingten Umstände und der Person des Schuldners erlangt oder ohne grobe Fahrlässigkeit erlangen müsste.

Demnach beginnt die Frist noch nicht, solange die Unkenntnis des Gläubigers lediglich auf *leichter Fahrlässigkeit* beruht. Diese Regelung ist im Interesse des Gläubigers: Der Anspruch soll nicht bereits verjährt sein können, bevor der Gläubiger von den maßgeblichen Umständen Kenntnis hat (relative Verjährungsfrist).

9709146

1.6 Mitgliederberatung

Welche Bedeutung hat der Check-up im Sport- und Fitnessstudio?

Auf der Grundlage eines zuvor durchgeführten **Eingangschecks** (Check-up) wird der aktuelle Fitness- und Gesundheitszustand (Istzustand) des Mitglieds erfasst. Durch den Einsatz von verschiedenen Testverfahren (Diagnostik) wird die Ausgangsbasis für die weiteren studiobezogenen Trainingsabläufe geschaffen.

Was ist bei der Eingangsanalyse zu beachten?

- Zunächst ist in einem ausführlichen Beratungsgespräch, neben den persönlichen Zielsetzungen des Interessenten/Mitglieds, die gesundheitliche Istaufnahme mithilfe eines Fragebogens zu ermitteln.
- Ferner wird das persönliche Leistungsvermögen durch den Einsatz von verschiedenen computergesteuerten Fitnesstestverfahren (Diagnostik) ermittelt. Diese Testverfahren beziehen sich auf die Bereiche Koordination, Beweglichkeit, Kraft und Ausdauer unter Berücksichtigung der individuellen gesundheitlichen Leistungsfähigkeit des Interessenten.
- Darüber hinaus sind auch ggf. vorliegende ärztliche Befunde und Ergebnisse in die Auswertung mit einzubeziehen.
- Im Anschluss daran wird dem Interessenten/Mitglied ein individuelles Leistungsangebot (im Kurs- und Gerätebereich) unterbreitet und gemeinsam das Trainingsziel mit den erforderlichen Erfolgskontrollen (Re-Tests) festgelegt. Dazu ist es notwendig, die bisherigen sportlichen Erfahrungen des Interessenten/Mitglieds einschließlich der möglichen zeitlichen Einschränkungen zu berücksichtigen.

Auf der Grundlage einer Eingangsbefragung verbunden mit einer Körperanalyse und den Ergebnissen von verschiedenen Testverfahren wird ein individueller Trainingsplan erstellt. Dieser sollte, wenn möglich, durch einen ärztlichen Gesundheitscheck ergänzt werden.

Welche Zielsetzungen sind mit der Durchführung eines Check-up verbunden?

Der Check-up gibt Aufschluss darüber, ob **gesundheitliche Einschränkungen** des Interessenten/Mitglieds bestehen. Diese können zum Beispiel durch körperlichen Beschwerden bedingt sein oder durch Medikamenteneinnahme usw.

1.6 Mitgliederberatung

Auf welche Bereiche ist die Körperanalyse des Interessenten/Mitglieds bezogen?

Die verschiedenen einzusetzenden Verfahren beziehen sich dabei auf die nachfolgenden Bereiche:

- Umfangmessung,
- Ermittlung des Gewichtsindexes (Body-Mass-Index/BMI),
- Bestimmung des Körperfettgehaltes in Prozent,
- Bestimmung der Muskelmasse in Prozent
- Analyse der Körperhaltung.

Die Körperanalyse gibt Auskunft über den Muskelaufbau sowie den Wasser- und Fettgehalt im Körper. Zusätzlich wird das Gewicht und die Körpergröße ins Verhältnis gesetzt und daraus der BMI errechnet. Die Messungen im Herz-Kreislaufsystem können durch den Einsatz von verschiedenen Ausdauertestverfahren erfolgen.

Auf welche Bereiche beziehen sich physiologische Daten des Interessenten/Mitglieds?

Die **Messung der Herzfrequenz** und die **Bestimmung der Blutdruckwerte** sind weitere Informationsquellen zur Analyse des gegenwärtigen Gesundheitszustandes des Interessenten/Mitglieds.

Wozu dient ein Anamnesebogen und was beinhaltet er?

Der studiobezogene Fragebogen dient der Erfassung von möglichen Gesundheitsrisiken. Dieser **diagnostische Eigenbericht** des Interessenten/Mitglieds sollte in einem gemeinsamen Informationsgespräch mit dem zuständigen Mitarbeiter des Studios (z. B. Sport- Gesundheitstrainer) durchgeführt werden, um mögliche Risikofaktoren rechtzeitig erkennen zu können. Das daraus resultierende Vertrauensverhältnis ist ein elementarer Bestandteil des Mitgliederbindungsmanagements.
Der Anamnesebogen sollte neben der Erfassung der Stammdaten des Mitglieds den aktuellen Stand der ärztlichen Behandlung einschließlich der Medikamenteneinnahme beinhalten. Darüber hinaus sind mögliche körperliche Beeinträchtigungen (z. B. Operationen) und motorische Defizite mit aufzunehmen. Auch Einschränkungen im Herz-Kreislauf-System, im Fett- und

Zuckerstoffwechsel und der Atemwege sollten im Anamnesebogen enthalten sein.
Mögliche Hemmschwellen des Mitglieds hinsichtlich der Angaben über mögliche Beschwerden können durch einen detailliert ausgearbeiteten Anamnesebogen überwunden werden. Im Anschluss daran können die Trainingsziele des Mitglieds durch die Erstellung eines individuellen Trainingsplanes festgelegt werden.

Was ist unter einem Body-Mass-Index (BMI) zu verstehen?

Das Verhältnis zwischen dem Körpergewicht und der Körpergröße (beides Messzahlen) gibt zunächst Aufschluss darüber, ob ein Gewichtsproblem vorliegt oder nicht. Der BMI wird wie folgt ermittelt:

$$\textbf{BMI} = \frac{\text{Körpergewicht (kg)}}{\text{Körpergröße (m}^2\text{)}}$$

Die Soll-Werte (als Messzahlen) sind entsprechend zu interpretieren (anhand von Tabellen) hinsichtlich des Alters und der geschlechterspezifischen Bedingungen der Mitglieder.

Was ist unter einer Körperfettmessung zu verstehen und wie kann sie durchgeführt werden?

Das Gesamtgewicht des Körpers teilt sich in eine fette und eine fettfreie Köpermasse auf. Die fettfreie Körpermasse besteht aus Muskelgewebe, inneren Organen, Knochen und Mineralien. Um nun den **Körperfettgehalt** zu bestimmen, kann die Hautfaltenmethode (aber auch die Bio-Impedanz-Methode, siehe Seite 150) angewendet werden.
Bei der **Hautfaltenmethode** wird mit einem Fettkaliper (Fettzangenmessgerät) die Hautfaltendicke an verschiedenen Körperstellen ermittelt. Der Körperfettwert wird dann unter Einsatz von verschiedenen Umrechnungstabellen ermittelt. Diese Körperfettmessung wird in der Regel vom Hausarzt durchgeführt.
Die Ursachen für Fettleibigkeit beruhen unter anderem auf einer erheblichen Einschränkung der Bewegungsaktivitäten verbunden mit einer oft falschen, da einseitigen Ernährung.
Um den Körperfettanteil zu reduzieren, ist eine Umstellung der Ernährung vorzunehmen verbunden mit der Aufnahme einer sportlichen Betätigung. Zu beachten ist allerdings, dass zunächst die maximale Herzfrequenz durch einen Arzt zu ermitteln ist, um dann anschließend einen gemeinsamen Trainingsplan zu erstellen.

9709149

1.6 Mitgliederberatung

Was ist im Rahmen der Körperfettmessung die Bio-Impedanz-Methode und wie wird diese durchgeführt?

Z!

Diese **bioelektrische Impedanz-Methode** wird zur Bestimmung des Körperfetts, des fettfreien Gewebes und der Flüssigkeit im Körper eingesetzt. Unter der Voraussetzung, dass die Knochen, Organe, das Köperfett und die Körperflüssigkeit unterschiedliche Widerstände zeigen, wird ein geringer elektrischer Strom durch den Köper geleitet und der Widerstand (Impedanz) ermittelt, der dann entsprechend umgerechnet wird.
Darüber hinaus stehen dem Studiobetreiber Körperfettmesswaagen und Gerätschaften (z. B. Omron Gerät) zur Verfügung, um diese bioelektrische Impedanz zu ermitteln. Dabei stellt sich das Mitglied barfuss auf eine Waage, die mit einer Metallplatte ausgestattet ist und durch die ein schwacher Strom in den Körper geleitet wird. Das Gerät ermittelt somit den Körperfettanteil und gibt zum Beispiel Auskunft über mögliche Stoffwechselstörungen, Krankheiten und Dysbalancen bezogen auf die Zusammensetzung des Köpers.

Was ist unter einer Herzfrequenzmessung zu verstehen?

Z!

Die **Messung der Herzfrequenz** ist eine weitere Möglichkeit zur Feststellung des gegenwärtigen Gesundheitszustands des Mitglieds. Die Pulsschlagzahl auf eine Minute bezogen – sie ist an jeder Schlagader feststellbar – liefert dem Studiomitarbeiter bzw. dem Sport- und Gesundheitstrainer Informationen über die Aktivität und Beanspruchung des Herzens. Mögliche Abweichungen können Hinweise auf Störungen des Herz-Kreislauf-Systems geben.
Auch Blutdruckmessungen sind in diesem Zusammenhang zu erwähnen. Für die Auswertung stehen entsprechende Tabellen zur Verfügung
Die Herzfrequenzmessung ist besonders wichtig bei einem gezielten Ausdauertraining bzw. beim Trainingsziel hinsichtlich der Fettverbrennung.

Welche Zielsetzungen sind mit der Durchführung von Ausdauertests verbunden?

Z!

Die Durchführung von Ausdauertests sind notwendig, um die möglichen **Belastungsintensitäten** des Interessenten/Mitglieds

9709150

feststellen zu können. Insbesondere können Informationen über das Herz-Kreislauf-System gewonnen werden. Dem Studiobetreiber stehen dabei unterschiedliche Möglichkeiten zur Verfügung, wie zum Beispiel der Ausdauertest am Fahrradergometer, der Ausdauertest am Laufband und der Ausdauertest am Drehkurbelergometer.
Durch die Erfassung der persönlichen Daten des Mitglieds, wie zum Beispiel Alter, Geschlecht, Gewichtsangabe, Trainingshäufigkeit und Ruhefrequenz wird das Testergebnis ausgewertet und dem Mitglied ein entsprechendes Belastungsschema vorgestellt, das eine individuelle sportarten- und trainingsspezifische Empfehlung unter Einbeziehung der studiointernen Ausstattung an Gerätschaften beinhaltet.

Was ist Spiro-Ergometrie und wie wird diese Methode durchgeführt?

Bei diesem Testverfahren handelt es sich um einen **zunehmenden Belastungstest,** der am Laufband oder auf dem Fahrradergometer durchgeführt wird. Dabei wird dem Mitglied eine Gesichtsmaske aufgesetzt und es wird mit zunehmender Belastung eine computergesteuerte Atemgasanalyse durchgeführt. Darüber hinaus werden auch detaillierte Informationen über die Herz- und Kreislauffunktionen gewonnen einschließlich des Energiestoffwechsels und der Lungenfunktion.

Was ist unter einem PWC-Test (Phyical work capacity) zu verstehen?

Dieses fahrradergometrische Stufentestverfahren ist der Leistungsdiagnostik zuzuordnen und kann unter ärztlicher Aufsicht maximal, also bis zur Erschöpfung, oder submaximal, also bis zu einer **annähernd erschöpfenden Belastung** des Mitglieds, durchgeführt werden. Das Mitglied muss in der durchgeführten Testphase ständig betreut werden; die Herzfrequenz und die Blutdruckwerte sind dabei laufend zu kontrollieren. Die Festlegung der Belastungsgrenze erfolgt durch eine Herzfrequenzmessung. Es handelt sich dabei um einen Abbruchtest mit einer Dokumentation der Ergebnisse.

1.6 Mitgliederberatung

Was wird unter Laktatdiagnostik verstanden?

Z!

Energieträger des Menschen sind die Muskeln. Sie verwerten Kohlenhydrate, Proteine und Fette. In der Ruhephase werden insbesondere Fette verbrannt. Dagegen wird in der intensiven Trainingsphase hauptsächlich das Kohlenhydrat Glukose verbraucht. Wird Glukose nicht vollständig im Körper verbrannt und liegt ein Sauerstoffmangel vor, kommt es zu einer Milchsäureproduktion im Muskel (Lakat), die eine Beeinträchtigung der körperlichen Leistungsfähigkeit mit sich bringt.
Die sportliche Betätigung sollte so gestaltet sein, dass der Energiestoffwechsel der Muskulatur sich in einem Gleichgewicht befindet (Sauerstoffverbrauch und Energiebereitstellung sollten dabei übereinstimmen).
Übersteigt die Trainingssequenzen die körperliche Leistungsfähigkeit des Mitglieds, dann übersteigt auch der Energieverbrauch die Sauerstoffzufuhr und es kommt zu einer Stoffwechselstörung verbunden mit einer zunehmenden Laktatbildung, also eine **Übersäuerung der Muskulatur (anaerober Bereich)** und Entzündungen der Muskulatur können auftreten.
Durch die **Laktatbestimmung im Blut** (Blutentnahme an der Fingerkuppe oder am Ohrläppchen) ist es möglich, den Energiestoffwechsel während der sportlichen Betätigung zu kontrollieren.
Die Laktatleistungskurve dient der Beurteilung der Ausdauerleistung des Sportlers. Zur Leistungsbeurteilung wird der gesamt Verlauf herangezogen.
Der Anstieg des Blutlaktatspiegels ab einer für den Sportler kritischen Belastungsintensität wird als individuelle anaerobe Schwelle (IANS) bezeichnet und bildet die Grundlage für die Trainingsgestaltung.

Was ist unter einer anaerobe Schwelle zu verstehen?

Z!

Es wird der Punkt ermittelt (steach-state des Laktatwertes), an dem der Köper seine Energiegewinnung nicht mehr aus dem Sauerstofftransport im Blut decken kann. Diese Schwelle ist dann erreicht, wenn im Körper die **aerobe Energiezufuhr** (Energiegewinnung mit Sauerstoff) **überschritten** wird, d. h., der Körper gewinnt seine Energie überwiegend aus zusätzlichen Kohlenhydraten.
Bei der Überschreitung dieser Schwelle kann es zu einer Übersäuerung der Muskulatur kommen, die mit einer erheblichen

Beeinträchtigung hinsichtlich der sportlichen Betätigung einhergeht.
Dieser Belastungstest erfolgt unter anderem auf einem Laufband oder auf einem speziell ausgestatteten Spinning-Bike. Der medizinische Befund dient dann später als Trainingsgrundlage.

Wie wichtig sind Kohlenhydrate für den Muskelaufbau?

Z!

Der Muskel besteht aus ca. 70 % Wasser und Eiweiß. Im menschlichen Körper werden die **Kohlenhydrate** zu Glukose (zuckerhaltige Verbindungen) verarbeitet und gelangen so in die Blutbahn. Der Glukosegehalt im Blut wird durch den Blutzuckerspiegel bestimmt und ist primäre Energiequelle für die gesamten Aktivitäten.
Die Kohlenhydrate sind notwendig, um die Proteine (Eiweiße), die über die Nahrung eingenommen werden, uneingeschränkt in die Muskulatur zu befördern.
Dabei wird das Hormon Insulin durch das Kohlenhydrat ausgelöst und gelangt über das Protein in den Muskel. Die wichtigen Energien, die beim Muskelaufbau verbraucht werden, sind slao die Proteine und die Kohlenhydrate.
Durch die Einnahme von Kohlenhydraten (wie zum Beispiel Getreideprodukte, Obst, Gemüse, Kartoffeln) wird der Energiestoffwechsel gefördert und ein Optimum der geistigen und körperlichen Leistungsfähigkeit erreicht; der Muskelaufbau gefördert und der körperliche Ermüdungsprozess auf ein Minimum reduziert. Bedingt durch den geringen Fettanteil werden dem Körper nur noch hochwertige Kohlenhydrate zugeführt, die auch entsprechend verwertet werden. Die Leistungssteigerung in der sportlichen Betätigung führt zu einer zunehmenden Verbrennung von Kohlenhydraten, Fetten und Proteinen im Körper. Dieser zusätzliche Energiebedarf kann durch die Einnahme von Kohlenhydraten kompensiert werden.

1.6 Mitgliederberatung

Warum sind Back-Check-Messungen notwendig?

Z!

Die zunehmenden Rückenbeschwerden, bedingt durch die häufig einseitigen Belastungen am Arbeitsplatz, erfordern entsprechende sportliche Gegenmaßnahmen.
Die Dr. Wolff **Back-Check-Methode** ermöglicht dem Studiobetreiber eine wissenschaftlich fundierte Beurteilung der Muskulatur der Mitglieder.
Durch den Einsatz des mulifunktionalen mobilen Messsystems ist es möglich, die Muskelkraft und Funktionen der Rumpfmuskulatur – diese ist Grundlage des gesamten Muskelsystems – in den verschiedenen Bewegungsrichtungen festzustellen und zu dokumentieren. Dabei wird unterschieden zwischen:

- Flexion (nach vorne ausgerichtet – Bauchmuskulatur),
- Extension (nach hinten ausgerichtet – die Rückenkraft im Lendenbereich),
- Lateralflexion (zur Seite ausgerichtet – seitliche Rumpfmuskulatur)
- am Oberkörper durch Druck und Zug und
- die Kraftfähigkeit der oberen Extremitäten.

Die muskuläre Beeinträchtigungen und Dysbalancen können somit unmittelbar erkannt und präventive Trainingsempfehlungen vorgestellt werden. Um den alltäglichen Bedingungen Rechnung zu tragen, werden die Messungen dabei im aufrechten Stand durchgeführt.

Welche Zielsetzungen sind mit der Durchführung von Muskelfunktionstests verbunden?

Z!

Durch verschiedene Testverfahren, wie zum Beispiel durch den Einsatz des isometrischen **Muskelfunktionstests,** können Muskelbeeinträchtigungen und Dysbalancen unmittelbar erkannt werden. Diese Testverfahren analysieren die Beweglichkeit und die Kraft. Dabei werden objektive Beurteilungsmaßstäbe (wie zum Beispiel die Maßeinheit in Zentimeter) und eigene, subjektive Beurteilungsmaßstäbe (wie zum Beispiel die Einteilung einer Skala mit entsprechenden Wertstufen) eingesetzt.
Bedingt durch einseitige Belastungen am Arbeitsplatz verbunden mit Haltungsschäden, können Verspannungen und Schmerzen auftreten. Durch ein gezieltes Muskelaufbautraining, auch unter Einbeziehung spezieller dafür entwickelter Gerätschaften, können diese Beschwerden kompensiert werden.

9709154

Auf welche Muskelgruppen ist der Beweglichkeitstest ausgerichtet?

Bedingt durch eine unzureichende Bewegung lassen sich die Muskelgruppen in **geschwächte** und **verkürzte Muskeln** einteilen.
Der Muskelfunktionstest hinsichtlich der Beweglichkeit ist zunächst auf die Erfassung der verkürzten Muskelgruppen ausgerichtet. Diese beziehen sich auf die Brustmuskulatur, den Hüftbeuger, den Hüftstrecker, die Rückenmuskulatur, den Beinbeuger, den Beinstrecker und die Wadenmuskulatur

Auf welche Muskelgruppen ist der Krafttest ausgerichtet?

Der Muskelfunktionstest hinsichtlich der Kraft ist zunächst auf die Erfassung der geschwächten Muskelgruppen ausgerichtet. Diese beziehen sich auf die Bauchmuskulatur, die Gesäßmuskulatur und auf die Muskulatur im Schulterbereich.

Welche Folgewirkungen ergeben sich, wenn erhebliche Muskelbeeinträchtigungen festgestellt werden?

Werden erhebliche Beeinträchtigungen der Muskulatur durch Anwendung möglicher Testverfahren festgestellt, dann ist dem Mitglied eine ärztliche Diagnose zu empfehlen, die unter Umständen eine Krankengymnastik als Behandlungsmethode zur Folge hat.

Welche Zielsetzungen sind mit sportmotorischen Testverfahren verbunden?

Den Studiobetreibern stehen zahlreiche Möglichkeiten zur Verfügung, um **motorische Defizite** im Bewegungsablauf ihrer Mitglieder feststellen zu können. Umfangreiche Aufgabenstellungen, auch unter Einsatz von Gerätschaften, und die damit verbundenen Bewegungsabläufe zeigen die koordinativen Fähigkeiten. Durch die Festlegung von Beurteilungsmaßstäben können diese Bewegungsabläufe bewertet werden.
Werden erhebliche Defizite hinsichtlich der motorischen Fähigkeiten festgestellt, dann ist eine medizinische bzw. therapeutische Behandlung erforderlich.
Eine Verbesserung der Koordinationsfähigkeit kann durch ein regelmäßiges Training erreicht werden. Das Gruppenfitnessangebot kann sich zum Beispiel beziehen auf den Step-, Aerobic- und den Jogabereich sowie den Body-Balance-Kurs.

1.6 Mitgliederberatung

Warum ist die Analyse der Körperhaltung von Bedeutung?

Z!

Durch die **Analyse der Körperhaltung** erkennt der zuständige Mitarbeiter des Studios mögliche Dysbalancen hinsichtlich der anatomischen normalen Haltung. Diese Haltungsschäden können somit unmittelbar erkannt werden, um sie anschließend in den individuellen Trainingsplan mit aufzunehmen.

Was ist unter einem Re-Test zu verstehen?

Z!

Die Dokumentation der Trainingsfortschritte erfolgt durch **Re-Tests,** die nach einem bestimmten Zeitablauf (spätestens nach sechs Monaten) bzw. nach Absolvierung einer Trainingssequenz durchgeführt werden. Sie dienen insbesondere der Trainingskontrolle und werden im Testprotokoll dokumentiert. Die vorliegenden Ergebnisse des Re-Tests müssen demnach in den Trainingsplan mit einbezogen werden.

Welche weiteren Testverfahren können zur Beurteilung des Ist-Zustandes des Mitglieds herangezogen werden?

Z!

Umfangreiche Testverfahren, die sich zum Beispiel auf die Schnelligkeit beziehen, die Auswertung medizinischer Diagnoseverfahren (zum Beispiel EKG, Blut- und Laborwerte usw.) und Testverfahren, die jedes Mitglied für sich persönlich durchführen kann (zum Beispiel Pulsschlagmessung bei Laufaktivitäten, Durchführung von sportlichen Aktivitäten mithilfe der Stoppuhr usw.), können herangezogen werden.

Was ist bei der Erstellung des individuellen Trainingsplanes zu beachten?

Z!

Nach Abschluss des Beratungsgespräches verbunden mit der Analyse des Eingangschecks werden die vorliegenden Testergebnisse dem Mitglied detailliert erläutert. Auf Grundlage dieser Testergebnisse wird der **individuelle Trainingsplan** erstellt. Die persönliche Betreuung des Trainers ist hinsichtlich der Mitgliederbindung von elementarer Bedeutung, denn das Mitglied muss umfassend in das individuelle Trainingsprogramm

9709156

des Studios eingewiesen werden. Die umfassende Einführung bezieht sich neben dem Umgang mit den Gerätschaften auch auf die Ziele der einzelnen Übungssequenzen. Die korrekten Übungstechniken werden dem Mitglied eingehend erklärt und die Bewegungsausführungen sind zu kontrollieren und gegebenenfalls entsprechend zu korrigieren.
Das Trainingsprogramm sollte nicht einseitig aufgebaut sein, sondern gesundheitsorientierte Elemente aus Kraftübungen, Herz- und Kreislaufübungen, Wirbelsäulengymnastik, Übungen aus dem Gymnastikbereich und Angebote aus dem Entspannungsbereich wie Tai Chi oder Qigong enthalten. Eine sportliche Abwechselung ist auch durch das Crosstraining (Kombination von verschiedenen Sportarten) möglich.
Durch Re-Tests werden den Mitgliedern ihre Leistungsfortschritte anhand von Leistungskurven und Statistiken zur Verfügung gestellt. Auf dieser Grundlage wird der weitere Trainingsablauf festgelegt.
In diesem Zusammenhang ist die Kombination aus Einzelgeräte- und Gruppenfitnesstraining zu erwähnen. Diese sollten individuell auf die Trainingszielsetzung des Interessen/Mitglieds abgestimmt werden.

1.6 Mitgliederberatung

In einem Beratungsgespräch mit der leitenden kaufmännischen Angestellten Claudia Philipp beabsichtigt sie, ihr Körpergewicht zu reduzieren und das Körperfett abzubauen.

a) Welches Leistungsangebot können Sie Frau Philipp unterbreiten?

b) Wie sollte der dazugehörige Trainingsplan aufgebaut sein?

a) Beschreibung des Leistungsangebotes

Bei der Zielsetzung des Mitglieds, sein Körpergewicht zu reduzieren und Fett abzubauen, sollten verschiedene Formen des Kraft- und Ausdauertrainings angeboten werden, denn beim Kraft- und Ausdauertraining wird Fett verbraucht und eine Muskelstärkung erreicht. In das abwechslungsreiche Trainingsprogramm, das sich aus dem Training an den Geräten und aus Kursen zusammensetzt, ist darauf zu achten, dass entsprechende Entspannungsphasen mit einzubeziehen sind. Zu erwähnen ist auch ein Ausdauertraining, das im Freien durchgeführt werden kann, wie zum Beispiel dem Walking oder dem Nordic Walking. Darüber hinaus ist auch eine Ernährungsberatung mit gezielter Betreuung und Kontrolle mit der entsprechenden Umstellung der Essgewohnheiten zu empfehlen.

Die Trainingsintensität liegt im Ausdauerbereich, weil nach längerer Zeit die Fettzellen in Muskelzellen umgewandelt werden. Nach dem Ausdauertraining sollten jedoch auch noch Kraftübungen mit hoher Wiederholungfrequenz vollzogen werden, um die Muskulatur zu stärken, was auch zu einer Verbesserung des körperlichen Erscheinungsbildes führt. Das Training sollte mit einer Cool-Down-Phase (Entspannungsphase) abgeschlossen werden.

Für die Intensivphase des Trainings sind die nachfolgenden Möglichkeiten dem Mitglied zu erläutern:

- Bauchmuskeltraining: in Form von Sit-ups, Crunch-Übungen, Bauchübungen am AB Coaster-Gerät
- Rückenübung: Rückenstrecker
- Beinübungen: Beinpresse
- Bizeps/Trizepts: Kurzhanteln
- Brustübung: Butterfley
- Gymnastik: Dehnübungen
- Kurstraining mit Aerobic, Stepaerobic, Fatburnerkursen und Indoorcycling

b) Trainingsplangestaltung

Voraussetzung ist allerdings eine realistische Vorgabe hinsichtlich der Gewichtsreduktion. Dabei solle derTrainingsablauf wie folgt gestaltet sein:

- Das Mitglied beginnt beim Fettverbrennungstraining mit Aufwärmübungen. Dabei sollte die leichte Warm-up-Phase ca. 5–10 Minuten, zum Beispiel auf einer geringen Widerstandsstufe auf dem Ergometer oder am Laufband, gehend mit einer Steigerung um ca. 3 % durchgeführt werden. Diese Phase ist zu 60 % ein pulsgesteuertes und aerobes Ausdauertraining (Faustformel zur Errechnung der aeroben und Fettverbrennung begünstigenden Pulsfrequenz 60–70 % des Lebensalters minus 200).

- Im Anschluss daran sollte ein ausgiebiges Krafttraining folgen, zu Gunsten vom Muskelaufbau und Fettabbau. Nachdem die Kohlenhydratspeicher im Körper aufgebraucht sind, bedient der Körper sich an den eigenen Fettzellen. Daher ist ein mindestens halbstündiges Ausdauertraining im Bereich zwischen 50 und 65 % der maximalen Herzfrequenz durchzuführen.

- Das Geräte- bzw. Cardiotraining sollte zu 40 % an den verschiedenen Geräten durchgeführt werden, das auf die großen Muskelgruppen ausgerichtet sein sollte, wie z. B. den Beinen, dem Rücken, der Brust und dem Bauch. Durch die Beanspruchung der Muskulatur wird die Fettverbrennung gefördert und das Gewebe gefestigt.

  Der gesamte Stoffwechsel wird im Anschluss für ca. 48 Stunden erhöht (Faustformel zur Errechnung der aeroben und Fettverbrennung begünstigenden Pulsfrequenz 60 bis 70 % des Lebensalters minus 200) an den Cardiogeräten mit freier Wahl.

- Das Training ist mit einer Cool-Down-Phase (Erholungsphase) zu beenden.

1.7 Verkaufsgespräche

In welche Phasen lässt sich das Verkaufsgespräch unterteilen?

Z!

Das **Beratungs- bzw. Verkaufsgespräch** lässt sich in verschiedene Abschnitte (Phasen) einteilen.

1. Nonverbale Kommunikationsphase

- Die Phase ist nicht dem direkten Gesprächsvorgang zuzuordnen und bezieht sich auf die mentale Einstimmung auf den Gesprächspartner. Der Interessent wird in seiner Gesamtheit erfasst und dem Mitarbeiter des Studios ist es dadurch möglich, eine bewusste oder unbewusste Beziehungsebene durch die mögliche Anwendung gezielter Kommunikationsformen herzustellen.
- Dabei ist zu beachten, dass ein Mensch innerhalb Sekunden entscheidet, ob der andere Gesprächspartner ihm sympathisch, interessant und attraktiv erscheint oder nicht. Diese bewusst oder unbewusst vorhandenen Einschätzungen beruhen auf Erfahrungen in Verbindung mit den aktuellen Gegebenheiten.
- In diesem Zusammenhang ist unter anderem der gezielte Einsatz der Körpersprache zu erwähnen.

2. Phase der direkten Kommunikation

- Die direkte kommunikative Interaktion mit dem Interessenten bezieht sich auf die Begrüßung, die persönliche Vorstellung und mögliche Fragen zur Person. Darüber hinaus ist der Grund des Studiobesuches und seine persönliche Zielvorstellung zu erfragen. Eine gleichwertige Gesprächsbasis ist dabei als eine wesentliche Grundvoraussetzung anzusehen.
- Hinsichtlich der Gesprächsführung sollten nachfolgende Kriterien beachtet werden:
  1. lächeln und Augenkontakt halten,
  2. eine gepflegte Erscheinung der Mitarbeiter des Studios einschließlich deren studiobezogenen korrekten Kleidung (Hinweis auf Corporaty Identity),
  3. ein angenehmer Händedruck,
  4. den richtigen Abstand halten (Regel: eine Armlänge Abstand einhalten),
  5. dynamische Körpermotorik verbunden mit einer aufrechten Körperhaltung,
  6. Ansprache im Zweifelsfall mit „Sie",
  7. deutliche Sprache,
  8. gut vorbereitet sein (pünktlich zum vereinbarten Termin erscheinen, einen gastfreundlichen Eindruck vermitteln und die organisatorischen Rahmenbedingungen einhalten).

9709160

3. Phase der Bedarfsanalyse

- In dieser Phase werden die notwendigen Informationen vom Mitglied gesammelt und im Anschluss daran folgt die Auswertung.
- Durch eine gezielte Fragetechnik ist es möglich, in einem vertrauten Gespräch, zunächst den Kundenbedarf zu ermitteln.
- Darüber hinaus können durch gezielte Impulse (in Form von gezielten Fragetechniken) die Interessen des Kunden auf das umfangreiche Leistungsangebot des Studios bezogen bzw. erweitert werden.
- Durch Zustimmungsfragen des Studiomitarbeiters ist es möglich, eine positive Reaktion des künftigen Mitglieds zu erhalten.

4. Erstellung eines bedarfsgerechten Angebots

- In dieser Phase informiert und präsentiert der Studiomitarbeiter dem Interessenten das umfangreiche studiobezogene Leistungsangebot das mitgliederorientiert und zielgruppengerecht ausgerichtet ist. In diesem Zusammenhang sind die studiobezogenen Zusatzleistungen zu erwähnen.
- Mögliche Kaufsignale des Mitglieds sind vom Studiomitarbeiter entsprechend zu erfassen, um anschließend auch in der richtigen Form reagieren zu können.

5. Argumentationsphase

- Auf mögliche Einwände (Argumente) des Kunden sollte der Studiomitarbeiter mit Verständnis reagieren, um entscheiden zu können, ob es sich um subjektive oder objektive Kundeneinwände handelt.
- Die damit verbundenen Kundenprobleme müssen für beide Vertragspartner zufriedenstellend gelöst werden.
- Eine Hilfestellung bietet unter anderem der Argumentationskatalog, der mit den Studiomitarbeitern gemeinsam erarbeitet wird.

6. Abschlussphase

- In dieser Phase müssen die Kaufsignale des Kunden erkannt und ihm entsprechende Entscheidungshilfen gegeben werden, die für den Kunden verständlich zu formulieren sind.
- Nach der Zustimmung zum Abschluss eines Mitgliedschaftsvertrages können die studiobezogenen Zusatzangebote unterbreitet werden.
- Dem Interessenten werden die einzelnen Inhalte des Vertrages eingehend erläutert und mögliche Fragestellungen sind fachspezifisch und verständlich zu erörtern.
- Das Mitglied leistet seine Unterschrift auf dem Vertrag, der anschließend von dem Studiomitarbeiter bestätigt wird.
- Dem Mitglied wird ein Duplikat des Vertrages ausgehändigt.
- Eventuell wird dem Mitglied ein entsprechendes Präsent überreicht.

1.7 Verkaufsgespräche

Welche Funktionen sind mit der Erstellung eines Argumentationskatalogs verbunden?

Z!

Mit der Erstellung eines gemeinsamen erarbeiteten **Argumentationskataloges** ist es den Studiomitarbeitern unmittelbar möglich, situativ auf mögliche Kundeneinwände reagieren zu können. Die Interessenten können somit kompetent und fachgerecht von den Leistungen des Studios überzeugt werden.

Welche regelmäßig auftretenden Kundeneinwände und Gegenargumente sollten in einem derartigen Katalog enthalten sein?

Z!

Mögliche Kundeneinwände	Argumentationen der Studiomitarbeiter
zeitliche Einwände (zu wenig Zeit)	flexible Öffnungszeiten
finanzielle Einwände (zu hoher Preis)	flexibles Beitragsmanagement
Entscheidungsfrist (muss noch überlegen)	Angebot eines Schnupperkurses
Einwände zur Vertragslaufzeit (zu lange Bindung an das Studio)	unterschiedliche Vertragslaufzeiten können vereinbart werden
Verunstaltung des Körpers (Bodybuilding)	unterschiedliche Trainingsziele
Fitnesstraining bringt mir nichts	Nutzen von Fitness ist medizinisch belegt
Gerätepark ist nicht ausreichend	Erstellung eines Trainingsplanes mit einer entsprechenden Gerätebelegung

9709162

Was ist unter einer Besucherkarte zu verstehen?

Eine **formfreie Besucherkarte** ist Bestandteil des studiointernen Dokumenten-Management-Systems und ist notwendig, um die Daten von interessierten Studiobesuchern erfassen zu können; es gilt, diese auszuwerten und den Interessenten entsprechende Impulse mit der primären Zielsetzung zu geben, einen Mitgliedschaftsvertrag zu unterschreiben.

Welche Inhalte sollten in der Besucherkarte festgehalten werden?

Neben der Erfassung der Kundenstammdaten sollten zunächst die Gründe für den Studiobesuch auf dem studiointernen Formular erfasst werden. Darüber hinaus sind die persönlichen Zielsetzungen des Kunden, eventuell durch vorgegebene Alternativen, zu analysieren, um anschließend detaillierte Fragen zu möglichen gesundheitlichen Einschränkungen stellen zu können. Auch der Umfang der bisherigen sportlichen Betätigung des Mitglieds ist eine weitere Informationsquelle, um anschließend ein kundenorientiertes Angebot erstellen zu können bzw. diesem Kunden entsprechende Impulse für einen Studiobesuch geben zu können.

Erläutern Sie die Bedeutung des „Verkaufs nach dem Verkauf".

Der Abschluss des Mitgliedschaftvertrages ist die primäre Zielsetzung des Studiobetreibers. Darüber hinaus erhalten die Mitglieder weitere zusätzliche Impulse, um entsprechend ergänzende studiobezogene Kaufvertragsabschlüsse vorzunehmen. Der Verkauf im Bistrobereich, im Shopbereich und im Beautybereich ist in diesem Zusammenhang zu erwähnen.

1.7 Verkaufsgespräche

Welche Unterscheidungen hinsichtlich der Fragestellungen im Rahmen der kommunikativen Interaktion können unterschieden werden?

Die Zielsetzung der Fragetechnik liegt unter anderem darin, den Gesprächspartner rhetorisch zu lenken. Durch die Auswahl der Frageform versucht der Studiobetreiber, den Interessenten von dem Leistungsangebot seines Studios zu überzeugen.

a) Offene Fragestellungen

Diese Fragestellungen beginnen mit den „W- Fragen" (wie, was, wer, warum usw.) und ermöglichen dem Fragenden umfangreiche Informationen über den Gesprächspartner (seine Ziele, Vorstellungen und Wünsche) zu erhalten, um eine Bedarfsanalyse erstellen zu können. Diese Fragestellungen, die keine vorgegebenen Antwortmöglichkeiten implizieren, sind insbesondere für die Bedarfsanalyse geeignet, um anschließend dem Interessenten eine bedarfsgerechtes Angebot erstellen zu können. Beispiel: „Welche Ziele und Erwartungen haben Sie hinsichtlich der sportlichen Betätigung in unserem Studio?"

Die Zusammenfassung der Antworten des Interessenten/Mitglieds wird als Rückkoppelungsfrage bezeichnet. Beispiel: „Wenn ich Sie richtig verstanden habe, kommt für Sie aufgrund der durchgeführten Tests ein Trainingskonzept zur Stärkung des Herz-Kreislauf-Systems in Frage, mit dem Sie morgen beginnen möchten?"

b) Fragestellungen, die eine Alternative implizieren

Diese Fragestellungen basieren auf dem Entweder-oder-Prinzip und bieten dem Ansprechpartner eine Hilfestellung bei der Auswahlentscheidung. Dem Gesprächspartner werden zwei Antwortmöglichkeiten vorgegeben, zwischen denen er sich entscheiden kann. Komplexe Sachverhalte lassen sich nach diesem Prinzip eingrenzen. Beispiel: „Möchten Sie heute oder morgen mit der Rückengymnastik beginnen?"

c) Suggestive Fragestellungen

Unter Suggestivfragen sind die Feststellungen in Form von Fragen zu verstehen, die die Wörter sicherlich, bestimmt, gewiss, doch, usw beinhalten. Durch diese Art der Fragestellung können Meinungen und Bedürfnisse in Erfahrung gebracht werden. Allerdings wird der Gesprächspartner dahingehend manipulativ beeinflusst, dass er das vorgegebene bzw. erwartete Ergebnis auch bestätigt, wenn er sich nicht selbst widersprechen möchte. Beispiel: „Sind Sie nicht auch meiner Auffassung, dass unser Leistungsangebot speziell auf Ihr Problem ausgerichtet ist und bei einer längerfristigen Trainingsteilnahme zu einer erheblichen Verbesserung Ihrer Beschwerden führt?"

d) Rhetorische Fragestellungen
Diese Fragestellungen sind nicht den „direkten Fragen" zuzuordnen, denn es wird von dem Gesprächspartner keine Antwort erwartet. Diese Art der Fragestellung ist ein Stilmittel, dessen Ziel darin besteht, die Aufmerksamkeit des Gesprächspartners aufrechtzuerhalten. Beispiel: „Sie sind doch damit einverstanden, dass Ihnen für die gesamte Trainingszeit Personal- bzw. Gesundheitstrainer zur Verfügung steht?"

e) Selektivfragen
Diese Fragestellungen sind den geschlossenen Fragen zuzuordnen, bei denen der Gesprächspartner zwischen den vorgegebenen Antworten (Multiple-Choice-Fragen bzw. Fragestellungen mit einer mehrfachen Auswahlmöglichkeit) eine Auswahl treffen kann. Ergänzt werden diese vorgegeben Alternativantworten durch die sog. selektiven Fragestellungen, bei denen die befragte Person zusätzliche Anmerkungen bzw. Ergänzungen vornehmen kann.

f) Rating- oder Rankingfragen
Diese Fragen sind der Bewertung eines vorgegebenen Sachverhaltes zuzuordnen, wie sie z. B. im Personalbeurteilungsbogen aufgeführt sind. Dieser enthält unter anderem die Bewertung der Leistungsmerkmale des Mitarbeiters in der Rangfolge eins bis sechs. Die Eins steht z. B. dafür, dass die Arbeit planlos, umständlich und unrationell durchgeführt wird. Die Sechs ist dem Merkmal eines eigenständigen, rationellen Arbeitsablaufes zugeordnet. Der Studioleiter bzw. der zuständige Mitarbeiter hat nach diesen Vorgaben eine Personalbeurteilung vorzunehmen.

g) Direkte Fragestellungen
Diese Fragestellungen sind als Hauptsätze auf einen konkreten Sachverhalt bezogen, wie z. B. die Frage „Sind Sie mit Ihrem individuellen Trainingsplan zufrieden?" Das Ziel der Fragestellung ist eindeutig formuliert und stellt eine direkte Beziehung zu der befragten Person und dem Sachverhalt her.

h) Indirekte Fragestellungen
Diese Fragestellungen sind in Nebensätzen formuliert und dienen dazu, andere Informationen zu erhalten. Beispiel: „Haben Sie vor unserem Studio sofort einen Parkplatz gefunden?"

i) Skalafragen
Diese Art der Fragestellung basiert auf einer vorgegebenen Bewertungsskala zum Erfassen von Meinungen und Reaktionen. Die Mitglieder im Studio zum Beispiel markieren die Multiple-Choice-Antworten hinsichtlich der Einschätzung der Kursleiter. Die Auswertung der Einschätzung auf der Beliebtheitsskala in Bezug auf die Kursleiter gibt Auskunft über die Mitgliederzufriedenheit und ist eine weitere Möglichkeit der Umsetzung des Qualitätsmanagements.

1.8 Leistungsangebot

Welche Trainingsempfehlungen können Sie den Interessenten/Mitglieder bei nachfolgenden Beeinträchtigungen/Beschwerden geben?

a) Aufbau und Stärkung der Muskulatur
- Die Multifunktions-Mehrplatz-Kraft-Stationen bieten gute Trainingsmöglichkeiten zur Stärkung der Muskulatur im Schulter-, Brust-, Arm-, Rücken-, Bein- und Bauchbereich.
- Weiter können Kraft-/Ausdauertrainingskurse mit Lang- und Kurzhanteln den Interessenten angeboten werden.

b) Verbesserung des körperlichen Erscheinungsbildes
- Nach einer Körperanalyse ist ein Krafttraining an den entsprechenden Gerätschaften zum Muskelaufbau zu empfehlen.
- Darüber hinaus ist ein Ausdauertraining im Geräte- und in Kursbereich den Interessenten anzubieten.

c) Verbesserung bzw. Stärkung des Herz-Kreislauf-Systems
- Zur Behebung dieser Beschwerden stehen den Interessenten eine Vielzahl von Geräten zur Verfügung, wie z. B. das Training an Cardiogeräten, Spinning- und Rudergeräte, Laufbändern, Fahrräder, die mit Ergometern ausgestattet sind usw. Dabei ist zu beachten, dass bei einem Ausdauertraining die aerobe Schwelle nicht überschritten werden sollte, um gesundheitliche Beeinträchtigungen auszuschließen.
- Darüber hinaus wird den Teilnehmern ein vielseitiges Kursprogramm mit entsprechenden Entspannungsübungen angeboten.
- Auch Walking- und Nordic-Walking-Angebote sollten bei der Erstellung des Leistungsangebotes berücksichtigt werden.
- Eine Ernährungsberatung ist ebenfalls in diesem Zusammenhang zu erwähnen.

d) Erhaltung/Erhöhung der persönlichen Leistungsfähigkeit/ Leistungssteigerung
- Das Angebot sollte zunächst ein individuelles Kraft- und Ausdauertraining in der gewünschten Sportart beinhalten. Dabei ist ein umfassendes Zirkeltraining mit vielen dauerhaften Wiederholungen zu berücksichtigen. Ebenfalls ist eine regelmäßige Leistungskontrolle unerlässlich.
- Ein Ausdauertraining an Geräten ist ebenfalles den Interessenten anzubieten.

e) Beschwerden im Rücken- Schulter, Nacken, Kniebereich
- Ein individuelles problembezogenes Muskelaufbautraining ist den Interessenten vorzustellen.

- Kursprogramme, wie z. B. eine Wirbelsäulengymnastik, Dr. Wolff-Rückenzirkel, Rückenschule, Knieschule usw., sind bei diesen Beeinträchtigungen den Teilnehmern anzubieten.
- Auch spezielle Programme zur Stärkung der angegebenen Bereiche sind in diesem Zusammenhang mit in die Angebotserstellung aufzunehmen.

Sie werden von der Studioleitung beauftragt im Team ein Marketingkonzept unter Berücksichtigung des 4-Phasen-Modells (als Marketing-Mix-Konzept) für die nachfolgenden Zielgruppen zu erstellen:
a) die 15–25-Jährigen-Gruppe,
b) die 30-Plus-Gruppe,
c) die 50-Plus-Gruppe.

a) die 15–25-Jährigen-Gruppe

Produktpolitik:
- Angebote in den erlebnisorientierten Bereichen
- nachtaktive Sportangebote
- Trendsportarten
- Ferienfreizeitangebote
- Kombi-Abo-Badminton und Fitness mit einer zeitlichen Nutzungsbeschränkung (13:00–18:00 Uhr); auslastungsschwache Studiobelegung

Preispolitik:
- gesonderte Beiträge für Schüler, wie z. B. eine monatliche Beitragsgestaltung in Höhe von 25,00 €/Monat inklusive Saunanutzung
- Sonderaktionen, wie z. B. die Durchführung einer Ferienfreizeit

Distributionspolitik:
- Kooperationen mit Schulen
- Hinweis auf die räumliche Gestaltung des Studios
- Flyer an Schulen incl. Gutschein verbunden mit dem Angebot eines kostenlosen Einstiegsmonats

Kommunikationspolitik:
- Erstellung von speziellen Informationsbroschüren
- Vorstellung des Leistungsangebotes bei diversen gesellschaftlichen Veranstaltungen, Informationstage an Schule, wie z. B. „Tag der offenen Tür"
- Schnupperkurse/Schnuppertraining

b) die 30-Plus-Gruppe

Produktpolitik:
- hochwertiger achtwöchiger Rückenkurs mit einer Betreuung durch einen Physiotherapeuten

Fortsetzung Seite 168

1.8 Leistungsangebot

Fortsetzung

Preispolitik:
- Zuschussgewährung zum Beitrag im Rahmen des Präventionsparagraphen 20 SGB V durch Krankenkasse möglich
- Saunanutzung inklusiv

Distributionspolitik:
- regelmäßige Info-Abende im Studio
- Info-Abende bei ausgewählten Firmen in Kooperation mit Krankenkassen und Ärzten

Kommunikationspolitik:
- redaktionelle Berichte und Anzeigen in Tages- oder Wochenzeitungen
- Info-Broschüren der Krankenkassen
- Flyer bei Ärzten

c) die 50-Plus-Gruppe

Produktpolitik:
- hochwertiger achtwöchiger Herz-Kreislauf-Kurs
- Nordic Walking-Kurs einschließlich Ernährungsberatung

Preispolitik:
- Zuschussgewährung zum Beitrag im Rahmen des Präventionsparagraphen 20 SGB V durch Krankenkasse möglich
- Saunanutzung inklusiv

Distributionspolitik:
- regelmäßige Info-Abende im Studio
- Info-Abende bei ausgewählten Firmen in Kooperation mit Krankenkassen und Ärzten
- Nordc-Walking-Days
- saisonbedingte Event-Veranstaltungen (z. B. Après-Ski-Party) mit Kooperationspartner (eventuell der Tourismusbranche)

Kommunikationspolitik:
- redaktionelle Berichte und Anzeigen in Tages- oder Wochenzeitungen
- Info-Broschüren der Krankenkassen den Teilnehmern zur Verfügung stellen
- Flyer bei Ärzten auslegen

Sie werden von der Studioleitung beauftragt im Team ein Marketingkonzept unter Berücksichtigung des 4-Phasen-Modells (als Marketing-Mix-Konzept) für Mitglieder zu erstellen, die bereits über Trainingserfahrungen verfügen.

Produktpolitik:
- 1–2 Std. Spinning-Power zuzüglich 1–2 Std. Krafttraining im Freihantelbereich anbieten

Preispolitik:
- leistungsbezogene Beitragsgestaltung
- Saunanutzung inklusiv

Distributionspolitik:
- Kooperationen mit Sportvereinen und sonstigen Vereinen sowie mit Firmen

Kommunikationspolitik:
- Kooperationen mit Sportvereinen
- Verteilung von Flyern bei Sportveranstaltungen
- Sponsoring von Sportvereinen

Sie werden von der Studioleitung beauftragt im Team ein Marketingkonzept unter Berücksichtigung des 4-Phasen-Modells (als Marketing-Mix-Konzept) für Beckenbodengymnastik für Frauen der 50-Plus-Gruppe zu erstellen.

Produktpolitik:
- 10-er oder 12-er Karte mit flexibler Nutzung

Preispolitik:
- leistungsbezogene Beitragsgestaltung

Distributionspolitik:
- Kooperationen mit Sportvereinen, Landfrauenvereinigungen, usw.

Kommunikationspolitik:
- Info-Vorträge bei Landfrauenvereinen
- Info-Vorträge im Senioren-Club

9709169

1.8 Leistungsangebot

Welche Zielsetzungen sind mit der Angebotserstellung im Rahmen vom „Firmen-Fitness" verbunden?

Unternehmen haben erkannt, dass insbesondere Menschen den hohen Belastungen der Arbeitswelt gewachsen sind, die über ein entsprechendes Leistungspotenzial verfügen. Umfangreiche sportliche Betätigungen sind dabei ein wesentlicher Bestandteil hinsichtlich der Erhaltung und Verbesserung der persönlichen Leistungsfähigkeit.

Durch gemeinsame sportliche Aktivitäten wird zunächst das Zusammengehörigkeitsgefühl der Mitarbeiter untereinander gefördert und eine persönliche Steigerung der Kreativität erreicht. Damit können die umfangreichen Anforderungen der vielfältigen Aufgabenstellungen, die insbesondere in betriebsübergreifenden Team- und Projektarbeiten zu lösen sind, besser bewältigt werden.

Berufsspezifische Belastungen können somit durch ein umfassendes Firmen-Fitness-Leistungs-Angebot kompensiert werden, wie z. B. mit individuell abgestimmten Übungen im Kurs- und Gymnastikbereich, ein Trainingsprogramm, das ausschließlich auf die Stärkung der Wirbelsäule ausgerichtet ist, ein Herz-Kreislauf-Training, eine Rückengymnastik und das vielfältige Angebot an Ballsportarten.

Im Rahmen von Firmen-Fitness-Angeboten ist zu erwähnen, dass Mitarbeiter, die nachweislich einen Beitrag zur Aufrechterhaltung ihrer Gesundheit leisten, von ihren Krankenkassen oder ihrem Arbeitgeber einen Zuschuss zu ihrem Abo erhalten. Voraussetzung ist allerdings die Zertifizierung des Studios (z. B. das Prae-Fit-Gütesiegel).

Das Programm „Fit und gesund am Arbeitsplatz" ist ein verhaltensorientiertes Gruppenverfahren zur Prävention und zur Verringerung von Beeinträchtigungen und Beschwerden des Muskel- und Knochensystems. Das Programm beinhaltet unter anderem die optimale Arbeitsplatzgestaltung und das Erlernen und Anwenden von Ausgleichsübungen. Darüber hinaus werden Gesundheitstage im Rahmen von Firmen-Fitness-Angeboten innerhalb der betreffenden Unternehmen durchgeführt.

Auf einer Informationsveranstaltung wird zunächst das Studio mit dem umfangreichen Leistungsangebot der Geschäftsleitung einschließlich den betreffenden Mitarbeitern präsentiert, bevor der Rahmenvertrag (mit den reduzierten Beiträgen für alle Mitarbeiter des Unternehmens einschließlich der Bezuschussung) und die Pauschalvereinbarung erläutert werden. Diese Pauschalvereinbarung beinhaltet, dass ein monatlicher Beitrag, der nach der Mitarbeiteranzahl gestaffelt ist, an das Studio zu zahlen ist. Der Vorteil liegt unter anderem darin, dass die gesamten Mitarbeiter des betreffenden Unternehmens berechtigt sind, einen individuellen Vertrag zu den günstigen Bedingungen abzuschließen.

Der Unternehmensleitung wird der Hinweis gegeben, dass die im Beitrag enthaltene Mehrwertsteuer der Abzugsfähigkeit unterliegt und bei Abschluss des Rahmenvertrages alle Mitarbeiter des Unternehmens berechtigt sind, einen individuell günstigteren Vertrag abzuschließen.

1.9 Trainingslehre

Welche Elemente sollte ein Fitnesstraining beinhalten?

Das Fitnesstraining im Studio sollte die nachfolgenden Elemente beinhalten:

- ➣ Aufwärmphase
- ➣ Kräftigungshase
- ➣ Ausdauerphase
- ➣ Strechingphase

1.9 Trainingslehre

Was ist bei der Planung von Trainingssequenzen zu beachten?

- Die **Planung einer gesamtem Trainingseinheit** setzt zunächst voraus, die individuellen Voraussetzungen der Teilnehmer zu analysieren und die gesamte Trainingseinheit in einzelnen Trainingssequenzen aufzuteilen. Diese Aufteilung vor dem Hintergrund der Trainingszielsetzung ist den Teilnehmern eingehend zu erläutern, damit sie diese einzelnen Sequenzen auch entsprechend nachvollziehen können.

- Die **Durchführung der einzelnen Trainingssequenzen** beginnt mit einer Ganzkörper- Aufwärmphase (Warm-up-Phase), damit die Muskulatur nicht übermäßig beansprucht wird. Im Anschluss daran wird eventuell das spezielle Aufwärmtraining durchgeführt. Der Trainer sollte im Kurs- und Gymnastikbereich bei der Erklärung der einzelnen Sequenzen immer darauf achten, dass sich die Teilnehmer vor ihm befinden und sie seine Ausführungen und Handlungen eigenständig (eventuell auch in Partnerübungen) nachvollziehen können. Eine Spiegelwand ermöglicht dem Trainer eine ständige Kontrolle der korrekten Übungsausführungen der Teilnehmer. Darüber hinaus hat er darauf zu achten, dass die Teilnehmer konzentriert trainieren, sich nicht ablenken lassen und die Übungsformen gemäß seinen Vorgaben in einem angemessenen Zeitintervall durchführen können.

- Die **Ergebniskontrolle** ist in Form einer Selbstkontrolle der Bewegungsausführung gemäß der Übungsbeschreibung im Gesamtzusammenhang (zu Beginn der Trainingssequenz) vorzunehmen. Der Übungsleiter sollte jederzeit in der Lage sein, mögliche Ausführungs- und Bewegungsdefizite der Teilnehmer zu erkennen und durch regelmäßige Korrekturen und Kontrollen diese zu beseitigen.

- In der **Cool-Down-Phase** ist eine Abkühlung des Körpers durch eine schrittweise Senkung der Trainingsintensität vorgesehen. Darüber hinaus sollte das Training mit Dehnübungen (Stretching) abgeschlossen werden.

9709172

Welche Zielsetzungen sind mit einem Ausdauertraining verbunden?

Das primäre Ziel des **Ausdauertrainings** ist, dass der Köper in die Lage versetzt wird, über einen längeren Zeitraum eine sportliche Leistung zu erbringen, ohne Pausen einzulegen, um sich anschließend davon zu regenerieren. Bedingt durch eine regelmäßige Trainingsteilnahme wird die aerobe Schwelle verlagert, d. h., der Körper benötigt mehr Sauerstoff als er verbrauchen kann, was zu einer Gewichtsreduktion führt. Weiterhin wird das Herz- und Kreislaufsystem gestärkt und der Gefahr eines möglichen Herzinfarktes vorgebeugt. Eine Stärkung des Immunsystems wird erzielt, das Blutbild und das Atmungssystem verbessert.

Unterscheiden Sie die Dauermethode von der Tempowechselmethode.

- Diese Trainingsmethode wird dadurch bestimmt, dass in einer Trainingseinheit eine zeitbestimmte gleichmäßige Ausdauerbelastung, ohne Pause, auf den Körper einwirken kann. Die **kontinuierliche Dauermethode** ist dadurch gekennzeichnet, dass der Trainingsablauf mit einer annähernd gleichen Belastungsintensität durchgeführt wird.

- Bei der **Tempowechselmethode** dagegen wird die Belastungsintensität planmäßig in bestimmten Zeitabständen verändert. Zu beachten ist, dass diese Trainingsmethode insbesondere über die Herzfrequenz zu steuern ist und dass nach jeder Belastung eine Dehnung der Muskulatur erfolgen sollte. Dabei ist die Belastungsintensität abhängig vom Trainingszustand der Teilnehmer, vom Alter, vom Geschlecht und von der Art der Belastung (welche Sportart betrieben wird).

Was ist unter einer Intervallmethode zu verstehen?

Diese Trainingsmethode ist dadurch gekennzeichnet, dass die Trainingseinheiten durch Pausen unterbrochen werden. Die Unterbrechungen (Pausen) sollen allerdings nicht zur vollständigen Erholung (Regeneration) führen.

1.9 Trainingslehre

Was ist unter einer Wiederholungsmethode zu verstehen?

Diese Trainingsmethode dient im Wesentlichen zur Verbesserung des Herz-Kreislauf-Systems. Die intensiven Belastungsphasen werden durch Pausen bis zur vollständigen Erholung unterbrochen.

Was ist unter einer Wettkampfmethode zu verstehen?

Diese Trainingsmethode ist durch das Erreichen der maximalen Belastungsintensität gekennzeichnet.

In welcher Form kann das Fitnesstraining durchgeführt werden?

Das **Fitnesstraining** kann studiobezogen in Gruppenfitness-Kursen, Herz-Kreislauf-Kursen, in Form eines Ausdauertrainings oder eines Workout an Gerätschaften und Hanteln durchgeführt werden. Auch die „Fatburning-Kurse“ und das Training an Cardiogeräten (z. B. Stepper) sind in diesem Zusammenhang zu erwähnen.

Was ist bei der Trainingsdurchführung hinsichtlich der Fettverbrennung (Kurse zum Abnehmen) zu beachten?

Hinsichtlich der Trainingsplanung und Durchführung ist zu beachten, dass ein Ausdauertraining nicht nur die Muskulatur stärkt, sondern auch der Fettstoffwechsel gefördert wird. Die Fettzellen verringern sich zugunsten der Muskulatur. Zu beachten ist allerdings, dass der Pulsschlag 160 minus Lebensalter einzuhalten ist. Eine derartige Kontrolle ist über ein Herzfrequenzmesser möglich.
Zu Beginn der Trainingseinheit verbraucht der Körper zunächst die im Körper vorhandenen Kohlenhydrate. Erst nach einer längeren Trainingsintensität wird die körpereigene Fettverbrennung intensiviert.
Der Fettstoffwechsel erreicht ein Maximum wenn das Training auf nüchternen Magen und vor dem Frühstück durchgeführt wird.

Welche Anforderungen sollten an den Kursraum gestellt werden?

- Mehrere Kursräume und abgegrenzte Kursräume in Multifunktionsanlagen ermöglichen den Teilnehmern eine Auswahlmöglichkeit an den Kursangeboten.
- Die Kursräume sollten mit einem gelenkschonenden Schwingboden, einer Spiegelwand zur Bewegungskontrolle und einer sehr guten Belüftungsanlage ausgestattet sein. Eine entsprechende Musikbeschallung und abwechslungsreiche Choreografien wirken sich positiv auf die Motivation der Mitglieder aus.
- Darüber hinaus sollte ein eigener Mattenbereich den Teilnehmern für Gymnastik- und Stretching-Übungen zu Verfügung stehen.
- Zusätzlich sollte eine ausreichende Anzahl von Trainigsequipment wie Stepper, Terra-Bänder, Gymnastikbälle sowie unterschiedliche Kurz- und Langhanteln mit verschiedenen Gewichten vorhanden sein.

Welche Vorteile sind mit einem Gerätetraining verbunden und welche Anforderungen müssen an die Gerätschaften gestellt werden?

Innerhalb einer Multifunktionsanlage steht den Mitgliedern ein ausreichender **Gerätepark** für ihre individuellen Zielvorstellungen zur Verfügung.
Die Kraftsportler nutzen Gerätschaften und Hanteln, die zum Aufbau bestimmter Muskelgruppen geeignet sind.
Die Gerätschaften, die zur Intensivierung der Ausdauer eingesetzt werden können, sind zum Beispiel Cardio-Geräte, Fahrradergometer, Crosstrainer oder Laufbänder. Diese werden zur Stärkung der Bein- und Armmuskulatur eingesetzt und auch von Mitgliedern in Anspruch genommen, die Herz- und Kreislaufprobleme haben. Dabei steht ein Fitnesstrainer für die individuelle Geräteeinweisung und Geräteeinstellung einschließlich der Dokumentation der Erfolgskontrolle zur Verfügung. Die Geräteeinstellung richtet sich insbesondere nach der körperlichen Verfassung und den Zielvorstellungen des Mitglieds.
Ein gezieltes Krafttraining ist hinsichtlich der **Osteoporose,** der Veränderung der Knochendichte, präventiv einsetzbar. Darüber hinaus können umfassende **Rückenprobleme** (Stütz- und Haltemuskulatur) mit diesem Training behandelt werden. Die Körperhaltung wird unter Einbeziehung der entsprechenden Gerätschaften dahingehend verbessert, dass durch die Stärkung der Muskulatur (gesunder und dynamischer Körperbau) eine **Erhöhung der Lebensqualität** erreicht wird.
Spinning-Geräte befinden sich in der Regel in separaten abgegrenzten Räumen des Studios und werden in einem gruppen-

Fortsetzung Seite 176

1.9 Trainingslehre

dynamischen Prozess, mit entsprechender Musikbegleitung, durchgeführt.

Wettkampfsportler und gesundheitsbewusste Fitnesssportler nutzen dieses Indoorcycling zur Erhöhung ihrer persönlichen Leistungsfähigkeit. Die Puls- und Taktfrequenz, die Fahrweise und der Widerstand werden dabei vom Instructor vorgegeben. Es ist als ein gezieltes Herz- und Kreislauftraining anzusehen, das darüber hinaus die Muskulatur stärkt und die Kraft und die Ausdauer verbessert.

Der Gerätepark eines Studios sollte die nachfolgenden Gütesiegel der Qualitätssicherung enthalten:

- Studios mit Geräten RAL-Siegel = Gütesiegel des Gesundheitszentrums Köln für gesundheitsorientiertes Training),
- TÜV-Siegel für die Gerätesicherheit.

9709176

1.10 Mitgliederorganisation

1.10.1 Mitgliedschaftsverträge

1.10.1.1 Rechtliche Grundlagen des Mitgliedschaftsvertrages

Die leitende kaufmännische Angestellte Barbara Seeger beabsichtigt nach dem Tennis-Schnupperkurs mit Stefan Mandler, Geschäftsführer des „Mittelhessischen Bewegungszentrums GmbH", einen Mitgliedschaftsvertrag über eine Laufzeit von 18 Monaten abzuschließen.

Was ist bei Vertragsabschluss zu beachten?

Nachdem Barbara Seeger von den Leistungen des Studios überzeugt werden konnte, ist sie auch bereit ihre Unterschrift auf dem Vertragsformular zu leisten.

Der **Mitgliedschaftsvertrag** ist rechtlich ein zweiseitig verpflichtender Vertrag, der durch zwei übereinstimmende Willenserklärungen zustande kommt.
Durch ihre Unterschrift auf dem Mitgliedschaftsvertrag erkennt sie die zuvor vereinbarten Bedingungen mit dem Studiobetreiber und die Allgemeinen Geschäftsbedingungen an. Der zuständigen Mitarbeiter des Studios bestätigt durch seine Unterschrift den Vertrag.
In der Regel wird dem Mitglied ein Duplikat des Vertrages ausgehändigt.

Der 16-jährige Simon Weiland ist von dem Sport- und Spielparadies des „Life und Wellness Club" so begeistert, dass er einen Mitgliedschaftsvertrag über eine Laufzeit von zunächst sechs Monaten abschließen möchte.

Wie ist dieser Sachverhalt rechtlich zu beurteilen?

Der 16-jährige Simon Weiland ist rechtlich gesehen eine **beschränkt geschäftsfähige Person** (§ 106 BGB). Gemäß der Rechtsvorschrift des § 107 BGB ist die Einwilligung des gesetzlichen Vertreters erforderlich.
Dieser Vertrag wird als schwebend unwirksam bezeichnet und wird erst mit der Einverständniserklärung des Erziehungsberechtigten wirksam.
Wird die Zustimmung nicht innerhalb von zwei Wochen nach der Aufforderung erteilt, so ist dieser Vertrag von vornherein rechtsunwirksam.

9709177

1.10.1.1 Rechtliche Grundlagen des Mitgliedschaftsvertrages

Welche Angaben sollte ein Mitgliedschaftsvertrag enthalten?

Der **Mitgliedschaftsvertrag** regelt die umfangreichen privatrechtlichen Beziehungen zwischen dem Mitglied und dem Studiobetreiber. Aus diesem Grund sollten **nachfolgende Inhalte** im Vertrag festgelegt sein:

- Erfassung der Daten des Mitgliedes und des Studios
  - Name
  - Anschrift
  - Geburtsdatum
- berufliche Tätigkeit und Krankenkasse
- Laufzeit der Mitgliedschaft
- Beginn der Mitgliedschaft
- Beitragshöhe und Umfang der Leistungen
- Kündigungsfrist
- Verlängerungszeit
- Zahlungsart
- Sondervereinbarungen
- Datum des Vertragsabschlusses
- Anerkennung der AGB
- gesonderte Einzugsermächtigung

Welche Pflichten ergeben sich mit der Bestätigung des Mitgliedschaftsvertrages für die Vertragspartner?

- Die **Pflichten des Studiobetreibers** sind u. a. darauf gerichtet:
  - das Mitglied vertragsgemäß zu betreuen,
  - das Mitglied in den Umgang mit den Gerätschaften im Studio einzuweisen,
  - die Gerätschaften ordnungsgemäß zu warten,
  - die bestehenden Hygienevorschriften zu beachten,
  - die festgelegten Öffnungszeiten auch einzuhalten.

- Die **Pflichten des Mitglieds** bestehen u. a. darin:
  - die vertragsgemäßen Beiträge ordnungsgemäß und fristgerecht zu begleichen,
  - mit den Einrichtungsgegenständen und Gerätschaften sorgfältig umzugehen,
  - die Anordnungen des Betreuers bzw. Trainers zu befolgen,
  - die Hausordnung zu beachten.

9709178

Welche Vorschriften sind beim Abschluss eines Mitgliedschaftsvertrages zu beachten?

Der **Abschluss eines Mitgliedschaftsvertrages** ist zunächst als ein schuldrechtlicher Vertrag anzusehen, für den im Sinne des Gesetzes **Vertragsfreiheit** besteht. Diese besteht in der Abschlussfreiheit und der Freiheit der inhaltlichen Gestaltung. Der Mitgliedschaftsvertrag kommt demnach durch zwei übereinstimmende, formfreie Willenserklärungen zustande. Aus Gründen der Beweissicherung wird der Mitgliedschaftsvertrag aber in der Regel schriftlich abgeschlossen.
In diesem Zusammenhang ist zu beachten, dass es sich beim Abschluss eines Mitgliedschaftsvertrages um einen schuldrechtlichen Vertrag handelt, für den das BGB keine Form vorsieht.

Aus welchen rechtlichen Bestandteilen setzt sich ein Mitgliedschaftsvertrag zusammen?

Der **Mitgliedschaftsvertrag beinhaltet** in der Praxis in der Regel **zwei rechtliche Vertragsarten:**

1. **Mietvertrag** gemäß den Rechtsvorschriften des § 535 BGB
2. **Dienstvertrag** gemäß den Rechtsvorschriften des § 611 BGB

Es ist daher im Einzelfall zu prüfen, welcher Vertragsart ein übergeordneter Stellenwert beigemessen wird.

Unter welchen Bedingungen sind die Bestimmungen des Mietvertrages auf den Mitgliedschaftsvertrag anzuwenden?

Die rechtlichen **Bestimmungen des Mietvertrages** sind anzuwenden, wenn dem Mitglied die Räumlichkeiten im Studio mit den entsprechenden Gerätschaften zur freien Trainingsgestaltung zur Verfügung gestellt werden.
Die Vorschriften des Mietrechts sind nach der Rechtsprechung immer dann anzuwenden, wenn der wesentliche Teil der Gesamtleistung des Studios in der Nutzung der vorhandenen Gerätschaften zu sehen ist.
Als ein Beispiel für die Anwendung ausschließlich mietvertraglicher Vorschriften ist die Anlagenvermietung der Racket-Anlagen (Squash, Tennis, Badminton) anzuführen. Die Vermietung dieser Anlagen erfolgt gegen ein vereinbartes Entgelt. Dienstleistungen, wie z. B. die Betreuung durch erfahrene und ausgebildete Trainer, werden dabei nicht in Anspruch genommen.

1.10.1.1 Rechtliche Grundlagen des Mitgliedschaftsvertrages

Unter welchen Bedingungen sind die Bestimmungen des Dienstvertrages auf den Mitgliedschaftsvertrag anzuwenden?

Werden im Studio die Mitglieder durch ausgebildete Trainer eventuell auch über die gesamte Dauer der Mitgliedschaft betreut, so sind die Vorschriften über den **Dienstvertrag** anzuwenden, denn dem Dienstleitungselement wird eine zentrale Bedeutung beigemessen.
Die nachfolgenden Komponenten sind dem Dienstleitungsbereich zuzuordnen:

- Eingangsberatung,
- persönliche Betreuung,
- Trainingseinweisung,
- Berücksichtigung sportmedizinischer Erkenntnisse bei der Planung und Durchführung von Trainingseinheiten,
- Aufsicht auf der Trainingsfläche,
- regelmäßige Trainingsplanbesprechungen,
- Fitness-Tests,
- Durchführung von Kurseinheiten,
- Erfolgskontrolle,
- Ernährungsberatung,
- Seminare in Trainingslehre.

Stefan Mandler hat ein Messe-Event in seinem Studio durchgeführt. Im Rahmen dieser Veranstaltung hat der kaufmännische Angestellte Karsten Krischker einen Mitgliedschaftsvertrag über eine Laufzeit von zwölf Monaten abgeschlossen.

Wie ist dieser Vertrag rechtlich zu beurteilen?

Karsten Krischker hat den Mitgliedschaftsvertrag im Rahmen des **Messe-Events** bestätigt. Aus diesem Grund hat der Gesetzgeber Vertragsabschlüsse, die unter besonderen Einflüssen zustande gekommen sind, unter einen besonderen Schutz gestellt.
Gemäß der Rechtsvorschrift des § 355 BGB wird dem Mitglied ein Widerrufsrecht von zwei Wochen eingeräumt. Diese Frist beginnt nicht mit dem Vertragsabschluss, sondern mit der Belehrung über diesen Widerruf. Die Beweislast der Aushändigung der Belehrung liegt bei der Studioleitung, also dem Geschäftsführer Stefan Mandler.
Der Mitgliedschaftsvertrag ist bis zum Ende der Widerrufsfrist schwebend unwirksam.

9709180

Im Rahmen dieses Messe-Events haben 200 interessierte Personen die Veranstaltung des Studios besucht. Davon haben 80 Personen einen Mitgliedschaftsvertrag bestätigt.

Wie hoch ist der Anteil der abgeschlossenen Verträge in Prozent?

Der Anteil der abgeschlossenen Mitgliedschaftsverträge wird wie folgt ermittelt:

200 Interessenten	=	100 %
80 Vertragsabschlüsse	=	x

Die **Abschlussquote** beträgt demnach 40 %.

1.10.1.2 Einbeziehung der Allgemeinen Geschäftsbedingungen in den Mitgliedschaftsvertrag

Welche unterschiedlichen Interessen verfolgen die Mitglieder und die Studiobetreiber?

- Die **Interessen der Mitglieder** sind zunächst darauf gerichtet, günstige Beiträge für umfangreiche Leistungen zu erhalten. Eine Geräteausstattung, die dem neuesten Stand der Technik entspricht, wird dabei von ihnen vorausgesetzt. Darüber hinaus sollte das Leistungsangebot neben einer individuellen Betreuung auch eine Ernährungsberatung, einen Beauty- und Nassbereich usw. mit einschließen.
  Weiterhin beabsichtigen die Mitglieder, die Laufzeiten des Vertrages auf ein Minimum zu begrenzen sowie die Möglichkeit zu erhalten diesen Vertrag auch zu jedem Zeitpunkt wieder umgehend auflösen zu können.

- Die **Studiobetreiber** sind darauf angewiesen, insbesondere durch den Verkauf von Mitgliedschaften, ihre Einnahmen langfristig zu sichern. Danach sind sie auch in der Lage, Planungsvorhaben entsprechend umzusetzen, um das Studio z. B. mit einer Multifunktionsanlage auszustatten.
  Angesichts dessen sind die Studiobetreiber auf lange Vertragslaufzeiten angewiesen, damit sich diese Kosten auch amortisieren können.
  Weiterhin sind sie bestrebt vorzeitige Kündigungen auszuschließen bzw. sie nur in Ausnahmefällen zuzulassen. Auch eine unbegrenzte Vertragsverlängerung wäre eine weitere unternehmerische Zielsetzung.

1.10.1.2 Einbeziehung der Allgemeinen Geschäftsbedingungen in den Mitgliedschaftsvertrag

Wie ist ein Interessenausgleich zu erzielen?

Die Mitglieder bestätigen durch ihre Unterschrift die aufgeführten Bedingungen im Mitgliedschaftsvertrag. Sie werden allerdings nur dann ihre Unterschrift leisten, wenn sie von dem Leistungsangebot des Studios auch überzeugt sind. Durch die einheitliche und allgemein verständliche Festlegung der aufgeführten Vertragsinhalte ist der Mitgliedschaftsvertrag ein weiteres Kundenbindungskonzept, denn so ist es möglich, ein **vertrauensvolles Verhältnis** zwischen beiden Vertragspartnern herzustellen.

Welche Zielsetzungen sind mit den Allgemeinen Geschäftsbedingungen verbunden?

Der Möglichkeit, Verträge inhaltlich ausschließlich nach dem Ermessen des Studiobetreibers zu gestalten, ist durch die Einbeziehung der **Allgemeinen Geschäftsbedingungen** in das BGB Einhalt geboten.
Durch die Aufnahme der AGB soll der wirtschaftlich schwächere Vertragspartner (das Mitglied) vor einer unangemessenen Benachteiligung geschützt werden.

Was ist bei der Ausarbeitung der Inhalte des Mitgliedschaftsvertrages zu beachten?

Bei der **Ausarbeitung der Vertragsinhalte** sind die gesetzlichen Bestimmungen zu beachten. Gemäß der Rechtsvorschrift des § 307 BGB sind Vertragsinhalte unwirksam, wenn sie das Mitglied entgegen den Geboten von Treu und Glauben unangemessen benachteiligen. Für die rechtliche Beurteilung der Vertragsinhalte und für die inhaltliche Kontrolle der AGB sind die entsprechenden Gerichte zuständig.
Weiterhin sind die AGB eindeutig und verständlich für das Mitglied zu formulieren. Nicht eindeutige, ungewöhnliche Formulierungen hat der Studiobetreiber zu vertreten; sie sind als unwirksame Vertragsbestandteile anzusehen, denn sie widersprechen den Interessen des Verbraucherschutzes.

9709182

Welche Vorteile sind mit der Aufnahme der AGB für den Studiobetreiber verbunden?

Durch die **Aufnahme der AGB in den Mitgliedschaftsvertrag** wird eine wesentliche Vereinfachung des Vertragsabschlusses erreicht.
Die ausgearbeiteten Vertragsinhalte können unter Beachtung der gesetzlichen Vorschriften des § 305 BGB in die Mitgliedschaftsverträge übernommen werden. Dadurch ist es nicht mehr notwendig, den Vertrag mit jedem Mitglied individuell auszuhandeln; sie bilden die Grundlage für die gesamte Gestaltung der Mitgliedschaftsverträge des Studiobetreibers. Somit dienen die AGB der Rationalisierung und der Kosteneinsparung.

Was beinhaltet der Geltungsbereich der AGB?

Gemäß der Rechtsvorschrift des § 305 BGB gelten die AGB für eine Vielzahl von Verträgen durch vorformulierte Vertragsbedingungen, die eine Vertragspartei (Studiobetreiber) der anderen Vertragspartei (Mitglied) bei Abschluss des Vertrages stellt, ohne dass die Klauseln im Einzelnen ausgehandelt worden sind. Eine Ausnahme besteht in einzelvertraglichen Regelungen. Diese setzen die AGB außer Kraft.

1.10.1.3 Laufzeiten der Mitgliedschaftsverträge

Was versteht man unter einer Grundlaufzeit?

Die **Grundlaufzeiten** werden von den einzelnen Studiobetreibern unterschiedlich festgelegt.
Diese Laufzeiten sind in Zusammenhang mit der Beitragsgestaltung zu sehen. So ist es z. B. möglich, die Grundlaufzeiten in drei Monatsabschnitte einzuteilen bzw. Laufzeiten von drei oder sechs Monaten im Vertrag festzulegen. Innerhalb dieser Zeit sind die Mitglieder an die Bedingungen des Mitgliedschaftsvertrages gebunden.
Die Laufzeiten der Mitgliedschaftsverträge sind in Abhängigkeit mit der Beitragsgestaltung zu sehen.

9709183

1.10.1.3 Laufzeiten der Mitgliedschaftsverträge

Welche gesetzlichen Bestimmungen sind bei der Festlegung der Grundlaufzeiten zu beachten?

Gemäß der Rechtsvorschrift des § 309 Abs. 9 a BGB ist die **Grundlaufzeit** auf maximal zwei Jahre beschränkt. Mit dieser zeitlichen Beschränkung versucht der Gesetzgeber, das Mitglied vor einer zu langen Bindung an das Studio zu schützen.

Was ist unter einer vorgezogenen Fälligkeit zu verstehen?

Ist das Mitglied durch sein eigenes Verschulden mit seinen Monatsbeiträgen **zwei Monate in Verzug** geraten, so hat der Studiobetreiber das Recht, eine Zahlung der gesamten Beiträge von dem betreffenden Mitglied für die Restlaufzeit zu fordern.

Barbara Seeger will mit dem Geschäftsführer des „Mittelhessischen Bewegungszentrums GmbH", Stefan Mandler, eine Mitgliedschaft mit 36-monatiger Laufzeit abschließen.

Wie verhält es sich mit der rechtlichen Zulässigkeit dieses Vertragsabschlusses?

Dieser Vertragsabschluss über eine Laufzeit von 36 Monaten ist im Rahmen einer **Zusatzvereinbarung** rechtlich zulässig. Diese Zusatzvereinbarung ist eine einzelvertragliche Vereinbarung, die nicht im Rahmen der AGB liegt. Gemäß der Rechtsvorschrift des § 305 Abs. b BGB haben individuelle Vereinbarungen Vorrang vor den AGB.
Frau Seeger wird diesen Vertrag u. U. durch ihre Unterschrift bestätigen und als Gegenleistung wird ihr vom Geschäftsführer des Studios ein günstiger Mitgliedsbeitrag gewährt.

Walter Don bestätigt am 15. Februar 2010 den Mitgliedschafsvertrag. Das spezielle, kostengünstige Aktions-Gymnastiktraining beginnt aber erst am 1. März 2010.

Wie ist dieser Sachverhalt rechtlich zu beurteilen?

Der Grund für eine **zeitliche Abweichung** zwischen dem Vertragsabschluss und dem Trainingsbeginn ist häufig die zeitliche Befristung bestimmter Aktionen. Mit der Bestätigung des Mitgliedschaftsvertrages ist Walter Don berechtigt, den günstigen Aktionspreis auch in Anspruch zu nehmen, obwohl das Training erst am 1. März beginnt. Die rechtliche Beurteilung des vorliegenden Sachverhaltes, ob die Grundlaufzeit mit dem Vertragsabschluss oder mit dem Training, also mit der Leistungspflicht, beginnt, ist von der Entscheidung der Gerichte abhängig.

9709184

Welche Möglichkeiten stehen Stefan Mandler zur Verfügung, um eine eindeutige Rechtslage zu gewährleisten?

Aus diesem Grund werden die Mitgliedschaftsverträge häufig vordatiert, d. h., die Laufzeit der Verträge beginnt erst mit dem Trainingsbeginn, also der Situationsbeschreibung entsprechend erst am 1. März 2010.
Bis zu diesem Zeitpunkt wird den Mitgliedern entweder ein kostenloser Zugang zu dem Leistungsangebot des Studios eingeräumt (ein weiteres Kunden- bzw. Mitgliederbindungskonzept) oder es wird ihnen der Beitrag für diesen Zeitraum in Rechnung gestellt.

Was ist unter einer Verlängerungszeit zu verstehen?

In der Regel ist im Mitgliedschaftsvertrag eine stillschweigende **Verlängerungsklausel** enthalten. Nach Ablauf der Grundlaufzeit verlängert sich der Vertrag, ohne dass eine weitere Zustimmung des Mitglieds erforderlich ist

Welche gesetzlichen Bestimmungen sind dabei zu beachten?

Gemäß § 309 Abs. 9 b BGB ist eine **stillschweigende Vertragsverlängerung** um höchstens zwölf Monate zulässig.

Der Geschäftsführer Stefan Mandler stellt im Rahmen des Mitgliedermanagements fest, dass der Vertrag von Nadine Muchel sich stillschweigend am 01.06.2010 um acht Monate verlängert.

Welche Möglichkeiten stehen ihm zur Verfügung, um sein Kundenbindungskonzept umzusetzen, wenn ihm am 20.03.2010 diese Daten zur Verfügung stehen?

Im Rahmen des Kundenbindungskonzeptes sollte die Studioleitung allerdings das betreffende Mitglied, Frau Nadine Muchel, **auf die Kündigungsfrist und die bevorstehende Verlängerungszeit hinweisen.** Dadurch wird das Vertrauensverhältnis zwischen der Studioleitung und dem Mitglied intensiviert – auch unter der Erwägung, dass Nadine Muchel den Vertrag evtl. durch eine Kündigung auflöst.
Diese Vorgehensweise entspricht dem Grundsatz der Mitgliederzufriedenheit und ist langfristig auch mit einer Neumitgliedergewinnung verbunden. Das personenbezogene, partnerschaftliche Verhältnis zwischen dem Studio und dem Mitglied ist ein wesentlicher effektiver Ansatz zur Umsetzung des Konzepts „Mitglieder werben Mitglieder".

9709185

1.10.1.4 Allgemeine Geschäftsbedingungen des Mitgliedschaftsvertrages

Klaus Butte, zuständiger Mitarbeiter des „Mittelhessischen Bewegungszentrums GmbH", erhält vom Geschäftsführer, Stefan Mandler, den Auftrag, die Bestimmungen des Mitgliedschaftsvertrages rechtlich zu prüfen. In den beigefügten AGB ist u. a. die Klausel enthalten, dass eine Beitragserhöhung zwei Monate nach Vertragsabschluss möglich ist.

Wie ist die Gesetzeslage?

Gemäß den gesetzlichen Bestimmungen des § 309 Abs. 1 BGB ist eine **Beitragserhöhung** vier Monate nach Vertragsabschluss nicht möglich.
Diese Bestimmung ist also nicht zulässig.

In den AGB ist weiterhin die Klausel enthalten, dass die Gewährleistung für Sportbekleidung und -artikel sechs Monate beträgt und ausschließlich nur eine Nachbesserung möglich ist.

Wie ist die Lage zwischen AGB und Gesetz?

Eine **Verkürzung der gesetzlichen Gewährleistungsfrist** bei mangelhafter Lieferung (Sachmangel, § 434 BGB) ist nicht möglich. In der Rechtsvorschrift des § 438 Abs. 3 BGB ist eine Frist von zwei Jahren angegeben.
Ebenfalls ist ein Ausschluss oder eine Beschränkung der gesetzlichen Gewährleistungsansprüche nicht möglich. Diese Bestimmungen sind ebenfalls nicht zulässig.

In den AGB ist die Klausel enthalten, dass eine generelle Haftung des Studiobetreibers ausgeschlossen ist.

Wie ist das Verhältnis zwischen AGB und Gesetz?

Diese Bestimmung ist gemäß der Rechtsvorschrift des § 309 Abs. 7 BGB ebenfalls unzulässig. Die Haftung des Studiobetreibers, bezogen auf grobe Fahrlässigkeit und Verschulden, ist nicht auszuschließen.
Die Entscheidung, in welcher Form eine grobe Fahrlässigkeit vorliegt, entscheiden im Zweifelsfall die Gerichte. Dabei ist allerdings zu erwähnen, dass der Studiobetreiber nachzuweisen hat, dass er nicht grob fahrlässig gehandelt hat.

9709186

In den AGB ist die Klausel enthalten, dass von den Mitgliedern bei verspäteter Abnahme der Leistung, des Zahlungsverzuges oder bei Vertragsauflösung eine Vertragsstrafe zu entrichten ist.

Wie ist die Gesetzeslage?

Diese Bestimmung ist gemäß der Rechtsvorschrift des § 309 Abs. 6 BGB nicht zulässig. Diese Klausel beinhaltet eine unangemessene Benachteiligung des Mitglieds.

Welche Konsequenzen ergeben sich aus diesen Sachverhalten für den Geschäftsführer Stefan Mandler?

Eine Konsequenz ist die Inhalte der Allgemeinen Geschäftsbedingungen hinsichtlich der gesetzlichen Bestimmungen (§ 305 ff. BGB) eingehend zu prüfen, um eine unangemessene Benachteiligung des Mitglieds auszuschließen.
Gemäß der Rechtsvorschrift des § 306 BGB ist anzumerken, dass der Mitgliedschaftsvertrag auch bei rechtlich unwirksamen Allgemeinen Geschäftsbedingungen als rechtsgültig anzusehen ist. Die Vertragsinhalte richten sich dann nach den gesetzlichen Vorschriften.
Rechtlich unwirksam ist der Vertrag, wenn die Einhaltung gesetzlicher Vorschriften eine unzumutbare Härte für die Mitglieder darstellt.

Welche Vorteile ergeben sich für den Studiobetreiber mit der Formulierung der Allgemeinen Geschäftsbedingungen?

Der **Studiobetreiber** legt durch die **Allgemeinen Geschäftsbedingungen** einseitig die wesentlichen Vertragsbestandteile des Mitgliedschaftsvertrages fest.
Der Vorteil ist darin zu sehen, dass diese Bedingungen nicht mit jedem einzelnen Mitglied individuell ausgehandelt werden müssen, sondern die vorformulierten Bedingungen des Vertrages Vertragsbestandteile sind. Sie dienen der Kosteneinsparung und der Rationalisierung.

1.10.1.5 Auflösung des Mitgliedschaftsvertrages

1.10.1.5.1 Folgewirkungen für den Studiobetreiber

Welche Auswirkungen ergeben sich für die Studioleitung bei der Auflösung von Mitgliedschaftsverträgen?

Eine **Auflösung der Mitgliedschaftsverträge** bedeutet für den Studiobetreiber einen erheblichen Verlust seiner Einnahmen. Insbesondere sind die Gründe für eine vorzeitige Vertragsauflösung eingehend zu analysieren; die Zufriedenheit der Mitglieder bildet die Grundlage für ein langfristiges Mitgliederkonzept.

Was ist unter einer Fluktuation zu verstehen?

Unter einer **Fluktuation** ist die Anzahl der Mitglieder zu verstehen, die ihre Mitgliedschaftsverträge entweder

- vorzeitig vor dem Ende der Vertragslaufzeit beenden oder
- mit dem vertragsgemäßen Zeitablauf ihre Mitgliedschaft nicht weiter verlängern.

Eine hohe Fluktuation ist ein Maßstab für ein unzureichendes Organisations- und Mitgliederbindungskonzept.
Das Gesamtkonzept des Studios ist daher einer eingehenden Prüfung zu unterziehen, um mögliche Schwachstellen zu erkennen, zu analysieren und zu beseitigen.

Wie wird die Fluktuationsquote ermittelt?

Die **Fluktuationsquote** ist ein Prozentsatz, der wie folgt ermittelt wird:

$$\frac{\text{Anzahl der Mitglieder, die ihre Mitgliedschaft beenden bzw. nicht weiter verlängern} \cdot 100}{\text{bestehende Mitgliedschaften}}$$

Dabei wird eine branchenspezifische durchschnittliche Fluktuationsquote von ca. 35 – 45 % zugrunde gelegt.

9709188

Ist es möglich, die Fluktuationsquote von ca. 35 % zu unterschreiten?

Eine generelle Aussage ist allerdings nicht möglich, da durchaus Studios vorhanden sind, deren Fluktuationsquoten zwischen 15 und 25 % liegen. Diese Studios sind u. a. gekennzeichnet durch eine hohe aktive Trainingsbeteiligung ihrer Mitglieder; diese beträgt ca. 65 bis 80 %. In diesem Zusammenhang ist anzumerken, dass durch ein gutes Betreuungsmanagement eine **Fluktuationsquote von unter 35 %** zu erreichen ist.
Weiterhin ist zu beachten, dass für die Auflösung der Mitgliedschaften Gründe vorhanden sind, die nicht im Zusammenhang mit dem Leistungsangebot des Studios stehen, wie z. B. ein Arbeitsplatzwechsel verbunden mit einem Wohnortswechsel.

Wie ist die Kündigung des Mitgliedschaftsvertrages rechtlich zu beurteilen?

Die **Kündigung** ist eine einseitige, empfangsbedürftige Willenserklärung. Das Rechtsgeschäft wird gemäß § 130 BGB erst dann wirksam, wenn sie dem Empfänger zugeht, d. h., die Studioleitung von diesem Sachverhalt Kenntnis erlangt.
Die Studioleitung sollte im Rahmen der Mitgliederbetreuung dem Mitglied, unabhängig von den Kündigungsgründen, die Kündigung schriftlich bestätigen und sich für das entgegengebrachte Vertrauen bedanken.

Welche Formvorschriften sind bei Kündigungen von Mitgliedschaftsverträgen zu beachten?

Die **Kündigung von Mitgliedschaftsverträgen** ist an **keine Form** gebunden. Sie kann mündlich oder schriftlich erfolgen. Gemäß den Bestimmungen der Allgemeinen Geschäftsbedingungen ist es nicht zulässig, eine Kündigung zu erschweren. Aus diesem Grund ist es gesetzlich nicht zulässig, in den Mitgliedschaftsverträgen die Klausel aufzunehmen „Eine Kündigung ist nur mit einem Einschreibebrief möglich."
Damit das Mitglied die Kündigung auch nachweisen kann, sollte allerdings dennoch das Kündigungsschreiben per Einschreiben mit Rückschein versendet werden. Es ist durchaus möglich, in den AGB die Klausel aufzunehmen, dass eine Kündigung der Schriftform bedarf.

9709189

1.10.1.5.1 Folgewirkungen für den Studiobetreiber

Aus welchen Gründen ist eine Kündigung von Mitgliedschaftsverträgen möglich?

Mitgliedschaftsverträge können entweder durch
- eine ordentlichen Kündigung zum Ende der Vertragslaufzeit unter Einhaltung der Kündigungsfrist oder
- außerordentlich, ohne Einhaltung einer Kündigungsfrist, sofort beendet werden.

1.10.1.5.2 Ordentliche Kündigung

Unter welchen Voraussetzungen ist eine ordentliche Kündigung von Mitgliedschaftsverträgen möglich?

Die **Beendigung eines Mitgliedschaftsvertrages mit festgelegter Laufzeit** ist unter Beachtung der gesetzlichen Kündigungsfrist zum Ende der Vertragslaufzeit möglich.

Welche Kündigungsfristen sind zu beachten?

Die **gesetzlichen Kündigungsfristen** sind bei Mitgliedschaftsverträgen davon abhängig, ob es sich um einen Dienst- oder um einen Mietvertrag handelt. Gemäß § 309 Abs. 9 c BGB ist eine längere Kündigungsfrist als drei Monate vor Ablauf der zunächst vorgesehenen oder stillschweigend verlängerten Vertragsdauer unzulässig. Demnach ist eine Frist von vierzehn Tagen zum Monatsende oder von drei Monaten zu beachten.

Stefan Mandler hat in dem Mitgliedschaftsvertrag eine Kündigungsfrist von sechs Wochen zum Ende der Vertragslaufzeit aufgenommen.

Wie ist dieser Sachverhalt rechtlich zu beurteilen?

Diese **Kündigungsfrist von sechs Wochen zum Ende der Vertragslaufzeit** liegt deutlich unter der gesetzlich festgelegten Kündigungsfrist von drei Monaten und ist für das Mitglied überschaubar. Diese Vereinbarung ist im Sinne der Mitgliederorientierung aufgenommen worden. Die Mitglieder haben dadurch die Möglichkeit, bis zu sechs Wochen vor Ablauf der Grundlaufzeit sich zu entscheiden, ob sie einer stillschweigenden Verlängerung zustimmen oder die Mitgliedschaft beenden.

9709190

Im Sinne der Rechtsprechung ist auch eine Kündigungsfrist von vier Wochen zulässig.

1.10.1.5.3 Außerordentliche Kündigung

Was ist unter einer außerordentlichen Kündigung zu verstehen?

Unter einer **außerordentlichen Kündigung** ist die Auflösung des Mitgliedschaftsvertrages zu verstehen, ohne die Kündigungsfristen einzuhalten. Die Mitgliedschaftsverträge schließen zunächst eine fristlose Kündigung des Mitglieds aus.

Unter welchen Voraussetzungen ist eine außerordentliche Kündigung möglich?

Eine **außerordentliche, fristlose Kündigung** ist jedoch möglich, wenn ein **„wichtiger Grund"** vorliegt. Ein derartiger Grund liegt vor, wenn dem Vertragspartner (dem Mitglied oder dem Studiobetreiber) die Fortsetzung des Mitgliedschaftsverhältnisses bis zum Ablauf der ordentlichen Kündigungsfrist nicht mehr zugemutet werden kann. Der betreffende Vertragspartner ist allerdings verpflichtet den für ihn „wichtigen Grund" auch nachzuweisen. Vermutungen oder Verdächtigungen sind dafür nicht ausreichend.
Eine außerordentliche Kündigung sollte innerhalb von zwei Wochen nach Vorliegen der Gründe erfolgen.

Ist eine außerordentliche Kündigung wegen Krankheit möglich?

Gemäß der Rechtsprechung sind Mitglieder, die auf **ärztlichen Rat** nicht weiter an den Trainingseinheiten des Studios teilnehmen sollen, zu einer außerordentlichen Kündigung berechtigt. Damit sind sie auch von der weiteren Beitragspflicht befreit. In diesem Zusammenhang ist allerdings anzumerken, dass die Studioleitung berechtigt ist, ein ärztliches Gutachten anzufordern, aus dem hervorgeht, dass es sich um eine dauerhafte Erkrankung handelt. Damit soll vermieden werden, dass Ärzte „Gefälligkeitsatteste" ausstellen.
Beinhaltet der Mitgliedschaftsvertrag ausschließlich mietvertragliche Elemente, dann ist eine außerordentliche Kündigung nicht möglich.

1.10.1.5.3 Außerordentliche Kündigung

Erläutern Sie, ob eine außerordentliche Kündigung wegen einer Schwangerschaft möglich ist.

Bei einer **attestierten Schwangerschaft** handelt es sich nicht um eine Dauererkrankung, die zur außerordentlichen Kündigung berechtigt. Aus diesem Grund ist für die Zeit der Schwangerschaft und der Mutterschutzfrist die Beitragszahlung eingestellt; der Mitgliedschaftsvertrag wird um die Ruhezeit mit der Beitragszahlung verlängert. Es liegt allerdings im Ermessen des Studiobetreibers, ob er die Schwangerschaft als einen wichtigen Grund anerkennt oder nicht.
Werden von dem Mitglied während der Ruhezeit die Beiträge weiter gezahlt, dann verlängert sich der Vertrag beitragsfrei um die Ruhezeit.

Geben Sie an, ob eine außerordentliche Kündigung wegen einer Einberufung zum Wehrdienst möglich ist.

Erhalten die Mitglieder während der Laufzeit des Vertrages ihren **Einberufungsbescheid zur Ableistung des Wehrdienstes,** so ist ein wichtiger Grund, der zur außerordentlichen Kündigung berechtigt, bei dienstvertraglichen Elementen des Mitgliedschaftsvertrages nicht gegeben. Das Mitgliedschaftsverhältnis ruht während dieser Zeit und diese wird beitragspflichtig an die Laufzeit des Vertrages angehängt.

Erklären Sie, ob eine außerordentliche Kündigung wegen eines Wohnortswechsels möglich ist.

Ist ein **Wohnortswechsel** aufgrund einer beruflichen Veränderung des Mitglieds erforderlich, so liegt es sicherlich im Ermessen der Studioleitung, wie dieser Sachverhalt zu bewerten ist. Im Sinne der Rechtsprechung ist ein Wohnortswechsel, der 40 km Entfernung zum Standort des Studios überschreitet, ein wichtiger Grund, der zur außerordentlichen Kündigung berechtigt. In dieser Situation führt die Einhaltung der Mitgliedschaftsverpflichtungen zu einer unangemessenen Benachteiligung des Mitgliedes.
Das Mitglied sollte der Studioleitung die Gründe für eine derartige Auflösung des Mitgliedschaftsvertrages vorlegen, wie z. B.:

- den Arbeitsvertrag,
- die Abmeldebescheinigung des Einwohnermeldeamtes,
- die Anmeldebescheinigung des Einwohnermeldeamtes usw.

9709192

1.10.2 Beitragsmanagement

Was ist unter einem Beitragsmanagement in einem Sport- und Fitnessstudio zu verstehen?

Unter einem **Beitragsmanagement** ist zunächst die Verwaltung der Mitgliedschaftsbeiträge zu verstehen.

Welche Möglichkeiten stehen der Studioleitung zur Verfügung, das Beitragsmanagement rationell zu gestalten?

Der **Einsatz branchenspezifischer Software** ermöglicht eine **effiziente Gestaltung des Beitragsmanagements**. Es umfasst u. a.:

- die Mitgliederstammverwaltung (Erfassung der Daten von Vertragsabschlüssen mit unterschiedlichen Laufzeiten, Beiträgen und Rabattstaffelungen),
- die Erfassung buchungstechnischer Vorgänge innerhalb der Debitorenbuchhaltung (Mitgliederzahlungen).

Eine manuelle Bearbeitung dieser Sachverhalte ist mit einem unverhältnismäßig hohen Zeit- und Kostenaufwand verbunden.

Welche weiteren Vorteile sind mit der Anwendung einer branchenspezifischen Software verbunden?

Ein wesentlicher **Vorteil durch die Anwendung branchenspezifischer Software** für die Studioleitung ist, dass nachfolgende Vorgänge unmittelbar, periodengerecht zur Auswertung vorliegen:

- die Kontenauszüge der Mitglieder,
- die dazugehörige Saldenliste der Mitglieder,
- die Offene-Posten-Liste der Mitglieder,
- das Mahnwesen,
- die Umsatzsteuerermittlung.

Es ist vom Softwareumfang abhängig, ob mit enthalten sind:

- die Finanzbuchhaltung,
- die Kreditorenbuchhaltung (Lieferanten-Eingangsrechnungen),
- die Anlagenbuchhaltung,
- die Lagerbuchhaltung,
- die Kalkulation,
- die Arbeitszeitermittlung und -verwaltung der Mitarbeiter.

Diese Bereiche lassen sich durch Standardmodule beliebig erweitern, wie z. B. der Statistik. Der Statistikbereich umfasst u. a.:

- die Mitgliederentwicklung,
- die Fluktuation bzw. die Trainingsbeteiligung,
- die Studioauslastung.

9709193

1.10.2 Beitragsmanagement

Was sind Rücklastschriften?

Die Art der Beitragszahlung ist im Mitgliedschaftsvertrag festgelegt. In der Regel wird dabei das Lastschrift-Einzugsverfahren gewählt. Das Kreditinstitut stellt entweder der Studioleitung eine Datenträgeraustauschdiskette zur Verfügung oder der Einzug wird durch eine Auftragserteilung durchgeführt. Zeitverzögert – i. d. R. ein bis zwei Tage – erfolgt die Gutschrift auf dem Studiokonto.
Eine **Rücklastschrift** liegt vor, wenn das Konto des Mitglieds ein entsprechendes Guthaben nicht aufweist bzw. das Kreditlimit erreicht wurde oder ein Widerspruch des Mitglieds vorliegt. Die zunächst vorgenommene Gutschrifterteilung durch die Hausbank des Studiobetreibers wird dann durch das Kreditinstitut des Mitglieds storniert (zurückgebucht). Dieser Vorgang ist mit einer Gebühr verbunden, die von der Studioleitung zunächst zu entrichten ist. Diese Kosten werden dem Mitglied in Rechnung gestellt.

Welche weiteren Maßnahmen können von der Studioleitung vorgenommen werden?

Das **weitere Vorgehen** der Studioleitung:

- Dem betreffenden Mitglied wird nach einigen Tagen eine schriftliche Mahnung erteilt.
- Der nicht beglichene Mitgliedsbeitrag wird zusammen mit dem neuen Beitrag im nächsten Monat eingezogen.
- Liegt eine Gutschrift über diese Mitgliedsbeiträge nicht vor, wird das Mitglied entweder telefonisch oder durch eine persönliche Ansprache auf diesen Sachverhalt hingewiesen.

Welche Folgewirkungen ergeben sich für die Studioleitung?

Die **zunehmenden Außenstände,** bedingt durch die Rücklastschriften, ziehen gravierende Folgen nach sich: zunächst eine erhebliche Beeinträchtigung der Liquidität und darüber hinaus eine langfristige Erlösschmälerung des Studios.
Der erhebliche Arbeitsaufwand und die Unannehmlichkeiten in Form von Konfrontationen mit den betreffenden Mitgliedern sind weitere negative Begleiterscheinungen.
Auch das private Insolvenzrecht und die Verjährungsfristen sind in diesem Zusammenhang zu erwähnen (s. Seite 73 f. und 144 ff.).

9709194

Was beinhaltet der Begriff Inkasso?

Die Studioleitung muss jederzeit in der Lage sein ihre vertragsgemäßen Verpflichtungen ordnungsgemäß zu erfüllen. Sie ist deshalb auf die ordnungsgemäße Beitragszahlung der Mitglieder angewiesen. Die Zahlungsausfälle sind von der Studioleitung insofern auf ein Minimum zu begrenzen.
Aus diesem Grund verkaufen die Studiobetreiber häufig ihre Forderungen an ein **Inkassounternehmen.** Die damit verbundenen Vorteile sind, dass neben der Zeit- und Kosteneinsparung auch eine Vorfinanzierung der Beiträge erfolgt, wenn das gesamte Beitragsmanagement an das Inkassounternehmen verkauft wird. Das mögliche Ausfallrisiko wird demnach auch auf das Inkassounternehmen übertragen.
Angesichts dessen gewinnt diese Form des Studio-Forderungsmanagements zunehmend an Bedeutung.

Welche Vorteile sind mit dem Forderungsmanagement verbunden?

Das **Studio-Forderungsmanagement** bietet der Studioleitung die Möglichkeit, das gesamte Beitragsmanagement einem Inkassounternehmen zu übertragen. Vertragsgemäß erhält der Studiobesitzer unmittelbar seinen Anteil an der Forderung. Somit ist die Liquidität wieder gewährleistet.
Die zunehmende Bedeutung des Inkassomanagements führte zur Entwicklung von „debifact". Es ist das erste europaweit geführte Forderungsunternehmen für die Fitnessbranche.
Dem Studiobesitzer wird demnach sein gesamter Bestand an Mitgliedschaften, ohne dass für ihn ein Ausfallrisiko besteht, vorfinanziert.

Welche Aufgaben übernimmt das Studio-Forderungsunternehmen für den Studiobesitzer?

Das **Studio-Forderungsunternehmen** übernimmt die nachfolgenden **Aufgaben:**

- Das gesamte Mahnwesen wird durchgeführt.
- Es werden die monatlichen Beiträge vorfinanziert.
- Der Beitragseinzug wird vorgenommen.
- Die Zahlungsüberwachung wird übernommen.
- Das monatliche Ausfallrisiko wird übernommen.
- Bei erfolgloser Beitragszahlung werden die Restlaufzeiten angekauft.

2 Kaufmännische Steuerung der Geschäfts- und Leistungsprozesse

2.1 Finanzierung

2.1.1 Finanzierung und Investition

Was ist Finanzierung?

Unter **Finanzierung** versteht man sämtliche Maßnahmen, die der lang-, mittel- und kurzfristigen Beschaffung von Kapital in allen Formen (Eigen- oder Fremdkapital) dienen.

Was verstehen Sie unter Investitionen?

Unter einer **Investition** versteht man die Verwendung von finanziellen Mitteln zur Beschaffung von Sachvermögen, von immateriellem Vermögen oder Finanzvermögen.

2.1.2 Kapitalbedarf

Wovon ist der Kapitalbedarf einer Unternehmung abhängig?

Die **Höhe des Kapitals** hängt von verschiedenen Einflüssen ab:

- von der Unternehmensgröße,
- von der Betriebsform,
- von der Branche,
- von dem Sortiment,
- von der Kapitalbindungsdauer,
- von der Rechtsform,
- von der eigenen Kreditgewährung,
- von den Liefererkrediten,
- von Saisoneinflüssen,
- von der Kapitalüberlassungsdauer.

9709196

2.1.3 Finanzierungsgrundsätze

Welche Finanzierungsgrundsätze sind Ihnen bekannt?

- Der bekannteste **Finanzierungsgrundsatz,** auch als **„Goldene Finanzregel"** oder **„Goldene Bankregel"** bezeichnet, lautet: Aufgenommenes Fremdkapital soll erst dann fällig sein, wenn die damit finanzierten Investitionen durch den Umsatzerlös wieder zu Geld geworden sind (Desinvestition). Das heißt:
  - Anlagevermögen ist mit Eigenkapital bzw. in geringem Umfang mit langfristigem Fremdkapital zu finanzieren.
  - Umlaufvermögen sollte mit mittel- und kurzfristigem Fremdkapital beschafft werden. Die Fristigkeiten sollten sich decken.

  Die Beachtung dieser Grundsätze soll unter Berücksichtigung der Rückzahlungsverpflichtungen jederzeit die Zahlungsbereitschaft des Unternehmens sicherstellen.

- Ein weiterer Finanzierungsgrundsatz kommt durch die **„Goldene Bilanzregel"** zum Ausdruck:
  Die *engere Fassung* besagt, dass das Anlagevermögen mit Eigenkapital zu finanzieren sei.

$$\textbf{Anlagendeckung 1} = \frac{\textbf{Eigenkapital}}{\textbf{Anlagevermögen}} \cdot 100$$

In ihrer *weiten Fassung* fordert sie: Anlagevermögen und ständig gebundenes Umlaufvermögen (= eiserner Bestand, der zur Aufrechterhaltung der Betriebsbereitschaft erforderlich ist) sind langfristig gebundenes Vermögen. Es sollte deshalb durch langfristiges Kapital, also durch Fremdkapital (mehr als vier Jahre Laufzeit), gedeckt sein.

$$\textbf{Anlagendeckung 1} = \frac{\textbf{Eigenkapital + langfr. Fremdkapital}}{\textbf{Anlagevermögen + ständig gebundenes Umlaufvermögen}} \cdot 100$$

2.1.4 Finanzierungsarten

Geben Sie einen ersten Überblick über die Finanzierungsarten.

Finanzierungsarten können unterschieden werden

- **nach der Rechtsstellung der Kapitalgeber:**
  - ➢ **Eigenfinanzierung** = unbefristete Überlassung von Mitteln durch den bzw. die Eigentümer.
  - ➢ **Fremdfinanzierung** = befristete Überlassung von Mitteln durch Gläubiger mit Rückzahlungsverpflichtung.

- **nach der Herkunft des Kapitals:**
  - ➢ **Außenfinanzierung** = Das Kapital wird dem Unternehmen nicht aus dem betrieblichen Umsatzprozess zugeführt, sondern von außen.
  - ➢ **Innenfinanzierung** = Das Kapital stammt aus dem Unternehmen selbst.

Was verstehen Sie unter Selbstfinanzierung?

Selbstfinanzierung ist Finanzierung aus erwirtschafteten, einbehaltenen Gewinnen. Die Finanzierung des Unternehmens erfolgt aus eigener Kraft, ohne Zuführung von Kapital von außen. Die Selbstfinanzierung ist daher sowohl eine Innen- als auch eine Eigenfinanzierung.

Worin besteht der Unterschied zwischen offener und stiller Selbstfinanzierung?

- Bei der **offenen Selbstfinanzierung** fließen die Gewinne dem Eigenkapitalkonto zu (bei Personenges.) bzw. werden den Rücklagen zugewiesen (bei Kapitalges.).

- Die **stille Selbstfinanzierung** entsteht durch die Bildung stiller Reserven entweder durch
  - ➢ Unterbewertung von Vermögensgegenständen und/oder
  - ➢ Überbewertung von Schulden.

  Die **Unterbewertung** der Aktivposten in der Bilanz kann z. B. erfolgen durch überhöhte direkte Abschreibungen. Die **Überbewertung** der Passiva wäre möglich z. B. durch hohe Steuerrückstellungen.

9709198

Nennen Sie die Vor- und Nachteile der Selbstfinanzierung.

Selbstfinanzierung

Vorteile	***Nachteile***
– *keine Kosten für die Kapitalbeschaffung*	– *Zinsloses Eigenkapital kann zu riskanten Spekulationsgeschäften verleiten (Gefahr der Fehlinvestition).*
– *unabhängig von Kapitalgebern*	
– *keine Belastung durch Zins- und Tilgungsverpflichtungen*	– *Verdeckte Selbstfinanzierung verschleiert die tatsächliche Rentabilität.*[1]
– *Erhöhung der Kreditwürdigkeit*	– *Sofern die Bedingung des Verkäufermarktes gegeben ist und die Selbstfinanzierung über überhöhte Preise erfolgt, muss der Käufer die Kosten für die Bildung zusätzlichen Eigenkapitals tragen.*
– *Erhöhung der Krisenfestigkeit*	
– *Steigerung der Investitionsbereitschaft (z. B. risikoreiche Investitionen) und Investitionstätigkeit*	*Werden stille Reserven aufgelöst, wird u. U. trotz wirtschaftlichen Verlusts noch Gewinn ausgewiesen; Verschleierung von Managementfehlern.*
– *Verringerung des Fremdkapitalanteils*	
– *durch Eigenkapitalerhöhung zusätzliche Gewinnerzielung*	

[1] Den Berechnungen liegt nicht das wirkliche Eigenkapital zugrunde, sondern nur das ausgewiesene.

Was verstehen Sie unter Einlagen- oder Beteiligungsfinanzierung?

Von **Einlagen- oder Beteiligungsfinanzierung** spricht man, wenn

- der bisherige oder die bisherigen Gesellschafter eine zusätzliche Einlage leisten und
- Kapitalgeber als neue Gesellschafter aufgenommen werden.

Den Unternehmen wird dabei stets Kapital (Geld, Sachleistungen oder Rechte) von außen zugeführt.
Die Einlagen- und Beteiligungsfinanzierung ist daher sowohl eine Außenfinanzierung als auch eine **Eigenfinanzierung**.

9709199

2.1.4 Finanzierungsarten

Worin besteht der Unterschied zwischen Beteiligungsfinanzierung und Selbstfinanzierung?

Selbstfinanzierung ist der Innenfinanzierung zuzuordnen (= Finanzierung aus eigener Kraft), während bei der **Beteiligungsfinanzierung** Kapital von außen zugeführt wird; sie stellt demnach also eine Form der Außenfinanzierung dar.

Erklären Sie die Finanzierung durch Abschreibungen.

- **Abschreibungen** entstehen ursächlich u. a. durch technischen und natürlichen Verschleiß sowie aufgrund von Entwertungen durch technischen Fortschritt und Bedarfsverschiebungen (wirtschaftliche Überholung).
- Diese Wertminderungen von Anlagegütern sind betrieblicher Aufwand, der durch Abschreibungen erfasst wird und in die Preiskalkulation einfließt.
- Die so über die Umsatzerlöse zurückfließenden Abschreibungsgegenwerte werden letztlich aber nicht über die gesamte Nutzungsdauer des Anlagegegenstandes angesammelt, sondern zwischenzeitlich für neue Ersatz- oder Erweiterungsinvestitionen ausgegeben. Dadurch kann die Kapazität des Unternehmens erweitert werden, ohne dass Finanzmittel aufgenommen werden müssen.

Was verstehen Sie unter Fremdfinanzierung?

Bei der **Fremdfinanzierung** erhält das Unternehmen Kapital in Form von Geld- oder Sachkrediten. Dabei sind die Kreditgeber unternehmensfremde Gläubiger; die Überlassung der Mittel ist befristet. Zu unterscheiden sind:

- ➢ die Finanzierung aus Rückstellungen und
- ➢ die Kreditfinanzierung.

- **Rückstellungen** werden im Unternehmen für Verbindlichkeiten gegenüber Gläubigern gebildet, deren Höhe und/ oder Fälligkeit noch nicht bekannt sind. Daher handelt es sich um Fremdkapital, das zu einem späteren Zeitpunkt zurückgezahlt werden muss (Fremdfinanzierung).
  Rückstellungen werden als Aufwand in der Buchhaltung erfasst. Da Rückstellungen für Aufwendungen gebildet werden, vermindert sich der auszuschüttende Gewinn und

damit zugleich auch die zu zahlende Ertragsteuer, wie z. B. Einkommensteuer.
Gleichzeitig fließen dem Unternehmen durch die in der Kalkulation erfassten Rückstellungsaufwendungen liquide Mittel über die Verkaufspreise zu (Innenfinanzierung). Diese Mittel verbleiben bis zu ihrer späteren Auszahlung im Unternehmen und können zu Finanzierungszwecken verwendet werden.

- Bei der **Kreditfinanzierung** wird dem Unternehmen (von außen) durch unternehmensfremde Kapitalgeber (Gläubiger) Fremdkapital auf begrenzte Zeit zur Verfügung gestellt (Außenfinanzierung).

Nennen Sie die Nachteile der Kreditfinanzierung.

- Die Kapitalgeber sind Gläubiger des Unternehmens und haben daher Anspruch
  - auf Verzinsung und
  - pünktliche Rückzahlung ihres Kapitals.
- Es besteht die Gefahr erhöhter Abhängigkeit, sollte sich das Unternehmen bei einem Großkreditgeber hoch verschuldet haben.
- Unabhängig von der Ertragslage des Unternehmens sind die Zins- und Tilgungsraten zu bezahlen.
- Das Fremdkapital steht nur befristet zur Verfügung.
- Bei einem hohen Fremdkapitalanteil nimmt die eigene Kreditwürdigkeit ab.

2.1.5 Kreditarten nach der Fristigkeit des Kredits

Welche Kreditarten werden generell unterschieden?

Nach der Laufzeit unterscheidet man

- **Kurzfristige Kredite:** Sie haben eine Laufzeit von bis zu sechs Monaten.
- **Mittelfristige Kredite:** Sie haben eine Laufzeit von sechs Monaten bis vier Jahre.
- **Langfristige Kredite:** Die langfristige Fremdfinanzierung ist eine Finanzierung durch Darlehen mit einer Laufzeit von über vier Jahren.

Was ist ein Lieferantenkredit und welche Bedeutung hat er?

- Der **Lieferantenkredit** entsteht dadurch, dass der Lieferer dem Käufer ein Zahlungsziel einräumt (Kauf von Waren auf Ziel). Der Käufer muss den Rechnungsbetrag erst nach einer bestimmten Frist, z. B. nach 30 oder 60 Tagen, begleichen („Zahlung innerhalb von 60 Tagen netto Kasse").
- Durch den Zahlungsaufschub wird dem Käufer ermöglicht seine Schulden aus den Umsatzerlösen der verkauften Waren zu bezahlen, sodass sein sonstiger Kapitalbedarf durch diese Art der Kreditgewährung wesentlich geringer ist.
- Der Lieferer gewährt den Kredit natürlich nicht kostenlos, sondern kalkuliert den Zins für die Gewährung des Kredits zuvor in seinen Verkaufspreis ein, denn üblicherweise kann bei Barzahlung vom Rechnungspreis Skonto abgezogen werden, beispielsweise „Zahlbar in 30 Tagen ohne Abzug oder innerhalb von 14 Tagen mit 1 % Skonto".

Stefan Mandler, Geschäftsführer des „Mittelhessischen Bewegungszentrum GmbH", erhält von der Fa. Ulrich Gerhard Sportbekleidung KG die nebenstehende Rechnung:

a) Wie viel Prozent beträgt der effektive Jahreszinssatz bei Skontoausnutzung?

Ulrich Gerhard Sportbekleidung KG
Sportparkstraße 2   35575 Wetzlar

Mittelhessisches
Bewegungszentrum GmbH
Am Kurpark 12
65185 Wiesbaden

Rechnung-Nr. 1408
Datum 18. Mai 2010

	SPORTANZÜGE	
	gemäß beigefügter Bestellung	8.500,00 €
+	19 % Umsatzsteuer	1.615,00 €
	RECHNUNGSBETRAG	10.115,00 €

Zahlungsbedingungen: Zahlbar innerhalb von 10 Tagen abzüglich 3 % Skonto oder 30 Tagen netto Kasse

a)

18. Mai Rechnungsdatum	28. Mai Überweisung mit Skontoabzug	18. Juni Zahlung netto Kasse

Skontozeitraum 10 Tage	Zeitraum des Lieferantenkredites (20 Tage) kostenpflichtiger Kreditzeitraum

Effektiver Jahreszinssatz:
20 Tage = 3 %
360 Tage = x %

$$p = \frac{3 \cdot 360}{20} = \underline{\underline{54\ \%}}$$

Genaue Lösung (alternativ):

$$p = \frac{303{,}45 \cdot 360 \cdot 100}{9811{,}55 \cdot 20} = 55{,}67\ \%; \quad p = \frac{3 \cdot 100 \cdot 360}{97 \cdot 20} = 55{,}67\ \%$$

Lösung:
3 % Skonto beziehen sich auf einen Kreditzeitraum von 20 Tagen. Auf ein Jahr bezogen ergibt das einen Zinssatz von 54 %.

Fortsetzung Seite 204

2.1.5 Kreditarten nach der Fristigkeit des Kredits

Fortsetzung

Ermittlung der Zinsersparnis

	Rechnungsbetrag	10.115,00 €
–	3 % Skonto	303,45 €
	Überweisungsbetrag	9.811,55 € (= benötigtes Kapital)

Ermittlung der Zinsen für den Kreditzeitraum von 20 Tagen:

$$\textbf{Zinsen: } \frac{\text{Kapital} \cdot \text{Tage} \cdot \text{Prozentsatz}}{100 \cdot 360}$$

$$Z = \frac{9.811,55 \cdot 20 \cdot 13}{100 \cdot 360} = 70,86\ €$$

b) Wie hoch ist der Finanzierungsgewinn, wenn Stefan Mandler den Skonto ausnutzt und die Restlaufzeit mit einem Kredit zu 13 % finanziert?

b) Ermittlung des Finanzierungsgewinnes:

	Skontoertrag	303,45 €
–	Kreditkosten	70,86 €
=	Finanzierungsgewinn	232,59 €

Erklären Sie das Wesen und die Bedeutung des Kontokorrentkredits.

- Der **Kontokorrentkredit** entsteht bei der Abwicklung des Zahlungsverkehrs über das laufende Konto. Dabei gewährt die Bank dem Kreditnehmer einen Kredit bis zu einer bestimmten Höhe. Bis zu dieser Kreditgrenze (= Limit) kann der Kontoinhaber innerhalb einer bestimmten Laufzeit sein Konto überziehen.

- Durch ständige Ein- und Auszahlungen entsteht eine laufende Rechnung, deren Saldo entweder ein Guthaben oder eine Kreditinanspruchnahme aufweist.

- Dem Kontoinhaber werden von der Bank berechnet:
  - ➢ Kreditzinsen (nur für den beanspruchten Kreditbetrag),
  - ➢ Überziehungsprovision,
  - ➢ Kreditprovision (Bereitstellung des Kredits) und
  - ➢ Umsatzprovision.

- Dem Kreditnehmer dient der Kontokorrentkredit zur Sicherung seiner Zahlungsbereitschaft (bedeutsam für Skonto).

Erläutern Sie die Arten der Darlehenstilgung.

Es lassen sich entsprechend der möglichen Tilgungsvereinbarungen folgende **Darlehensarten** unterscheiden:

- Beim **Fest- oder Fälligkeitsdarlehen** wird
  - am Ende der vereinbarten Laufzeit
  - die gesamte Darlehenssumme zurückgezahlt.

  Lediglich die Zinsen werden in vertraglich vereinbarten Zeitabständen gezahlt, z. B. jährlich oder vierteljährlich.

- Von einem **Abzahlungsdarlehen** spricht man, wenn die Tilgung
  - zu festgelegten Terminen
  - in stets gleich bleibenden Raten erfolgt.

  Da die Tilgungsbeträge konstant bleiben, die Zinsanteile aber sinken (werden von der jeweiligen Restschuld berechnet), werden die Annuitäten im Lauf der Zeit geringer.

- Beim **Annuitätendarlehen** wird zwischen Darlehensgeber und Darlehensnehmer eine regelmäßige Annuität in gleicher Höhe vereinbart. Das bedeutet:
  - steigende Tilgung und
  - sinkende Zinsen im Zeitablauf.

2.1.6 Kreditarten nach der rechtlichen Stellung des Kredits (Kreditsicherung)

Welche Informationsquellen kann der Kreditgeber bei der Kreditprüfung benutzen?

Im Einzelnen können die folgenden Unterlagen herangezogen werden **(= sachliche Prüfung)**:
- Handelsregister
- Grundbuch
- Steuerunterlagen
- Bilanz
- Gewinn- und Verlustrechnung
- Geschäftsbücher
- Betriebsbesichtigung (Geschäftseinrichtung, Organisation)
- Auskünfte von z. B. Auskunfteien.

Zur **persönlichen Kreditwürdigkeitsprüfung** zählen:
- charakterliche Eigenschaften (z. B. Fleiß, Zuverlässigkeit)
- fachliche Qualifikationen
- persönliche Haftung (Rechtsform)
- unternehmerische Fähigkeiten.

2.1.6 Kreditarten nach der rechtlichen Stellung des Kredits (Kreditsicherung)

Worin besteht die Kreditsicherung bei einem a) Personalkredit, b) verstärkten Personalkredit, c) Realkredit?

a) **Personalkredit**: Sicherung durch die Kreditwürdigkeit des Schuldners.

b) **Verstärkter Personalkredit:** Sicherung durch weitere haftende Personen.

c) **Realkredit**: Sicherung durch bewegliche/unbewegliche Sachen.

Was ist eine Bürgschaft und wie kommt sie zustande?

Der **Bürgschaftsvertrag** ist ein einseitig verpflichtender Vertrag. Darin verpflichtet sich der Bürge, für die Erfüllung der Verbindlichkeit des Hauptschuldners einzustehen.

Die **Bürgschaft** kommt durch einen Bürgschaftsvertrag zwischen dem Kreditinstitut und dem Bürgen als Nebenschuldner zustande.

Unterscheiden Sie zwischen selbstschuldnerischer Bürgschaft und Ausfallbürgschaft.

- **Selbstschuldnerische Bürgschaft:** Der Bürge als Nebenschuldner haftet wie der Hauptschuldner. Er kann ohne vorherige Zwangsvollstreckung zur Zahlung verpflichtet werden.
- **Ausfallbürgschaft**: Der Bürge haftet nur für den nach einer betriebenen Zwangsvollstreckung verbleibenden Ausfall (= Restschuld).

Erklären Sie im Zusammenhang mit der Bürgschaft die „Einrede der Vorausklage".

Der Bürge hat durch die **Einrede der Vorausklage** das Recht auf Zahlungsverweigerung, solange der Gläubiger beim säu-

9709206

migen Kreditnehmer nicht eine Zwangsvollstreckung erfolglos versucht hat.

Die Einrede der Vorausklage besteht im Fall der Ausfallbürgschaft, sie ist ausgeschlossen bei der selbstschuldnerischen Bürgschaft.

Was verstehen Sie unter einem Zessionskredit?

Beim **Zessionskredit** wird die Bank durch die Abtretung von Forderungen Eigentümerin der Forderung. Mit dem Abtretungsvertrag tritt die Bank an die Stelle des alten Gläubigers.

- Von **stiller Zession** ist immer dann die Rede, wenn der Drittschuldner von der Forderungsabtretung nichts erfährt. Er zahlt nach wie vor an seinen Gläubiger, der das Geld anschließend an die Bank (neuer Gläubiger) weiterleitet.
- Eine **offene Zession** liegt vor, wenn der Drittschuldner von der Abtretung benachrichtigt wird. Hierbei muss der Drittschuldner an die Bank direkt zahlen.

Was verstehen Sie unter dinglicher Sicherung?

Von einer **dinglichen Sicherung** spricht man, wenn die Kredite durch bewegliche und unbewegliche Sachen (Dinge) abgesichert werden.

Was ist ein Lombardkredit (Faustpfandkredit)?

Zur Sicherung seiner Forderung schließt der Kreditgeber mit dem Schuldner einen Pfandvertrag. Das **Pfand,** wie z. B. Wertpapiere, Schmuck, Edelmetalle, Bausparverträge, Forderungen aus Lieferungen und Leistungen und Lebensversicherungen, geht dabei in den Besitz des Kreditgebers über, während der Schuldner Eigentümer bleibt. Das Pfandrecht erlischt dann, wenn der Schuldner seine Schulden bezahlt hat.

2.1.6 Kreditarten nach der rechtlichen Stellung des Kredits (Kreditsicherung)

Wie ist der Vorgang der Sicherungsübereignung und was bewirkt sie?

- Besitzt der Unternehmer zur Sicherung eines Kredits keine Gegenstände, die er verpfänden könnte, so besteht die Möglichkeit, dass er der Bank Vermögensgegenstände als Sicherheit anbietet, z. B. Lieferwagen, Geschäftseinrichtung, Warenvorräte.
- Bei der **Sicherungsübereignung** wird vertraglich festgelegt, dass das Kreditinstitut Eigentümer der Sache wird, während der Schuldner Besitzer bleiben soll (= Besitzkonstitut). Das hat für Letzteren den Vorteil, dass er mit der übereigneten Sache weiterarbeiten kann.

Worin besteht der grundlegende Unterschied zwischen einer Hypothek und einer Grundschuld?

Die Absicherung von langfristigen Krediten erfolgt bei Banken durch ein Pfandrecht an einem Grundstück oder Gebäude in Form der Hypothek oder der Grundschuld.

- **Hypothek**:
  - Die Hypothek setzt immer das Bestehen einer Forderung voraus.
  - Im Fall des Leistungsverzugs haftet der Schuldner sowohl mit seinem Grundvermögen (= dingliche Haftung) als auch mit seinem sonstigen Vermögen (= persönliche Haftung).
  - Die Hypothek erlischt mit der Rückzahlung des Darlehens.

- **Grundschuld:**
  - Bei der Grundschuld besteht keine persönliche, sondern lediglich eine dingliche Haftung.
  - Sie ist ein Pfandrecht an einem Grundstück, bei dem nur das Grundstück haftet, nicht aber der Schuldner persönlich wie bei der Hypothek.
  - Der Kreditgeber hat keinen persönlichen Anspruch gegen den Grundstückeigentümer.
  - Es besteht keine persönliche Schuld, insofern auch keine persönliche Forderung (Grundschuld ohne Schuldgrund).
  - Die Grundschuld bleibt in voller Höhe bestehen, auch wenn die persönliche Forderung aus dem Kreditgeschäft erloschen ist.
  - Die Grundschuld erlischt erst bei Löschung im Grundbuch.

9709208

2.1.7 Sponsoring und Spenden

2.1.7.1 Sponsoring

Was versteht man unter Sponsoring?

Der **Begriff Sponsoring** stammt von dem englischen Wort to sponsor = fördern ab. Als Sponsor wird der Geldgeber bezeichnet, der eine Person, einen Verein oder eine Veranstaltung mit finanziellen Mitteln, Sach- oder Dienstleistungen unterstützt. Der Sponsor wird dabei durch eine Privatperson oder ein Unternehmen repräsentiert.

Welche Bedeutung hat das Sponsoring für den Sport?

Im Laufe der letzten Jahre hat sich das Sport- und Freizeitverhalten der Konsumenten massiv gewandelt; ein Trend, der sich auch in der zunehmenden Anzahl von privaten Anbietern im Sport- und Fitnessbereich manifestiert. Auch die gemeinnützigen Sportvereine müssen sich diesem Trend stellen und ihr Angebot den geänderten Marktbedingungen, also dem veränderten Verbraucherverhalten, anpassen.
Für die gemeinnützigen Vereine bedeutet diese Entwicklung, dass ihnen im Rahmen der öffentlichen Einsparungen nicht mehr die klassischen, öffentlichen Fördermittel uneingeschränkt zur Verfügung stehen und sie aus diesem Grund auf neue Finanzquellen angewiesen sind.
Sponsoring ist daher eine Möglichkeit, um den Finanzierungsbedarf auszugleichen.

Welche Einflussgrößen bestimmen das Sponsoring?

Beim **Sponsoring** handelt es sich um ein **Geschäft,** das auf Leistung und Gegenleistung ausgerichtet ist.

- Der Sponsor setzt sein Geld, seine Sach- und Dienstleistungsmittel ein, um seine kommunikativen Ziele zu erreichen.
- Der Gesponserte schafft die Voraussetzungen für die definierten Ziele des Sponsors und realisiert seine eigenen Ziele mithilfe der Zuwendungen.

2.1.7.1 Sponsoring

Welche Ziele verfolgen die Sponsoren beim Sport?

Die **Zielsetzungen der Sponsoren** beim Sport sind u. a. darauf gerichtet,

- eine Steigerung des eigenen Bekanntheitsgrades zu erzielen.
- eine konkrete Zielgruppenansprache zu gewährleisten.
- eine Förderung der Imagebildung zu erreichen.
- ein Vertrauen zu schaffen.
- eine Motivationssteigerung der eigenen Mitarbeiter inkl. Corporate Identity zu gewährleisten.
- eine Steuerung der Nachfrage und Kaufabschlüsse zu erlangen.
- eine Erhöhung des Informationsniveaus zu erwirken.
- den Sport zu fördern.

Welche Ziele verfolgen die Gesponserten des Sports?

Die **Ziele der Gesponserten beim Sport** sind:

- die finanzielle Absicherung des Sportbetriebes und den Erhalt der eigenen Organisation zu gewährleisten.
- den gestiegenen Leistungsansprüchen gerecht zu werden.
- die zunehmend geringer werdenden öffentlichen Zuschüsse zu kompensieren.
- eine Erhöhung des eigenen Bekanntheitsgrades zu erlangen.

Welche Vorteile bietet das Sportsponsoring?

Die **Vorteile des Sportsponsorings** liegen u. a. darin:

- Der Sport wird für kommunikative Zwecke genutzt.
- Das Sponsoring ist i. d. R. kostengünstiger als konventionelle Werbung.

2.1.7.2 Sponsorenverträge

Was ist bei der Sponsoring-Vertragsgestaltung zu beachten?

Der **Vertrag** kommt durch zwei übereinstimmende Willenserklärungen zwischen dem Sponsor und dem Gesponserten zustande und ist ein zweiseitig verpflichtender privatrechtlicher Vertrag, für den eine gesetzliche Formvorschrift nicht vorgesehen ist. Die schriftliche detaillierte Auflistung der getroffenen Vereinbarungen ist die Rechtsgrundlage für die Vertragspartner.

2.1.7.3 Spenden

Was ist unter Spendenrecht der gemeinnützigen Vereine zu verstehen?

Gemeinnützige Vereine benötigen zur Erfüllung ihrer Gemeinschaftsaufgaben neben ihren Einnahmen in Form von Mitgliedsbeiträgen und Aufnahmegebühren zusätzliche finanzielle Mittel in Form von **freiwilligen Spenden**.
Diese Spenden unterliegen nicht der Besteuerung und aus diesem Grund ist der Verein auch nicht berechtigt eine Gegenleistung für den Erhalt der Spende zu erbringen. Er ist allerdings verpflichtet über den Nachweis der Spende ist eine Zuwendungsbestätigung auszustellen.

2.1.8 Leasing

Was versteht man unter Leasing?

Unter **Leasing** versteht man die mittel- und langfristige Vermietung von beweglichen oder unbeweglichen Anlagegegenständen (z. B. Sportgeräte). Bei allen Leasingraten tritt an die Stelle der einmaligen Zahlung des Kaufpreises eine laufende, regelmäßig zu entrichtende Mietzahlung, in die der Leasinggeber die nachfolgenden Beträge einkalkuliert:

- den Abschreibungsbetrag,
- die Verzinsung des investierten Kapitals,
- eine Risikoprämie (z. B. für die Veralterung),
- sonstige Kosten (z. B. Verwaltungskosten),
- den Gewinnzuschlag.

2.1.8 Leasing

Nennen Sie die Vorteile und die Nachteile des Leasings.

Vorteile des Leasings	Nachteile des Leasings
– Keine Bindung des Eigenkapitals, da eine 100%ige Fremdfinanzierung möglich ist. – Eigenkapital kann rentabler eingesetzt werden.	– Hohe finanzielle Belastung mit fixen Kosten. – Das Leasing ist teurer als der Kreditkauf.
Vorteile des Leasings a) im ertragsstarken Umlaufvermögen und b) durch Einräumung von Rabatt oder Sonderangeboten. – Die Liquidität wird geschont bzw. erhöht, da weder eigene noch fremde Mittel benötigt werden. Die Mieten werden aus dem laufenden wirtschaftlichen Erfolg des Mietobjektes bezahlt. – Leasingraten sind Fremdkapitalkosten, die steuerlich Betriebsausgaben darstellen und daher die Steuerbelastung mindern (wenn wirtschaftlich die Objekte nicht dem Leasingnehmer zugerechnet werden). – Durch schnelle Anpassung an den technischen Fortschritt schützt Leasing vor Überalterung der Anlagen. – Leasing bietet einen Servicevorteil durch Beratung, Wartung und Reparatur des Leasingobjektes durch den Leasinggeber. – Der Finanzierungsspielraum und die Kreditlinien bleiben für den kurz- und mittelfristigen Finanzbedarf erhalten. – Das Verhältnis zwischen Eigen- und Fremdkapital ändert sich nicht (gleich bleibende Bilanzrelation). – Der Leasingnehmer hat feste monatliche Raten, die eine genaue Kalkulation ermöglichen.	**Nachteile des Leasings** – Die Leasingobjekte müssen ihre Miete erst verdienen, was besonders in Krisenzeiten nicht immer möglich ist. – Der Leasingnehmer ist während der Grundmietzeit (beim Finanzierungsleasing) vertraglich fest gebunden. – Investitionsobjekte sind nicht im Eigentum des Nutzers. – Sie können deshalb auch nicht – quasi kostenlos – nach der Abschreibungszeit weiterarbeiten. – Die eventuell Gewinn bringende Verwertung des Investitionsobjekts nach Ende der betrieblichen Nutzung liegt beim Leasinggeber.

9709212

Vorteile des Leasings	Nachteile des Leasings
– Für die Dauer des Leasingvertrages liegen die monatlichen Leasingraten fest. Sie sind von Preisveränderungen unberührt. Das Risiko trägt der Leasinggeber. – Leasing erleichtert den Kosten-Nutzen-Vergleich einer Investition, da die anfallenden Kosten genau fixiert sind. Investitionsentscheidungen können so leichter abgeklopft werden, ob sie vorteilhaft sind.	

2.1.9 Factoring

Erklären Sie, was Sie unter Factoring verstehen.

- **Factoring** ist die Bevorschussung von kurzfristigen Forderungen aus Warenlieferungen und Dienstleistungen durch den Factor (= Finanzierungsinstitut). Der Factor übernimmt dabei den Ankauf, den Forderungsausfall sowie die Verwaltung dieser Forderungen.

- Das Factoring ist eine besondere Form der kurzfristigen Fremdfinanzierung, insbesondere des Umlaufvermögens (= Absatzfinanzierung).

- Grundlage des Factoringgeschäftes ist der **Factoringvertrag**: Es wird zwischen Lieferer und Factor, einem Finanzierungsinstitut, vereinbart, dass die aus Warenlieferungen oder sonstigen Leistungen entstandenen Forderungen des Lieferers an den Factor übergehen.

- Unmittelbar nach Abschluss des Factoringvertrages informiert der Lieferer/Großhändler seinen Kunden darüber, dass die Zahlungen künftig an seinen Factor zu leisten sind und gibt direkt nach Rechnungsstellung jeweils eine Rechnungskopie an den Factor weiter.

2.1.9 Factoring

Welche Vorteile ergeben sich für den Studiobetreiber im Rahmen eines Forderungsmanagements?

Mit dem **Verkauf seiner noch nicht fälligen Forderungen** (= Außenstände von Mitgliedschaften) an ein Inkassounternehmen sind folgende Vorteile für den Studiobetreiber verbunden:

- Die Kosten, die im Rahmen der gesamten Beitragsverwaltung einschließlich des Mahnwesens entstehen, werden von dem Inkassounternehmen übernommen.
- Die dadurch eingesparten Kapazitäten sind im Studio effizient zu nutzen.
- Die Ausfallrisiken in Höhe von ca. 25 % der Außenstände des Studios, die an ein Inkassounternehmen verkauft werden, sind zunächst als Kosten zu erfassen, die allerdings sich langfristig wieder kompensieren lassen.
- Ein konsequentes Beitragsmanagement zeigt deutlich, dass die Studioleitung auf Zahlungsverzögerungen unverzüglich regagiert. Dadurch wird langfristig eine Verbesserung der Zahlungsmoral der Mitglieder erreicht.

Vorteile des Forderungsmanagements für den Studiobetreiber insgesamt:

- Erhöhung der eigenen Liquidität
- Absicherung gegen Verluste aus uneinbringlichen Forderungen
- Kosteneinsparungen

2.1.10 Basel II und Rating

Was bedeutet Basel II und Rating?

Der Ausschuss für die europäische Bankenaufsicht ist ein Zusammenschluss der Bankenaufsichtsbehörden und Notenbanken mit Sitz in Basel. Dieser Ausschuss hat ein Konzept erarbeitet, das das Eigenkapital der Banken betrifft.

Nach der bisher gültigen Regelung waren die Banken dazu verpflichtet, für jeden gewährten Kredit acht Prozent der Kreditsumme aus ihrem Eigenkapital als Sicherheit zu hinterlegen. Ziel dieser Regelung war es, einerseits die Banken in ihrer Kreditvergabe zu beschränken und andererseits eine Absicherung für mögliche Kreditausfälle zu schaffen. Dadurch sollte die Insolvenz von Banken aufgrund von Kreditausfällen vermieden werden.

9709214

Durch das neue Konzept, das auch als **Basel II** bezeichnet wird, ist die Kreditvergabe von der Bonität des Schuldners abhängig.
Die Bonitätsprüfung, die auch als **Rating** bezeichnet wird, hat die Aufgabe, das Wahrscheinlichkeitsrisiko eines möglichen Kreditausfalls zu berechnen. Demnach ist die Kreditvergabe und die Höhe der Kreditkosten von der Bonität der Kunden abhängig.

Welche Merkmale sind für eine Bonitätsprüfung relevant?

Für die **Bonitätsprüfung** der Banken sind zunächst folgende Faktoren zu analysieren, die entsprechend weiter untergliedert werden können:

- die Brancheneinschätzung,
- die Marktsituation,
- die Managementeinschätzung,
- die Ertragslage,
- die Finanzsituation,
- die Prognosen,
- die Kontoführung,
- die Kundenverbindung,
- die Rechtsform.

Die Analyse dieser einzelnen Positionen ist mit den Beratern der Banken eingehend zu erläutern. Auf der Grundlage der vorliegenden Analyse können dem Studiobetreiber entsprechende alternative Finanzierungsformen angeboten werden.

Welche Vorteile ergeben sich für den Studiobetreiber aus der Ratinganalyse?

Der Studiobetreiber erkennt aus der vorgenommenen **Ratinganalyse** zunächst seinen Stellenwert und erfährt seine Einschätzung durch die Bank.
Darüber hinaus werden bestehende Defizite erkennbar und können durch entsprechende Gegenmaßnahmen beseitigt werden.
Dadurch wird nicht nur eine Verbesserung der Ratingnote erreicht, sondern auch der langfristige Erfolg des Studios garantiert.

2.2 Steuern und Versicherungen

2.2.1 Steuern

2.2.1.1 Notwendigkeit der Besteuerung

Aus welchen Gründen muss der Staat Steuern erheben?

Der **Staat muss Steuern erheben,** damit er (Bund, Länder und Gemeinden) seine Ausgaben bestreiten kann.
Bund, Länder und Gemeinden sollen den Bürgern Güter zur Befriedigung gemeinschaftlicher Bedürfnisse zur Verfügung stellen, so z. B. in den Bereichen Gesundheit, Ausbildung, soziale Sicherung.

Warum ist es dem Bürger nicht möglich, aus seiner geleisteten Steuerzahlung das Recht auf Gegenleistung ableiten zu können?

Würde dem **Bürger** ein **Anspruch auf Gegenleistung** zustehen, könnte der Staat die Steuern nicht zu seinen Zwecken einsetzen. Die Steuern würden dann ihre Funktion als Staatseinnahmen verlieren.

Wie lassen sich Steuern im Sinne der Abgabenordnung (AO) definieren?

Steuern sind nach § 3 Abs. 1 AO Geldleistungen, die nicht eine Gegenleistung für eine besondere Leistung darstellen und von einem öffentlich-rechtlichen Gemeinwesen zur Erzielung von Einnahmen allen auferlegt werden, bei denen der Tatbestand zutrifft, an den das Gesetz die Leistungspflicht knüpft. Sie dienen der Finanzierung der öffentlichen Haushalte und sind als wichtigste Einnahmequellen anzusehen.

Was sind weitere öffentlich-rechtliche Abgaben und welcher Unterschied besteht zu den Steuern?

Gebühren und Beiträge sind Abgaben, die als Entgelt für bestimmte Dienstleistungen oder auch für andere Leistungen einer öffentlichen Einrichtung zu entrichten sind. Es besteht ein unmittelbarer Zusammenhang zwischen Leistung und Gegenleistung. Zu nennen sind:

- **Verwaltungsgebühren**
  Sie sind als Entgelte für die Inanspruchnahme einer Amtshandlung anzusehen; z. B. die Gebühr für die Ausstellung eines Reisepasses, die Gebühr für die Zulassung eines Kfz.

- **Benutzungsgebühren**
  Sie sind als Entgelte für die Inanspruchnahme einer öffentlichen Einrichtung der Verwaltung anzusehen; z. B. die Müllabfuhrgebühren, die Gebühr für die Benutzung von Bädern, Eintrittsgelder für Museen usw.

- **Beiträge**
  Beiträge sind für öffentliche Leistungen zu entrichten, die angeboten werden, aber nicht unbedingt sofort angenommen werden müssen. Sie sind Abgaben, die zur Deckung der Kosten öffentlicher Einrichtungen erhoben und abgeführt werden müssen. Im Gegensatz zu den Gebühren werden sie auch dann erhoben, wenn der Beitragspflichtige die öffentliche Leistung nicht in Anspruch nimmt. Sie sind als Entgelt für eine öffentliche Leistung anzusehen; es besteht allerdings kein direkter zeitlicher Zusammenhang zwischen Entgelt und öffentlicher Leistung. *Beispiele:* Kurtaxen, Sozialversicherungsbeiträge, Kammerbeiträge usw.

Was verstehen Sie unter steuerlichen Nebenleistungen?

Auch **steuerliche Nebenleistungen** gehören zu den öffentlich-rechtlichen Abgaben. Steuerliche Nebenleistungen sind nach § 3 Abs. 3 AO:

- **Verspätungszuschläge** (§ 152 AO)
  werden erhoben, wenn die Steuererklärung verspätet abgegeben wurde.
- **Säumniszuschläge** (§ 240 AO)
  werden erhoben, wenn die Zahlung der Steuerschuld verspätet erfolgt ist.
- **Zwangsgelder** (§ 329 AO)
  werden erhoben, wenn z. B. eine Steuererklärung nicht abgegeben wurde.
- **Kosten** (§ 178, §§ 337 – 345 AO)
  werden erhoben, wenn z. B. Vollstreckungskosten entstehen.
- **Zinsen** (§§ 233 – 237 AO)
  werden erhoben, wenn z. B. Zinsen für Prozesse entstehen.

2.2.1.2 Einteilung der Steuern

Wie können die Besitzsteuern eingeteilt werden?

Die **Besitzsteuern** werden in *Personensteuern* (Bemessungsgrundlage ist das erzielte Einkommen bzw. der erwirtschaftete Gewinn) und *Realsteuern* (Objektsteuern = Sachwerte) untergliedert:

- **Personensteuern**
  Durch sie werden einzelne Personen nach sachlichen Merkmalen (z. B. Einkommen) grundsätzlich unter Berücksichtigung der persönlichen und familiären Verhältnisse (z. B. Alter, Familienstand) besteuert.
- **Realsteuern**
  Bei diesen Steuern steht die Belastung bestimmter Gegenstände (z. B. ein Grundstück) im Vordergrund. Nach § 3 Abs. 2 AO gehören dazu nur die Gewerbesteuer und die Grundsteuer.

Warum sind Personensteuern nicht abzugsfähig?

Durch **Personensteuern** werden einzelne Personen nach sachlichen Merkmalen (z. B. Einkommen) grundsätzlich unter Berücksichtigung der persönlichen und familiären Verhältnisse (z. B. Alter, Familienstand) besteuert.
Personensteuern sind nicht abzugsfähig, weil sie die private Lebensführung der Steuerpflichtigen betreffen. Dazu gehören z. B. die Einkommensteuer und die Kirchensteuer. Auch die Körperschaftsteuer ist eine Personensteuer. Durch sie wird das Einkommen der juristischen Person, z. B. einer AG, besteuert.

Wie können die Steuern nach ihrem Gegenstand eingeteilt werden?

Die Steuern lassen sich wie folgt einteilen:

1) **Besitzsteuer**
   Als Besteuerungsgrundlage ist das Vermögen oder das Einkommen anzusehen. Als Beispiele sind folgende Steuern anzuführen: Einkommensteuer, Körperschaftsteuer, Grundsteuer, Gewerbesteuer, Erbschaft- und Schenkungsteuer.
2) **Verkehrsteuer**
   Besteuert werden rechtliche und wirtschaftliche Vorgänge. Dazu zählen insbesondere die Umsatzsteuer, die Grunderwerbsteuer, Kraftfahrzeugsteuer, Versicherungsteuer.

9709218

3) Verbrauchsteuer
Diese Steuern werden auf den Verbrauch von bestimmten Gütern erhoben, wie zum Beispiel Mineralölsteuer, Getränkesteuer, Tabaksteuer, Kaffeesteuer, Kapitalverkehrsteuer.

4) Zölle
Sie sind Steuern, die erhoben werden bei dem In- und Export von Gütern.

Wie können die Steuern nach dem Steuerempfänger unterteilt werden?

Diese Steuern lassen sich wie folgt einteilen:
1) Zu den **Bundessteuern** gehören unter anderem die Verkehrsteuern (Versicherung- und Kapitalverkehrsteuer), die Verbrauchsteuern und die Zölle.
2) Zu den **Landessteuern** zählen z. B. Kraftfahrzeug-, Grunderwerb-, Vermögen-, Erbschaft-, Biersteuer.
3) **Gemeindesteuern** sind z. B. die Hundesteuer und die Gewerbesteuer.
4) **Gemeinschaftssteuern:** Diese Steuern werden in einem festgelegten Verhältnis zwischen dem Bund, den Ländern und den Gemeinden aufgeteilt.
5) Lediglich Religionsgemeinschaften als Körperschaften des öffentlichen Rechts sind berechtigt **Kirchensteuer** zu erheben.

Wie können die Steuern hinsichtlich ihrer Erhebungsart unterschieden werden?

Es wird zwischen folgenden **steuerlichen Erhebungsarten** unterschieden:

1) Direkte Steuern
Bei diesen Steuern muss die Person, die diese Steuer nach dem Gesetz an das zuständige Finanzamt bzw. Zollamt abzuführen hat, sie auch wirtschaftlich selbst tragen. Steuerschuldner und Steuerträger sind identisch. Dazu zählen z. B. die Einkommensteuer, die Kraftfahrzeugsteuer, die Körperschaftsteuer, die Erbschaftsteuer, die Grundsteuer, die Vermögensteuer.

2) Indirekte Steuern
Bei diesen Steuern sind Steuerschuldner und Steuerträger nicht identisch. Die Steuer wird vom Steuerschuldner auf eine andere Person übertragen, die diese Steuer an das zuständige Finanzamt abzuführen hat. Zu diesen Steuern zählen z. B. die Umsatzsteuer, die Versicherungsteuer, die Verbrauchsteuern, die Mineralölsteuer, Zölle.

9709219

2.2.1.2 Einteilung der Steuern

Was ist unter einem Länderfinanzausgleich zu verstehen?

Die Bundesländer der Bundesrepublik Deutschland verfügen über sehr unterschiedliche Einnahmequellen und sind daher mit einer differenzierten Finanzkraft ausgestattet. Um den Anspruch hinsichtlich der Einheitlichkeit der Lebensverhältnisse in der Bundesrepublik Deutschland zu gewährleisten, ist ein finanzieller Ausgleich zwischen den leistungsstärkeren und den leistungsschwächeren Bundesländern vorgesehen. Im **Länderfinanzausgleich** wird die Höhe der Ausgleichszahlung festgelegt.

2.2.1.3 Einkommensteuer

Wer unterliegt der Einkommensteuer?

Die wirtschaftliche Leistungsfähigkeit der natürlichen Personen soll durch die Erhebung der Einkommensteuer besteuert werden. Berücksichtigt werden bei der Erhebung deshalb die persönlichen Verhältnisse des Steuerpflichtigen (z. B. Familienstand, Alter, Zahl der Kinder) und besondere Umstände, die seine wirtschaftliche Leistungsfähigkeit beeinträchtigen können, wie z. B. eine Krankheit oder die Unterstützung mittelloser Angehöriger. Am Ende des Kalenderjahres wird das gesamte Einkommen des Steuerpflichtigen versteuert.

Unbeschränkt einkommensteuerpflichtig sind:

a) Unbeschränkt steuerpflichtig sind natürliche Personen, die in der Bundesrepublik Deutschland ihren Wohnsitz oder ihren gewöhnlichen Aufenthaltsort haben.

b) Deutsche Staatsangehörige, die nicht in der Bundesrepublik Deutschland ihren Wohnsitz oder ihren gewöhnlichen Aufenthaltsort haben, sind nur dann unbeschränkt steuerpflichtig, wenn sie ihre Gehälter aus öffentlichen deutschen Kassen beziehen, wie z. B. Diplomaten, die für die Bundesrepublik Deutschland im Ausland arbeiten, Entwicklungshelfer usw.

Welche Personen unterliegen der Körperschaftsteuer?

Juristische Personen (z. B. Kapitalgesellschaften und Genossenschaften) unterliegen mit ihrem Einkommen der Körperschaftsteuer.

Nennen und erläutern Sie die Einkunftsarten, die dem zu versteuernden Einkommen zugrunde liegen.

Das **zu versteuernde Einkommen,** das der Steuerpflichtige innerhalb eines Kalenderjahres bezogen hat (§ 2 Abs. 5 und 7 EStG), ist als Bemessungsgrundlage anzusehen und ergibt sich aus der Addition folgender **Einkunftsarten:**

1. **Einkünfte aus Land- und Forstwirtschaft**
   Diese Einkünfte sind im § 13 des Einkommensteuergesetzes aufgeführt. Dazu zählen z. B. die Einkünfte aus landwirtschaftlichen Betrieben, Weinbaubetrieben, Gartenbaubetrieben, forstwirtschaftlichen Betrieben.
2. **Einkünfte aus Gewerbebetrieb**
   Dazu gehören z. B. Industrie- und Handwerksbetriebe, Handelsunternehmen.
3. **Einkünfte aus selbstständiger Arbeit**
   Diese Einkunftsarten sind im § 13 EStG aufgeführt; dazu zählen insbesondere Ärzte, Rechtsanwälte, Steuerberater. Sie erzielen keine Einkünfte aus Gewerbebetrieben oder land- und forstwirtschaftlichen Betrieben.
4. **Einkünfte aus nichtselbstständiger Arbeit**
   Diese Einkünfte beziehen nur Arbeitnehmer in Form von Löhnen und Gehältern.
5. **Einkünfte aus Vermietung und Verpachtung**
   Erfasst werden insbesondere Einkünfte aus der privaten Vermietung und Verpachtung von Grundstücken und Gebäuden.
6. **Sonstige Einkünfte**
   Diese Einkünfte sind im § 22 EStG aufgeführt und beziehen sich z. B. auf Einkünfte aus Unterhaltsleistungen, aus privaten Veräußerungsgeschäften (z. B. Spekulationsgeschäfte), Einkünfte aus wiederkehrenden Bezügen (z. B. Renten), Einkünfte aus der Vermietung beweglicher Gegenstände.

Anmerkung: Die Einkünfte aus Kapitalvermögen werden seit dem 01. Januar 2009 bereits durch die Abgeltungssteuer in Höhe von 25 % zuzüglich dem Solidaritätszuschlag und der Kirchensteuer versteuert. Der Steuerpflichtige ist berechtigt, eine sogenannte Antragsveranlagung zu beantragen, wenn sein persönlicher Einkommensteuersatz unter 25 % liegt. Nur in diesen Fällen erhöhen die Einkünfte aus Kapitalvermögen die Summe der Einkünfte. Zu den Einkünften aus Kapitalvermögen gehören neben Zinsen und Dividenden auch seit dem 01. Januar 2009 die Gewinne aus privaten Veräußerungsgeschäften von beweglichen Wirtschaftsgütern, wie z. B. den Wertpapieren. Diese sind also – außer in Altfällen – nicht mehr bei den sonstigen Einkünften zuzuordnen. Die Veräußerungsgewinne von Immobilien sind bei den sonstigen Einkünften zu erfassen.

2.2.1.3 Einkommensteuer

Welcher Unterschied besteht zwischen a) den Gewinn- und b) den Überschusseinkünften?

Im Rahmen des Einkommensteuergesetzes sind nur zwei Methoden zur **Ermittlung der Einkünfte** möglich:

a) **Gewinneinkünfte**
Bei den Einkunftsarten 1 bis 3 (Land- und Forstwirtschaft, Gewerbebetrieb, selbstständige Arbeit) ist der erwirtschaftete Gewinn als Einkunft der betreffenden Einkunftsart anzusetzen. Der Gewinn wird ermittelt, indem man die Betriebseinnahmen von den Betriebsausgaben abzieht.

b) **Überschusseinkünfte**
Die Einkünfte der Einkunftsarten 4 bis 7 (Einkünfte aus nichtselbstständiger Arbeit, Kapitalvermögen, Vermietung und Verpachtung, sonstige Einkünfte) werden als Überschusseinkünfte bezeichnet, weil der Überschuss der Einnahmen aus der jeweiligen Einkunftsart über die Werbungskosten als Einkünfte anzusetzen ist. Die Ausgaben bei diesen Einkunftsarten werden als Werbungskosten bezeichnet.

Was sind Werbungskosten?

Werbungskosten im Sinne des Einkommensteuergesetzes sind Ausgaben, die zum Erwerb, zur Sicherung und zur Erhaltung der Einnahmen dienen. Sie sind bei der entsprechenden Einkunftsart (1 bis 3), bei der sie entstanden sind, abzuziehen. Beispiele für Werbungskosten aus nichtselbstständiger Arbeit sind:

- Aufwendungen für Fahrten zwischen der Wohnung und der Arbeitsstätte,
- Beiträge zu Berufsverbänden,
- Aufwendungen für Berufskleidung,
- Aufwendungen für Fachliteratur,
- Fortbildungskosten.

Was ist unter einem Pauschbetrag für Werbungskosten zu verstehen?

Die gesamten Werbungskosten, die der Steuerpflichtige absetzen möchte, sind einzeln nachzuweisen. Bis zu einem bestimmten Gesamtbetrag, dem **Pauschbetrag,** wird aus Gründen der Vereinfachung auf Einzelnachweise verzichtet. Zum Beispiel wird bei der Ermittlung der Einkunftsart 4 (Einkünfte aus nichtselbstständiger Arbeit) ein Pauschbetrag in Höhe von 920,00 € angesetzt, wenn keine höheren Werbungskosten nachgewiesen werden.

Was sind Sonderausgaben?

Sonderausgaben sind Kosten der privaten Lebensführung, die nicht im wirtschaftlichen Zusammenhang mit den Einkunftsarten stehen dürfen und daher steuerlich begünstigt sind.
Sonderausgaben sind z. B. Unterhaltszahlungen an geschiedenen oder dauernd getrennt lebenden Ehegatten, Renten und dauernde Lasten, gezahlte Kirchensteuer, Kosten der Berufsausbildung, Versicherungsbeiträge, Spenden.
Vorsorgeaufwendungen sind z. B. Sozialversicherungsbeiträge, Beiträge zu Bausparkassen, Lebensversicherungen, Unfall-, Kranken- und Haftpflichtversicherungen.

Was sind außergewöhnliche Belastungen?

Eine **außergewöhnliche Belastung** ist dann gegeben, wenn einem Steuerpflichtigen zwangsläufig höhere Ausgaben entstehen, als es bei der überwiegenden Mehrzahl der Steuerpflichtigen gleicher Einkommens- und Vermögensverhältnisse der Fall ist. Wenn diese Aufwendungen eine zumutbare Eigenbelastung übersteigen, wird der übersteigende Teil auf Antrag vom Gesamtbetrag der Einkünfte abgezogen.

Außergewöhnliche Belastungen sind z. B. Aufwendungen für Krankheitskosten (soweit sie nicht von einer Krankenkasse ersetzt wurden), Kurkosten, Aufwendungen wegen Pflegebedürftigkeit, Unterstützung bedürftiger Angehöriger, Rechtskosten bei Ehescheidungen, besondere Aufwendungen für Körperbehinderte.

2.2.1.3 Einkommensteuer

Welcher Unterschied besteht zwischen dem Veranlagungs- und dem Abzugsverfahren?

Für die **Erhebung der Steuern** sind zwei **Verfahren** möglich:

1. **Veranlagungsverfahren**
   Der Steuerpflichtige ist zur Abgabe einer Steuererklärung verpflichtet, die er dem Finanzamt vorzulegen hat. Die Einkommensteuer wird auf der Grundlage der abgegebenen Einkommensteuererklärung ermittelt. In der Einkommensteuererklärung sind alle Angaben offen zu legen, die zur Berechnung der Steuerschuld notwendig sind. Das Finanzamt setzt daraufhin die Steuerschuld (Veranlagung) fest.

2. **Abzugsverfahren**
   Das Verfahren dient der Vereinfachung des Steuereinzugs und der Sicherheit der Steuerzahlung. Der Arbeitgeber ist zur Ermittlung der Lohnsteuer (als Sonderform der Einkommensteuer) verpflichtet; er hat den Betrag einzubehalten und an das zuständige Finanzamt abzuführen. Der Arbeitnehmer erhält eine Bescheinigung über die einbehaltenen und abgeführten Steuerbeträge.

Wer stellt die Lohnsteuerkarte aus und welche Angaben enthält sie?

Die **Lohnsteuerkarte** erhält der Arbeitnehmer jährlich und unentgeltlich von der Gemeindebehörde seines Wohnsitzes. Die Lohnsteuerkarte enthält folgende Angaben:
Name und Anschrift des Arbeitnehmers, Geburtsdatum, Religionszugehörigkeit, Familienstand und Steuerklasse, Kinderfreibeträge.

Welche Behörde nimmt Eintragungen über Freibeträge (z. B. Fahrten zwischen Wohnung und Dienstort) auf der Lohnsteuerkarte vor?

Das **Finanzamt** trägt Freibeträge auf der Lohnsteuerkarte ein, wenn der Steuerzahler die Höhe der Kosten (Werbungskosten) nachweist.

2.2.2 Versicherungen

Welche Aufgaben erfüllen die Versicherungen?

Die **Versicherungen** haben die Aufgabe, mögliche Schäden, die zu einem ungewissen Zeitpunkt auftreten können und in ihrer Höhe nicht vorhersehbar sind, auszugleichen.

Der abgeschlossene Versicherungsvertrag bildet die Grundlage für die entsprechende Risikoabsicherung. Der Vertragsinhalt bezieht sich dabei auf die Leistungen der Versicherungen und die Höhe der Versicherungsprämien (Versicherungsbeiträge), die Vertragsdauer und die Bedingungen, unter denen der Vertrag aufgelöst werden kann. Die Prämien werden von den Versicherungen errechnet und richten sich nach der Schadenswahrscheinlichkeit des versicherten Risikos. Der Versicherungsnehmer erhält nach Vertragsabschluss und Zahlung der Prämie den Versicherungsschein (Police).
Diese Individualversicherungen können, im Gegensatz zu der gesetzlichen Sozialversicherung als einer Pflichtversicherung, durch einen privatrechtlichen Vertrag zwischen den Vertragsparteien, dem Versicherungsnehmer und dem Versicherer (Versicherungsgesellschaft) abgeschlossen werden. Eine uneingeschränkte Vertragsfreiheit ist allerdings durch das Versicherungsvertragsgesetz und das Bundesaufsichtsamt für das Versicherungswesen nicht möglich. Sie dienen ausschließlich dem Schutz des Versicherungsnehmers.

Wie können Individualversicherungen unterteilt werden?

Die **Individualversicherungen** können sich beziehen auf:

- Sachversicherungen,
- Personenversicherungen,
- Vermögensversicherungen.

2.2.2 Versicherungen

Nennen Sie wichtige Sachversicherungen.

Durch die **Sachversicherungen** werden Schäden z. B. bedingt durch Feuer, Wasser, Einbruch, Sturm an beweglichen und unbeweglichen Sachen ausgeglichen. Der Versicherungswert sollte daher der Versicherungssumme entsprechen. Die wichtigsten Sachversicherungen sind:

- **Feuerversicherung**
  Durch diese Versicherung werden mögliche Schäden bedingt durch Brand, Blitzschlag, Explosion, Kurzschluss oder den Anprall oder Absturz bemannter Flugkörper ausgeglichen. Weiterhin ist ein möglicher Folgeschaden durch die Ursachenbekämpfung in dieser Versicherung enthalten.
- **Leitungswasserversicherung**
  Im Rahmen dieser Versicherung werden Schäden erfasst, die durch Schäden an der Wasserversorgung (Wasserrohrbruch) verursacht worden sind. In der Versicherungspolice ist genau der Umfang der Versicherungsleistung beschrieben.
- **Versicherung gegen Einbruchdiebstahl, Raub und Vandalismus**
  Durch den Abschluss dieser Versicherung werden Schäden ersetzt, die durch Einbruch entstanden sind. Ersetzt werden die gestohlenen Sachen einschließlich des Bargeldes.
- **Transportversicherung**
  Versichert werden Schäden, die während des Transports an Gütern verursacht wurden.
- **Glasversicherung**
  Es werden Schäden an Scheiben und Verglasungen (z. B. Schaufenster, Röhrenanlagen) ersetzt.
- **Sturmversicherung**
  Ersetzt werden Schäden an Gebäuden und deren Inhalt, die durch Windstürme ab Windstärke acht verursacht worden sind.
- **Hausratversicherung**
  Sie ist eine kombinierte Versicherung und ersetzt Schäden am Hausrat, die durch Feuer-, Einbruchsdiebstahl-, Beraubungs-, Leitungswasser-, Sturm- und durch Glasschäden, einschließlich des Vandalismus verursacht worden sind. Sämtliche Gegenstände der Wohnungseinrichtung sind im Hausrat erfasst.

9709226

Wie können die Vermögensversicherungen unterteilt werden?

Das Ziel der **Vermögensversicherungen** besteht darin, das Vermögen gegen Beeinträchtigungen zu schützen:

- **Haftpflichtversicherung**
  Durch diese Versicherung werden für den Versicherungsnehmer Schadensersatzzahlungen bei Sach- oder Personenschäden übernommen und ihm Rechtsschutz gewährt.
- **Rechtsschutzversicherung**
  Diese Versicherung übernimmt unter bestimmten Voraussetzungen die Kosten für den Anwalt und die gesamten Gerichtskosten. Auch werden die Kosten für die Durchsetzung eigener Ansprüche abgedeckt.
- **Kreditversicherungen**
  Im Rahmen dieser Versicherung werden Forderungsverluste ausgeglichen. Im Versicherungsvertrag wird gleichzeitig eine Selbstbeteiligung vereinbart.
- **Betriebsunterbrechungsversicherung**
  Diese Versicherung wird zum Schutz gegen Betriebsunterbrechungen, die aufgrund von Vermögensschäden, durch Brand oder den Ausfall von Maschinen erfolgen, abgeschlossen. Durch diese Versicherungsleistung sind der Gewinnausfall und die laufenden Geschäftskosten abgedeckt.

9709227

2.2.2 Versicherungen

Welche Bedeutung haben Kraftfahrzeugversicherungen?

Die **Kraftfahrzeug-Haftpflichtversicherung** ist eine Pflichtversicherung und ist für jeden Kraftfahrzeughalter gesetzlich vorgeschrieben. Der Kraftfahrzeughalter muss einen Antrag an die Versicherungsgesellschaft (die er frei wählen kann) stellen und erhält die Versicherungsdoppelkarte. Diese ist bei der Kfz-Zulassungsstelle einzureichen. Der Haftpflichtschaden, den der Kraftfahrzeughalter bzw. -lenker einer anderen Person schuldhaft zufügt, wird dann von dieser Versicherungsgesellschaft übernommen. Der Schaden kann sich außerdem auf Sach- und Vermögensschäden beziehen.
Weiterhin sind weitere Kraftfahrt-Fahrzeugversicherungen möglich, die sich auf die selbst verschuldete Beschädigung oder Zerstörung des eigenen Fahrzeuges beziehen:
Durch den Abschluss einer *Teilkaskoversicherung* werden Schäden, die durch Brand, Explosion, Diebstahl, unerwartete Witterungseinflüsse (Sturm, Hagel, Blitzschlag, Überschwemmung), Zusammenstoß mit Haarwild, Glasbruch, Kurzschluss und unbefugten Gebrauch entstehen, von dieser Versicherung übernommen.
Im Rahmen einer *Vollkaskoversicherung* werden die gesamten Schäden am Fahrzeug, die entweder selbst oder durch fremde Personen verursacht wurden, von der Versicherungsgesellschaft übernommen. Der Vertragsabschluss ist entweder mit oder ohne Eigenbeteiligung möglich. Die Vollkaskoversicherung schließt die Teilkaskoversicherung mit ein.
Der Abschluss einer Kraftfahrt-Unfallversicherung versichert die berechtigten Insassen eines Kraftfahrzeuges.

Wie lassen sich Personenversicherungen unterteilen?

Personenversicherungen werden mit dem Ziel abgeschlossen eine zusätzliche private Risikoabsicherung zu erhalten.

- **Gesetzliche Sozialversicherung**
  Sie bietet allerdings nur einen häufig unzureichenden Schutz gegen Krankheit, Unfall, Arbeitsunfähigkeit oder den Bezug von Renten. Aus diesem Grund werden entsprechende private Versicherungen abgeschlossen, deren Beiträge als Sonderausgaben geltend gemacht werden können.
- **Lebensversicherungen**
  Der Vorteil einer Lebensversicherung besteht darin, dass nach der Zahlung einer Prämie die gesamte Versicherungs-

summe ausgezahlt wird, wenn der Versicherungsfall eingetreten ist. Weiterhin ist die Auszahlung der Kapitalsumme nach Ablauf der vereinbarten Laufzeit möglich oder es kann eine Rentenzahlung vereinbart werden.

- **Private Krankenversicherung**
  Der Abschluss einer privaten Krankenversicherung ist für Personen, die nicht in der gesetzlichen Krankenversicherung pflichtversichert sind (z. B. Selbstständige, Beamte und Mitarbeiter, deren monatliches Entgelt über der Beitragsbemessungsgrenze liegen), vorgesehen. Sie können sich gegen die finanziellen Auswirkungen einer Krankheit schützen.
- **Gesetzliche Unfallversicherung**
  Die gesetzliche Unfallversicherung tritt nur bei berufsbedingten Unfällen in Kraft. Diese Versicherungspflicht umfasst auch den betriebsbedingten Wegeunfall. Der Arbeitgeber hat die gesamten Beiträge an die zuständige Berufsgenossenschaft zu entrichten. Ein weit reichender Unfallschutz, der auch den privaten Bereich mit erfasst, ist durch den Abschluss einer privaten Unfallversicherung möglich.

Was verstehen Sie unter einer Unter- und einer Überversicherung?

- Eine **Unterversicherung** liegt vor, wenn die Versicherungssumme kleiner ist als der Versicherungswert.
  Beispiel:

Wert des versicherten Hausrates	20.000,00 €
Versicherungssumme gemäß Vertrag	16.000,00 €
entstandener Schaden	8.000,00 €
ausgeglichen werden 80 %	6.400,00 €

  Bei einem unterversicherten Schaden wird von der Versicherungsgesellschaft nur ein Ausgleich von 80 % vorgenommen (80 % von 8.000,00 €).

- Eine **Überversicherung** liegt vor, wenn die Versicherungssumme größer ist als der Versicherungswert. Es wird allerdings nur der tatsächlich entstandene Schaden beglichen.
  Beispiel:

Wert des versicherten Hausrates	30.000,00 €
Versicherungssumme gemäß Vertrag	42.000,00 €
entstandener Schaden	24.000,00 €
ausgeglichen werden 100 %	24.000,00 €

  Der tatsächlich entstandene Schaden wird bei einer Vollversicherung ausgeglichen; die Versicherungssumme ist mit dem Versicherungswert identisch.

2.2.2.1 Versicherungsmanagement im Sport- und Fitnessstudio

Welche Bedeutung hat das Versicherungsmanagement für den Studiobetreiber?

Das umfangreiche Leistungsangebot des Sport- und Fitnessstudios beinhaltet auch mögliche Gefahren für die Mitglieder und Mitarbeiter des Studios. Der Studioinhaber hat dafür die gesamte Verantwortung zu tragen. Für ihn ist deshalb ein **optimaler Versicherungsschutz** notwendig.
Aus diesem Grund werden von den Versicherungsgesellschaften umfangreiche Versicherungspakete angeboten, die speziell auf die Bedürfnisse der Sport- und Fitnessstudios ausgerichtet sind.

Welche Versicherungsleistungen sind in einem Versicherungspaket enthalten?

Eine detaillierte Risikoerfassung einschließlich der Absicherung vor möglichen Gefahren werden speziell für das betreffende Studio erstellt und beinhalten u. a.:

- die Absicherung der Sachwerte gegen Feuer (Brand, Blitzschlag, Explosion), Leitungswasser, Sturm und Hagel, Einbruchdiebstahl, Raub und Vandalismus,
- den Versicherungsschutz bei Betriebsunterbrechungen nach einem größeren Sachschaden,
- die Betriebs-Haftpflichtversicherung, die dann in Kraft tritt, wenn durch den Inhaber oder die Mitarbeiter des Studios anderen Personen ein Schaden zugefügt wird oder fremde Sachen beschädigt werden,
- den Gefahrenschutz, der sich auf die Elektronik- und Maschinenausstattung bezieht. Dieser Versicherungsschutz umfasst die gesamte technische Betriebseinrichtung.

Dieses **Versicherungspaket** bzw. diese Police ist i. d. R. ein Baukastensystem, das durch die Herausnahme bzw. durch die Ergänzungen von Bausteinen eine individuelle optimale Sicherheit für den Studioinhaber gewährleistet.
Zu erwähnen sind die weiteren umfangreichen Rahmenverträge, die sich auf den Bereich der Altersvorsorge, der Absicherung der Berufsunfähigkeit und der privaten Krankenversicherung beziehen.

9709230

Welche Vorteile sind mit dem Versicherungsmanagement verbunden?

Der **Vorteil des Versicherungsmanagements** für die Sport- und Fitnesswirtschaft liegt darin, dass zunächst die Beratung und Betreuung der Studioinhaber von kompetenten Mitarbeitern der Versicherungsgesellschaften erfolgt, die eingehend mit den möglichen Risiken eines Sport- und Fitnessstudios vertraut sind.
Weitere Vorteile sind:

- ein Versicherungsschutz, der auch bei einer dynamischen Unternehmensentwicklung automatisch gewährleistet ist.
- Der gesamte Versicherungsschutz ist in einer Police enthalten.
- Bestehende Versicherungen werden für die Übergangszeit angerechnet. Neben einer Beitragssenkung wird auch eine Differenzabdeckung gewährleistet. Der bestehende (häufig unzureichende) Versicherungsschutz wird durch den Abschluss des Versicherungspaktes, d. h. durch die so genannte Differenzdeckung, auf den aktuellen Stand gebracht.
- Die Höhe des Versicherungsbeitrages richtet sich nach der jährlichen Geschäftsentwicklung, also nach dem Umsatz. Aus diesem Grund sind die Versicherungsbeiträge als variable Kosten anzusehen.
- Aufwändige Wertermittlungen sind somit nicht mehr notwendig. Dadurch werden sowohl Zeit als auch Kosten eingespart.

2.3 Beschaffung und Lagerung

2.3.1 Beschaffung

Warum ist die Beschaffungsplanung in einem Sport- und Fitnessstudio notwendig?

Die **Beschaffungsplanung** ist notwendig, um die benötigten Artikel in einem Sport- und Fitnessstudio, wie z. B. die Nahrungsergänzungsprodukte, das Obst, die Getränke, die Sportartikel, die Sportbekleidung und das Fitnesszubehör, in der erforderlichen Menge und Qualität zu einem günstigen Preis beim richtigen Lieferanten einzukaufen.

2.3.1 Beschaffung

Welche zwei Arten von Informationen sind für die Beschaffungsentscheidung von Bedeutung?

Z!

Die nachfolgenden zwei Informationsarten sind für die Entscheidung hinsichtlich der Beschaffung von gravierender Bedeutung:

- Die **Bedarfsinformationen** sind notwendig, um die Art, die Anzahl und den Zeitpunkt der benötigten Artikel festzulegen.
- Die **Informationen über die Auswahl möglicher Lieferanten** sind notwendig, um einen Angebotsvergleich durchführen zu können.

Welche Maßnahmen müssen im Rahmen der Beschaffungsplanung getroffen werden?

Z!

Nach der **Bedarfsermittlung** sind i. d. R. nachfolgende Maßnahmen durchzuführen:

- **Sortimentsplanung**
  Welche Warengruppen bzw. Artikel sollten beschafft werden?

- **Mengenplanung**
  Welche Mengen bzw. Stückzahlen sollten beschafft werden? Diese sind von der Produktions- und Absatzplanung abhängig.

- **Zeitplanung**
  Zu welchem Zeitpunkt sollte die Ware bzw. der Artikel beschafft bzw. geliefert werden?

- **Bezugsquellenermittlung**
  Bei welchen Lieferanten sollten die Waren bzw. Artikel am günstigsten bezogen werden?

Was ist unter einer Bezugsquellenermittlung zu verstehen?

Z!

Die Aufgabe der **Bezugsquellenermittlung** besteht zunächst darin, Informationen über weitere mögliche Lieferanten zu erhalten. In diesem Zusammenhang sind die Auswahl von Ersatzlieferanten und weitere Informationen über bestehende Geschäftsbeziehungen zu erwähnen.

9709232

Welche Informationen sind einer Bezugsquellendatei zu entnehmen?

In einer **Bezugsquellendatei** werden Informationen von Lieferanten gespeichert, mit denen bereits Geschäftsbeziehungen bestehen. Ebenfalls werden Informationen über Ersatzlieferanten in dieser Datei festgehalten.

Diese Datei ist entweder nach den verschiedenen Lieferanten (Lieferantendatei) oder nach Artikeln (Warendatei) geordnet.

Welche möglichen Informationsquellen gibt es in Hinblick auf die Bezugsquellen?

Informationen über mögliche Bezugsquellen sind zunächst der bestehenden Lieferanten- und Artikeldatei zu entnehmen. Auch Informationen der Außendienstmitarbeiter sind weitere mögliche **Informationsquellen**.

Weiterhin sind z. B. die „Gelben Seiten" der Deutschen Telekom Medien GmbH, Branchenverzeichnisse, „ABC der Deutschen Wirtschaft", „Wer liefert was?", Ausstellungen und Messen, Wirtschaftsverbände, Fachzeitschriften, Prospekte und das Internet zu erwähnen.

2.3.1.1 Anfrage und Angebot

Was sind die Gründe für eine Anfrage?

Durch die **Anfrage** kann sich der Käufer Informationsmaterial, wie z. B. Warenmuster, einen Katalog oder ein Warenverzeichnis von bestimmten Waren beschaffen.
Darüber hinaus können Preise und Beschaffungskonditionen, z. B. Lieferbedingungen, Warenqualität und Preisnachlässe erfragt werden. Dadurch kann schließlich die Leistungsfähigkeit der bisherigen Lieferanten überprüft bzw. können neue Geschäftsverbindungen geknüpft werden.

2.3.1.1 Anfrage und Angebot

Worin unterscheiden sich eine allgemein gehaltene und eine bestimmt gehaltene Anfrage?

Bei der **allgemein gehaltenen Anfrage** steht die Bitte um Muster, Kataloge, Preisliste oder Vertreterbesuch im Mittelpunkt. Wird dagegen z. B. nach dem Preis, der Farbe, der Güte und Beschaffenheit, den Zahlungs- und Lieferbedingungen und/oder der Lieferzeit gefragt, so spricht man von einer **bestimmt gehaltenen Anfrage.**

Welche Bedeutung hat die Anfrage für das Zustandekommen eines Kaufvertrages?

Als unverbindliche Willenserklärung ist die Anfrage **rechtlich** zunächst **ohne Bedeutung** für das Zustandekommen eines Kaufvertrages:

Eine Anfrage ist **stets unverbindlich,** sie verpflichtet den Anfragenden nicht zum Kauf. Ihre Bedeutung liegt aber unzweifelhaft in der Anbahnung von zukünftigen Geschäftsbeziehungen.

Was verstehen Sie unter einem Angebot?

Ein **Angebot** ist eine Willenserklärung, Waren zu den angegebenen Bedingungen zu verkaufen.

Angebote richten sich an eine **genau bestimmte** Person oder Personengruppe.

Welche Formvorschriften gelten für ein Angebot?

Die **Abgabe eines Angebotes** ist an **keine** bestimmte gesetzlich vorgeschriebene **Formvorschrift** gebunden. Sie kann schriftlich, mündlich oder telefonisch erfolgen.

Wie lange ist der Antragende an sein abgegebenes Angebot gebunden?

Angebote müssen unverzüglich angenommen werden, wenn keine Frist genannt wurde.

- **Mündliche und telefonische Angebote** sind nur so lange bindend, wie das Gespräch dauert.
- **Schriftliche Angebote** werden in dem Moment verbindlich, in dem sie dem Empfänger zugehen. Der Anbieter ist so lange an dieses Angebot gebunden, wie er unter verkehrsüblichen Bedingungen mit einer Antwort rechnen muss.
- Die **Bindungsfrist** beträgt bei einem Angebotsbrief gewöhnlich eine Woche. Bei telegrafischen Angeboten beträgt sie 24 Stunden.
- Wird in einem Angebot eine Frist angegeben (z. B. „gültig bis 6. Juni"), so muss die Bestellung bis zum Ablauf dieser Frist beim Anbieter eingegangen sein.

Erklären Sie, was Sie unter Freizeichnungsklauseln verstehen.

Durch **Freizeichnungsklauseln** kann die Verbindlichkeit eines Angebotes ganz oder teilweise ausgeschlossen werden.

Beispiele:

- „Preisänderungen vorbehalten" → Preis ist unverbindlich
- „solange Vorrat reicht" → Menge ist unverbindlich
- „freibleibend", „unverbindlich", „ohne Obligo" → das ganze Angebot ist unverbindlich

Wann erlischt die Bindung an ein Angebot?

Der **Anbieter** ist **nicht mehr** an sein Angebot **gebunden**, wenn

- der Empfänger das Angebot ablehnt,
- die Bestellung zu spät eintrifft,
- die Bestellung vom Angebot abweicht,
- er sein Angebot rechtzeitig widerruft. Der **Widerruf** muss möglichst vor, spätestens aber mit dem Angebot beim Empfänger eingetroffen sein.

2.3.1.1 Anfrage und Angebot

Was unterscheidet die Anpreisung von einem verbindlichen Angebot?

Z!

Anpreisungen sind nicht an eine *genau bestimmte* Person oder Personengruppe gerichtet, sondern **an die Allgemeinheit.** Eine Anpreisung stellt daher eine **Aufforderung zur Abgabe eines Kauf*antrages*** dar und keinen Antrag im Sinne des BGB. Daher sind sie auch kein Bestandteil für das rechtswirksame Zustandekommen eines Kaufvertrages. Daran ändert auch die Angabe von Preisen nichts. Demjenigen, der Waren anpreist, ist es freigestellt, den Kauf*antrag* des Kunden anzunehmen oder abzulehnen.
Beispiele für Anpreisungen: Schaufensterauslagen, Zeitungsanzeigen, Plakate, Kataloge, Prospekte, Werbefunk und -fernsehen.

2.3.1.2 Inhalte des Angebots

Welche Angaben sollte ein Angebot enthalten?

Z!

Diese **Angaben** sollte ein **Angebot** enthalten:
1. Art, Güte und Beschaffenheit der Ware
2. Menge der Ware
3. Preis der Ware
4. Lieferungsbedingungen
5. Lieferzeit
6. Zahlungsbedingungen
7. Erfüllungsort und Gerichtsstand

Was ist unter Art, Güte und Beschaffenheit einer Ware zu verstehen?

Z!

Durch handelsübliche Bezeichnungen ist die **Art der Ware** festgelegt.

Sind im Angebot keine Angaben über **Qualität und Güte** aufgeführt, so ist Ware mittlerer Art und Güte zu liefern (§ 243 BGB).

9709236

Welcher Unterschied besteht zwischen einem Gütezeichen und einem Markenzeichen?

- **Gütezeichen** garantieren die Qualität der betreffenden Ware und werden von den Verbänden der Hersteller geführt und vergeben. Das Deutsche Institut für Normung überwacht die Einhaltung der zugesicherten Qualität.

- **Markenzeichen** sind Unterscheidungsmerkmale von bestimmten Produkten oder Dienstleistungen. Die eigenen Produkte und Dienstleistungen sollen von fremden unterschieden werden. Geschützt werden sie durch Eintragung in das Markenregister beim Deutschen Patentamt in München. Die Schutzdauer beträgt zehn Jahre und kann um weitere zehn Jahre verlängert werden.

Welcher Unterschied besteht zwischen einem Patent und einer Lizenz?

- Das **Patent** dient dem Schutz der eigenen Erfindung. Es kann sich dabei um eine neues Produkt oder um ein neues Herstellungsverfahren handeln. Diese Erfindungen sind beim Deutschen Patent- und Markenamt in München anzumelden. Nach umfangreicher Prüfung wird das Patent in die Patentrolle eingetragen.

- Um eine **Lizenz** handelt es sich, wenn der Erfinder anderen Personen die wirtschaftliche Nutzung seines Patents überlässt.

  Die Höchstdauer des Rechtsschutzes für ein Patent ist auf maximal 20 Jahre begrenzt. Sollte das Patent widerrechtlich genutzt werden, so steht dem Patentinhaber das Recht auf Unterlassung und Schadensersatz zu.

Was ist unter einer handelsüblichen Mengeneinheit zu verstehen?

Ist im Angebot eine Mengenangabe nicht enthalten, die sich auf einen bestimmten Preis bezieht, so ist die **handelsübliche Mengeneinheit** (z. B. Stück, kg, m) zugrunde zu legen.

2.3.1.2 Inhalte des Angebots

Aus welchen Gründen können Preisnachlässe gewährt werden?

- Es handelt sich bei dem **Rabatt** um einen vertraglichen Preisnachlass, der sofort in Anspruch genommen werden kann. Er kann aus verschiedenen Gründen gewährt werden, wie z. B. auf die Mengen (Mengenrabatt), an gute, langjährige Kunden (Treuerabatt), aufgrund besonderer Anlässe (Firmenjubiläum) als Sonderrabatt, für Betriebsangehörige (Personalrabatt). Zu erwähnen sind weiterhin Naturalrabatte, die in Form von Waren dem Kunden gewährt werden.
- Der **Skonto** ist ein nachträglicher Preisnachlass mit dem Ziel, den Kunden zu einem vorzeitigen Rechnungsausgleich zu veranlassen.
- Der **Bonus** ist ebenfalls ein nachträglicher Preisnachlass, der auf den Umsatz des Kunden bezogen ist.

Welcher Vertragspartner hat die Kosten der Versandverpackung zu tragen und was ist unter einer Tara zu verstehen?

- Die **Kosten der Versandverpackung** hat der Käufer zu tragen, denn es sind Kosten, die bei der Abnahme der Ware anfallen. Ist der Kaufpreis nach dem Gewicht der Ware zu berechnen, so ist das Verpackungsgewicht abzuziehen (§ 380 BGB). Aus diesem Grund bezieht sich der Preis der Ware ausschließlich auf das Reingewicht.
- Das Verpackungsgewicht wird als **Tara** bezeichnet.

Welche Vereinbarungen können bei einem Kaufvertrag getroffen werden?

Folgende **Vereinbarungen** können bei einem **Kaufvertrag** getroffen werden:

- Preisangabe in Euro einschließlich Verpackung (die Verpackung ist im Preis enthalten).
- Preisangabe in Euro ausschließlich Verpackung (die Verpackung ist Eigentum des Verkäufers; der Kunde muss sie zurücksenden und erhält in der Regel eine Gutschrift).

9709238

Welcher Vertragspartner muss gemäß den gesetzlichen Bestimmungen die Beförderungskosten tragen?

Nach der gesetzlichen Regelung (§ 448 BGB) hat der Käufer die **Beförderungskosten** zu tragen. Warenschulden sind Holschulden, d. h., er muss die bestellten Waren selbst beim Lieferanten abholen.

Welche Regelungen hinsichtlich der Beförderungskosten können vereinbart werden?

Nachfolgende Vereinbarungen können abweichend von der gesetzlichen Regelung getroffen werden:

1. **ab Werk, ab Fabrik, ab Lager**
   Der Käufer trägt die gesamten Beförderungskosten.
2. **unfrei, ab hier, ab Bahnhof hier**
   Bis zur Versandstation werden die Beförderungskosten (Rollgeld, Kosten der Anfuhr) vom Verkäufer übernommen. Die gesamten weiteren Kosten (Frachtkosten, Transportkosten bis zum Standort der Unternehmung) trägt der Käufer (gesetzliche Regelung).
3. **frachtfrei, frei dort, frei Bahnhof dort**
   Der Verkäufer trägt die Beförderungskosten bis zur Empfangsstation. Die Kosten der Hausfracht von der Empfangsstation bis zum Standort des Unternehmens trägt der Käufer.
4. **frei Haus, frei Lager, frei Keller**
   Bei dieser Vereinbarung übernimmt der Verkäufer die gesamten Beförderungskosten.

Welche Lieferzeiten sind zu unterscheiden?

Nach der gesetzlichen Regelung, sofern keine andere Vereinbarung getroffen wurde, ist der Verkäufer zur sofortigen, unverzüglichen Lieferung verpflichtet.

Ein Fixkauf liegt vor, wenn ein zeitlich terminiertes Datum vereinbart wurde (z. B. 13. August 20.. fix).
Es besteht die Möglichkeit, die Lieferung innerhalb eines bestimmten Zeitraumes zu vereinbaren (z. B. Lieferung innerhalb von zehn Tagen).

Die Lieferung kann auch bis zu einem bestimmten Termin erfolgen (z. B. Lieferung bis Ende August 20..).

2.3.1.2 Inhalte des Angebots

Welche Zahlungsbedingungen können unterschieden werden?

Sind keine vertraglichen Vereinbarungen getroffen worden, so kann nach der gesetzlichen Regelung (§ 270 BGB) der Verkäufer sofortige Zahlung verlangen. Geldschulden sind Bring- oder Schickschulden, der Käufer hat dabei die Kosten der Zahlung (z. B. die Überweisungsgebühren) zu tragen.

Folgende **vertraglichen Regelungen** können hinsichtlich der **Zahlungsbedingungen** getroffen werden:

- Zahlung vor der Lieferung, es wird z. B. eine Anzahlung oder eine Vorauszahlung (Vorkasse) verlangt.
- Als mögliche Zahlungsvereinbarung bei Lieferung werden z. B. Lieferung gegen Nachnahme oder Zahlung netto Kasse getroffen.
- Bei der Zahlung nach Lieferung handelt es sich entweder um einen Zielkauf (nach einer bestimmten Zielgewährung ist der Rechnungsbetrag zu begleichen, z. B. „Zahlung innerhalb von 20 Tagen“) oder um einen Ratenkauf (der Rechnungsbetrag wird in Raten beglichen).

Was verstehen Sie unter gesetzlichem Erfüllungsort?

Als **gesetzlicher Erfüllungsort** wird der Ort bezeichnet, an dem der Schuldner seine Leistungen zu erbringen hat (Leistungsort):

- Der Verkäufer muss **rechtzeitig liefern** und das Eigentum übertragen.
- Der Käufer muss die Ware annehmen und rechtzeitig **den Kaufpreis bezahlen**.

Daher ist der Erfüllungsort für die Zahlung der Wohn- oder Geschäftssitz des Käufers **(Geldschulden sind Schickschulden)** und der Erfüllungsort für die Warenlieferung der Wohn- oder Geschäftssitz des Verkäufers **(Warenschulden sind Holschulden)**.

- Der Erfüllungsort ist der Ort, an dem die Gefahr des zufälligen Untergangs und der zufälligen Verschlechterung der Ware auf den Vertragspartner übergeht **(Ort des Gefahrenübergangs)**.
- Der Erfüllungsort ist der Ort, an dem bei Streitigkeiten aus dem Kaufvertrag die Klage eingereicht wird **(Klageort)**.

Welche Bedeutung hat der gesetzliche Erfüllungsort für die Warenschuld?

Der **gesetzliche Erfüllungsort** ist besonders bedeutsam für den **Gefahrenübergang** und die **Kostenübernahme** beim Warenversand.
Mit der Übergabe der verkauften Ware am Erfüllungsort geht die Gefahr des zufälligen Untergangs und einer zufälligen Verschlechterung (z. B. Transportunfall, Diebstahl, Brand) auf den Käufer über. Das bedeutet, dass die Ware auf Gefahr des Käufers reist. Der Käufer muss das Transportrisiko tragen, nicht der Verkäufer.
Da das Abholen der Ware beim gesetzlichen Erfüllungsort zu den Pflichten des Käufers gehört, muss dieser auch *beim Versendungskauf* die Abnahme- und Versendungskosten (= Transportkosten) ab Versandstation des Verkäufers tragen. Die Übergabekosten, z. B. für das Wiegen oder Messen, trägt der Verkäufer.

Welche Bedeutung hat der gesetzliche Erfüllungsort für die Geldzahlung?

Der **Erfüllungsort für die Geldzahlung** ist der Wohnsitz des Käufers (Geldschuldner). Das heißt, der Käufer

- muss das Geld fristgerecht abschicken (für die fristgerechte Zahlung ist der Zeitpunkt entscheidend, zu dem das Geld abgesandt wurde),
- trägt die Kosten und Gefahr der Geldübermittlung bis zum Wohnort des Verkäufers (Geldschulden sind Schick- bzw. Bringschulden).

Welche Bedeutung hat der gesetzliche Erfüllungsort für den Gerichtsstand?

Der **Erfüllungsort bestimmt das Gericht** (Amts- oder Landgericht), das vom Gläubiger angerufen werden kann, wenn der Vertragspartner seine Verpflichtungen aus dem Kaufvertrag nicht ordnungsgemäß erfüllt hat.

Verhandelt wird vor dem Gericht, in dessen Bereich der Erfüllungsort liegt (Erfüllungsort):

- Für Warenschulden ist dann das zuständige Gericht das am Wohnort des Verkäufers,
- für Geldschulden ist es das am Wohnort des Käufers.

9709241

2.3.1.2 Inhalte des Angebots

Was unterscheidet den vertraglichen vom gesetzlichen Erfüllungsort?

Z!

Ein **vertraglicher Erfüllungsort** liegt vor, wenn er von den Vertragsparteien frei vereinbart wird. Es kann demnach als Erfüllungsort der Wohnort des Verkäufers, der Wohnort des Käufers oder ein anderer Ort als Erfüllungsort festgelegt werden.

Im Unterschied zum **gesetzlichen Erfüllungsort** gibt es bei der vertraglichen Regelung nur einen Erfüllungsort.

Ihnen liegen die nachfolgenden Angebote über Eiweißprodukte 95 plus vor:

Angebot 1: Der Preis für eine Dose mit 625 g wird zum Nettopreis von 14,75 € angeboten. Bei Abnahme von 12 Dosen erhalten Sie 15 % Rabatt.

Angebot 2: Der Preis für ein Kilogramm für eine Dose wird mit 21,75 € zum Nettopreis angeboten. Bei Abnahme von 12 Dosen werden zwei Dosen gratis geliefert.

Ermitteln Sie den Unterschied in Euro und auf ein Kilogramm bezogen bei Abnahme von 12 Dosen.

Z!

Angebot 1:

625 g = 14,75 €
1 000 g = x €

$$x = \frac{14{,}75 \cdot 1\,000}{625} = 23{,}60\ €$$

	Listeneinkaufspreis auf 12 Dosen bezogen	283,20 €
./.	Rabatt 15 %	42,48 €
	Zieleinkaufspreis	240,72 €

auf *eine* Dose bezogen: $\frac{240{,}72\ €}{12\ \text{Dosen}} =$ **20,06 €**

Angebot 2:

1 000 g = 21,75 € · 12 Dosen = 261,00 €

↑ in diesem Preis sind zwei Dosen gratis enthalten

auf eine Dose bezogen: $\frac{261{,}00\ €}{14\ \text{Dosen}} =$ **18,64 €**

Unterschied: **1,42 €**

9709242

2.3.1.3 Angebotsvergleich

Warum sollte ein Kaufmann einen Angebotsvergleich durchführen?

Der Kaufmann führt einen **Angebotsvergleich** durch, um die günstigste Beschaffungsquelle für einen bestimmten Artikel zu ermitteln. Notwendige Voraussetzung dabei ist, dass die Ware hinsichtlich der Qualität vergleichbar sein muss.

Welche Einflussgrößen müssen bei einem Angebotsvergleich berücksichtigt werden?

Ein **Vergleich von den verschiedenen Lieferanten** ist erforderlich, um das günstigste Angebot zu ermitteln. Es werden nicht nur die Preise und deren Abzüge und Kosten (Beförderungskosten) berücksichtigt, sondern auch die Lieferzeit, die Zahlungsbedingungen, die Abwicklung von Reklamationen (Kulanzregelungen), die bestehenden guten Geschäftsbeziehungen usw.

Die Firma Sportartikel Ulrich Gerhard GmbH bietet eine komplette Wintersportausstattung für 105,00 € (pro Stück) an. Sie gewährt uns 15 % Rabatt; die Lieferung erfolgt gemäß den gesetzlichen Bestimmungen (unfrei). Das Rollgeld beträgt 45,00 €. Die Frachtkosten sind mit 85,00 € angegeben und die Hausfracht beträgt 25,00 €. Die Zahlungsbedingungen lauten: bei Zahlung innerhalb von 10 Tagen abzüglich 3 % Skonto oder 30 Tage netto Kasse.

Die Firma Sport und Sportzubehör Frank Witte GmbH bietet uns eine komplette Wintersportausstattung zum Preis von 110,00 € (pro Stück) an. Uns wird ein Rabatt von 18 % eingeräumt. Die Lieferungsbedingungen lauten: frachtfrei. Das Rollgeld beträgt 45,00 €. Die Frachtkosten sind mit 115,00 € angegeben und die Hausfracht beträgt 95,00 €. Die Zahlungsbedingungen lauten: bei Zahlung innerhalb von 2 Wochen 2 % Skonto oder 30 Tage netto Kasse.

Die Firma Sportgeräte AG bietet uns eine komplette Wintersportausstattung zum Preis von 95,00 € (pro Stück) an. Sie gewährt uns einen Rabatt in Höhe von 5 %. Die Lieferungsbedingungen lauten: Lieferung ab Werk. Das Rollgeld beträgt 35,00 €, die Frachtkosten sind mit 105,00 € angegeben und die Hausfracht beträgt 15,00 €. Die Zahlungsbedingungen lauten: bei Zahlung innerhalb von 2 Wochen 2 % Skonto oder 30 Tage netto Kasse.

Fortsetzung Seite 244

2.3.1.3 Angebotsvergleich

Führen Sie einen Angebotsvergleich für 15 komplette Wintersportausstattungen gemäß den zuvor genannten Angaben durch und ermitteln Sie das günstigste Angebot.

Artikel:	Komplette Wintersportausstattung		
Stückzahl:	15		
Lieferant:	Sportartikel Ulrich Gerhard GmbH	Sportzubehör Frank Witte GmbH	Sportgeräte AG
Angebotspreis für 15 Stück	1.575,00 €	1.650,00 €	1.425,00 €
./. Rabatt	236,25 €	297,00 €	71,25 €
Zieleinkaufspreis	1.338,75 €	1.353,00 €	1.353,75 €
./. Skonto	40,16 €	27,06 €	27,08 €
Bareinkaufspreis	1.298,59 €	1.325,94 €	1.326,67 €
+ Bezugskosten	110,00 €	95,00 €	155,00 €
Bezugspreis	**1.408,59 €**	**1.420,94 €**	**1.481,67 €**

2.3.1.4 Bestellung

Welche rechtliche Bedeutung hat eine Bestellung?

Mit der **Bestellung** erklärt der Käufer seinen Willen, Waren zu den angegebenen Bedingungen zu kaufen. Erfolgt die Bestellung auf ein ausführliches Angebot, dann ist eine Wiederholung der einzelnen Angaben nicht mehr erforderlich. Es ist ausreichend, wenn eine genaue Angabe der Ware, der Menge und des Preises in der Bestellung enthalten ist. Die Bestellung ist rechtlich verbindlich.

Werden nachträglich Änderungen vorgenommen, so sind diese als ein neuer Antrag anzusehen, der angenommen oder abgelehnt werden muss.

Ein Widerruf der Bestellung ist rechtlich möglich, er muss aber spätestens mit der Bestellung eintreffen (§ 130 BGB).

Ein Kaufvertrag kommt durch ein verbindliches Angebot und eine Bestellung zustande.

Erfolgt eine Bestellung, ohne dass ein Angebot dem Käufer vorliegt (Antrag), ist eine Auftragsbestätigung (Bestellungsannahme) erforderlich, um einen Kaufvertrag zu begründen.

9709244

2.3.1.5 Bestellungsannahme (Auftragsbestätigung)

Welche rechtliche Bedeutung hat eine Bestellungsannahme?

Nach Eingang einer Bestellung ist eine nochmalige schriftliche Bestätigung möglich. In dieser **Auftragsbestätigung** werden die vereinbarten Bedingungen wiederholt.

Welche rechtliche Wirkung hat die Bestellungsannahme?

Erfolgt die Bestellung aufgrund eines Angebotes, so dient die Erteilung einer Auftragsbestätigung der **Kontrolle** der vereinbarten Bedingungen.
Eine Bestellung ist möglich, ohne dass ein Angebot zuvor erstellt wurde. Die Bestellung erfolgt unter den ohnehin bekannten Bedingungen bei bekannten Lieferanten. Bei einer Bestellung ohne Angebot ist der Lieferant verpflichtet sein Einverständnis zur Auftragsausführung abzugeben. Sie erfolgt durch die Auftragsbestätigung.

Unter welchen Bedingungen ist eine Bestellungsannahme möglich?

Bestellungsannahme (Auftragsbestätigung) **kann erteilt** werden,

- wenn die Lieferung erst zu einem späteren Zeitpunkt erfolgt.
- wenn eine fernmündliche Bestellung nochmals genau wiederholt werden soll.
- wenn es sich um einen Kunden handelt, der erstmals bestellt.

Unter welchen Voraussetzungen muss eine Bestellungsannahme erteilt werden?

Bestellungsannahme (Auftragsbestätigung) **muss erteilt** werden,

- wenn das Angebot abgeändert wurde (§ 150 Abs. 2 BGB).
- wenn das Angebot verspätet angenommen wurde (§ 150 Abs. 1 BGB).
- wenn ohne vorheriges Angebot bestellt wurde; sie kann entfallen, wenn sofort geliefert wird (= konkludentes Handeln).
- wenn das Angebot freibleibend war (§ 145 BGB).
- wenn eine fernmündliche Bestellung nochmals genau wiederholt werden soll.
- wenn es sich um einen Kunden handelt, der erstmals bestellt.

2.3.1.5 Bestellungsannahme (Auftragsbestätigung)

Was ist unverzüglich bei der Warenannahme zu kontrollieren?

Der **Inhalt der Sendung** ist unverzüglich in Anwesenheit des Spediteurs bzw. Auslieferungsfahrers zu prüfen. Die Ware wird nach Art, Menge, Güte und Beschaffenheit kontrolliert.

Welche Vorgehensweise ist bei einer Beschädigung der angelieferten Ware zu beachten?

Ist der **äußere Zustand** der **Ware beschädigt,** so ist dieser Tatbestand sofort vom Spediteur in einer Tatbestandsaufnahme (Schadensprotokoll) zu bescheinigen.
Die Abnahme der Ware kann verweigert werden oder nur unter Vorbehalt erfolgen.
Ist dagegen die **Ware beschädigt,** muss eine Mängelrüge schriftlich an den Absender (Lieferanten) geschrieben werden.

2.3.2 Lagerhaltung

2.3.2.1 Aufgaben der Lagerhaltung

Warum muss eine Wareneingangsprüfung erfolgen?

Es ist unverzüglich und in Anwesenheit des Spediteurs eine **Prüfung der gelieferten Waren** vorzunehmen. Dabei ist der äußere Zustand der gelieferten Waren zu prüfen, also

- die Korrektheit der Anschrift,
- die Anzahl der gelieferten Waren,
- der Zustand der äußeren Verpackung.

Welche Maßnahmen sind bei Beanstandungen zu ergreifen?

Ist der **äußere Zustand der Verpackung** beschädigt, so ist dieser Sachverhalt in Anwesenheit des Spediteurs oder eines sonstigen Transporteurs in einem Schadensprotokoll aufzunehmen, das er durch seine Unterschrift bestätigt.

Mögliche Folgewirkungen sind:
Die Abnahme der Ware kann verweigert werden oder unter Vorbehalt erfolgen.

Ist dagegen die **Ware beschädigt**, ist eine Mängelrüge dem Lieferanten gegenüber schriftlich zu erteilen.

Z!

Welche Aufgaben erfüllt die Lagerhaltung?

Die **Lagerhaltung** hat nachfolgende **Aufgaben** zu erfüllen:

- **Sicherungsfunktion** hinsichtlich der benötigten Materialien für den Produktionsablauf im Industriebetrieb und der Sicherung der Verkaufsbereitschaft im Handel.
- **Zeitausgleichsfunktion** hinsichtlich der Zeitüberbrückung zwischen der Produktion und dem Absatz bzw. im Handel zwischen der Beschaffung und dem Absatz.
- **Mengenausgleichsfunktion,** die durch die Beschaffung und den Absatz entsteht.
- **Umformungsfunktion**: Darunter ist unter anderem die Veredelung von Gütern zu verstehen (z. B. die Weinlagerung).
- **Spekulationsfunktion** durch Ausnutzung von Preisvorteilen bei der Beschaffung von großen Mengen und einer Vorratslagerung, die eine Preissteigerung erwarten lässt.

Z!

Was ist unter einem zentralen und einem dezentralen Lager zu verstehen?

- Bei einer **zentralen Lagerung** befinden sich die gesamten Warenvorräte an einem Ort des Unternehmens. Sind Zweigstellen vorhanden, so sollten diese verkehrsmäßig günstig zu erreichen sein.
- Bei einer **dezentralen Lagerung** sind die Warenvorräte an verschiedenen Orten des Unternehmens gelagert, z. B. in den Zweigstellen des Unternehmens.

2.3.2.1 Aufgaben der Lagerhaltung

Welche Nachteile sind a) mit einem zu hohen bzw. b) mit einem zu geringen Lagerbestand verbunden?

Z!

a) Die **Nachteile eines zu hohen Lagerbestandes** sind in den hohen Kapitalbindungskosten (Kapital, das in Warenvorräten festgelegt ist, ist „totes Kapital") zu sehen. Weiterhin entstehen hohe Lagerkosten und es besteht ein hohes Risiko hinsichtlich der Veralterung (z. B. Modewandel, verändertes Verhalten der Kunden) und des Schwunds (z. B. Diebstahl) an Waren.

b) Die **Nachteile eines zu geringen Lagerbestandes** sind in der Nachfrage zu sehen, d. h., benötigte (von Kunden nachgefragte) Waren sind nicht am Lager vorhanden; sie müssen entweder bestellt werden, was mit hohen Kosten verbunden ist, oder es werden keine Kaufverträge abgeschlossen, was zu einer erheblichen Gewinnbeeinträchtigung führt. Auch der Verlust von Kunden ist anzumerken.

Was ist unter dem optimalen Lagerbestand zu verstehen?

Z!

Der günstigste Warenbestand einer Unternehmung wird als **optimaler Lagerbestand** angesehen. Dieser ist anzustreben, wird aber eine nicht genau berechenbare Bestandsgröße sein. Aus diesem Grund versuchen Betriebe, sich dem optimalen Lagerbestand anzunähern.
Die Nachteile eines zu kleinen und eines zu großen Lagerbestandes werden durch den optimalen Lagerbestand vermieden.
Der optimale Lagerbestand sollte einen kontinuierlichen Produktionsablauf gewährleisten und geringe Lagerkosten verursachen.

Welche Kosten sind mit einer Lagerhaltung verbunden?

Z!

- **Kosten für die Lagerbestände** sind z. B.:
  - Kapitalbindungskosten,
  - Versicherungsprämien für die Lagerbestände,
  - Wertminderungen der Warenvorräte.

- **Kosten für die Lagerausstattung** sind z. B.:
  - Kosten für die Anschaffung von Transportmitteln,
  - Raumkosten,

9709248

➢ Strom und Heizungskosten,
➢ Instandhaltung, Reinigung,
➢ Abschreibungen auf Gebäude und Einrichtungen,
➢ Verzinsung des investierten Kapitals an Gebäuden und Einrichtungen.

◆ **Kosten der Lagerverwaltung** sind z. B.:
➢ Personalkosten,
➢ Büromaterial und Kosten für EDV-Anlagen.

Was ist unter einem Soll- und einem Ist-Lagerbestand zu verstehen? Auf welche Ursachen können Abweichungen zurückzuführen sein?

Ein **Soll-Lagerbestand** gibt Auskunft darüber, wie viel Waren sich am Lager befinden sollen. Diese Lagerbestände sind durch eine Lagerdatei zu erfassen, die eine kontinuierliche Erfassung der Lagerbestände (durch Zu- und Abgänge) beinhaltet.
Diese Soll-Lagerbestände sind regelmäßig mit den tatsächlich vorhandenen **Ist-Lagerbeständen** der Inventur zu vergleichen, um z. B. Abweichungen festzustellen.
Diese Abweichungen können z. B. dadurch bedingt sein, dass ein Materialentnahmeschein nicht oder doppelt erfasst wurde, ein Diebstahl nicht bemerkt oder ein Materialeingang nicht ordnungsgemäß erfasst wurde.

2.3.2.2 Lagerkennzahlen

Erläutern Sie den Begriff Mindestbestand.

Der **Mindestbestand** ist der Bestand, der immer vorhanden sein muss, um einen störungsfreien Betriebsablauf sicherzustellen. Dieser häufig auch so genannte eiserne Bestand darf nur angegriffen werden, wenn ein Notfall eintritt.

Was sagt der Höchstbestand aus?

Der **Höchstbestand** ist die oberste Grenze des Lagerbestandes. Er darf bzw. kann nicht überschritten werden.

2.3.2.2 Lagerkennzahlen

Worüber gibt der Meldebestand Auskunft?

Wird die Bestandsgröße **Meldebestand** erreicht, muss neue Ware nachbestellt werden:
Der Meldebestand wird so hoch angesetzt, dass bei der Lieferung der neuen Ware gerade der Mindestbestand erreicht ist.

Wie wird der Meldebestand berechnet?

Meldebestand = (Tagesverbrauch · Liefertage) + Mindestbestand

Der Tagesumsatz an Body Creme line beträgt 40 Tuben. Die Lieferzeit ist mit zehn Tagen angegeben. Als eiserne Reserve dient ein Mindestbestand von 120 Tuben.

Berechnen Sie den Meldebestand.

Der Meldebestand ist bei 520 Stück erreicht.

(40 Tuben · 10 Tage Beschaffungszeit) + 120 Tuben Mindestbestand

Welche Bedeutung hat der Bestellzeitpunkt?

Bei Erreichen des Meldebestandes ist eine unverzügliche Bestellung erforderlich **(= Bestellzeitpunkt)**, um den Zeitraum zwischen dem weiteren Verkauf des Artikels bis zum Eintreffen der neuen Lieferung zu überbrücken, ohne dass der Mindestbestand angegriffen werden muss.
Der Bestellzeitpunkt liegt somit zwischen dem Lagerhöchst- und Lagermindestbestand und ist abhängig von dem voraussichtlichen Verkauf des Artikels und der Lieferzeit.

9709250

Z! ***Stefan Mandler, Geschäftsführer des „Mittelhessischen Bewegungszentrum GmbH", liegen folgende Angaben zur Auswertung vor: Von der Body Lotion Trend line 80 werden durchschnittlich 20 Dosen verkauft. Die Lieferzeit ist für diesen Artikel mit fünf Tagen angegeben. Es ist weiterhin ein Mindestbestand von 40 Dosen und ein Lagerhöchstbestand von 400 Dosen zu berücksichtigen.***

Stellen Sie diesen Sachverhalt grafisch dar.

Bestellrhythmus

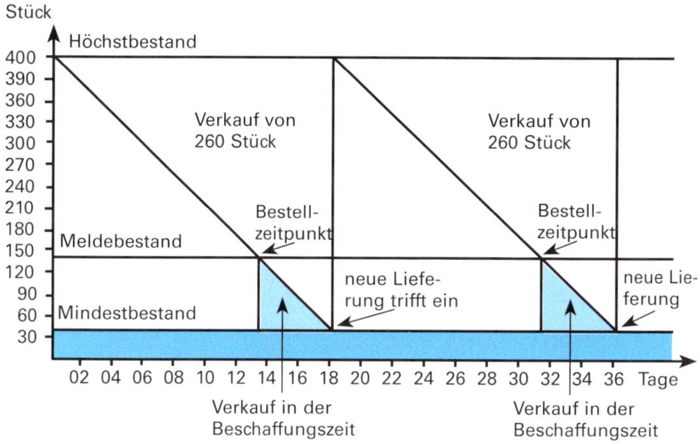

Z! ***Was ist unter einer ABC-Analyse zu verstehen?***

Aufgrund der Bedarfsanalyse sind die erforderlichen Bestellungen vorzunehmen. Mithilfe der **ABC-Analyse** ist es möglich, die Waren nach der Wertigkeit einzuordnen, um eine zeitaufwändige Analyse nur bei hochwertigen Artikeln durchzuführen. Dabei werden zunächst die Artikel, die in einem Sport- und Fitnessstudio geführt werden, tabellarisch in A-, B- und C-Güter/-Artikel eingeteilt.

A-Güter sind gekennzeichnet durch einen geringen Mengenanteil von ca. 10 % und einem hohen Wertanteil von ca. 60 – 85 % an den Gesamtwerten der vorhandenen Artikel. Bei diesen Gütern, die einen hohen Wertanteil aufweisen, ist es u. a. erforderlich, eine detaillierte Angebotsanalyse durchzuführen, die mit einem hohen Kosten- und Zeitaufwand verbunden ist. Bei diesen Gütern sind allerdings die Kosteneinsparungen am größten.

B-Güter sind gekennzeichnet durch einen hohen Mengenanteil von ca. 20 – 30 % und einem Wertanteil von ca. 10 – 25 %. Diese durchschnittlichen Güter sind unter Beachtung des Wirtschaftlichkeitsprinzips zu behandeln.

C–Güter sind gekennzeichnet durch einen hohen Mengenanteil von ca. 70 – 80 % und einen Wertanteil von ca. 5 – 15 %. Diese Güter haben nur einen geringen Wertanteil und es erscheint wirtschaftlich nicht vertretbar, eine umfassende Beschaffungsanalyse durchzuführen.

9709251

2.3.2.2 Lagerkennzahlen

Was sagt der durchschnittliche Lagerbestand aus?

Z!

Der **durchschnittliche Lagerbestand** gibt an, welcher Warenbestand (Stückzahl) bzw. welcher Warenwert (bewertet zu Einstandspreisen in Euro) durchschnittlich auf Lager liegt.

Im Rahmen der Inventur hat Stefan Mandler am 1. Januar 2010 einen Bestand an Sportbekleidung von 45.200,00 € und am 31. Dezember 2010 einen Bestand von 53.800,00 € ermittelt.

Wie hoch ist der Wert des durchschnittlichen Lagerbestandes?

Z!

Durchschnittlicher Lagerbestand:

$$\frac{\text{Jahresanfangsbestand} + \text{Jahresendbestand}}{2}$$

$$\frac{45.200 + 53.800}{2} = \mathbf{49.500{,}00\ €}$$

Wie wird der durchschnittliche Lagerbestand bei Monatsinventuren berechnet?

Z!

Bei **monatlichen Inventuren** werden der Jahresanfangsbestand und die zwölf Monatsbestände herangezogen:

$$\textbf{Durchschnittl. Lagerbestand} = \frac{\text{Jahresanfangsbest.} + \text{12 Monatsendbestände}}{13}$$

Im Rahmen der monatlichen Inventur hat Stefan Mandler nachfolgende Bestände an Tennisschlägern ermittelt: Jahresanfangsbestand: 12; Januar: 10; Februar: 20; März: 14; April: 10; Mai: 12; Juni: 16; Juli: 12; August: 10; September: 18; Oktober: 16; November: 14; Dezember: 18.

Berechnen Sie den durchschnittlichen Lagerbestand in Stück.

Durchschnittlicher Lagerbestand:

$$= \frac{(12 + 10 + 20 + 14 + 10 + 12 + 16 + 12 + 10 + 18 + 16 + 14 + 18)}{13}$$

= 14 Tennisschläger

Stefan Mandler hat einen Wareneinsatz für die Sportbekleidung in Höhe von 30.000,00 € ermittelt. Der durchschnittliche Lagerbestand ist mit 6.000,00 € angegeben.

a) Berechnen Sie die Umschlagshäufigkeit.

b) Was ist unter einer Umschlagshäufigkeit zu verstehen?

a) **Umschlagshäufigkeit**

$$\frac{\text{Wareneinsatz}}{\text{durchschnittlicher Lagerbestand}}$$

$$= \frac{30.0000}{6.000} = \mathbf{5}$$

b) Die **Umschlagshäufigkeit** ist eine Messzahl, die angibt, wie oft der durchschnittliche Lagerbestand innerhalb eines Jahres umgesetzt, d. h. verkauft worden ist.

Wie wird der Wareneinsatz ermittelt?

Der tatsächliche Warenaufwand (Wareneinsatz) wird wie folgt ermittelt:

	Warenanfangsbestand (Betrag aus der Eröffnungsbilanz)
+	Wareneinkäufe (Listeneinkaufspreis abzüglich Rabatt)
+	Bezugskosten
–	Preisnachlässe und Rücksendungen an Lieferanten
–	Lieferantenskonto
–	Lieferantenbonus
–	Warenendbestand lt. Inventur
=	Wareneinsatz

2.3.2.2 Lagerkennzahlen

Was sagt die durchschnittliche Lagerdauer aus und wie lässt sie sich ermitteln?

Z!

Die **durchschnittliche Lagerdauer** gibt an, wie lange die Ware im Durchschnitt sich im Lager befindet, bevor sie verkauft wird. Sie gibt also die Zeitspanne zwischen dem Lagerein- und dem Lagerausgang eines Artikels an.
Sie lässt sich wie folgt berechnen:

$$\frac{360}{\text{Umschlagshäufigkeit}}$$

$$= \frac{360}{5} = \textbf{72 Tage}$$

Welche Vorteile hat eine Erhöhung der Lagerumschlagshäufigkeit?

Z!

Eine **Erhöhung der Lagerumschlagshäufigkeit** führt zu einer Verkürzung der durchschnittlichen Lagerdauer.

Vorteile:
- geringerer Kapitalbedarf und damit verbunden geringere Kapitalbindungskosten
- Senkung von Lagerkosten

Nennen Sie Maßnahmen, mit denen einer Erhöhung der durchschnittlichen Lagerdauer entgegengewirkt werden kann.

Z!

Maßnahmen:
- Straffung des Sortiments
- permanente Lagerbestandsüberwachung
- Kauf auf Abruf
- Festlegung von Höchstbeständen

Was ist unter einem Lagerzinssatz zu verstehen?

Z!

Der **Lagerzinssatz** gibt die Zinsbelastung der durchschnittlichen Lagerbestände während der Lagerdauer an. Er wird wie folgt berechnet:

9709254

$$\text{Lagerzinssatz} = \frac{\text{Jahreszinssatz} \cdot \text{durchschn. Lagerdauer}}{360}$$

2.4 Zahlungsverkehr

2.4.1 Eigenschaften, Arten und Aufgaben des Geldes

Wie ist Geld definiert und welche Arten sind bekannt?

Geld ist ein allgemein anerkanntes Tauschmittel, das wegen seiner Knappheit einen Tauschwert besitzt.
Die Unterteilung der Geldarten ist wie folgt möglich:

- **Warengeld**
  Bestimmte Waren, die nur begrenzt (also knapp) vorhanden waren, wie z. B. Muscheln und Perlen, wurden als Tauschmittel benutzt.

- **Buch- oder Giralgeld**
  Unter Buch- oder Giralgeld sind die Sichtguthaben von privaten Haushalten oder Unternehmen bei Kreditinstituten zu verstehen. Die Zahlung erfolgt durch Umbuchung von Konto zu Konto.

- **Bargeld**
  Zum Bargeld zählen Banknoten (Papiergeld) und Münzen (Metallgeld).
  Die Münzen lassen sich weiter aufteilen in:
  - *Kurantmünzen*
    Bei diesen Münzen ist der Nennwert (aufgeprägter Wert) identisch mit dem Materialwert (Metallwert).
  - *Scheidemünzen*
    Bei diesen Münzen ist der Nennwert größer als der Materialwert.

2.4.1 Eigenschaften, Arten und Aufgaben des Geldes

Welche Aufgaben erfüllt das Geld?

Das Geld erfüllt in einer arbeitsteiligen Wirtschaft folgende fünf Funktionen (Aufgaben):

1. **Tauschmittel**
   Durch das Geld wird der An- und Verkauf von Waren und Dienstleistungen ermöglicht.
2. **Wertmesser und Recheneinheit**
   Durch das Geld können Waren und Dienstleistungen in Preisen ausgedrückt werden. Somit ist ein Angebotsvergleich möglich. Aber auch Löhne und Gehälter, Gewinne und Verluste, Umsätze und Kosten verschiedener Jahre können wertmäßig erfasst und verglichen werden.
3. **Wertübertragungsmittel**
   Durch das Geld sind einseitige Wertübertragungen möglich.
4. **Wertaufbewahrungsmittel**
   Eine Aufbewahrung des Geldes ist möglich (Sparmittel). Später erst werden dann Waren gegen Geld getauscht.
5. **Zahlungsmittel**
   Das Geld kann seine Aufgaben nur erfüllen, wenn es allgemein anerkannt ist. Jeder Gläubiger ist verpflichtet Münzen und Banknoten anzunehmen.

Welcher Unterschied besteht zwischen dem gesetzlichen Zahlungsmittel und den Zahlungsersatzmitteln?

- Ein **gesetzliches Zahlungsmittel** wie das Geld in Form von Münzen und Banknoten muss von jedem Gläubiger angenommen werden.
- Eine Annahmepflicht für **Zahlungsersatzmittel** (Buchgeld, Schecks, Wechsel) dagegen besteht nicht.

2.4.2 Barzahlung und halbbare Zahlung

Was ist unter Barzahlung zu verstehen?

Barzahlung liegt vor, wenn Geld (Banknoten und Münzen) vom Schuldner an den Gläubiger persönlich oder durch einen Boten übermittelt wird und für die Zahlung keine Konten verwendet werden.

Welche Formen der Barzahlung lassen sich unterscheiden?

- Die **Barzahlung** ist ein zweiseitiges Bargeldgeschäft, d. h., das Bargeld wird direkt vom Käufer an den Verkäufer übergeben.
- Die Barzahlung ist durch den **Minutenservice** der Postbank möglich. Man zahlt das Bargeld am Postschalter ein. Der Empfänger kann das Geld wenig später in einer Filiale der Deutschen Post oder in einer Western Union Agentur (= Vertragspartner der Deutschen Post) entgegennehmen.
- **Wertbrief/Wertpaket:** Bargeld kann mit der Deutschen Post AG mit dem Service „Wert International" bis zu einem Wert von 500,00 € im Inland und ins Ausland verschickt werden. Übersteigt der tatsächliche Wert den Betrag von 500,00 €, ist ein Wertversand über die Deutsche Post nicht möglich.

Welche Angaben muss eine Quittung enthalten, um eine beweiskräftige Urkunde für die Zahlung zu sein?

Die **Quittung** dient als Beweis für die Übergabe von Bargeld. Sie sollte folgende **Angaben** enthalten:
- Zahlungsbetrag (in Ziffern und Buchstaben),
- Name des Zahlers,
- Grund der Zahlung,
- Empfangsbestätigung,
- Ort und Tag der Ausstellung,
- Unterschrift des Zahlungsempfängers.

Was ist unter einer halbbaren Zahlung zu verstehen?

Eine **halbbare Zahlung** liegt vor, wenn nur einer der beiden Zahlungsteilnehmer ein Konto besitzt. Entweder verfügt der Zahlungspflichtige oder der Zahlungsempfänger über ein Konto bei einem Kreditinstitut bzw. bei der Postbank, sodass auf der einen Seite eine Barzahlung und auf der anderen Seite eine Buchung erfolgt.

Wie erfolgt der Zahlungsvorgang mit einem Zahlschein?

Der Zahlungspflichtige zahlt den Betrag mithilfe des **Zahlscheines** bar beim Kreditinstitut/Postbank ein. Danach erfolgt die Gutschrift auf dem Konto des Zahlungsempfängers. Die Gutschriftanzeige zusammen mit dem Kontoauszug erhält der Zahlungsempfänger.

2.4.2 Barzahlung und halbbare Zahlung

Welche Zahlungsmittel können im Rahmen der halbbaren Zahlung verwendet werden, wenn nur der Zahlungspflichtige über ein Konto verfügt?

Z!

Verfügt lediglich der Zahlungspflichtige über ein Konto, dann kann der Einzahler folgende Zahlungsmittel verwenden:

- Barschecks von Geldinstituten,
- Postbankbarschecks bzw. Kassenschecks.

2.4.3 Bargeldlose Zahlung

Welche Vorteile bietet eine Überweisung für den Einzahler?

Z!

Vorteile der Überweisung für den Zahlungspflichtigen sind:

- geringe Kosten für die Überweisung,
- geringer Arbeitsaufwand,
- Zahlungsbetrag ist in beliebiger Höhe möglich,
- hohe Sicherheit (Bargeld ist nicht erforderlich).

Für welche Zahlungen eignet sich der Dauerauftrag?

Z!

Daueraufträge eignen sich für regelmäßig wiederkehrende Zahlungen in gleicher Höhe. Der Zahlungspflichtige beauftragt sein Kreditinstitut, bis zu einem bestimmten Termin regelmäßig gleich bleibende Beträge an einen bestimmten Empfänger zulasten seines Kontos abzubuchen. Daueraufträge werden z. B. für Mietzahlungen, Versicherungsprämien und Mitgliedsbeiträge erteilt.

Für welche Zahlungen eignet sich das Einzugsermächtigungsverfahren?

Z!

Das **Einzugsermächtigungsverfahren** eignet sich für regelmäßige Zahlungen von Beträgen in unterschiedlicher Höhe, z. B. für die Zahlung von Fernsprechgebühren oder die Zahlung der Stromrechnung.

9709258

Welcher Unterschied besteht zwischen dem Einzugsermächtigungs- und dem Abbuchungsverfahren?

- Beim **Einzugsermächtigungsverfahren** erteilt der Kontoinhaber dem Zahlungsempfänger eine Einzugsermächtigung. Im Rahmen dieses Verfahrens kann der Zahlungspflichtige gegen eine ungerechtfertigte Belastung seines Kontos jederzeit bei seinem Kreditinstitut innerhalb von sechs Wochen Widerspruch einlegen.
- Beim **Abbuchungsverfahren** erteilt der Zahlungspflichtige seinem Kreditinstitut einen Abbuchungsauftrag bis zu einem bestimmten Zeitpunkt.

Welchen Vorteil bietet ein Sammelüberweisungsauftrag?

Girokonteninhaber können mehrere Überweisungsaufträge an verschiedene Zahlungsempfänger in einem **Sammelüberweisungsauftrag** zusammenfassen, um damit Kosten und Zeit zu sparen. Die beliebig zusammengefassten Überweisungen werden zum Preis einer Buchung abgerechnet.

Was ist unter einem elektronischen Zahlungsverkehr zu verstehen?

Beim **elektronischen Zahlungsverkehr** sind die Kreditinstitute in der Lage, ihre Originalbelege entsprechend umzuwandeln, um sie dann über ihr Netzwerk weiterzuleiten. Häufig erhalten Bankkunden zur Abwicklung ihrer Bankgeschäfte auch entsprechende Datenträger (z. B. Disketten), die sich für den Datenaustausch eignen. Eine Datenfernübertragung ist möglich, wenn die Bankkunden online mit ihrem Kreditinstitut verbunden sind.

Welche Bedeutung hat die persönliche Identifikationsnummer (PIN) für den Kunden?

Verbraucher können ihre Zahlungen problemlos mit der Scheck- oder Kreditkarte bargeldlos begleichen. Häufig ist dabei die **persönliche Identifikationsnummer (PIN)** erforderlich. Mit ihrer Scheckkarte und der dazugehörigen Geheimnummer (PIN) können die Bankkunden, unabhängig von den Öffnungszeiten der Kreditinstitute, Bargeld in limitierter Höhe am Bankautomat erhalten.

2.4.3 Bargeldlose Zahlung

Was ist unter Homebanking zu verstehen?

Beim **Homebanking** wird dem Bankkunden die Möglichkeit geboten mithilfe eines ISDN-Anschlusses bzw. eines Modems und der entsprechenden Software die Bankgeschäfte von dem jeweiligen Standort aus abzuwickeln. Die Anmeldung erfolgt nur über eine persönliche Identifikationsnummer (PIN); damit ist ein unberechtigter Zugriff nicht möglich.

2.4.4 Scheck

Welcher Scheck gehört zum bargeldlosen Zahlungsverkehr?

Der **Verrechnungsscheck** gehört zum bargeldlosen Zahlungsverkehr.

Wann darf der Scheck dem bezogenen Geldinstitut frühestens zur Einlösung vorgelegt werden?

Der **Scheck ist bei Sicht fällig** (zahlbar). Der Scheckinhaber kann den Scheck direkt, nachdem er ihn erhalten hat, dem bezogenen Geldinstitut zur Einlösung vorlegen (gilt auch für vordatierte Schecks).

Welche Vorlegungsfrist gilt für im Inland ausgestellte Schecks?

Die **Vorlegungsfrist** bei einem Kreditinstitut in der BRD beträgt acht Tage ab dem Ausstellungsdatum für die im Inland ausgestellten Schecks. Das Kreditinstitut kann die Einlösung des Schecks verweigern, wenn die Vorlegungsfrist überschritten wurde, denn der Scheck sollte nicht als Kreditmittel genutzt werden.

Was ist bei einem Scheckverlust zu beachten?

Bei einem **Scheckverlust** ist unverzüglich das betreffende Kreditinstitut zu benachrichtigen, um den Scheck sperren zu lassen.

2.5 Marketing, Werbung und Öffentlichkeitsarbeit

2.5.1 Grundbegriffe des Marketingmanagements

Skizzieren Sie Marketing und Marketingmanagement.

- Unter **Marketing** werden zunächst die gesamten absatzfördernden Maßnahmen eines Unternehmens verstanden.
- Das **Marketingmanagement** ist eine Konzeption der Unternehmensführung bzw. der Studioleitung, die zunächst die gesamten Teilbereiche des Unternehmens/Studios mit einbezieht und bei der alle unternehmerischen Aktivitäten markt- und mitgliederorientiert ausgerichtet sind.

Der Marketing-Management-Prozess lässt sich im Wesentlichen in drei Ebenen unterscheiden.

Welcher Unterschied besteht zwischen
a) dem normativen Marketing,
b) dem strategischen Marketing und
c) dem operativen Marketing?

Grundsätzlich sind Marketingziele als sekundäre Ziele anzusehen, die sich aus der eigentlichen Zielsetzung des Unternehmens (Gewinnmaximierung) ableiten lassen und die einem ständigen Veränderungsprozess unterliegen.

a) Das **normative Marketing** bildet die Grundlage für eine erfolgreiche Umsetzung der Unternehmensstrategie. Sie wird z. B. in einer ausgeprägten Unternehmenskultur und durch das Erscheinungsbild des Unternehmens in der Öffentlichkeit bestimmt.
Die Maßnahmen zu einer ganzheitlichen Konzeption (Corporate Identity) sind als weitere elementare Grundlagen mit in die Strategie einzubeziehen. Die Persönlichkeit des Mitarbeiters, seine Verhaltensweisen, seine Kommunikationsfähigkeiten und seine Leistungen, bestimmen im Wesentlichen das Image des Unternehmens.

b) Das **strategische Marketing** beinhaltet die Entwicklung und Festlegung von Konzeptionen und Strategien, um die Zielerreichung zu gewährleisten.

c) Das **operative Marketing** bezieht sich dabei auf die Analyse, Planung, Durchführung und Kontrolle der verschiedenen Marketinginstrumente des Studios. Das Zusammenwirken der gesamten Marketinginstrumente wird als Marketingmix bezeichnet.

2.5.2 Besonderheiten des Sportmarketings

Warum gewinnt die Sport- und Fitnesswirtschaft zunehmend an Bedeutung?

Z!

Die **Sport- und Fitnesswirtschaft** gewinnt u. a. durch gesellschaftspolitische Veränderungen, wie z. B. der Verkürzung der Arbeitszeiten, der Gesundheitsreform usw. und den damit verbundenen Veränderungen im Verhalten und in den Erwartungen der Konsumenten (z. B. durch aktive sportliche Betätigung den körperlichen Gesundheitszustand zu erhalten und zu verbessern) zunehmend an Bedeutung.

So ist z. B. der Trend erkennbar, dass viele Sport- und Fitnessbetreiber mit Sportmedizinern bzw. Gesundheitszentren zusammenarbeiten, um den gesundheitsorientierten Bereich mit abdecken zu können. In diesem Zusammenhang ist die persönliche Beratung, der sportmedizinische Check-up (dieser ist z. B. häufig mit einer internistischen, orthopädischen, evtl. auch mit einer neurologischen Untersuchung verbunden), die Erstellung eines individuellen Trainingsplanes und die Betreuung und Ergebniskontrolle zu erwähnen.

Wie lässt sich Sportmarketing beschreiben?

Z!

Die gesamten betrieblichen Aktivitäten in einem Sport- und Fitnessstudio sind ausschließlich markt- und zielgruppengerecht auf die Kundenbedürfnisse ausgerichtet.

Um diese Anforderungen auch umsetzen zu können, sind zunächst die betriebswirtschaftlichen Konzeptionen und die Methoden des Marketings auf die Besonderheiten im Sport- und Fitnessbereich zu beziehen. Die erfolgreiche Umsetzung des **Sportmarketings** erfordert von der Studioleitung neben detaillierten Fachkenntnissen auch eine genaue Einschätzung der gegenwärtigen und zukünftigen Marktlage bzw. Trendentwicklung.

Wie lässt sich die Sportmarketing-Konzeption systematisch einteilen?

Z!

Die erfolgreiche Umsetzung der Marketingkonzepte bestimmen den wirtschaftlichen Erfolg des betreffenden Sport- und Fitnessstudios. Das **Marketingmanagement** lässt sich dabei als ein **Ablaufplan** wie folgt darstellen:

9709262

1. Die **erste Phase (Analysephase)** dient der Analyse der gegenwärtigen Situation (Ist-Analyse) mit der Fragestellung „Wo stehen wir?".

2. In der **zweiten Phase (Ziel- und Gestaltungsphase)** wird das zu erreichende Ziel festgelegt und die dafür notwendigen Konzepte und Strategien entwickelt und festgelegt. Sie beinhaltet die Fragestellung „Wo wollen wir hin?".

3. In der **dritten Phase (Gestaltungsphase)** erfolgt die Umsetzung der zuvor festgelegten Konzepte und Strategien (Marketingmix). Sie beinhaltet die Fragestellung „Was können wir unternehmen?".

4. In der **vierten Phase** erfolgt die Durchführung der Konzeption. Sie beinhaltet die Fragestellung „Welche Maßnahmen ergreifen wir?". Diese Phase wird auch als **Durchführungsphase** bezeichnet.

5. Die **fünfte** und letzte **Phase** wird als **Kontrollphase** bezeichnet und beinhaltet die Beurteilung der durchgeführten Maßnahmen. Die damit verbundene Fragestellung lautet „Sind wir angekommen?".

2.5.3 Methoden der Marktforschung

Z!

Was ist unter Markterkundung und Marktforschung zu verstehen?

- Der Begriff der **Markterkundung** umfasst sämtliche Methoden zur Informationsgewinnung über die gegenwärtige Lage der Märkte und deren künftige Entwicklung.

- Unter **Marktforschung** ist die systematische Informationsgewinnung über notwendige Marktdaten, wie z. B. der Kaufkraft, der Preisentwicklung, des Lohnniveaus oder der Entwicklung des künftigen Bedarfs, zu verstehen.

  Marktforschung dient der Informationsgewinnung über Teilmärkte und ist ein Marketinginstrument.

2.5.3 Methoden der Marktforschung

Was ist unter einer Primärerhebung und was unter einer Sekundärerhebung zu verstehen?

Z!

- **Primärerhebungen** (Feldforschung bzw. Fieldresearch) werden durchgeführt, wenn noch keine Marktdaten für eine bestimmte Marktuntersuchung vorliegen, d. h., es müssen entweder eigene Erhebungen, z. B. durch Befragungen oder Beobachtungen, durchgeführt werden oder es werden Marktforschungsinstitute damit beauftragt.
  Primärerhebungen bedeuten, dass in erster Linie (primär) Daten für eine bestimmte Marktuntersuchung geschaffen werden müssen.
- Um eine **Sekundärerhebung** (Sekundärforschung/Deskresearch bzw. Schreibtischforschung) handelt es sich, wenn bereits Datenmaterial vorhanden ist, das entsprechend ausgewertet werden kann.

Welcher Unterschied besteht zwischen einer Marktanalyse, einer Marktbeobachtung und einer Marktprognose?

Z!

- Eine **Marktanalyse** ist eine einmalige Untersuchung eines Teilmarktes zu einem bestimmten Zeitpunkt. Solche Analysen dienen häufig der Einführung von neuen Produkten.
- Eine **Marktbeobachtung** ist die laufende Beobachtung der Marktentwicklung über einen längeren Zeitraum. Sie ist damit eine Zeitraumuntersuchung.
- Eine **Marktprognose** wird vorgenommen, wenn die Ergebnisse der Marktanalyse und Marktbeobachtung vorliegen. Diese werden ausgewertet und es wird versucht, die künftige Marktentwicklung vorherzusagen.

Warum kann Marktforschung dazu beitragen, das Risiko am Markt zu verringern?

Z!

Durch die **Marktforschung** gewinnt das Unternehmen Informationen von abhängigen Unternehmen. Diese werden ausgewertet und interpretiert. Je genauer diese Informationen über Kundenwünsche, Konkurrenz und der eigenen Stellung am Markt sind, umso besser kann geplant werden und umso geringer ist das Marktrisiko.

9709264

Walter Muchel, Inhaber des Studios „Kampfkunst und Bewegung aktiv", möchte Informationen über die Zufriedenheit seiner Mitglieder gewinnen.

Welche Methoden zur Informationsgewinnung stehen ihm zur Verfügung?

Informationen über die Zufriedenheit der Mitglieder im Studio lassen sich von einer Sekundärstatistik z. B. nicht eindeutig ableiten. Aus diesem Grund müssen eigene Umfragen (Primärerhebungen) durchgeführt werden.
Die Informationsgewinnung für die Studioleitung erfolgt bei einer Primärerhebung durch folgende Methoden:

- Befragung,
- Beobachtung,
- Selbstaufschreibung.

Durch die Anwendung dieser Methoden sollen umfassende und objektiv auswertbare Informationen gewonnen werden.

In welcher Form können Befragungen durchgeführt werden?

Die **Befragungen** können **a) mündlich oder b) schriftlich** erfolgen.

a) Die **Informationsgewinnung** in **mündlicher Form** erfolgt zunächst durch die Mitarbeiter in Form einer direkten, persönlichen Befragung der Mitglieder im Studio (Interview-Methode). In diesem Zusammenhang ist allerdings anzumerken, dass die Mitglieder unter Umständen durch die Persönlichkeitsstruktur und Kommunikationsfähigkeit der betreffenden Mitarbeiter in ihrer Aussage bewusst oder unbewusst beeinflusst werden können.
Die telefonische Befragung wird i. d. R. anhand eines ausgearbeiteten Fragenkatalogs durchgeführt. Der gesprächsführende Mitarbeiter sollte neben einer umfangreichen Fachkompetenz auch über eine ausgeprägte Sprachkompetenz verfügen. Dadurch ist er in der Lage, auf mögliche Einwände des Gesprächspartners sofort zu reagieren. Der Vorteil dieser Erhebungsmethode liegt darin, dass innerhalb einer kurzen Zeitspanne viele Aussagen zur Auswertung vorliegen.

b) Der **Fragebogen** setzt detailliert ausgearbeitete Fragen voraus, die von den Befragten eindeutig schriftlich zu beantworten sind. Hinsichtlich der Qualitätsverbesserung ist anzumerken, dass in einem Fragebogen häufig eine Kombination von geschlossenen und offenen Fragen enthalten ist. Ein Vorteil dieser Methode besteht darin, dass die Mitglieder ihre Antworten und Aussagen anonym, also ohne eine Einflussnahme vom Studio, ausführen können. Der gravierende Nachteil besteht in der Unverbindlichkeit; nur eine geringe Anzahl der Fragebogen werden wieder zurückgeschickt.

2.5.3 Methoden der Marktforschung

Welche Vorgehensweisen beinhaltet eine Beobachtung?

Die **Beobachtung** ist eine weitere Methode der Primärerhebung. So werden z. B. Verhaltensweisen und Reaktionen der Kunden bei Sportveranstaltungen beobachtet. Weiterhin werden die Kunden/Mitglieder bei studiointernen Veranstaltungen beobachtet.
Während die Dauerbeobachtung über einen längeren Zeitraum erfolgt, werden bei der Multimomentmethode eine Vielzahl von Einzelbeobachtungen vorgenommen.
Die Ergebnisse der Beobachtung lassen sich in strategische Studioplanungen einfügen und leisten somit einen Beitrag zur Mitgliederorientierung im Studio.

Was versteht man unter einer Selbstaufschreibung?

Die Mitarbeiter des Studios leisten durch die **Selbstaufschreibung** einen wesentlichen Beitrag zur langfristigen Studioplanung, indem sie die wesentlichen Eigenschaften über Kunden/Mitglieder schriftlich fixieren.

Unter welchen Voraussetzungen ist eine Primärerhebung notwendig?

Eine **Primärerhebung ist notwendig,** wenn die Informationen der Sekundärerhebung zur Problemlösung nicht oder nur unvollständig vorliegen. Sie ist im Gegensatz zu einer Sekundärerhebung mit einem hohen Zeit- und Kostenaufwand verbunden.

2.5.4 Marketinginstrumente

Was ist eine Produktpolitik?

Die **Produktpolitik** eines Sport- und Fitnessstudios bezieht sich auf das Dienstleistungs- und Warenangebot. Das Warenangebot erstreckt sich dabei z. B. auf die Beautyartikel, die

Nahrungsergänzungsprodukte, die Getränke und Speisen, die Sportartikel sowie die Sportbekleidung und das Fitnesszubehör.
Das Warenangebot ist von der Größe des Studios, der Bedürfnisstruktur der Mitglieder und der Zielsetzung der Studioleitung abhängig.

Z!

Wie lassen sich die Dienstleistungen beschreiben?

Die **Dienstleistungen** in einem Sport- und Fitnessstudio beziehen sich zunächst auf eine umfangreiche Beratungs- und Betreuungstätigkeit der Mitglieder.
Auch das Dienstleistungsangebot der Trainer ist in diesem Zusammenhang zu erwähnen. Die Übungssequenzen werden zunächst altersspezifisch geplant und durchgeführt. Weiterhin sind die Erkenntnisse der aktuellen sportmedizinischen Wissenschaft mit einzubeziehen, ebenso wie die Gruppendynamik. Auch der Wettkampf ist diesem Bereich zuzuordnen.
Das Dienstleistungsangebot in einem Sport- und Fitnessstudio orientiert sich ausschließlich an der Bedürfnisstruktur der Mitglieder.

Z!

Welche Bedeutung hat z. B. der „Shopbereich" in einem Sport- und Fitnessstudio?

Das Warenangebot der Sportartikelhersteller wird unter Umständen in einem gesonderten **Shopbereich** den Mitgliedern präsentiert.
Die angebotenen Sportarten sowie der Fitness- und Wellnessbereich sind Bestimmungsgrößen für den Umfang der Produktpalette.
Zu erwähnen ist, dass Studiobetreiber in Zusammenarbeit mit den Herstellern auch entsprechende Sportartikel-Messen im Studio für ihre Mitglieder organisieren.

2.5.5 Preispolitik

Worauf bezieht sich der Begriff der Preispolitik?

Die **Preispolitik** innerhalb eines Sport- und Fitnessstudios bezieht sich auf das Dienstleistungs- und das Warenangebot. Anzumerken ist, dass der Preis ein wesentlicher Maßstab für die Kaufentscheidung der potenziellen Mitglieder ist und diese von dem Preis-Leistungs-Verhältnis des Studios zu überzeugen sind. Daneben sind preispsychologische Erkenntnisse zu berücksichtigen.
Der Mitgliedsbeitrag wird studiointern ermittelt; eine Kostendeckung und ein angemessener Gewinn sind zu berücksichtigen. Die Beitragshöhe ist u. a. abhängig von der Vertragslaufzeit, dem vereinbarten Leistungsumfang und dem Preis der Konkurrenzstudios. Auch die gestaffelte Beitragsgestaltung für bestimmte Personenkreise, wie z. B. Studenten, Wehrdienstleistende, Hausfrauen, Rentner, ist in diesem Zusammenhang wichtig.
Die Preisermittlung des Warenangebotes erfolgt auf der Grundlage der Kosten- und Leistungsrechnung und der Durchführung der Kalkulation.

2.5.6 Distributionspolitik

Was versteht man unter Distributionspolitik?

Im Rahmen der **Distributionspolitik (Distribution = Verteilung)** werden sämtliche Entscheidungen getroffen, die im Zusammenhang mit den Absatzwegen stehen.
Für den Betreiber eines Sport- und Fitnessstudios liegt die Bedeutung der Distributionspolitik darin, auf welchen Vertriebswegen er das Leistungsangebot den Mitgliedern präsentiert.

Unterscheiden Sie den direkten und den indirekten Absatzweg.

- Ein **direkter Absatzweg** liegt vor, wenn der Verkauf von Sportbekleidung z. B. direkt beim Hersteller erfolgt.

- Ein **indirekter Absatzweg** ist dann gegeben, wenn der Hersteller seine Sportbekleidung an den Groß- und Einzelhandel liefert; dort wird sie im Rahmen der Sortimentsgestaltung den Kunden angeboten.

Was bedeutet Direktmarketing?

Direktmarketing bedeutet, dass einer bestimmten Zielgruppe oder einem bestimmten Personenkreis das gegenwärtige oder geplante Leistungsangebot des Studios präsentiert wird.
Das Feedback ermöglicht der Studioleitung, die Anregungen und Vorstellungen zum Anlass zu nehmen das Leistungsangebot entsprechend zu modifizieren.

Welche Voraussetzungen müssen für „Direktmailing" gegeben sein?

Die **Voraussetzungen für Direktmailing** sind beim Versand von bestimmten Angeboten durch den Studiobetreiber an potenzielle Kunden gegeben. Die Anschriften sind entweder intern als Daten im Informationssystem der Studiobetreiber vorhanden oder sie müssen extern (evtl. über Marktforschungsinstitute) beschafft und ausgewertet werden.

2.5.7 Kommunikationspolitik

Was verstehen Sie unter Marketingkommunikation und Kommunikationspolitik?

- **Marketingkommunikation** ist die Verständigung des Studios mit möglichen Kunden in der Öffentlichkeit und mit den Studioangehörigen.

- Zur **Kommunikationspolitik** gehören sämtliche auf den Absatzmarkt gerichtete Informationsprozesse. Ziel dieser Informationsprozesse ist die Beeinflussung von Einstellungen und Erwartungshaltungen der Kunden gegenüber dem Leistungsangebot des Sport- und Fitnessstudios.
  Die Kommunikationspolitik (Marketingkommunikation) umfasst die kommunikationspolitischen Maßnahmen
  - Öffentlichkeitsarbeit (Publicrelations),
  - innerbetriebliche Werbung (Humanrelations),
  - Verkaufsförderung und
  - Werbung.

Der abgestimmte Einsatz aller kommunikationspolitischen Maßnahmen wird Kommunikationsmix genannt.

2.5.7 Kommunikationspolitik

Was verstehen Sie unter Öffentlichkeitsarbeit?

Z!

Zur **Öffentlichkeitsarbeit (Publicrelations)** zählen sämtliche Maßnahmen, die ein Unternehmen ergreift, um sein Ansehen in der Öffentlichkeit zu pflegen oder zu verbessern. Diese entsprechenden Maßnahmen werden auch als Imagepflege bezeichnet.

Welche Mittel der Publicrelations-Politik können in einem Sport- und Fitnessstudio eingesetzt werden?

Z!

Die **Mittel der Publicrelations-Politik** in einem Sport- und Fitnessstudio beziehen sich u. a. auf:

- Wettbewerbe
- Tag der offenen Tür
- Informationsabende
- Mitwirkung des Studios in Verbänden
- Förderunge des Gemeinwohls, z. B. durch Spenden
- Sponsoring

Welche Aufgabe hat die Corporate Identity-Politik?

Z!

Die **Corporate Identity-Politik** hat die Aufgabe, die verschiedenen Kommunikationsmöglichkeiten im Sinne einer unternehmensspezifischen Identität (= einheitliches, unverwechselbares Unternehmensbild) zu koordinieren.

Was ist Humanrelations und welche Maßnahmen und Mittel sind möglich?

Z!

Humanrelations (innerbetriebliche Werbung)

- wendet sich an die Mitarbeiter des Studios
- mit dem Ziel, gute zwischenmenschliche Beziehungen im Studio zu schaffen und zu pflegen.
- Dadurch soll das Betriebsklima, die Arbeitsfreude und die -leistung der Mitarbeiter/-innen positiv gefördert werden.
- Mittel und Maßnahmen sind u. a.
  - Berichte und Informationen über die Studiosituation,
  - Vorschlagswesen,
  - Betriebsausflüge u. v. m.

9709270

Was beinhaltet der Begriff der Verkaufsförderung (Salespromotion)?

Mit **Verkaufsförderung (Salespromotion)** bezeichnet man alle Maßnahmen, die eine Steigerungsrate bei den Mitgliedschaftsabschlüssen zum Inhalt haben. Oft sind diese Maßnahmen mit einer Erlebnisqualität für das potenzielle Mitglied verbunden, wie z. B. Preisausschreiben, Sonder- und Gutscheinaktionen, Informationsveranstaltungen usw. Auch das Erscheinungsbild der Mitarbeiter (Repräsentanten des Studios) ist zu beachten.
Die Mitarbeiter informieren, beraten und überzeugen das zukünftige Mitglied von dem Preis-Leistungs-Verhältnis des Studios. Durch entsprechende Schulungen werden die Mitarbeiter auf ihre Aufgaben umfassend vorbereitet und unterstützt.

Was ist unter Merchandising zu verstehen?

Merchandising bezieht sich auf die Verkaufsförderung (Salespromotion). Dabei wird das Logo bzw. die Firmenmarke auf Produkte übertragen, die in keinem unmittelbaren Zusammenhang mit den Handelswaren bzw. den hergestellten Produkten stehen.
Auf den Sport bezogen werden die besonderen Merkmale eines Spitzensportlers, eines Sportvereins oder einer Sportveranstaltung auf Sach- oder Dienstleistungen übertragen.

Was ist unter einem Verkauf nach dem Verkauf zu verstehen?

Das Mitglied verpflichtet sich nach Abschluss des Mitgliedschaftsvertrages, den vereinbarten Mitgliedsbeitrag ordnungsgemäß zu begleichen. Durch das umfassende Leistungsangebot wird das **Mitglied permanent zu weiteren Kaufabschlüssen angeregt.**

2.5.8 Werbung

Was ist Werbung?

Werbung ist die planmäßige, bewusste Beeinflussung einer bestimmten Zielgruppe durch spezielle Kommunikationsmittel, um die Nachfrage nach einer Dienstleistung oder Ware zu fördern, anzuregen oder hervorzurufen.

2.5.8 Werbung

Welche Aufgaben hat die Werbung?

Z!

Die Werbung soll

a) aus der Sicht eines Sport- und Fitnessstudios

- das neue Dienstleistungsangebot bekannt machen (Einführungswerbung),
- den Mitgliederstamm erhalten (Erinnerungs- oder Stabilisierungswerbung),
- beim Kunden neue Bedürfnisse wecken und dadurch neue Mitglieder hinzu- oder
- ehemalige Mitglieder zurückgewinnen (Expansionswerbung).

b) aus der Sicht des Kunden

- über das Leistungsangebot und die Artikel des Studios informieren und aufklären,
- eine Marktübersicht und Preisvergleiche ermöglichen.

Nennen Sie die Werbearten, unterschieden nach der Zahl der Werbenden einerseits und nach der Zahl der Umworbenen andererseits.

Z!

Nach der **Zahl der Werbenden** unterscheidet man die folgenden Werbearten:

- Alleinwerbung (Individualwerbung),
- kooperative Werbung, die ihrerseits unterteilt werden kann in Sammel- und Gemeinschaftswerbung.

Nach der **Zahl der Umworbenen** teilt man die Wirtschaftswerbung ein in:

- Einzelwerbung (Direktwerbung) und
- Massenwerbung

Unterscheiden Sie Sammel- und Gemeinschaftswerbung.

Z!

- Eine **Sammelwerbung** liegt vor, wenn sich mehrere Unternehmen verschiedener Branchen zusammenschließen und unter Namensnennung gemeinsam für ihre Leistungen werben.
- Von **Gemeinschaftswerbung** spricht man, wenn ein Fachverband oder mehrere Unternehmen einer Branche gemeinsam für ihre Branche werben, ohne dabei ihren Namen zu erwähnen.

Was verstehen Sie unter einer Direktwerbung?

Bei einer **Direktwerbung (Einzelwerbung)** werden bestimmte Personen oder Unternehmen (z. B. Firmenangebote) durch Gespräche, Werbebriefe oder Unterlagen über neue Aktionen, Trendsportarten, Schnupperkurse, Informationsveranstaltungen usw. direkt angesprochen. Dadurch ist i. d. R. der wirtschaftliche Erfolg aufgrund geringer Streuverluste größer.

Unterscheiden Sie zwischen Werbemitteln und Werbeträgern.

- **Werbemittel:** Ausdrucks- und Gestaltungsform, durch die die Werbebotschaft vermittelt wird (z. B. Anzeigen, Handzettel, Werbebriefe, Homepage, Fernsehwerbung, Ausstellungen, Messen, Verpackung der Ware, Ausstattung, Aufschriften auf Omnibussen); das Werbemittel stellt die **Werbebotschaft** dar.
- **Werbeträger:** Gegenstände oder Personen, durch die die Werbemittel an die Zielpersonen bzw. Zielgruppe herangetragen werden (z. B. Litfaßsäule, Hauswand, Zeitschrift, Straßenbahn, Schaufenster, Diskette); der Werbeträger ist das **Transportmittel** für das Werbemittel.

Welche Bereiche sind vom Werbenden selbst oder von einer von ihm beauftragten Werbeagentur für einen Werbeplan festzulegen?

Die **Bereiche des Werbeplans** sind im Einzelnen:

- **Werbeziele:** mit ihnen wird festgelegt, was mit den Werbemaßnahmen erreicht werden soll
- **Werbeetat:** gibt Auskunft darüber, wie viel Geld für die Werbung zur Verfügung steht
- **Werbeobjekte:** klären darüber auf, für welche Objekte geworben werden soll
- **Streukreis (Zielgruppe):** hier wird festgelegt, wer mit der Werbung angesprochen werden soll
- **Streugebiet:** mit seiner Bestimmung wird klargestellt, wo geworben werden soll
- **Streuweg (Werbemittel und Werbeträger):** gibt Auskunft darüber, womit geworben werden soll
- **Werbemittelgestaltung:** soll bei den Umworbenen eine größtmögliche Werbewirksamkeit erzielen und muss daher so ausfallen, dass die Werbeziele von der Zielgruppe verstanden und angenommen werden (z. B. Klarheit der Aussagen, Farben)
- **Streuzeit:** legt fest, wann geworben werden soll

2.5.8 Werbung

Nennen und erklären Sie die Grundsätze der Werbung.

Im Anschluss an die Werbeplanung folgt die Durchführung, bei der folgende **Werbegrundsätze** beachtet werden müssen:

- **Wahrheit:** Werbung muss frei sein von unzutreffenden Behauptungen, Übertreibungen und Entstellungen von Tatsachen, um den Kunden nicht irrezuführen und zu verärgern und um nicht gegen das Gesetz gegen den unlauteren Wettbewerb zu verstoßen.
- **Wirksamkeit:** Die Werbung soll ideenreich und originell sein, damit Aufmerksamkeit erzielt wird und für den Kunden der Unterschied zu den Konkurrenzprodukten klar erkennbar ist. Hinzu kommen die Wahl geeigneter Werbemittel und die Einprägsamkeit.
- **Klarheit:** Die Werbebotschaft sollte schnell erfassbar, leicht verständlich und übersichtlich sein.
- **Wirtschaftlichkeit:** Das Ziel des Werbenden/Anbieters muss sein mit möglichst geringen Kosten den Umsatz zu steigern.

Erklären Sie die AIDA-Formel.

Wie die Werbung auf den Kunden wirkt, bevor er seine Kaufentscheidung trifft, lässt sich vereinfacht in einem stufenartigen Zusammenhang darstellen:

A → **A**ttention = Die Werbebotschaft soll Aufmerksamkeit erzielen. Aber: Botschaft hören heißt noch lange nicht Interesse haben.

I → **I**nterest = Interesse wecken. Dadurch soll die Werbebotschaft im Gedächtnis des Umworbenen bleiben (= länger anhaltende Aufmerksamkeit). Aber: Interesse heißt noch lange nicht Kaufwunsch haben.

D → **D**esire = Drang, Kaufwunsch auslösen. Dem Umworbenen soll eine angenehme Gefühlswelt oder Erlebniswelt vermittelt werden, sodass er die Ware besitzen möchte. Aber: Kaufwunsch haben heißt noch lange nicht kaufen.

A → **A**ction = Aktion, Kauf bewirken. Der Umworbene kauft die Ware. Aber: Kaufen heißt noch lange nicht Produkttreue.

Deshalb muss der Anbieter, will er Wirksamkeit erzielen, auch auf **Stetigkeit** achten. Einmalige Werbemaßnahmen haben erfahrungsgemäß nur bescheidenen Erfolg.

Wie wird der ökonomische Werbeerfolg festgestellt?

$$\text{Ökonomischer Werbeerfolg} = \frac{\text{Umsatzsteigerung}}{\text{Werbekosten}}$$

Beschreiben Sie die Problematik der Werbeerfolgskontrolle.

Bei der **Ermittlung des ökonomischen Werbeerfolgs** treten Schwierigkeiten auf, da

- sich häufig die Werbekosten nicht eindeutig von den anderen Kosten im Studio abgrenzen lassen,
- sich andere Marketingmaßnahmen und Faktoren – neben der eingesetzten Werbemaßnahme – ebenfalls und gleichzeitig auf den Erfolg des Studios auswirken können,
- eine zeitliche Abgrenzung der Werbeerträge häufig unmöglich ist. Eine Werbemaßnahme kann z. B. schon längst abgeschlossen sein, ihre erfolgsfördernde Wirkung kann aber noch unvermutet über einen längeren Zeitraum anhalten.

Wann spricht man von einem außerökonomischen Werbeerfolg?

Ein **außerökonomischer Werbeerfolg** bezieht sich z. B. auf eine

- Erhöhung der Kundenkontakte,
- Verbesserung des Image des Studios,
- Steigerung des eigenen Bekanntheitsgrades,
- Erhöhung der Erinnerungsfähigkeit der Mitglieder.

Erklären Sie die Aussage „Werbung manipuliert".

Bei **manipulierender Werbung** entscheidet sich der Kunde aufgrund emotionaler Beeinflussungen, z. B. durch eine entsprechende Warenpräsentation oder eine besondere Aktion im Studio, zum Kaufabschluss.

2.5.8 Werbung

Werbung hat u. a. suggestive Wirkung.

Was ist darunter zu verstehen?

Suggestive Werbung ist stets emotional oder psychisch beeinflussend. Sie will den Kunden ein bestimmtes Bild vermitteln, das er beim Vertragsabschluss bzw. beim Gebrauch oder Verbrauch der Ware im Studio erhalten soll.

2.5.9 Gesetzliche Regelungen des Wettbewerbs

Welche Ziele verfolgt das Gesetz gegen den unlauteren Wettbewerb?

Das **Gesetz gegen den unlauteren Wettbewerb (UWG)** soll einen angemessenen Interessenausgleich zwischen den Unternehmen und den Verbrauchern schaffen. Durch das Gesetz wird zugleich das Interesse der Allgemeinheit an einem unverfälschten Wettbewerb geschützt.

Nennen Sie Maßnahmen, die gegen das Gesetz gegen den unlauteren Wettbewerb verstoßen.

Gemäß der Rechtsvorschrift des § 4 UWG sind **folgende Maßnahmen** grundsätzlich **verboten:**

- Wettbewerbshandlungen, die geeignet sind die Entscheidungsfreiheit der Verbraucher oder sonstiger Marktteilnehmer durch Ausübung von Druck, in Menschen verachtender Weise oder durch sonstigen unangemessenen unsachlichen Einfluss zu beeinträchtigen
- Wettbewerbshandlungen, die geeignet sind die geschäftliche Unerfahrenheit insbesondere von Kindern oder Jugendlichen, die Leichtgläubigkeit, die Angst oder Zwangslage von Verbrauchern auszunutzen
- Wettbewerbshandlungen, die den Werbecharakter verschleiern
- Verkaufsförderungsmaßnahmen, wie Preisnachlässe, Zugaben oder Geschenke, bei denen die Bedingungen für ihre Inanspruchnahme nicht klar und eindeutig angegeben sind
- Teilnahme von Verbrauchern an einem Preisausschreiben/ Gewinnspiel von dem Erwerb einer Ware oder der Inanspruchnahme einer Dienstleistung abhängig zu machen

- Kennzeichen, Waren, Dienstleistungen, Tätigkeiten oder persönliche oder geschäftliche Verhältnisse eines Mitbewerbers herabzusetzen oder zu verunglimpfen
- über Waren, Dienstleistungen oder das Unternehmen eines Mitbewerbers oder über den Unternehmer oder ein Mitglied der Unternehmensleitung Tatsachen behaupten oder verbreiten, die geeignet sind den Betrieb des Unternehmens oder den Kredit des Unternehmens zu schädigen, sofern die Tatsachen nicht nachweislich wahr sind
- den Mitbewerber gezielt behindern
- einer gesetzlichen Vorschrift zuwiderhandeln, die auch dazu bestimmt ist, im Interesse der Marktteilnehmer das Marktverhalten zu regeln

Z!

Welche Folgen können Verstöße gegen das Gesetz gegen den unlauteren Wettbewerb haben?

Die **Rechtsfolgen** sind in den Vorschriften des UWG enthalten und beziehen sich auf

- Beseitigung und Unterlassung,
- Anspruch auf Schadensersatz,
- strafrechtliche Verfolgung.

Zuständig für Streitigkeiten sind zunächst aber die Einigungsstellen bei den Industrie- und Handelskammern. Sie sollen die Wettbewerbsstreitigkeiten durch gütliche Vergleiche regeln und damit Prozesskosten aufgrund gerichtlicher Auseinandersetzungen vermeiden.

2.5.10 Kundendienstleistungen

Z!

Wie sind Kundenreklamationen zu behandeln?

Kundenreklamationen sind innerhalb der gesetzlich vorgeschriebenen Fristen hinsichtlich der Gewährleistungsansprüche entsprechend zu bearbeiten.
Nach Ablauf der vorgeschriebenen Fristen sind sie auf der Garantiebasis oder der Kulanzregelung abzuwickeln. Eventuell ist auch die Rücknahme von Erzeugnissen möglich.

2.5.10 Kundendienstleistungen

Welcher Unterschied besteht zwischen Gewährleistung, Garantie und Kulanz?

Z!

- **Gewährleistung** bedeutet, dass der Verkäufer verpflichtet ist dem Käufer mangelfreie Ware zu liefern. Der Verkäufer haftet also dafür, dass die Ware fehlerfrei übergeben wird. Im BGB sind die Gewährleistungsansprüche geregelt (z. B. die Sachmängelhaftung).

- **Garantie** bedeutet, dass die gesamten Mängel, die innerhalb der Garantiefrist anfallen, vom Verkäufer unentgeltlich beseitigt werden. Dies muss zwischen dem Verkäufer und dem Käufer vereinbart werden.

- **Kulanz** ist das gesetzlich und vertraglich nicht festgelegte Entgegenkommen des Verkäufers gegenüber dem Kunden bei der Bearbeitung von Reklamationen. Diese Vorgehensweise ist in Zusammenhang mit der Zielsetzung der Kundenbindung an das Unternehmen zu sehen.

2.5.10.1 Marketingmix

Was bedeutet Marketingmix?

Z!

Unter **Marketingmix** ist die von einem Unternehmen zu einem bestimmten Zeitpunkt eingesetzte optimale Kombination von marketingpolitischen Instrumenten zu verstehen, um ein Marketingziel zu erreichen. Dabei geht es insbesondere um die Bereiche:

- ➢ Produktpolitik,
- ➢ Preis- und Konditionenpolitik,
- ➢ Distributionspolitik,
- ➢ Kommunikationspolitik mit den Teilbereichen:
  - Werbung,
  - Verkaufsförderung,
  - Öffentlichkeitsarbeit,
  - Humanrelations.

2.5.11 Auswertung demografischer Daten

Welche Bedeutung hat die Auswertung demografischer Daten für eine Studioleitung?

Die **demografischen Daten** geben der Studioleitung zunächst Auskunft über die Struktur der Einwohner des betreffenden Einzugsgebietes. Aus diesen Daten ist z. B. der geschlechterspezifische Anteil der Kinder, Jugendlichen, Auszubildenden, Erwerbstätigen, Hausfrauen, Arbeitslosen oder Rentner ersichtlich.
Weitere Daten können sich z. B. beziehen auf Betriebe im Einzugsgebiet, die entsprechende Arbeitsmöglichkeiten zur Verfügung stellen, weitere Sport- und Fitnessstudios, Sportvereine, öffentliche Institutionen, Universitäten, Krankenhäuser und andere städtische Einrichtungen.
Informationen über die Infrastruktur sind notwendig, um eine Standortanalyse vornehmen zu können bzw. die gegenwärtige Verkehrsanbindung zu verbessern.
Die Studioleitung ist aufgrund dieser Daten in der Lage, ihr Leistungsangebot auf die speziellen Bedürfnisse der Einwohner ihres Einzugsgebietes zu beziehen.

2.5.12 Sponsoring und Spenden

Was versteht man unter Sponsoring?

Der **Begriff Sponsoring** leitet sich ab von dem englischen Wort to sponsor = fördern. Als Sponsor wird der Geldgeber bezeichnet, der eine Person, einen Verein oder eine Veranstaltung mit finanziellen Mitteln, Sach- oder Dienstleistungen unterstützt. Der Sponsor wird dabei durch eine Privatperson oder einen Unternehmen repräsentiert.

Welche Einflussgrößen bestimmen das Sponsoring?

Es handelt sich um ein **Geschäft, das auf Leistung und Gegenleistung ausgerichtet ist.**

- Der **Sponsor** setzt seine Geld, Sach- und Dienstleistungsmittel ein, um seine kommunikativen Ziele zu erreichen.
- Der **Gesponserte** schafft die Voraussetzungen für die definierten Ziele des Sponsors und realisiert seine eigenen Ziele mithilfe der Zuwendungen.

2.5.12 Sponsoring und Spenden

Welche Bedeutung hat das Sponsoring für den Sport?

Z!

Im Laufe der letzten Jahre hat sich das Sport- und Freizeitverhalten der potenziellen Konsumenten massiv gewandelt. Diese Entwicklung wird insbesondere aus der zunehmenden Anzahl von privaten Anbietern im Sport- und Fitnessbereich ersichtlich. Darüber hinaus müssen aber auch die gemeinnützigen Sportvereine sich diesem Trend stellen und ihr Angebot den geänderten Marktbedingungen, also dem veränderten Verbraucherverhalten, anpassen.

Für die gemeinnützigen Vereine bedeutet diese Entwicklung, dass ihnen im Rahmen der öffentlichen Einsparungen nicht mehr die klassischen, öffentlichen Fördermittel uneingeschränkt zur Verfügung stehen und sie aus diesem Grund auf neue Finanzquellen angewiesen sind.

Sponsoring ist daher eine große Möglichkeit, um den Finanzierungsbedarf auszugleichen.

Was ist bei der Vertragsgestaltung beim Sportsponsoring zu beachten?

Z!

Der **Vertrag** kommt durch zwei übereinstimmende Willenserklärungen **zwischen dem Sponsor und dem Gesponserten** zustande und ist ein zweiseitig verpflichtender privatrechtlicher Vertrag, für den eine gesetzliche Formvorschrift nicht vorgesehen ist. Die schriftliche detaillierte Auflistung der getroffenen Vereinbarungen ist die Rechtsgrundlage für die Vertragspartner.

Welche Ziele verfolgen die Sponsoren beim Sport?

Z!

Die **Ziele der Sponsoren** beim Sport sind u. a. darauf gerichtet,

- den eigenen Bekanntheitsgrad zu steigern.
- eine konkrete Zielgruppenansprache zu gewährleisten.
- eine Imagebildung zu fördern.
- ein Vertrauen zu schaffen.
- eine Motivationssteigerung der eigenen Mitarbeiter inkl. Corporate Identity zu gewährleisten.
- die Nachfrage und die Kaufabschlüsse zu steuern.
- das Informationsniveau zu erhöhen.
- den Sport zu fördern.

Welche Ziel verfolgen die Gesponserten des Sports?

Die **Ziele der Gesponserten** beim Sport sind
- eine finanzielle Absicherung des Sportbetriebes und Erhalt der eigenen Organisation zu gewährleisten.
- den gestiegenen Leistungsansprüchen gerecht zu werden.
- die zunehmend geringer werdenden öffentlichen Zuschüsse zu kompensieren.
- den eigenen Bekanntheitsgrad zu erhöhen.

Welche Vorteile bietet das Sportsponsoring?

Die **Vorteile des Sportsponsorings** liegen u. a. darin:
- Der Sport wird für kommunikative Zwecke genutzt.
- Das Sponsoring ist i. d. R. kostengünstiger als konventionelle Werbung.

Was versteht man unter Spendenrecht der gemeinnützigen Vereine?

Gemeinnützige Vereine benötigen zur Erfüllung ihrer Gemeinschaftsaufgaben neben ihren Einnahmen in Form von Mitgliedsbeiträgen und Aufnahmegebühren zusätzliche finanzielle Mittel in Form von **freiwilligen Spenden.** Diese Spenden unterliegen nicht der Besteuerung und aus diesem Grund ist der Verein auch nicht berechtigt eine Gegenleistung für den Erhalt der Spende zu erbringen. Er ist allerdings verpflichtet über den Nachweis der Spende eine Zuwendungsbestätigung auszustellen.

2.6 Veranstaltungsmanagement

Welche Bedeutung hat das Veranstaltungsmanagement für ein Sport- und Fitnessstudio?

Das umfangreiche Leistungsangebot eines Sport- und Fitnessstudios ist nicht nur beschränkt auf die Durchführung von Trainingssequenzen. Der sozialkommunikative Bereich gewinnt zunehmend an Bedeutung und wird u. a. durch das **Veranstaltungsmanagement** effektiv umgesetzt.
Die Planung, Organisation und Durchführung von Veranstaltungen erfordert eine Einbeziehung aller Teilbereiche des Studios.

2.6.1 Planungshilfen und Planungstechniken

Was ist bei der Organisation einer Veranstaltung zu beachten?

Die **Organisation einer Veranstaltung** ist mit einer detaillierten Planung verbunden. Dabei müssen Planungsabläufe eingehalten werden, die wie folgt zeitlich aufeinander bezogen sind:

- Beschreibung der gegebenen Rahmenbedingung des Studios,
- Konzepterstellung,
- Umsetzung des Konzepts,
- Durchführung der Veranstaltung,
- Nachbereitung.

Warum ist die Beschreibung der Rahmenbedingungen des Studios notwendig?

Die **Beschreibung der Rahmenbedingungen des Studios** bildet die Grundlage für die Zielbestimmung der Veranstaltung (Was beabsichtigt die Studioleitung mit diesem Event? Was möchte sie erreichen?). Damit wird zunächst das Potenzial der Mitarbeiter im Studio beschrieben (Können die Mitarbeiter neben der erforderlichen Fachkompetenz die Anforderungen und Erwartungen auch erfüllen? Sind evtl. zusätzliche Mitarbeiter erforderlich?). Diese Angaben sind in einem entsprechenden Personaleinsatzplan festzulegen.

Weiterhin bezieht sich die Beschreibung der Rahmenbedingungen auf

- die Zielgruppenbestimmung der Mitglieder. In diesem Rahmen ist eindeutig die Interessenlage der Mitglieder festzustellen.
- die finanziellen Möglichkeiten der Studioleitung (Ist ein derartiges Event überhaupt finanzierbar?). Damit sind die Rahmenbedingungen der Veranstaltung eindeutig vorgegeben und festgelegt.
- der Feststellung, welche Anforderungen mit der Durchführung der Veranstaltung verbunden sind (z. B. die räumlichen und technischen Gegebenheiten, die zur Durchführung des Events erforderlich sind).
  Diese Faktoren sind ausführlich schriftlich zu fixieren und legen damit die äußeren Rahmenbedingungen für die Veranstaltung/das Event fest.

Warum ist eine Konzepterstellung erforderlich?

Die **Konzepterstellung** beinhaltet die Festlegung der gesamten Maßnahmen, die zur Durchführung der geplanten Veranstaltung notwendig sind (z. B. die Festlegung der zeitlichen und örtlichen Terminierung der Veranstaltung).
In einer **detaillierten Ablaufplanung** sind die einzelnen systematisch aufeinander folgenden Arbeitsschritte und Maßnahmen festzulegen und mögliche Alternativen in Erwägung zu ziehen (wenn z. B. ein Veranstalter seine zuvor vertraglich festgelegten Vereinbarungen nicht oder nur unvollständig einhält).
Darüber hinaus sind die Werbemaßnahmen auszuwählen, mit denen die Zielgruppen/Teilnehmer auch eindeutig zu erreichen sind, um einen Streuverlust zu vermeiden. Auch die zu erwartende Kosten-Einnahme-Rechnung ist in diese Konzeption mit einzubeziehen.

Was beinhaltet die Umsetzung des Konzepts?

Die **Umsetzung des Konzepts** beinhaltet das gesamte Rahmenprogramm durch entsprechende Vertragsabschlüsse verbindlich festzulegen.
Darüber hinaus sind die rechtlichen Rahmenbedingungen (z. B. behördlichen Auflagen – Gewerbeordnung) zu beachten und einzuhalten.
In diese Konzepterstellung ist auch die Berichterstattung über die Veranstaltung mit einzubeziehen.

Was ist bei der Durchführung einer Veranstaltung zu beachten?

Bei der **Durchführung der Veranstaltung** sind die Maßnahmen, die in der Ablaufplanung umfassend fixiert sind, auf deren Einhaltung zu prüfen, wie z. B. den technischen Aufbau, die Vollständigkeit der Speisen und Getränke, Einhaltung der Personaleinsatzplanung, um die Betreuung sicherzustellen usw.
Der Veranstaltungsablauf ist schriftlich zu protokollieren, um mögliche Abweichungen von der Konzepterstellung deutlich zu erkennen.

2.6.1 Planungshilfen und Planungstechniken

Warum ist die Nachbereitung einer Veranstaltung notwendig?

In der **Nachbereitung der durchgeführten Veranstaltung** ist eine detaillierte Analyse notwendig, um Informationen zu erhalten:

- über den geplanten und tatsächlichen Veranstaltungsablauf,
- über einen schriftlich geführten Nachweis der eingeladenen und die tatsächlich erschienenen Mitglieder,
- über die Zuverlässigkeit der Veranstalter,
- über die Einhaltung der Zeitvorgaben,
- über mögliche zusätzliche Kosten, die mit einer unsachgemäßen Behandlung von Einrichtungsgegenständen in Zusammenhang stehen (Welche Versicherungsleistungen sind unter Umständen in Anspruch zu nehmen?),
- über die Koordination der dafür erforderlichen Reinigungskräfte,
- über die geplanten und tatsächlichen Kosten und Einnahmen,
- über die geplante Berichterstattung in der regionalen bzw. überregionalen Presse, in den Veröffentlichungen der Fachzeitschriften, im Internet usw.

Diese Soll-Ist-Analyse ist erforderlich, um mögliche Schwachstellen bei der Planung, Organisation und der Durchführung der Veranstaltung aufzuzeigen.

Was ist unter Catering zu verstehen?

Catering ist dem englischen Sprachgebrauch entnommen und bedeutet die Bereitstellung von Speisen und Getränken. Diese Dienstleistung wird von Fremdfirmen übernommen, deren Leistungsangebote z. B. den Partyservice und die komplette Bewirtung von Großveranstaltungen beinhaltet. Die Anlieferung der Speisen und Getränke einschließlich des erforderlichen Bedienungspersonals erfolgt über den Caterer.
Die Leistungen der Catering-Firma sind auf das Rahmenprogramm der Sportveranstaltung bezogen und dementsprechend einzelvertraglich zu regeln.

9709284

Was ist eine Event-Location?

Location aus dem englischen Sprachgebrauch entnommen bedeutet Stelle, Örtlichkeit. Dieser Begriff beschreibt also den Platz/Ort der Veranstaltung und die damit verbundenen räumlichen und technischen Voraussetzungen.

2.6.2 Rechtliche Rahmenbedingungen

Welche gesetzlichen Bestimmungen hat der Studiobetreiber bei der Durchführung einer Veranstaltung zu beachten?

Die Planung, Organisation und Durchführung von Veranstaltungen beinhaltet auch die **Einhaltung gesetzlicher Vorschriften.** Aus diesem Grund werden den Studiobetreibern (Veranstalter) vorgefertigte Anträge zur Verfügung gestellt, die eine Auflistung der zu beachtenden rechtlichen Vorgaben beinhalten.
So sind z. B.:

- Veranstaltungen, die außerhalb des Studios, also auf öffentlichen Plätzen durchgeführt werden, nach den Bestimmungen der Gewerbeordnung genehmigungspflichtig. Dabei ist zu beachten, dass die Genehmigungen von den verschiedenen städtischen Ämtern einzuholen sind.
- Die Antragsinhalte beziehen sich dabei auf
  - den Veranstalter,
  - die Anschrift der zuständigen Person,
  - die Veranstaltungsart,
  - die zeitliche Terminierung der Veranstaltung einschließlich Beginn und Ende,
  - den örtlichen Bereich der Veranstaltung,
  - die zu erwartende Anzahl der Besucher.
- Notwendige Absprachen hinsichtlich der Inanspruchnahme öffentlicher Plätze und einer Streckenführung, die sich außerhalb des Studios befinden, sind mit dem Ordnungsamt, dem Landratsamt und ggf. auch mit der Naturschutzbehörde und dem Forstamt vorzunehmen.

2.6.2 Rechtliche Rahmenbedingungen

Welche Zuständigkeiten beziehen sich auf die nachfolgenden Ämter bzw. Behörden?

1. Amt für öffentliche Ordnung,
2. Forstamt,
3. Friedhofsamt,
4. Gartenamt,
5. Sportamt,
6. Bauaufsichtsbehörde,
7. Fachverband,
8. Hilfsdienste,
9. Ordnungsamt,
10. Amt für Ordnung und Umwelt,
11. Branddirektion.

1. Das **Amt für öffentliche Ordnung** ist zuständig für das allgemeine Polizeiwesen, das Verkehrs- (z. B. der Streckenführung) und Straßenverkehrswesen, für Ordnungswidrigkeiten usw.
2. Das **Forstamt** ist für die Vermietung von Grillhütten, den Verkauf von Brennholz, Streckenführungen durch die Naturlandschaft usw. zuständig.
3. Das **Friedhofsamt** ist zuständig für die gärtnerische und bauliche Unterhaltung der Friedhöfe, der Bestattungen usw.
4. Die Zuständigkeit des **Gartenamtes** liegt bei der Unterhaltung von Park-, Grün- und Freizeitanlagen und Spielplätzen usw.
5. Die Genehmigung hinsichtlich der Nutzung von städtischen Sportanlagen erteilt das **Sportamt**.
6. Das Aufstellen von Zelten genehmigt die **Bauaufsichtsbehörde**.
7. Die Genehmigung der Veranstaltung durch den entsprechenden **Fachverband** ist nicht nur wegen der allgemein gültigen Anerkennung, sondern auch angesichts des Versicherungsschutzes erforderlich.
8. Weiterhin sind die **Leistungen der Hilfsdienste** (z. B. ASB/Arbeiter-Samariter-Bund, Johanniter-Unfall-Hilfe) mit Blick auf den Sanitätsdienst (Unfallhilfe) in die Planung einzubeziehen.
9. Der Zuständigkeitsbereich des **Ordnungsamtes** ist auf die Ordnung des öffentlichen Raumes, die Überwachung des ruhenden Verkehrs, die Gewerbeangelegenheiten einschließlich der Ausnahmeregelungen, den Verbraucherschutz und das Veterinärwesen bezogen. So ist z. B. die Änderung der Sperrzeit bei dieser Behörde zu beantragen.
10. Eine mögliche Schankerlaubnis ist beim **Amt für Ordnung und Umwelt** zu beantragen.
11. Für die Durchführung eines abschließenden Feuerwerks ist eine Genehmigung der **Branddirektion** erforderlich.

Welche weiteren Maßnahmen bei der Durchführung einer Veranstaltung hat der Veranstalter zu beachten?

Weitere Maßnahmen im Rahmen einer Veranstaltung, die es zu beachten gilt:

- In diesem Zusammenhang ist anzumerken, dass der Veranstalter für die notwendigen Verkehrsmaßnahmen (Verkehrsschilder, Absperrungen und Rettungswege) verantwortlich ist.
- Darüber hinaus ist er verpflichtet entsprechende Versicherungen (z. B. Veranstaltungshaftpflichtvers.) abzuschließen.
- Mit dem zuständigen Amt für Abfallwirtschaft und Stadt-

9709286

reinigung ist die Entsorgung der Abfälle zu regeln.
- Weiterhin ist der Veranstalter für die Bereitstellung entsprechender sanitärer Anlagen verantwortlich.
- Der Zuständigkeitsbereich des Veranstalters bezieht sich auch auf den Einsatz von privaten Sicherheitsdiensten (Security).

Warum ist eine Dokumentation über die Veranstaltung erforderlich?

In einem schriftlichen Bericht oder Protokoll ist der gesamte Veranstaltungsverlauf zu dokumentieren. Mögliche Defizite zwischen der Planung und der Durchführung der Veranstaltung sind somit ummittelbar ersichtlich.
In einer **Dokumentationsmappe** sind die entsprechenden Unterlagen zusammengestellt, wie z. B. die nachweisbaren verbindlichen Vereinbarungen und Vertragsabschlüsse mit den Geschäftspartnern der Veranstaltung, die Anträge und Genehmigungen usw. Diese Dokumente sind z. B. als Informationsnachweise bei möglichen Unstimmigkeiten und gerichtlichen Auseinandersetzungen erforderlich.

2.6.3 GEMA

Was ist unter der GEMA-Gebührenpflicht zu verstehen?

Die Abkürzung **GEMA** steht für die Gesellschaft für musikalische Aufführungs- und mechanische Vervielfältigungsrechte und nimmt in der Musikbranche die Urheberrechte ihrer Mitglieder (Komponisten, Textdichter und Musikverleger) wahr. Als Rechtsgrundlage ist das Urheberrechtswahrnehmungsgesetz (UrhWG) anzuführen. Gemäß dem Urhebergesetz steht ausschließlich nur dem Urheber das Recht zu sein Musikstück, seine Komposition oder seine Dichtung zu vervielfältigen. Als Mitglied in der GEMA ist der Urheber vertraglich verpflichtet seine gesamten Werke bei der GEMA anzumelden. Die Gesellschaft prüft die Nutzung urheberrechtlich geschützter Musik und erteilt entsprechende gebührenpflichtige Genehmigungen.
Der Veranstalter ist verpflichtet eine Genehmigung bei der GEMA zu beantragen, wenn er Musik in das Rahmenprogramm der Veranstaltung mit einbezieht. Die Gebührenpflicht bezieht sich auch auf den privaten Bereich der Unterhaltungselektronik. Über die Gebühreneinzugszentrale (GEZ) werden die GEMA-Gebühren eingezogen.

2.6.3 GEMA

Wann entfällt die GEMA-Gebührenpflicht?

70 Jahre nach dem Tod erlischt das Urheber- und Verwertungsrecht an einem Kunstwerk.

Welche Angaben sind bei der GEMA-Anmeldung erforderlich?

Die **GEMA-Anmeldung** beinhaltet:

- die Angaben zum Veranstalter,
- den zeitlichen Rahmen der Veranstaltung,
- die Größe des Veranstaltungsraumes,
- das Eintrittsgeld, auf eine Person bezogen,
- die Art der Musikwiedergabe.

Diese Angaben bestimmen u. a. die Höhe der zu entrichtenden Vergütung an die GEMA.

Welche Rechtsfolgen ergeben sich für den Veranstalter, wenn er die GEMA-Anmeldepflicht nicht beachtet?

Eine **Nichtbeachtung der Anmeldepflicht** führt zu Schadensersatzansprüchen durch die GEMA.

2.7 Grundlagen und Ziele der Kooperation

Wie lässt sich eine Kooperation beschreiben?

Unter einer **Kooperation** ist eine freiwillige, vertraglich vereinbarte Zusammenarbeit zu verstehen. Die Kooperationspartner behalten bei dieser Form der Zusammenarbeit ihre rechtliche und wirtschaftliche Unabhängigkeit.

Welche Ziele sind mit einer Kooperation verbunden?

Das primäre **Ziel einer Kooperation** besteht zunächst darin, die wirtschaftliche Leistungsfähigkeit der Kooperationspartner zu fördern.
Ebenso ist die Erhöhung des eigenen Marktanteils ein weiteres Ziel, also die Stellung des eigenen Studios gegenüber den anderen Sport- und Fitnessstudios hervorzuheben und zu fördern.

Ulrich Gerhard, Inhaber des Studios „Sport und Wellness aktiv", beabsichtigt den präventiven Gesundheitsbereich in das Leistungsprogramm mit aufzunehmen.

a) Welche möglichen Kooperationspartner stehen zur Verfügung?

b) Welche Vorteile ergeben sich für Ulrich Gerhard?

a) Als mögliche Kooperationspartner sind z. B. die Krankenkassen zu erwähnen; sie beraten ihre Mitglieder und gewähren diesen u. U. auch eine finanzielle Unterstützung. Auch Ärzte sind als Kooperationspartner in Erwägung zu ziehen. Sie können ihre Patienten auf das Leistungsangebot des Studios hinweisen und sie darüber hinaus auch weiterhin beraten und betreuen. Kooperationen sind auch mit Gesundheitszentren, Altenheimen und Kliniken möglich.
Die Kooperationen im gesundheitsorientierten Bereich des Sports dienen nicht nur ausschließlich der Kosteneinsparung, sondern leisten einen erheblichen Beitrag zur Versorgung der Patienten, die über die Leistungen ihrer Institutionen hinausgehen. In diesem Zusammenhang ist die Eigeninitiative und Eigenbeteiligung der betroffenen Personen zu erwähnen.

b) Durch eine Kooperation mit niedergelassenen Ärzten der verschiedenen Fachrichtungen ist der Studiobetreiber Ulrich Gerhard in der Lage, den Mitgliedern eine Fachberatung durch die Ärzte anzubieten. Die Zuweisung der Patienten erfolgt dann durch die Ärzte mit der Zielsetzung, deren gesundheitliche Beeinträchtigungen im Studio des Kooperationspartners präventiv und akut therapieren zu lassen. Diese Maßnahmen dienen der Erhaltung und Verbesserung des allgemeinen und speziellen körperlichen Zustandes der Patienten. Auch die Alternativen zur Stressbewältigung sind in diesem Zusammenhang zu erwähnen.
Das **Gesundheitsmanagement** des Studios, das über ein gesichertes Qualifikationsniveau verfügt, ist durch die Vergabe von Qualitätssiegeln erkennbar. Die Zertifizierung erfolgt durch unabhängige Institutionen. Damit ist der gesicherte Qualitätsstandard für den gesundheitsorientierten Sport gewährleistet.

2.7 Grundlagen und Ziele der Kooperation

Wie ist der Kooperationsvertrag rechtlich zu beurteilen und welche Inhalte sind festgelegt?

Der **Kooperationsvertrag** ist ein privatrechtlicher Vertrag, der durch zwei übereinstimmende Willenserklärungen zustande kommt.

Die Voraussetzungen für eine Kooperation sind u. a. in der eindeutigen Zieldefinition zu sehen, verbunden mit einer vertraglich festgelegten Aufgabenverteilung.

In einem Kooperationsvertrag sollten u. a. die nachfolgenden Inhalte festgelegt sein:

- Angaben über die Kooperationspartner,
- Angaben über das Leistungsangebot der Kooperationspartner einschließlich der Festlegung der Aufgabenverteilung,
- Angaben über die Teilnahmevoraussetzungen,
- Angaben über die Festlegung der Tätigkeitsgebiete der Kooperationspartner,
- Angaben über die Stimmrechte der Kooperationspartner,
- Angaben über die Rechte und Pflichten der Vertragspartner,
- Angaben über mögliche Sanktionen bei Nichtbeachtung der Vereinbarungen,
- Angaben über die Haftung und Gewährleistungsansprüche,
- Angaben über die Verteilung der entstandenen Aufwendungen,
- Angaben über den Zeitraum der Kooperationsvereinbarung,
- Angaben, unter denen der Vertrag ordentlich und außerordentlich aufgelöst werden kann,
- Angaben über Regelung einer Erfolgskontrolle,
- Angaben zu den finanziellen Vereinbarungen.

Angesichts dessen wird deutlich, dass diese Form der Zusammenarbeit auf Vertrauen und einer gegenseitigen Respektierung der Interessen beruht.

Wie lässt sich Franchising beschreiben?

Franchising ist eine Alternative zur traditionellen Unternehmensgründung. Der Franchisepartner übernimmt vom Franchisegeber ein fertiges, vorgegebenes Gründungskonzept, das er einschließlich des Markenzeichens gegen ein vertraglich festgelegtes Entgelt erwirbt. Ein weiterer Vorteil für den Fran-

chisenehmer besteht darin, dass ihm eine entsprechende Unterstützung bei der Errichtung seines Unternehmens geboten wird. Weiterhin behält er seine eigene rechtliche Selbstständigkeit (er handelt im eigenen Namen und auf eigene Rechnung); allerdings ist er an die Vorgaben des Franchisegebers vertraglich gebunden.
In einem privatrechtlichen Vertrag, der durch zwei übereinstimmende Willenserklärungen zustande kommt, werden die Rechte und Pflichten der Vertragspartner eindeutig und umfassend geregelt. Franchisingunternehmen sind z. B. die OBI-Baumärkte, McDonalds.

2.8 Sportstätten

2.8.1 Gebäudemanagement

Was umfasst der Begriff des Gebäudemanagements?

Das **Gebäudemanagement** beinhaltet den technischen, den infrastrukturellen und den kaufmännischen Managementbereich.

- Das ***technische Gebäudemanagement*** beinhaltet das Wartungs- und Instandhaltungsmanagement, das Energiemanagement, die Gewährleistungsverfolgung, Maßnahmen zur Modernisierung und Sanierung, das Informationsmanagement usw.
- Dem ***infrastrukturellen Gebäudemanagement*** sind zunächst die Dienstleistungen, die sich auf die Pflege der Gebäude und Anlagen beziehen, zuzuordnen. Weiterhin umfasst dieser Bereich z. B. das Reinigungs- und Pflegemanagement, den Winterdienst, die Gestaltung der gesamten Außenanlage, die Tätigkeiten der Hausmeister, den Sicherheitsdienst, das Umzugsmanagement, die Konzeption über den Parkraum, das Abfall- und Entsorgungsmanagement usw.
- Das ***kaufmännische Gebäudemanagement*** umfasst z. B. die Bereiche des Auftrags- und Beschaffungsmanagements, das Vertragsmanagement, die Objektbuchhaltung, die Kostenplanung, die Kostenerfassung und die Kostenabrechnung und das Controlling.

Das Gebäudemanagement beinhaltet neben der Substanz- und Werterhaltung die primäre Zielsetzung, die Betriebskosten der Gebäude zu reduzieren sowie Konzepte zur Kosteneinsparung zu erarbeiten und diese effektiv umzusetzen.

9709291

2.8.1 Gebäudemanagement

Warum müssen Sportstätten geschaffen werden?

Sport ist ein wichtiger Teilbereich unserer Gesellschaft und erfüllt gesellschaftspolitische Aufgaben. Durch das umfangreiche Vereinsangebot wird allen Bevölkerungsgruppen die Möglichkeit geboten ihre Interessen aktiv umzusetzen. Dafür müssen entsprechende **Sportstätten** geschaffen werden.

Was sind Sportstätten?

Eine **Sportstätte** ist ein Sammelbegriff und bezieht sich auf die gesamten Gebäude einschließlich der Einrichtungen und Anlagen, die der Ausübung der verschiedenen Sportarten dienen. Zu einer Sportstätte gehören z. B. die Sportanlagen, die Sportplätze, die Sporthallen, die Bäderanlagen, die Tennisanlagen, die Wassersportanlagen, die Golfanlagen, die Reitanlagen usw.

Wie werden diese Sportstätten finanziert?

Um ein derartiges vielfältiges und flächendeckendes Sportangebot der Bevölkerung zur Verfügung zu stellen, ist eine **Finanzierung** bzw. eine finanzielle Beteiligung durch den Bund, das Land und die Kommunen erforderlich.
Die gegenwärtigen Einsparungen im öffentlichen Haushaltswesen haben u. a. eine Nutzungsgebühr für die Inanspruchnahme kommunaler Sporteinrichtungen erforderlich gemacht.

2.8.2 Sportstättenverwaltung

Was ist unter einer Sportstättenverwaltung zu verstehen?

Die **Sportstättenverwaltung** umfasst die gesamte Verwaltung der städtischen Sportanlagen.
Dazu gehören neben den Sportstätten die Sporthallen, die Sportstadien, die Sportplätze, die Rasenflächen usw.

9709292

Die Sportstättenverwaltung umfasst die Belegung und Koordination der Sportanlagen an Vereine und Interessengruppen, die Sportanlagenpflege, die Bereitstellung der Sportanlagen für öffentliche Veranstaltungen, die Zuschussverwaltung usw.

Welche Aufgaben sind den Sportämtern zugewiesen?

Bei den Stadtverwaltungen ist eine Dienststelle für die Belange des Sports eingerichtet worden, das **Sportamt**. Zu den Aufgaben des Sportamtes gehören z. B. die Sportstättenbelegung durch Vereine und Interessengruppen, die Unterhaltung von Sporthallen und Sportplätzen, die Förderung und Unterstützung des Schul- und Vereinsports, die Sportentwicklung, die Sportstättenplanung usw.

Der Industriemeister Stefan Winterkorn ist bei der Stadt Gießen als Hallen- und Anlagenwart (Facility-Manger) beschäftigt.

Welche Aufgaben hat er zu erledigen?

Der **Aufgabenbereich des Hallen- und Anlagenwartes** Stefan Winterkorn bezieht sich auf:

- die Überwachung und Betreuung des gesamten Sporthallenkomplexes,
- die Überwachung der Einhaltung der Haus- und Benutzerordnung,
- die Wartung und Reparaturen der Sportgeräte,
- die Weiterleitung von notwendigen Reparaturaufträgen an die zuständige Dienststelle,
- die Kontrolle der von Fremdfirmen (Dritte) durchgeführten Reparaturen,
- die Führung und Überwachung des Hallenbuches,
- die Überwachung oder Durchführung der Reinigungs- und Pflegearbeiten bezogen auf den Sporthallenkomplex und der Außenanlage,
- die Überwachung oder Durchführung der Pflege der gesamten Sportgeräte,
- die Durchführung des Winterdienstes,
- die Aufstellung des Inventars.

Eine detaillierte Aufgabenzuweisung erfolgt durch den entsprechenden Behördenleiter der Stadt Gießen. Außerdem steht Stefan Winterkorn als Ansprechpartner den Sportlern unmittelbar zur Verfügung und übernimmt zusätzliche Dienstleistungen, die in der Stellenbeschreibung nicht aufgeführt sind.

3.1 Grundlagen des Wirtschaftens

3.1.1 Bedürfnisse und Bedarf

Welche Arten von Bedürfnissen gibt es?

Geben Sie bei der Nennung gleichzeitig eine allgemeine Beschreibung ab und belegen Sie diese mit mindestens einem Beispiel.

Bedürfnisse können gegliedert werden nach:

- **der Dringlichkeit**
  - **Existenzbedürfnisse:**
    z. B. Nahrung, Kleidung, Wohnung, Information. Die Deckung dieser Bedürfnisse ist für das Überleben unbedingt erforderlich.
  - **Kulturbedürfnisse:**
    z. B. der Wunsch nach Unterhaltung, Bildung oder Urlaub. Diese Wünsche entsprechen dem Stand unserer heutigen Lebensweise, unserem kulturell-zivilisatorischen Entwicklungsstand.
    Kulturbedürfnisse übersteigen die Existenzbedürfnisse – ihre Deckung ist nicht lebensnotwendig und kann daher u. U. auch unterbleiben oder hinausgeschoben werden. Häufig sind Kulturbedürfnisse aber unentbehrlich, wie z. B. die Schulbildung oder die Unterhaltung.
  - **Luxusbedürfnisse:**
    z. B. das Verlangen nach einer Weltumseglung oder der Wunsch, eine echt Rolex-Uhr tragen zu können.
    Luxusbedürfnisse entwickeln sich sehr häufig aus gesellschaftlichen Zwängen und dem Geltungsdrang des Einzelnen.
- **der Art der Befriedigung** (nach dem Gegenstand)
  - **materielle Bedürnisse:**
    Sie können im Wesentlichen durch käufliche (materielle) Dinge befriedigt werden.
  - **immaterielle Bedürnisse:**
    Sie können nicht durch greifbare Güter befriedigt werden, wie z. B. das Verlangen nach echter Geborgenheit oder nach wahrer Freundschaft.
- **der Möglichkeit der Befriedigung** (nach dem Bedürfnisträger)
  - **Individualbedürfnisse:**
    Sie beruhen auf einem persönlichen Bedürfnis oder den persönlichen Vorstellungen eines einzelnen Menschen.

9709294

➢ **Kollektiv- oder Gemeinschaftsbedürfnisse:**
Sie werden angestrebt bzw. können nur erfüllt (finanziert) werden von der Gemeinschaft (dem Kollektiv), wie das Verlangen nach medizinischer Versorgung oder polizeilicher Sicherheit.

◆ **dem Bewusstseinsgrad**

➢ **offene (bewusste) Bedürfnisse:**
Sie werden konkret verspürt und schon in frühester Kindheit offen formuliert, wie Hunger, Durst und Kälte oder das Verlangen nach Lob.

➢ **latente (verdeckte) Bedürfnisse:**
Sie sind nicht immer bewusst, nicht immer bei allen vorhanden und müssen erst geweckt werden. Sie schlummern im Verborgenen und können zu offenen Bedürfnissen werden, wenn sie geweckt werden (z. B. durch die Werbung).

Z!

Unterscheiden Sie zwischen Bedürfnis, Bedarf und Nachfrage.

◆ **Bedürfnisse**

➢ entstehen durch ein persönliches Mangelempfingen.
➢ sind individuell unterschiedlich.
➢ sind unbegrenzt und veränderbar.
➢ sind voneinander nicht genau abzugrenzen.
➢ sind von verschiedenen Bedingungen abhängig.
➢ bewegen Menschen dazu, wirtschaftlich zu handeln.

◆ **Bedarf** (= erfüllbarer Wunsch) ist der Teil der Bedürnisse, die ein Mensch mit seinen vorhandenen finanziellen Mitteln (Einkommen und Vermögen), also aufgrund vorhandener Kaufkraft, befriedigen kann.

◆ **Nachfrage** ist der Teil des Bedarfs, der auf dem Markt tatsächlich wirksam wird (= erfüllter Wunsch); Güter der Dienstleistungen werden durch Kauf erworben.

Inwiefern können zwischen den Bedürfnissen einer Person und denen einer Gemeinschaft Konflikte entstehen?

Dem kollektiven Bedürfnis nach einer gesunden Umwelt steht zum Beispiel das Individualbedürfnis vieler Autofahrer nach Bequemlichkeit/Komfort bei der Fortbewegung entgegen.

3.1.1 Bedürfnisse und Bedarf

Wovon ist es abhängig, ob ein Bedürfnis als Existenz-, Kultur- oder Luxusbedürfnis einzustufen ist?

Die Einstufung hängt ab vom Lebensstandard, vom technischen Niveau der Volkswirtschaft, der individuellen Einstellung des Menschen und von der Kultur einer Gesellschaft.

Nennen Sie die Bedürfnisschichten der Maslow-Pyramide und ihre Bedeutung.

Einteilung der Bedrüfnisse nach psychologischen Gesichtspunkten in fünf Schichten gemäß dem amerikanischen Psychologen Maslow (nach oben abnhemnde Dringlichkeit und Bedeutung):

- **Grundbedürfnisse**
  (unterste Bedürnisschicht)
  wie Sicherung von Nahrung und körperlicher Unversehrtheit (Existenzbedürfnisse)

- **Sicherheitsbedürfnisse**
  (zweite Schicht)
  z. B. persönliche und soziale Sicherheit, sicherer Arbeitsplatz (Sicherung der Grundbedürfnisse, z. B. durch Versicherungen)

- **Soziale Bedürfnisse**
  (dritte Schcicht)
  z. B. Anerkennung, Zuneigung und das Bedürfnis nach Kontakten

- **Wertschätzungs- oder Achtungsbedürfnisse**
  (vierte Schicht)
  z. B. Ansehen, Anerkennung, Einfluss, Prestige, Macht, Bestätigung

- **Selbstverwirklichungsbedürfnisse**
  (letzte Schicht)
  beispielsweise Unabhängigkeit und Entfaltung individueller Fähigkeiten

Diese Einteilung berücksichtigt einerseits die unterschiedliche Bedeutung von Bedürfnisschichten und andererseits die Rangordnung der Bedürfnisse: Zunächst werden die Grundbedürfnisse vollständig, dann die Sicherheitsbedürfnisse – zumindest zum überwiegenden Teil – und zuletzt die sozialen Bedürfnisse – zumindest teilweise – befriedigt usw.

9709296

3.1.2 Güter

Was versteht man unter Gütern und worin unterscheiden sich wirtschaftliche von freien Gütern?

Güter sind Mittel der Bedürfnisbefriedigung und haben für den Menschen einen Nutzen.

- **Freie Güter** (z. B. Meerwasser, Sonnenlicht, Luft, Sand in der Wüste)
  - sind unbegrenzt vorhanden.
  - haben keinen Preis.
  - sind nicht Gegenstand wirtschaftlicher Überlegungen.

- **Wirtschaftliche Güter** (z. B. Handy, Bücher, Lebensmittel)
  - sind von Natur aus nicht konsumreif.
  - verursachen bei der Herstellung Kosten.
  - sind Gegenstand des Wirtschaftens.
  - sind knapp.
  - haben einen Preis.

Erklären Sie, wie ein freies Gut zu einem wirtschaftlichen Gut werden kann.

Durch Güterverknappung, z. B. aufgrund der negativen Beeinträchtigung unserer Umwelt, kann ein freies zu einem wirtschaftlichen Gut werden.
So ist aus dem ehemals freien Gut „Wasser" ein wirtschaftliches Gut geworden, das man, um es konsumieren zu können, aufbereiten muss. Dadurch wird es zum Gegenstand des Wirtschaftens, es ist knapp geworden, es entstehen Kosten und es bildet sich folglich ein Preis. Sämtliche Kriterien, die ein wirtschaftliches Gut kennzeichnen, sind erfüllt.

3.1.2 Güter

In welche Arten werden wirtschaftliche Güter eingeteilt?

Beschreiben Sie zusätzlich mit allgemeinen Worten die jeweilige Güterart und nennen Sie dazu mindestens je ein Beispiel.

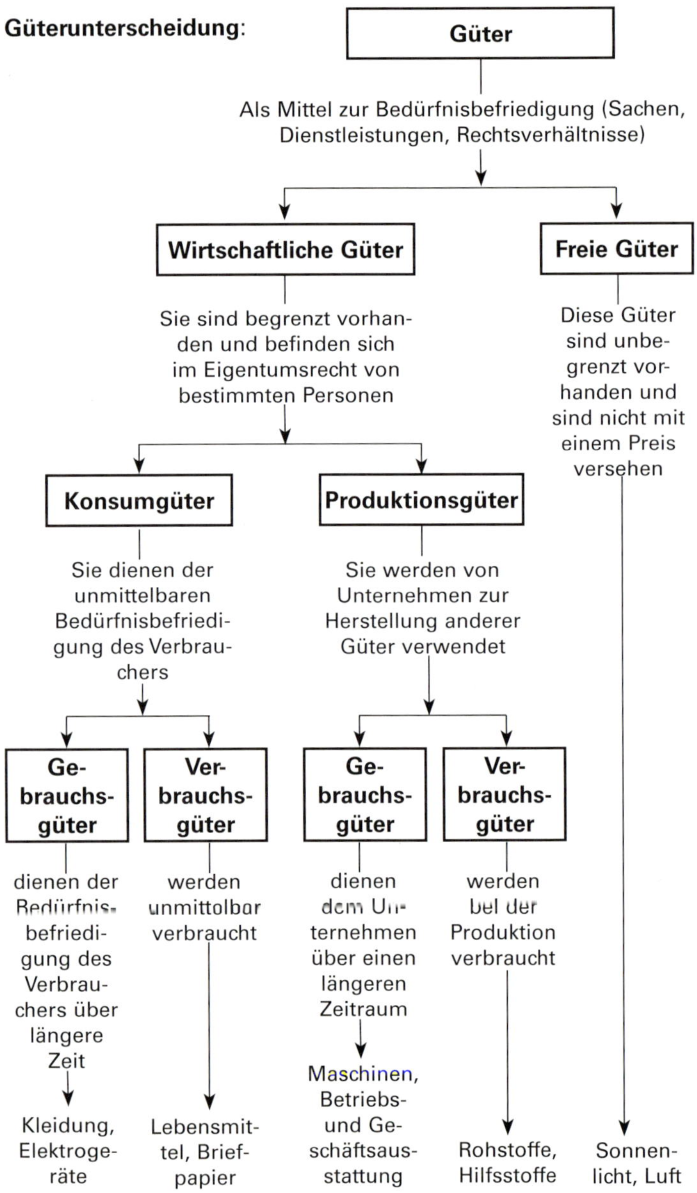

9709298

Z!

Welcher Unterschied besteht zwischen Komplementär- und Substitutionsgütern?

- **Komplementäre Güter**
  - ➢ ergänzen sich
  - ➢ werden zusammen nachgefragt und
  - ➢ zur gemeinsamen Benutzung hergestellt.

  Beispiele: CDs und CD-Spieler; Benzin und Auto

- **Substitutionsgüter**
  - ➢ können sich gegenseitig ersetzen,
  - ➢ befriedigen ähnliche Bedürfnisse,
  - ➢ werden alternativ nachgefragt.

  Beispiele: Reis/Kartoffeln; Heizöl/Sonnenenergie als Energiequellen; Butter/Margerine als Brotaufstrich

3.2 Wirtschaftsordnung

3.2.1 Modelle der Wirtschaftsordnung

Wodurch unterscheiden sich die idealtypischen von den realtypischen Wirtschaftsordnungsmodellen?

- **Idealtypische Wirtschaftsordnungen** sind **theoretische Modelle**, d. h. gedanklich konstruierte volkswirtschaftliche Systeme, die in der wirtschaftlichen Wirklichkeit in ihrer reinen Form nicht vorkommen.
  Als idealtypische Modelle werden
  - ➢ die **freie Marktwirtschaft** und
  - ➢ die **Zentralverwaltungswirtschaft**

  unterschieden.

- **Realtypen** sind **tatsächlich verwirklichte** volkswirtschaftliche **Systeme**. Als realtypische Wirtschaftsordnungen standen sich bis Ende der 80er-Jahre
  - ➢ die **soziale Marktwirtschaft** demokratischer Staaten und
  - ➢ die **sozialistische Planwirtschaft** kommunistischer Staaten

  gegenüber.

3.2.1 Modelle der Wirtschaftsordnung

Welche Merkmale kennzeichnen die freie Marktwirtschaft?

Im **Modell der freien Marktwirtschaft** kommt die **Grundidee des Individualismus** (Vorrecht des Einzelnen) zum Ausdruck. Der Staat unterwirft sich den Spielregeln des Marktes und überlässt die Wirtschaft dem freien Spiel der Kräfte („Nachtwächterstaat", der sich nur um Ruhe und Ordnung kümmert; seine Aufgaben beschränken sich daher auf Schutz und Rechtspflege sowie auf die Außenpolitik und Bildung.).

Die **freie Marktwirtschaft** ist gekennzeichnet durch die folgenden **Merkmale**:

- zentrale Rolle des Konsumenten
- freie Preisbildung auf dem Markt durch Angebot und Nachfrage
- Recht auf Privateigentum, d. h. auch an den Produktionsmitteln
- Vertragsfreiheit
- Gewerbefreiheit
- freie Berufs- und Arbeitsplatzwahl
- Konsumfreiheit (die Haushalte entscheiden über den Bedarf und seine Rangordnung; Konsumentensouveränität)
- Produktions- und Handelsfreiheit (die Unternehmer können frei über die Art und den Umfang von Produktion und die Produktionsverfahren entscheiden)
- Handeln nach dem Grundsatz des größtmöglichen Gewinns (Gewinnmaximierungsprinzip; Gewinn als Maßstab für das Vorgehen der Produzenten)
- freie Lohnbildung über den Arbeitsmarkt (ausgehandelt zwischen Arbeitgebern und Arbeitnehmern; Gewährleistung vollständiger Tarifautonomie)
- offene freie Märkte (offener Marktzugang für jeden Marktteilnehmer)
- Chancengleichheit auf allen Märkten (Konkurrenzprinzip, d. h. keine Monopole und Absprachen)

Nennen Sie die Grundelemente der Zentralverwaltungswirtschaft.

Grundelemente der Zentralverwaltungswirtschaft:

- **Ziele:**
  - ➢ Einsatz der Arbeitskräfte nach ihren Fähigkeiten
  - ➢ Streben nach Bedarfsdeckung
- **Wesen:**
  - ➢ Koordination über Planbehörden
    - – Streben nach Planerfüllung als Richtschnur des Handelns
    - – straffe Planung des Produktionsmitteleinsatzes

- **Merkmale:**
  - ➢ Kollektivprinzip als Grundlage
  - ➢ staatliches Eigentum an den Produktionsmitteln
  - ➢ Planerfüllungsprinzip
  - ➢ Preisfestsetzung durch staatliche Behörden
  - ➢ keine Vertragsfreiheit
  - ➢ Festsetzung der Löhne durch den Staat
  - ➢ zentrale Planung der Güterproduktion und der -verteilung
  - ➢ staatliches Außenhandelsmonopol

Was sind die Erfolgsgaranten der sozialen Marktwirtschaft?

Erfolgsgaranten der **sozialen Marktwirtschaft** sind die **marktwirtschaftlichen Prinzipien** und **Bereiche zur sozialen Sicherung**:

- ➢ Wettbewerbsordnung
- ➢ Eigentumsordnung
- ➢ Sozialordnung

3.2.1 Modelle der Wirtschaftsordnung

Erklären Sie die *Wettbewerbsordnung* in ihren Grundzügen.

Ein **funktionierender Wettbewerb** (Leistungswettbewerb) stellt sicher, dass der Verbraucher die besten Qualitäten zu den günstigsten Preisen kaufen kann. Damit der Wettbewerb fair bleibt, muss der Staat „Spielregeln“ aufstellen und deren Einhaltung überwachen:

- **Preisbildung grundsätzlich durch Angebot und Nachfrage**
  Die freie Preisbildung ist ein ganz wichtiges Element der Marktwirtschaft. Viele Kaufentscheidungen, die über Erfolg oder Misserfolg von Unternehmen entscheiden, werden durch den Preis bestimmt. Deshalb liefern sich die Unternehmen hier einen harten Wettbewerb: Sie gewähren ihren Kunden Rabatte, Skonti, nehmen Altgeräte in Zahlung oder geben günstige Kredite, damit bei ihnen und nicht woanders gekauft wird.
  Weitere Wettbewerbsmittel, die auf die Nachfrager und Mitkonkurrenten einwirken, sind die Produktqualität und der Service.
  Einschränkungen durch den Staat:
  - Schutz des Verbrauchers (Höchstpreise)
  - Schutz eines Berufsstandes (Mindestpreise)
  - Kartellgesetzgebung (Verbotsprinzip)

- **Gewerbefreiheit**
  Einschränkungen:
  - Drogerien, Apotheken
  - Schutz gegen Gefahr, Lärm, Schmutz, Geruch

- **Freie Planung der Unternehmer**
  Aber: Eingriffe des Staates aus sozialen Gründen:
  - Mitbestimmung der Arbeitnehmer
  - Sicherung der Arbeitsplätze (Kündigungsschutz)
  - Gesetzliche Sozialversicherung

- **Steuerung der Wirtschaft**
  Verantwortung liegt generell in der Hand der Privatwirtschaft.
  Staatliche Eingriffe:
  - gerechte Verteilung des Sozialproduktes (Sozialhilfe, Wohngeld, Kindergeld, Vermögensbildung, Steuerpolitik)
  - Schutzgesetze, zum Beispiel Jugendarbeitsschutz, Urlaubsgesetz

- **Vertragsfreiheit**
  Gesetzliche Regelungen zum Schutz des schwächeren Vertragspartners.
  Einschränkungen bezüglich:
  ➢ der Geschäftsfähigkeit
  ➢ Nichtigkeit und Anfechtung von Rechtsgeschäften

- **Freiheit der Berufswahl**

- **Lohnfestsetzung**
  Tarifautonomie: Die eigenverantwortliche Regelung der Arbeitsbedingungen durch die Tarifpartner hält den Staat aus Verteilungskonflikten zwischen Arbeit und Kapital heraus. Außerdem sind Arbeitgeberverbände und Gewerkschaften aufgrund ihrer Sachnähe kompetenter als staatliche Institutionen einen fairen Interessenausgleich auszuloten.

Wodurch wird der Wettbewerb in Deutschland vor Missbrauch geschützt?

Kartellverbot, Fusionskontrolle und Missbrauchsaufsicht sind deshalb die Eckpfeiler der marktwirtschaftlichen Wettbewerbsverfassung.

- **Das Gesetz gegen den unlauteren Wettbewerb (UWG)** verbietet alle Wettbewerbshandlungen, die gegen die guten Sitten verstoßen.

- **Das Gesetz gegen Wettbewerbsbeschränkungen (GWB, Kartellgesetz)** soll die missbräuchliche Ausnutzung von Marktmacht verhindern. Missbrauch liegt beispielsweise vor, wenn die Wettbewerbsmöglichkeiten anderer Unternehmen ohne sachlich gerechtfertigten Grund beeinträchtigt werden.

- **Das Gesetz zur Förderung der Stabilität und des Wachstums der Wirtschaft (Stabilitätsgesetz)** soll ebenfalls missbräuchliche Marktmacht verhindern und die Freiheit des Wettbewerbs sicherstellen.

Das Grundprinzip der Wettbewerbsordnung ist das Verbot wettbewerbsbeschränkender Praktiken bei gleichzeitigen fest definierten Ausnahmen, wie z. B. Rationalisierungs- und Konditionenkartelle.

3.2.2 Markt und Marktarten

Welche Bedingungen müssen gegeben sein, damit man allgemein von einem Markt sprechen kann?

Der **Markt** ist
- jedes Zusammentreffen von Angebot und Nachfrage für ein bestimmtes Wirtschaftsgut.
- nicht an einen bestimmten Ort gebunden.
- der Ort, an dem sich Preise für Güter bilden.

Nennen Sie die Marktarten. Unterscheiden Sie dabei in Faktor- und Gütermärkte.

Die Marktarten können eingeteilt werden in:

◆ **Faktormärkte** (Märkte für die Produktionsfaktoren):
- Arbeitsmarkt: Arbeitsleistungen werden gegen Arbeitsentgelte gehandelt.
- Immobilienmarkt: Handel mit Grundstücken und Gebäuden.
- Kapital- und Geldmarkt: Vermittlung von z. B. lang- und kurzfristigen Krediten.

◆ **Gütermärkte:**
- Konsumgütermarkt: Handel mit Konsumgütern; es existiert eine Vielzahl von Märkten, z. B. Kartoffel-, Automobil-, Computermarkt; Anbieter sind die Unternehmen, Nachfrager die privaten Haushalte.
- Investitionsgütermarkt: Handel mit Produktionsgütern, z. B. Maschinen, Werkzeugen; Anbieter und Nachfrager sind die Unternehmen.

3.2.3 Bildung des Gleichgewichtspreises – seine Veränderungen und Aufgaben

Was ist im Allgemeinen unter dem Begriff des Angebots bzw. der Nachfrage zu verstehen?

Z!

◆ **Angebot** = Die Gütermenge, die die Unternehmen auf dem Markt anbieten wollen.

◆ **Nachfrage** = Der am Markt in Kaufentscheidungen umgesetzte Bedarf. Darunter wird die Menge an Gütern verstanden, die ein Wirtschaftssubjekt zu kaufen beabsichtigt, um seine Bedürfnisse zu befriedigen.

Nennen Sie in Anlehnung an den Wirtschaftskreislauf die Arten der Nachfrage.

Je nach nachfragendem Wirtschaftssektor können folgende **Nachfragearten** unterschieden werden:

- Haushaltsnachfrage: Die Menge an Konsumgütern, die ein privater Haushalt zu kaufen beabsichtigt.
- Unternehmensnachfrage: Der Bedarf an Produktionsgütern, den ein Unternehmer am Markt deckt.
- Staatsnachfrage: Die Nachfrage der öffentlichen Haushalte, um ihren Bedarf an Gütern und Dienstleistungen zu befriedigen, z. B. zur Unterhaltung von öffentlichen Einrichtungen.
- Auslandsnachfrage: Zur Auslandsnachfrage können alle ausländischen Wirtschaftssubjekte gerechnet werden, die ihre benötigten Güter im Inland kaufen.

Welche Größen bestimmen das Verhalten der Nachfrager?

Grundsätzlich bestimmen die einzelnen Nachfrager frei und selbstständig darüber, was sie nachfragen. Insofern gibt es eine Vielzahl von Faktoren, die die persönliche Nachfrage beeinflussen. Unter gesamtwirtschaftlicher Betrachtungsweise sind für die **Nachfrage** folgende **Größen** bestimmend:

- Preis des angebotenen Gutes
- Preise anderer Güter (Substitutions- bzw. Komplementärgüter)
- verfügbares Einkommen der Haushalte (Kaufkraft)
- Erwartungen über die zukünftige wirtschaftliche Entwicklung
- Bedarfsstruktur (Art der Bedürfnisse und ihre Dringlichkeit) der Haushalte (abhängig vom Geschlecht, Alter, Beruf, gesellschaftlichem Umfeld, Ausstattung mit Gütern, Einkommen usw.)
- Anzahl der Nachfrager

3.2.3 Bildung des Gleichgewichtspreises – seine Veränderungen und Aufgaben

Nennen Sie die Faktoren, die das Angebot beeinflussen.

Entscheidende **Faktoren**, die das **Angebot beeinflussen**, sind:

- Preis des angebotenen Gutes
- Preis anderer Güter (Substitutions- bzw. Komplementärgüter)
- Gewinnerwartung
- Kosten der Produktionsfaktoren (z. B. Arbeits-, Kapitalkosten)
- Unternehmensziele (z. B. Gewinnmaximierung, Existenzerhaltung, Vergrößerung des Marktanteils)
- Stand der technischen Entwicklung (des techn. Know-hows)
- Wettbewerbssituation auf dem Markt
- Einschätzung der zukünftigen wirtschaftlichen Entwicklung
- Finanzsituation

Was besagt das Gesetz der Nachfrage?

Das **Gesetz der Nachfrage** besagt:

- Sinkt der Preis eines Gutes, dann erhöht sich die Nachfrage nach diesem Gut – unter sonst gleichen Bedingungen.
- Steigt der Preis eines Gutes, dann sinkt die Nachfrage nach diesem Gut.

Was besagt das Gesetz des Angebotes?

Das **Gesetz des Angebotes** ist gekennzeichnet durch folgende **Gesetzmäßigkeiten**:

- Je niedriger der Preis eines Gutes, desto geringer ist das Angebot dieses Gutes. Begründung: Der Verkauf des Gutes verspricht wenig Aussicht auf Erträge, sodass die Anzahl der Unternehmen, die dieses Gut anbieten, abnimmt.
- Mit steigendem Preis steigt wegen der zunehmenden Gewinnaussichten das Angebot.

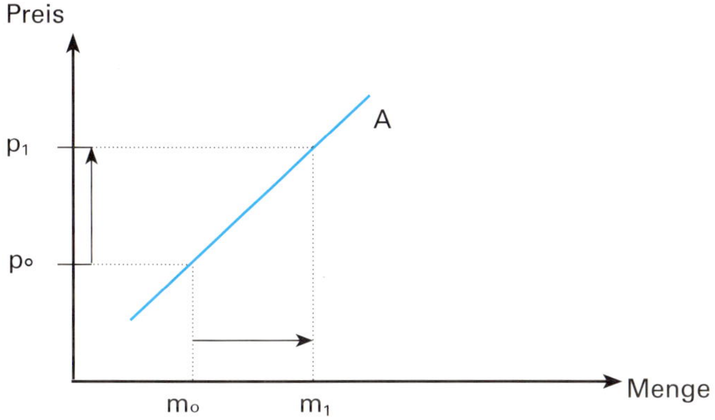

9709307

3.2.3 Bildung des Gleichgewichtspreises – seine Verände... und Aufgaben

Wie bildet sich auf einem polypolistischen Markt (bei vollständiger Konkurrenz) der Wettbewerbspreis?

Grafisch sieht die Bildung des Markt-/Gleichgewichtspreises (unter vollkommenen Marktbedingungen) wie folgt aus:

Preis (€)

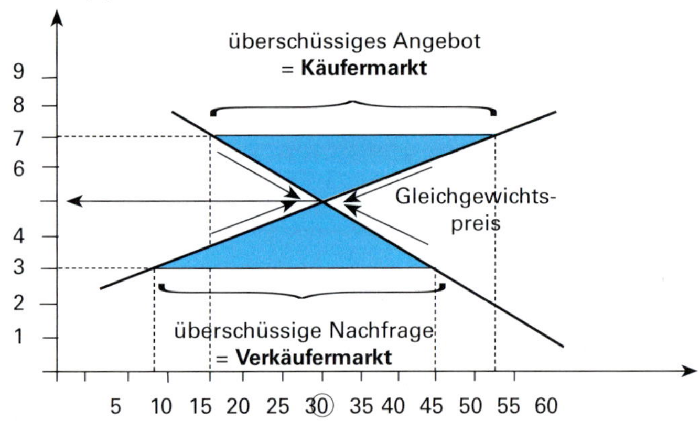

Erklärung:
Beide Kurven schneiden sich bei einem Preis von 5,00 €/ Stück. Bei diesem Preis werden 35 Stück des Gutes angeboten und 35 Stück des Gutes nachgefragt. Lediglich bei diesem Preis stimmen angebotene und nachgefragte Menge überein. Dieser Preis wird daher als **Gleichgewichtspreis** bezeichnet; die Menge nennt man **Gleichgewichtsmenge**. Der Gleichgewichtspreis ergibt sich durch das Zusammentreffen von Angebot und Nachfrage auf diesem Konsumgütermarkt.

Beim Marktpreis von 7,00 € besteht ein Überangebot (Angebot 57 Stück/Nachfrage 20 Stück), die Anbieter können nicht sämtliche Güter absetzen, sie müssen den Preis senken (= **Käufermarkt**). Der Marktpreis von 3,00 € hingegen erscheint den Nachfragern so günstig, dass sie 50 Stück erwerben möchten, die Anbieter aber nur 12 Stück anbieten; der Preis wird steigen (= **Verkäufermarkt**).

In beiden Fällen herrscht kein Gleichgewicht. Die Pfeile verdeutlichen, wie sich in einem ständigen Anpassungsprozess der Preis dem Gleichgewichtspreis nähert.

[illegible]r, die bereit sind zum Gleichgewichtspreis zu verkaufen, können ihr gesamtes Angebot absetzen. Alle Nachfrager, die zum Gleichgewichtspreis kaufen wollen, können ihre Wünsche realisieren.

Vom Marktgeschehen ausgeschlossen sind daher all jene Anbieter, die einen höheren Marktpreis erzielen, und sämtliche Nachfrager, die ihren Nutzen mittels eines niedrigeren Marktpreises maximieren wollen.

Preis in Euro	Nachfrage/ Stück	Angebot/ Stück	Differenz/ Stück	Möglicher Absatz/Stück	Marktlage
2,00 ↓	57	3	54	3	Nachfrageüberhang (= Verkäufermarkt)
3,00 ↓	50	12	38	12	
5,00	**35**	**35**	**0**	**35**	**Gleichgewichtspreis**
7,00 ↑	20	57	37	20	Angebotsüberhang (= Käufermarkt)
8,00 ↑	14	68	54	14	

Merke:

- Der Gleichgewichtspreis bildet sich im Schnittpunkt von Angebots- und Nachfragekurve.
- Der Gleichgewichtspreis räumt den Markt.
- Zum Gleichgewichtspreis wird die größtmögliche Warenmenge abgesetzt.
- Der Gleichgewichtspreis ist der Preis, bei dem sich Anbieter und Nachfrager einig sind.
- Steigt das Angebot im Verhältnis zur Nachfrage (Nachfragelücke, Angebotsüberhang), dann sinkt der Preis. Es existiert ein Käufermarkt.
- Steigt die Nachfrage im Verhältnis zum Angebot (Angebotslücke, Nachfrageüberhang), dann steigt der Preis. Es liegt ein Verkäufermarkt vor.

3.2.4 Markttypen und Marktformen

Welche Marktformen werden in der Ökonomie unterschieden?

Auf einem Markt kann es einen Anbieter bzw. einen Nachfrager geben, mehrere Anbieter bzw. Nachfrager oder viele Anbieter bzw. Nachfrager.
Unterscheidet man daher die Märkte nach der Anzahl der Marktteilnehmer, d. h. nach der Anzahl von Anbietern und Nachfragern, so ergeben sich die folgenden **Marktformen**:

- **Monopol**:
  - **Angebotsmonopol**: ein Anbieter/viele Nachfrager
  - **Beschränktes Angebotsmonopol**: ein Anbieter/wenige Nachfrager
  - **Nachfragemonopol**: viele Anbieter/ein Nachfrager
  - **beschränktes Nachfragemonopol**: wenige Anbieter/ein Nachfrager
  - **zweiseitiges (bilaterales) Monopol**: ein Anbieter/ein Nachfrager
- **Oligopol**:
  - **Angebotsoligopol**: wenige (starke) Anbieter/viele Nachfrager
  - **zweiseitiges (bilaterales) Oligopol**: wenige Anbieter/wenige Nachfrager
  - **Nachfrageoligopol**: viele Anbieter/wenige Nachfrager
- **Polypol**:
  viele Anbieter/viele Nachfrager (atomistische/vollständige Konkurrenz)

Je geringer die Zahl der Anbieter bzw. Nachfrager, desto größer ist ihre Marktmacht.

3.2.5 Konzentration in der Wirtschaft (Kartell, Konzern und Trust)

Was versteht man unter Konzentration?

Der Zusammenschluss von Unternehmen zu großen Wirtschaftseinheiten wird als **Konzentration** bezeichnet.
Sie kann durch vertragliche oder kapitalmäßige Bindungen erfolgen. Die wirtschaftliche Selbstständigkeit der einzelnen Unternehmen wird dadurch eingeschränkt oder völlig aufgegeben.

9709310

Unterscheiden Sie die Zusammenschlüsse Kartell, Konzern und Trust.

- **Kartelle** sind Zusammenschlüsse zwischen Unternehmen der gleichen Produktions- und Handelsstufe (= horizontale Zusammenschlüsse), bei denen nur vertragliche Absprachen erfolgen. Die beteiligten Unternehmen bleiben rechtlich und wirtschaftlich selbstständig. Die wirtschaftliche Entscheidungsfreiheit der dem Kartell angehörenden Unternehmen ist jedoch je nach Art des Kartells mehr oder weniger stark eingeschränkt.
- **Konzerne** sind Zusammenschlüsse von rechtlich selbstständigen Unternehmen, die ihre wirtschaftliche Selbstständigkeit unter einer einheitlichen wirtschaftlichen Leitung aufgeben.
- Ein **Trust** ist eine Verschmelzung (= Fusion) von Unternehmen, die ihre rechtliche und wirtschaftliche Selbstständigkeit aufgeben. Es besteht nur noch ein rechtlich und wirtschaftlich selbstständiges Unternehmen.

Welche Aufgaben hat eine Holdinggesellschaft?

Eine **Holdinggesellschaft** ist eine Finanzierungs- und Verwaltungsgesellschaft. Sie verwaltet lediglich die angeschlossenen Unternehmen, ohne selbst Produktions- oder Handelsaufgaben zu übernehmen.

Unter welcher Voraussetzung muss ein Unternehmenszusammenschluss beim Bundeskartellamt gemeldet werden?

Ein Unternehmenszusammenschluss muss beim **Bundeskartellamt gemeldet** werden, wenn im letzten Geschäftsjahr vor dem Zusammenschluss

a) die beteiligten Unternehmen insgesamt weltweit mehr als 500 Mio. € Umsatzerlöse und

b) mindestens ein beteiligtes Unternehmen im Inland Umsatzerlöse von mehr als 25 Mio. € erzielt haben.

3.3 Wirtschaftspolitik

3.3.1 Wirtschaftskreislauf mit staatlicher Aktivität und Außenwirtschaft

Beschreiben Sie den einfachen Wirtschaftskreislauf.

Im einfachen Wirtschaftskreislauf werden die Beziehungen zwischen den **Haushalten** und den **Unternehmen** dargestellt.

Es gibt keinen Staat und keine Wirtschaftsbeziehungen zum Ausland (Modellbetrachtung: geschlossene Wirtschaft ohne staatliche Aktivität).

Zwischen diesen beiden Wirtschaftsbereichen findet eine ständige Wiederholung von Kauf und Verkauf statt. Dabei steht einer großen Zahl von Haushalten eine Vielzahl unterschiedlicher Unternehmen (z. B. Handel, Industrie, Banken) gegenüber:

- Die Haushalte stellen den Unternehmen ihre Arbeitsleistung zur Verfügung. Zudem erhalten die Unternehmen von den Haushalten Grundstücke (Boden) und Geld zur Finanzierung der Produktion (Kapital). Die Unternehmen investieren dabei nur in den Ersatz verbrauchter Anlagen.
- Die Haushalte erhalten als Gegenleistung Geld von den Unternehmen (Einkommen als Lohn, Pacht oder Zinsen).
- Die Haushalte verwenden das gesamte Einkommen zum Kauf von Gütern (im Modell nur Konsumgüter).
- Von den Unternehmen fließen den Haushalten im Tausch mit ihren Geldausgaben Konsumgüter zu.

Im Wirtschaftskreislauf fließt jedem Güterstrom ein wertgleicher Geldstrom entgegen.

9709312

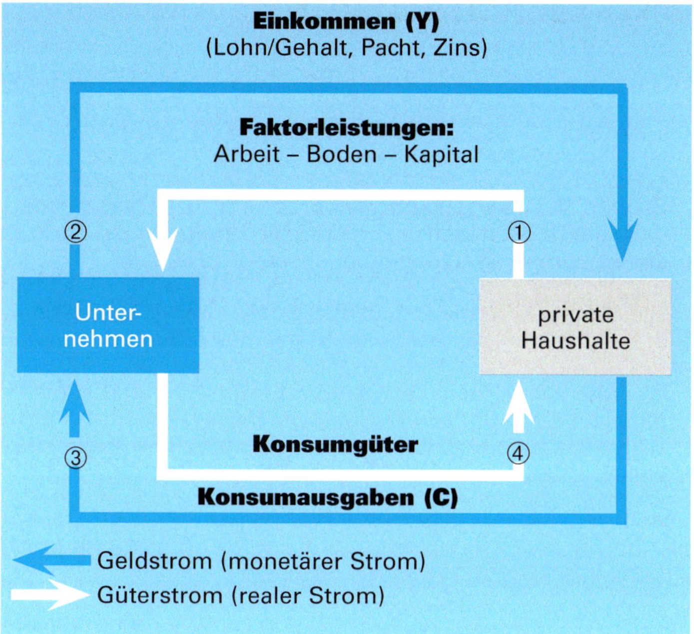

Der einfache Wirtschaftskreislauf zeigt entgegengesetzt verlaufende Ströme: den Geldstrom und den Güterstrom.

Beschreiben Sie beide Ströme ausführlich.

- Der **Geldstrom** (= monetärer Strom) besteht aus dem Einkommen der Haushalte (Lohn für die Arbeit; Pacht für den Boden; Zins für das Kapital) und aus deren Konsumausgaben. Die Konsumausgaben werden bei den Unternehmen zu Erlösen.

- Der **Güterstrom** (= realer Strom) verläuft gegenüber dem Geldstrom entgegengesetzt. Er umfasst die Faktorleistungen der Haushalte und die von den Unternehmen bereitgestellten Güter.

3.3.1 Wirtschaftskreislauf mit staatlicher Aktivität und Außenwirtschaft

Was würde geschehen, wenn die Haushalte ihr Einkommen nicht in voller Höhe für Konsumgüter ausgeben, sondern einen Teil sparen würden?

Es wird **weniger gekauft** als vorher. Da die Warenmenge jedoch gleich geblieben ist, müssen die Unternehmen die Preise senken, um ihr Warenangebot absetzen zu können.

Gleichzeitig wird die Produktion eingeschränkt. Es wird daher in Zukunft weniger gearbeitet (Kurzarbeit oder Entlassungen).

Weniger Arbeit bedeutet weniger Einkommen und somit weniger Geld auf der Verbraucherseite insgesamt. Die Wirtschaft schrumpft aufgrund des Nachfrageausfalls, die Preise sinken weiter ...

3.3.2 Sozialprodukt und Wirtschaftswachstum

Was ist unter dem Sozialprodukt zu verstehen?

Das **Sozialprodukt** ist die Summe aller Güter und Dienstleistungen, die innerhalb eines Jahres in einer Volkswirtschaft erzielt wurden.

Die positive Veränderung (Zunahme) des Sozialproduktes gegenüber dem Vorjahr ist als Maßstab für den Wohlstand und die Lebensqualität einer Volkswirtschaft anzusehen.

Was verstehen Sie unter Subventionen?

Subventionen sind Leistungen der öffentlichen Hand, die zur Erreichung eines bestimmten, im öffentlichen Interesse liegenden Zwecks gewährt werden.

Subventionen gewährt der Staat nicht nur Not leidenden Unternehmen, z. B. in Form von Steuerermäßigungen oder direkten Zahlungen, sondern auch kulturellen Einrichtungen, wie z. B. Theatern.

3.3.3 Gesamtwirtschaftliche Ziele

Was verstehen Sie unter Wirtschaftspolitik?

Wirtschaftspolitik bedeutet sämtliche staatlichen Maßnahmen, durch die der Wirtschaftsprozess mit geeigneten Mitteln beeinflusst werden soll, damit sich die gesamte Volkswirtschaft möglichst störungsfrei und gleichmäßig entwickeln und wachsen kann. Dadurch sollen sichergestellt werden die

- soziale Sicherheit,
- persönliche Freiheit,
- Mehrung des Wohlstandes,
- gerechte Verteilung des wachsenden Wohlstandes.

Welche Ziele verfolgt die staatliche Wirtschaftspolitik?

Die **Ziele,** an denen sich die staatliche Wirtschaftspolitik zu orientieren hat, sind im Gesetz zur Förderung der Stabilität und des Wachstums der Wirtschaft (Stabilitätsgesetz) formuliert. Danach haben Bund und Länder bei ihren wirtschafts- und finanzpolitischen Maßnahmen die Erfordernisse des gesamtwirtschaftlichen Gleichgewichts zu beachten. Dieses Ziel steht als Kurzform für die wirtschaftspolitischen Unterziele:

- stabiles Preisniveau
- hoher Beschäftigungsstand („Vollbeschäftigung")
- angemessenes und stetiges Wirtschaftswachstum
- außenwirtschaftliches Gleichgewicht (Import = Export)

Betrachtet man diese vier Ziele, so kann man feststellen, dass sie sich gegenseitig zwar nicht ausschließen, aber häufig in Konkurrenz zueinander stehen. Das bedeutet, dass sie sich in der wirtschaftlichen Praxis oftmals nicht zum gleichen Zeitpunkt und in gleichem Ausmaß verwirklichen lassen. Häufig behindern staatliche Maßnahmen, die der Erfüllung des einen Zieles dienen sollen, das Erreichen eines anderen Zieles. Weil für das gleichzeitige Erreichen aller Ziele geradezu magische Kräfte erforderlich wären, wird diese Zielkombination auch als **„magisches Viereck"** bezeichnet.

3.3.3 Gesamtwirtschaftliche Ziele

Nennen Sie weitere qualitative Ziele der Wirtschaftspolitik, die die gesetzlich fixierten Ziele des „magischen Vierecks" ergänzen.

Meldungen von Umweltskandalen, Problemen bezüglich der Finanzierbarkeit des sozialen Netzes sowie die Diskussion um eine ökologische Steuerreform fordern die Soziale Marktwirtschaft neu heraus. Zur Bewältigung der Zukunftsprobleme haben sich **weitere wirtschaftspolitische Ziele** entwickelt:

- ➢ die Erhaltung einer lebenswerten Umwelt,
- ➢ der Wunsch gerechter Einkommens- u. Vermögensverteilung,
- ➢ das Verlangen nach Steuergerechtigkeit.

Was verstehen Sie unter:
– Kaufkraft,
– Reallohn und
– Nominallohn?

- ◆ Die **Kaufkraft** gibt an, welche Gütermenge für eine Geldeinheit gekauft werden kann. Durch sie wird der Wert des Geldes bestimmt.
- ◆ Der **Reallohn** gibt an, welche Menge an Gütern tatsächlich erworben werden kann. Er wird ermittelt unter Berücksichtigung des Preisniveaus.
- ◆ Der **Nominallohn** gibt an, wie viel Geld jemand verdient. Er entspricht dem Nennwert des Lohnes.

Erläutern Sie folgende Begriffe:
– Preisindex der Lebenshaltung,
– Inflation und
– Deflation.

- ◆ Der **allgemeine Preisindex der Lebenshaltung** zeigt in einer Messzahl die Preisänderungen von Gütern und Dienstleistungen – bezogen auf ein bestimmtes Basisjahr (= 100 %). Erfasst werden alle privaten Haushalte.
- ◆ Als **Inflation** bezeichnet man einen Prozess, der dadurch gekennzeichnet ist, dass die Preise im Zeitablauf ständig steigen.
- ◆ Die **Deflation** weist auf ein ständiges Sinken des Preisniveaus hin mit der Folge, dass die Kaufkraft (Wert des Geldes) zunimmt.

Was ist unter einer Inflation zu verstehen?

Inflation bedeutet eine Überversorgung einer Volkswirtschaft mit Geld. Die gesamtwirtschaftliche Nachfrage ist somit größer als das gesamtwirtschaftliche Angebot.

Welche Folgewirkungen sind mit einer Inflation verbunden?

Ein ständiges Ansteigen des Preisniveaus bei sinkender Kaufkraft ist als **markantes Merkmal einer Inflation** anzusehen. Aus diesem Grunde werden die Güter zu überhöhten Preisen auf dem Markt gehandelt.
Die ständige Geldentwertung ist somit für jeden Bürger deutlich erkennbar.

Welche Gründe gibt es für die Forderung nach Preisniveaustabilität?

Bei **steigenden Preisen**

- sinkt die Kaufkraft und die Bezieher fester Einkommen verlieren einen Teil ihres Einkommens und Sparguthabens,
- kann es zur Gefährdung des sozialen Wohlstandes und einer unkontrollierten Umverteilung der Realeinkommen kommen (was unter Umständen soziale Ungerechtigkeiten und Unruhen nach sich zieht),
- sinkt das Vertrauen in den Wert und die Aufgaben des Geldes und in die Wirtschaft insgesamt.

Was ist unter einer importierten Inflation zu verstehen?

Durch einen hohen Exportüberschuss (Ausfuhr von Waren in das Ausland) fließen ausländische Zahlungsmittel in das Inland; dies führt zu einer Erhöhung der inländischen Geldmenge verbunden mit Preissteigerungen und zu einer **importierten Inflation**.

3.3.3 Gesamtwirtschaftliche Ziele

Welche Wirkungen hat eine Deflation?

Als Folge des **Ungleichgewichts von Geld- und Gütermenge** (Inlandsnachfrage [Geldmenge] < Inlandsangebot [Gütermenge]) ergeben sich folgende
Wirkungen einer Deflation:
- sinkende Preise (steigender Geldwert)
- zunehmende Sparneigung
- abnehmende Umlaufgeschwindigkeit des Geldes
- abnehmender Verbrauch (Nachfrageausfall)
- zurückgehende Umsätze (weniger Aufträge)
- Überkapazitäten
- Produktionseinstellungen/-stilllegungen
- Gewinneinbußen
- Entlassungen
- Angstsparen/weniger Investitionen (Kaufentscheidungen werden wegen der schlechten Wirtschaftslage hinausgeschoben)
- zurückgehende gesamtwirtschaftliche Nachfrage

Wie wird der Beschäftigungsstand ermittelt?

Die Höhe des Beschäftigungsstandes wird durch die **Arbeitslosenquote** ausgedrückt. Das Ziel des hohen Beschäftigungsstandes ist auch dann noch erreicht, wenn der Anteil der Arbeitslosen an der Gesamtzahl der unselbstständig Erwerbstätigen zwischen 1 % und 2 % liegt.
Die Formel zur Ermittlung der Arbeitslosenquote lautet:

$$\textbf{Arbeitslosenquote in \%} = \frac{\text{Anzahl der registrierten Arbeitslosen}}{\text{Anzahl der abhängigen Erwerbspersonen}} \cdot 100$$

Die Zahl der abhängigen Erwerbspersonen wird von der Bundesanstalt für Arbeit auf der Basis der Erwerbstätigenerhebung festgelegt.
Ein anderer Maßstab für den hohen Beschäftigungsstand ist die *Anzahl der offenen Stellen:*
- Entspricht die Anzahl der Arbeitslosen im Wesentlichen der Anzahl der offenen Stellen, so spricht man ebenfalls von hohem Beschäftigungsstand.

- Ist die Anzahl der offenen Stellen jedoch geringer als die Anzahl der Arbeitslosen, so liegt **Unterbeschäftigung** vor.
- Bei **Überbeschäftigung** übersteigt die Anzahl der offenen Stellen die Arbeitslosenzahl.

Welche Ursachen für Arbeitslosigkeit gibt es?

- Jahreszeitliche Einflüsse **(saisonale Arbeitslosigkeit):** Ist kurzfristig und kehrt regelmäßig wieder, wie z. B. im Baugewerbe oder in der Touristikbranche.
- Zyklische Schwankungen im Wirtschaftsgeschehen **(konjunkturelle Arbeitslosigkeit):** Wird hervorgerufen durch allgemeinen Nachfragerückgang, insbesondere in der Phase des Abschwungs. Folge: Produktionseinschränkungen in allen Wirtschaftszweigen.
- Niedergang einer Branche; Schrumpfen einzelner Wirtschaftszweige **(strukturelle Arbeitslosigkeit):** Sie entsteht u. a. durch veränderte Produktionsverfahren oder durch verändertes Nachfrageverhalten.
- Kurzfristige Übergangsschwierigkeiten **(friktionelle Arbeitslosigkeit):** Vorübergehende Arbeitslosigkeit, weil Arbeitnehmer z. B. einen neuen Arbeitsplatz suchen, sodass sie kurzzeitig mehr oder minder „freiwillig" arbeitslos sind **(Fluktuationsarbeitslosigkeit)**.

Warum wird ein hoher Beschäftigungsstand angestrebt?

Arbeitslosigkeit führt zu gesamtwirtschaftlichen Nachteilen, wie z. B.:
- Kaufkraftschwund und Wachstumsverlust
- Ausfälle bei Steuereinnahmen (Lohn-, Einkommen-, Umsatzsteuer) und Sozialversicherungsbeiträgen
- steigende Ausgaben, z. B. beim Arbeitslosengeld, der Arbeitslosen- und Sozialhilfe und dem Wohngeld

Was ist unter einem außenwirtschaftlichen Gleichgewicht zu verstehen?

Das **außenwirtschaftliche Gleichgewicht** ist erreicht, wenn sich die Einfuhren (Importe) und die Ausfuhren (Exporte) von Gütern ausgleichen.

9709319

3.3.3 Gesamtwirtschaftliche Ziele

Welche Ziele werden mit der Forderung nach einer gerechten Einkommens- und Vermögensverteilung verfolgt?

- Die Forderung nach einer **gerechten Einkommens- und Vermögensverteilung** soll die Vermögensbildung der Arbeitnehmer fördern und so zu einer gleichmäßigen Verteilung des gesellschaftlichen Vermögens führen.
- Die Reichen sollen nicht ständig reicher werden, während die Armen immer ärmer werden.
- Der Lebensstandard der Menschen soll nicht allein von ihren am Markt erzielten Einkommen abhängen.
- Die Einkommens- und Vermögensverteilung soll sich an den sozialen Bedürfnissen ausrichten.
- Die Einkommens- und Vermögenshöhe soll sich an den erbrachten Leistungen orientieren, wie es z. B. bei den tariflich ausgehandelten Löhnen und Gehältern bereits der Fall ist (Leistungsprinzip).

Was besagt das Prinzip der Steuergerechtigkeit?

Das **Prinzip der Steuergerechtigkeit** besagt, dass Bezieher höherer Einkommen höher besteuert werden als die weniger gut Verdienenden.
Dabei ist zu berücksichtigen, dass auf Einkommen unterhalb einer Schwelle, den so genannten **Grundfreibetrag**, keine Einkommensteuer zu zahlen ist und auch der Solidaritätszuschlag entfällt.
Grundsätzlich orientiert sich das Prinzip der Steuergerechtigkeit an der persönlichen Leistungsfähigkeit.

3.3.4 Konjunkturelle Schwankungen

Wie könnte man den Begriff „Konjunktur“ umschreiben?

Als **Konjunktur** wird das Auf und Ab der wirtschaftlichen Aktivität bezeichnet.

Was verstehen Sie unter Konjunkturzyklus?

Die Zeitspanne zwischen zwei Wendepunkten, z. B. von einem Tiefpunkt bis zum nächsten Tiefpunkt, bezeichnet man allgemein als Zyklus. Durchläuft eine wirtschaftliche Entwicklung die vier Konjunkturphasen (Tiefstand, Aufschwung, Hochkonjunktur, Abschwung) mit einer zyklischen Abfolge, so spricht man von **Konjunkturzyklus**. Die einzelnen Zyklen können sehr voneinander abweichen. Sie können sich sowohl in der Stärke des Ausschlags als auch in der Phasenlänge unterscheiden.

Durch welche Merkmale lässt sich der Aufschwung (Expansion) beschreiben?

Der **Aufschwung (Expansion)** ist gekennzeichnet durch:
- vorsichtige bis optimistische wirtschaftliche Stimmung
- geringe Preissteigerungen
- noch niedrige Zinsen
- langsamer Anstieg der Produktion und der Umsätze
- steigende Investitionsneigung
- schnell ansteigende Unternehmergewinne
- steigende Aktienkurse
- zunehmende Beschäftigung/Rückgang der Arbeitslosigkeit
- steigende Einkommen bzw. ansteigende Kaufhaltung der Konsumenten

Wodurch ist die Hochkonjunktur (Boom) gekennzeichnet?

Die **Hochkonjunkturphase (Boom)** lässt sich wie folgt beschreiben:
- hohes Produktionsniveau (Vollauslastung der Kapazitäten)
- hohe Umsätze
- Aktienstände erreichen Höchststände
- hohes und weiter steigendes Preisniveau
- Voll- bis Überbeschäftigung (offene Stellen/Arbeitskräftemangel)
- hohes Lohnniveau, hohes Zinsniveau
- hohe Investitionsbereitschaft der Unternehmen mit nachlassender Tendenz (Die hohen Gewinne wachsen wegen der gestiegenen Rohstoff- und Materialpreise, der gestiegenen Löhne und Zinsen nicht mehr oder nur noch langsam.)
- nachlassende Nachfrage der Haushalte wegen fehlender Kaufkraft (Lohn- und Gehaltssteigerungen bleiben zeitlich hinter den Preissteigerungen zurück.)
- verlangsamtes Wachstum
- optimistische bis gedämpfte Erwartungen der Unternehmer

3.3.4 Konjunkturelle Schwankungen

Welche Merkmale kennzeichnen den Abschwung (die Rezession)?

Der **Abschwung (Rezession)** ist gekennzeichnet durch:
- pessimistische Gewinnerwartungen
- zurückgehende Nachfrage zunächst in der Investitionsgüterindustrie
- Verschlechterung der Beschäftigungssituation (Kurzarbeit; Entlassungen; weniger offene Stellen)
- Rückgang der Produktion auch von Konsumgütern
- sinkende Zuwachsraten bei Löhnen und Gehältern
- abnehmende Preissteigerungen, Preissenkungen
- sinkende Gewinne
- sinkende Aktienkurse
- pessimistische Stimmung der Unternehmer und Konsumenten

Wodurch ist die Phase der Depression gekennzeichnet?

Die **Depression** kann als Tief der Produktion und des Absatzes bezeichnet werden. Kennzeichen dieser Phase:
- hohe Arbeitslosigkeit
- niedriges Volkseinkommen (zurückgehende Löhne; zum Teil Reallohnsenkungen; Kürzungen bei den so genannten betrieblichen Zusatzleistungen)
- geringe Konsumgüternachfrage
- unausgelastete Produktionskapazitäten
- hohe Lagerbestände
- niedrige Preise
- anstelle von Gewinnen werden oft Verluste erwirtschaftet
- sinkende bis zusammenbrechende Aktienkurse
- depressive Stimmung
- geringe Investitionsneigung, Investitionsstopp
- niedriges Zinsniveau, das zusammen mit den niedrigen Personal- und Rohstoffkosten günstige Voraussetzungen für die Produktion schafft und damit einen neuen Aufschwung einleiten kann

9709322

Wie ist es zu erklären, dass in der Konjunkturphase der Depression die Aktienkurse zusammenbrechen und die Zinsen sehr niedrig sind?

In der Phase der **Depression** ist die Stimmung der Wirtschaftssubjekte niedergedrückt, d. h. die Investitionsneigung äußerst gering und die Arbeitslosigkeit hoch.

Derart schlechte Gewinn- und Zukunftsaussichten machen **Aktien** für den Kapitalanleger relativ uninteressant. Er sucht nach alternativen Geldanlagen, wie sie beispielsweise festverzinsliche Wertpapiere darstellen oder Immobilien, die in dieser Phase insgesamt an Attraktivität gewinnen.

Aufgrund der mangelnden Investitions- und Konsumbereitschaft geht die Nachfrage nach Krediten zurück. Die Folge sind **sinkende Zinsen**, um die Kreditaufnahme anzuregen. Die Europäische Zentralbank betreibt in dieser konjunkturellen Situation eine **Politik des billigen Geldes**, indem sie dem Bankensektor günstigere Refinanzierungskonditionen gewährt.

Was sind die Ursachen von Konjunkturschwankungen?

Marktwirtschaftlich orientierte Volkswirtschaften sind einem ständigen Auf und Ab wirtschaftlicher Aktivitäten unterworfen, die man als **Konjunkturschwankungen** bezeichnet. Mittelfristig, d. h. über einen Zeitraum von drei bis fünf Jahren, lassen sich wellenförmige Schwankungen der gesamtwirtschaftlichen Entwicklung feststellen. Diese Konjunkturschwankungen treten immer dann auf, wenn sich gesamtwirtschaftlich **Angebot und Nachfrage nicht mehr im Gleichgewicht** befinden.
Im Wesentlichen sind vier Ursachen zu nennen, die in unterschiedlichen Kombinationen einen Konjunkturzyklus kennzeichnen:

- Änderungen der Geldmenge, hervorgerufen durch die Europäische Zentralbank. Ist die Geldmenge größer als die Gütermenge, so kommt es zu inflationären Prozessen.
- technische Erfindungen neuer Produktionsverfahren (Innovationen)
- psychologische Größen, die zu einer pessimistischen Einstellung der Unternehmer und privaten Haushalte führen und so deren Investitions- und Verbraucherverhalten verändern
- fehlende Übereinstimmung zwischen Konsumverhalten der privaten Haushalte und Investitionsentscheidungen der Unternehmer. Es kommt zu **Fehl- oder Überinvestitionen**, obwohl die Preise steigen.

3.3.5 Fiskalpolitik des Staates

Was ist Konjunkturpolitik?

Unter **Konjunkturpolitik** werden staatliche Eingriffe in das Wirtschaftsgeschehen verstanden, um Konjunkturschwankungen so gering wie möglich zu halten.

Wozu dient die Einnahmenpolitik eines Staates?

Zu den **staatlichen Einnahmen** zählen neben Gebühren, Beiträgen und Zöllen insbesondere Steuern.

Durch Heraufsetzen oder Herabsetzen der Steuersätze soll die gesamtwirtschaftliche Nachfrage beeinflusst werden. Damit kann die **Einnahmenpolitik** eines Staates dem Konjunkturverlauf entgegenwirken.

Nennen Sie fiskalpolitische Maßnahmen im Rahmen der Einnahmenpolitik.

Beispiele für **fiskalpolitische Maßnahmen** im Rahmen der Einnahmenpolitik sind die Erhöhung bzw. Senkung der Einkommen- und Körperschaftsteuer oder die Gewährung bzw. Aussetzung von Abschreibungsvergünstigungen.

Was hat die Erhöhung, was die Senkung der Einkommen- und Körperschaftsteuer als fiskalpolitische Maßnahme zur Folge?

- Wird die **Steuerbelastung erhöht**, so
  - werden die privaten Haushalte weniger Einkommen zur Verfügung haben und die Nachfrage nach Konsumgütern wird zurückgehen,
  - werden die Unternehmen weniger investieren und produzieren,
  - wird die Nachfrage nach Investitionsgütern nachlassen.
- **Steuersenkungen** vergrößern das verfügbare Einkommen. Dadurch sollen die Unternehmen zum Investieren veranlasst werden und die privaten Haushalte Anreize zu mehr Konsum erhalten.

9709324

Was bringt eine Beschränkung von Abschreibungs-möglichkeiten als fiskalpolitische Maßnahme?

Durch eine **Beschränkung von Abschreibungsmöglichkeiten** (z. B. durch die Aufhebung von Sonderabschreibungen) steigt der zu versteuernde Gewinn, sodass höhere Steuern an das Finanzamt zu zahlen sind.
Diese Maßnahme hat zum Ziel, die gesamtwirtschaftliche Nachfrage zu verringern und so die Konjunktur zu dämpfen.

Was bewirkt eine Verbesserung von Abschreibungs-möglichkeiten als fiskalpolitische Maßnahme?

Die **Verbesserung von Abschreibungsmöglichkeiten**, z. B. durch die Erhöhung von Abschreibungssätzen oder die Einführung von Sonderabschreibungen, soll durch die Steuerersparnis zu zusätzlichen Investitionen führen und die Konjunktur beleben.

Was bedeutet Ausgabenpolitik?

Ausgabenpolitik bedeutet, dass der Staat seine öffentlichen Ausgaben erhöht oder senkt, um so die Nachfrage zu beeinflussen und damit der Konjunktur entgegenzuwirken.

3.3.6 Strukturwandel und Strukturpolitik des Staates

Was verstehen Sie unter Strukturpolitik und unter Infrastruktur?

- Unter **Strukturpolitik** versteht man staatliche Eingriffe in Märkte, um den Anpassungsprozess an die wirtschaftliche Entwicklung zu erleichtern, zu fördern bzw. zu beschleunigen – bei Vermeidung sozialer Härten.

- Mit **Infrastruktur** sind alle Einrichtungen und Maßnahmen gemeint, die für die wirtschaftliche Entwicklung des Raumes erforderlich sind: Verkehrsnetz, Bildungseinrichtungen, Nachrichtenübermittlung, Energieversorgung usw.

9709325

3.3.6 Strukturwandel und Strukturpolitik des Staates

Warum betreibt der Staat Strukturpolitik?

Wegen des Strukturwandels entstehen neue Arbeitsplätze, aber viele gehen auch verloren. **Strukturpolitik** ist darauf ausgelegt, bestimmte Wirtschaftszweige oder Wirtschaftsregionen gezielt zu beeinflussen, um strukturelle Arbeitslosigkeit zu verhindern bzw. zu mildern.

Welche Bedeutung hat die sektorale Strukturpolitik?

Sektorale Strukturpolitik bedeutet die gezielte Förderung wirtschaftlich schwacher oder in ihrer Existenz bedrohter einzelner Wirtschaftszweige, wie z. B. Stahlindustrie, Bergbau, Werftindustrie, Landwirtschaft.
Durch finanzielle Anreize soll die **Branchenstruktur** in die gewünschte Richtung gelenkt und sollen Arbeitsplätze und Einkommen der Bewohner gesichert werden.

Welches sind mögliche staatliche Maßnahmen in der sektoralen Strukturpolitik?

Mögliche staatliche **Maßnahmen in der sektoralen Strukturpolitik** sind:

- Preisfestsetzungen im Bereich der Landwirtschaft
- Einfuhrzölle, Subventionen für einzelne Technologiesektoren und für Forschungsprojekte
- Exportgarantien des Bundes als Schutz vor Handelsrisiken

Welches Ziel hat die regionale Strukturpolitik?

Regionale Strukturpolitik hat die Förderung von Wirtschaftsräumen (Regionen) zum Ziel, in denen sich wirtschaftliche Schwierigkeiten ergeben haben, z. B. das Ruhrgebiet, Ostfriesland, die neuen Bundesländer oder der Bayerische Wald.

Welches sind mögliche staatliche Maßnahmen in der regionalen Strukturpolitik?

Mögliche **Maßnahmen in der regionalen Strukturpolitik** sind:
- Subventionen an Privatunternehmer
- Steuervergünstigungen
- Förderprogramme für den Wohnungsbau
- Ausbau der Infrastruktur
- Erschließung von Industriegebieten
- Durchführung von Fortbildungs- und Umschulungsmaßnahmen

3.3.7 Staatliche Wachstums- und Umweltschutzpolitik

Was verstehen Sie unter Wachstums- und Umweltschutzpolitik?

- Unter dem Begriff **Wachstumspolitik** werden sämtliche staatlichen Maßnahmen zusammengefasst, die das Ziel haben das Wirtschaftswachstum zu fördern.

- Unter **Umweltschutzpolitik** werden alle Maßnahmen verstanden, die auf die Erhaltung und Verbesserung der Umwelt gerichtet sind. Träger der Umweltpolitik sind in erster Linie staatliche Körperschaften, wie Bund, Länder und Gemeinden.

Nennen Sie Vor- und Nachteile von Wirtschaftswachstum.

- **Vorteile von Wirtschaftswachstum:**
  es erhöht den materiellen Lebensstandard
  es sichert und vermehrt Arbeitsplätze
  es erleichtert die sozialpolitisch motivierte Umverteilung von Einkommen und Vermögen
  es sichert die Erfüllung staatlicher Aufgaben wie soziale Sicherung oder Umweltschutz

- **Nachteile von Wirtschaftswachstum:**
  es führt zu weiteren Umweltbelastungen
  es beutet die Natur zulasten späterer Generationen aus
  es ist einseitig auf materielle Verbesserungen ausgerichtet

3.3.7 Staatliche Wachstums- und Umweltschutzpolitik

Nennen Sie staatliche Maßnahmen im Rahmen der Umweltschutzpolitik.

Maßnahmen im Rahmen **der Umweltschutzpolitik** sind:
- staatliche Förderung bei der **Entwicklung alternativer Energiequellen**, z. B. Wasserkraftwerke, Wind-, Solar- und Gezeitenkraftwerke, umweltfreundlichere Produkte und Fertigungstechniken (sanfte Technologie)
- staatliche **Verkehrspolitik**, wie z. B. Ausbau der öffentlichen Verkehrsmittel Bus, Eisenbahn, U-Bahn und Straßenbahn, um die Luftbelastung mit Kohlenmonoxid und Stickstoffoxiden zu verringern
- staatliche **Förderung der Wiederverwertung** der in der Gesellschaft entstehenden Abfallprodukte (Recyclingtechnologie)
- staatlich verordnete **Umweltschutzvorschriften** in den Bereichen Natur- und Landschaftsschutz, Luftreinigung, Gewässerschutz, Lärmschutz und Abfallbeseitigung

Welche politischen Maßnahmen werden zum Schutz der Umwelt eingesetzt?

Politische **Maßnahmen zum Schutz der Umwelt** sind:
- **Auflagen**: Grenzwerte werden aufgestellt, z. B. für den CO_2-Ausstoß. Die Wirtschaft muss die Einhaltung durch technische Einrichtungen sicherstellen.
- **Abgaben**: Abwasser- und Müllabgaben sollen die Umweltbelastung einschränken. Steuerliche Mehrbelastung für umweltschädliche Technologie ist möglich. Zur Förderung von umweltschonenden Technologien werden Subventionen an die Wirtschaft gezahlt.
- **Zertifikate:** Es wird eine Höchstbelastung (z. B. CO_2) festgelegt. Der Staat verkauft innerhalb dieser Höchstmengen an die Unternehmen Zertifikate. Diese Zertifikate berechtigen zu einem CO_2-Ausstoß.

3.3.8 Zahlungs- und Handelsbilanz

Was verstehen Sie unter Zahlungsbilanz?

Die **Zahlungsbilanz** ist die **wertmäßige Aufzeichnung** aller wirtschaftlichen Beziehungen eines Landes, die innerhalb eines Jahres zwischen Inland und Ausland stattgefunden haben.

Was ist die Handelsbilanz?

Die **Handelsbilanz** stellt wertmäßig alle Exporte (Warenausfuhr) und Importe (Wareneinfuhr) von Waren gegenüber, die per Lkw, Bahn, Binnen- und Seeschiff, Flugzeug oder Post im grenzüberschreitenden Verkehr hin und her bewegt werden.

3.3.9 Europäisches System der Zentralbanken (ESZB): Geldschöpfung und Geldmengensteuerung

Was versteht man unter Geldschöpfung durch das ESZB?

Unter **Geldschöpfung** versteht man die **Vermehrung der umlaufenden Geldmenge** durch den Ankauf von Aktiva und Kreditgewährung durch das Europäische System der Zentralbanken; es entsteht neues, zusätzliches Geld.
Die **Europäische Zentralbank** (EZB) mit Sitz in Frankfurt am Main bildet zusammen mit den 15 nationalen Zentralbanken aller EU-Mitgliedstaaten das **Europäische System der Zentralbanken** (ESZB).
Darüber hinaus kann die EZB nach eigenem Ermessen Geld in Form von Banknoten und Buchgeld schaffen.

Wodurch unterscheidet sich Buchgeld von Bargeld und wer darf Buchgeld schaffen?

Buchgeld unterscheidet sich vom **Bargeld** dadurch, dass
- es nur im bargeldlosen Zahlungsverkehr übertragbar ist. Verrechnungsschecks und Überweisungen beispielsweise sind kein Buchgeld, sondern lediglich Instrumente, mit denen Buchgeld von einem Konto zu einem anderen Konto übertragen werden kann.
- es weniger liquide ist als Bargeld.

Buchgeld ist jederzeit in voller Höhe in Bargeld umwandelbar. Es kann sowohl von der Europäischen Zentralbank als auch von den Kreditinstituten geschaffen werden. Zur Bargeldschöpfung und -vernichtung ist allerdings nur die EZB allein berechtigt.

9709329

3.3.10 Stellung, Aufgaben und Geldpolitik der Europäischen Zentralbank (EZB)

Erläutern Sie das Europäische System der Zentralbanken.

Das **Europäische System der Zentralbanken (ESZB)** besteht aus der Europäischen Zentralbank (EZB) und den nationalen Zentralbanken aller EU-Mitgliedstaaten. Da das ESZB nicht mit eigener Rechtspersönlichkeit ausgestattet ist, bedient es sich der Beschlussorgane der EZB. Das ESZB wird vom **Europäischen Zentralbankrat** und dem **Direktorium der EZB** geleitet. Die Aufgabenteilung des ESZB geschieht nach folgender Zweiteilung:

- *zentral zu treffende Entscheidungen* bzw. Leitlinien, um die Einheitlichkeit der Geld- und Währungspolitik im Eurogebiet sicherzustellen und
- *dezentrale Durchführung* des operativen Geschäftes durch die nationalen Zentralbanken.

Worin bestehen die grundlegenden Aufgaben des ESZB?

Die grundlegenden **Aufgaben des ESZB** bestehen darin,

- die Geldpolitik der Gemeinschaft festzulegen und auszuführen,
- Devisengeschäfte durchzuführen,
- die offiziellen Währungsreserven der Mitgliedstaaten zu halten und zu verwalten,
- das reibungslose Funktionieren der Zahlungssysteme zu fördern.

Erläutern Sie die Stellung der Europäischen Zentralbank.

- Die **Europäische Zentralbank** (EZB) mit Sitz in Frankfurt am Main ist mit eigener Rechtspersönlichkeit ausgestattet.

- Die EZB ist unabhängig von Weisungen nationaler Regierungen oder nationaler Instanzen.

9709330

Beschreiben Sie die Ziele und Aufgaben der EZB.

Ziele und Aufgaben der Europäischen Zentralbank:
Die EZB
- gewährleistet Preisniveaustabilität, indem sie die Geldpolitik der Gemeinschaft festlegt und so
  - die Wirtschaft mit Geld versorgt,
  - den Geldumlauf regelt,
  - die Wirtschaft mit Krediten versorgt.
- nimmt zur Durchführung von Geschäften, die zu den Aufgaben des ESZB gehören, die nationalen Zentralbanken in Anspruch.
- unterstützt die allgemeine Wirtschaftspolitik in der Gemeinschaft, soweit dies ohne Beeinträchtigung des Zieles der Preisniveaustabilität möglich ist.
- genehmigt die Ausgabe von Euro-Banknoten und -Münzen.
- und nimmt schließlich Devisengeschäfte zu Interventionszwecken vor.

Welche Aufgaben hat die Deutsche Bundesbank im Rahmen des ESZB?

Wie die anderen nationalen Zentralbanken hat auch die **Deutsche Bundesbank** die Entscheidungen der EZB auszuführen. Sie nimmt im Rahmen des ESZB die folgenden **Aufgaben** wahr:
- die Abwicklung der Refinanzierung
- das Halten der Mindestreserven
- die Versorgung der Wirtschaft mit Bargeld
- die Abwicklung eines großen Teils des bargeldlosen Zahlungsverkehrs
- die Ausgabe von Banknoten

Welchen Einfluss hat die EZB auf die Banken?

Die Europäische Zentralbank hat die Möglichkeit, die **Kreditinstitute** reichlich mit Geld zu versorgen oder sie knapp bei Kasse zu halten. Damit kann die Nachfrage nach Krediten und schließlich nach Gütern und Dienstleistungen beeinflusst werden.
Die EZB ist daher bestrebt,
- das Verhalten der Banken und deren Vergabe von Krediten (das Kreditangebot) und
- die Geld- und Kreditnachfrage der Wirtschaft

über die Veränderungen der Bankenliquidität und den Zinsmechanismus zu steuern.

9709331

3.3.10 Stellung, Aufgaben und Geldpolitik der Europäischen Zentralbank (EZB)

Nennen Sie die geldpolitischen Instrumente der Europäischen Zentralbank.

Im Rahmen der Zins- und Liquiditätspolitik (Geldpolitik) hat die EZB folgende **geldpolitischen Instrumente** zur Verfügung, deren Nutzung bzw. Ausgestaltung der EZB-Rat jederzeit ändern kann:

- Offenmarktpolitik
- Mindestreservenpolitik

} = **liquiditätspolitische Instrumente**

- Politik der ständigen Fazilitäten
  - Spitzenrefinanzierungsfazilitäten (Übernachtkredit)
  - Einlagefazilität (Übernachtanlage)

} = **zinspolitisches Instrument**

Der Einsatz dieser Instrumente dient zur Steuerung der Zinssätze und der Liquidität am Markt, um das vorrangige Ziel zu sichern die Preise in der Euro-Zone stabil zu halten.

Was sind ständige Fazilitäten?

Ständige Fazilitäten sind **Kreditmöglichkeiten**, die bei Bedarf von den Kreditinstituten auf ihre **eigene Initiative** gegen Stellung erstklassiger Sicherheiten **unbeschränkt** in Anspruch genommen werden können. Sie dienen dazu, Übernachtliquidität bereitzustellen oder abzuschöpfen, je nachdem, ob ein Kreditinstitut Geld für einen Tag bei der ESZB ausleiht oder für einen Tag überschüssige Liquidität zu einem festen Zins anlegt.

Was wird unter der Politik der ständigen Fazilitäten verstanden?

Unter der **Politik der ständigen Fazilitäten** wird die Veränderung des Zinssatzes verstanden mit dem Ziel, den Kreditspielraum der Kreditinstitute zu beeinflussen und so die umlaufende Geldmenge und damit das allgemeine Zinsniveau zu steuern.

9709332

Was versteht man unter Offenmarktpolitik?

Unter **Offenmarktpolitik** versteht man den Kauf und den Verkauf von Wertpapieren durch das Europäische System der Zentralbanken (ESZB) für eigene Rechnung am offenen Markt sowie die Gewährung von Krediten gegen Verpfändung von Wertpapieren.

Was wird unter Mindestreservepolitik verstanden?

Unter **Mindestreservepolitik** versteht man die Veränderung der Mindestreservehöhe mit dem Ziel, die Geld- und Kreditschöpfungsmöglichkeiten der Kreditinstitute **direkt** zu beeinflussen und so den Geldumlauf und das allgemeine Zinsniveau zu steuern. Die Politik der Mindestreserve ist als ein **liquiditätspolitisches Instrument** anzusehen, weil die **Liquiditätslage** der Kreditinstitute **unmittelbar betroffen** wird.

Welche Wirkungen kann eine Erhöhung des Mindestreservesatzes hervorrufen?

Eine **Erhöhung des Mindestreservesatzes** wird von der Europäischen Zentralbank vorgenommen, um in Zeiten von Vollbeschäftigung und starkem Wirtschaftswachstum die Inflation einzudämmen. Die Geschäftsbanken müssen nun höhere Guthaben bei der EZB hinterlegen, wodurch ihr **Geldschöpfungsspielraum**, also die Fähigkeit, Kredite zu gewähren, unmittelbar **eingeschränkt** wird (d. h., die Überschussreserven der Kreditinstitute sinken).

Die Folgen:

- Geld (Kreditangebot) wird knapp
- die Kreditzinsen steigen
- die Kreditnachfrage sinkt
- die nachfragewirksame Geldmenge sinkt
- die gesamtwirtschaftliche Nachfrage nach Gütern und Dienstleistungen geht zurück

Ergebnis: **Die Konjunktur wird gedämpft und die Preissteigerungen fallen geringer aus.**

3.3.10 Stellung, Aufgaben und Geldpolitik der Europäischen Zentralbank (EZB)

Welche Wirkungen kann eine Senkung des Mindestreservesatzes hervorrufen?

Eine **Senkung des Mindestreservesatzes** bewirkt eine **Verringerung des Mindestreservesolls** der Kreditinstitute bei den nationalen Zentralbanken. Die Kreditinstitute verfügen jetzt über mehr Geld, sie werden liquider, sodass sie ihre **Kreditschöpfungsmöglichkeiten erweitern** können.

Die Folgen:

- die Kreditinstitute können (durch das zusätzliche Geld) mehr Kredite anbieten
- die Kreditzinsen sinken (aufgrund der verbesserten Liquiditätslage)
- die Nachfrage nach Krediten steigt
- die nachfragewirksame Geldmenge steigt
- die gesamtwirtschaftliche Nachfrage nach Investitions- und Konsumgütern nimmt zu

Ergebnis: **Die Konjunktur wird belebt und das Preisniveau steigt an**. Die Senkung der Mindestreservesätze ist somit in einer **Depression** angebracht, in der Arbeitslosigkeit vorherrscht und in der ein rückläufiges Bruttoinlandsprodukt (BIP) zu beobachten ist.

Welche Geldpolitik wird die EZB in der Phase des Booms, welche in der Rezession betreiben?

In Zeiten des **Booms** (Hochkonjunktur) wird die EZB eine **restriktive Geldpolitik** betreiben. Sie wird versuchen die gesamtwirtschaftliche Nachfrage nach Gütern und nach Dienstleistungen zu verringern, indem sie die Geldmenge reduziert und die Zinsen erhöht.

Soll *in Zeiten der Rezession* die Wirtschaft mit den Mitteln einer *expansiven Geldpolitik* unterstützt werden, so wird die EZB den kombinierten Einsatz ihres geldpolitischen Instrumentariums in entgegengesetzter Richtung erwägen.

9709334

Wie kann die Zinserhöhung durch die EZB in Phasen der Hochkonjunktur konkret aussehen?

- Die wirtschaftlich erwünschte Zinserhöhung mit ihrer Auswirkung auf die Kreditnachfrage soll durch die **Anhebung der Leitzinsen** erreicht werden.
- Gleichzeitig werden die **Mindestreservesätze erhöht**.
- Die Verringerung der Geld- und Kreditmenge kann durch die **Verringerung des Zuteilungsvolumens** im Rahmen der Pensionsgeschäfte unterstützt werden.
- Ferner können durch den definitiven **Verkauf von Wertpapieren** und die **Ausgabe von Schuldverschreibungen** freie Liquiditätsreserven der Kreditinstitute verringert und der Kreditspielraum noch weiter eingeengt werden.

3.3.11 Lohnpolitik der Tarifvertragsparteien

Was verstehen Sie unter Tarifautonomie?

Tarifautonomie bedeutet, dass
- unabhängige Gewerkschaften auf der einen Seite und
- Arbeitgeberverbände oder einzelne Unternehmen auf der anderen Seite
  - selbstständig ohne Einmischung des Staates
  - durch verbindliche Verträge
- die Ausgestaltung der Löhne und Gehälter sowie der sonstigen Arbeitsbedingungen regeln.

Skizzieren Sie die nachfrageorientierten Argumente der Gewerkschaften im Rahmen von Lohnerhöhungen.

Im Streit über den Nachfrage- und Kosteneffekt von Lohnerhöhungen sowie über deren Auswirkungen auf die Beschäftigung argumentieren die Gewerkschaften **nachfrageorientiert** („keynesianisch") wie folgt:
- Tariflohnsteigerungen führen über den Anstieg der gesamtwirtschaftlichen Arbeitseinkommen zu wachsenden Konsumausgaben,
- die wiederum die gesamtwirtschaftliche Nachfrage stimulieren,
- die Produktion erhöhen und
- Investitionen wie Beschäftigung steigen lassen.

3.3.11 Lohnpolitik der Tarifvertragsparteien

Welche Haltung nehmen die Arbeitgeber im Streit über den Nachfrage- und Kosteneffekt von Lohnerhöhungen ein?

Führen Sie deren Argumente auf.

Die angebotsorientierte („neoklassische") Argumentationslinie der **Arbeitgeber** sieht wie folgt aus:

- Lohnerhöhungen stellen samt Arbeitgeberbeiträgen zur Sozialversicherung Kosten dar.
- Je höher diese Kosten ansteigen, desto weniger Arbeitskräfte können die Unternehmen beschäftigen.
- Darüber hinaus wird ein Teil des zusätzlichen Einkommens gespart oder für Importgüter ausgegeben und kann demzufolge die Nachfrage nach inländischen Produkten nicht stärken.
- Die Kaufkraftargumentation vernachlässigt den Kosteneffekt von Lohnerhöhungen, die über dem Produktivitätsfortschritt (also der Steigerung der Arbeitsleistung) liegen. Nach Ansicht der Arbeitgeber führen Lohnerhöhungen nämlich zu
  - Verteuerung der Produktion,
  - Preiserhöhungen,
  - Gewinneinbußen,
  - Rationalisierungen oder
  - Arbeitsplatzverlagerungen ins Ausland

  und verkehren so die angestrebte Stärkung der Binnenkonjunktur und der Beschäftigung ins Gegenteil.

Warum hat die Lohnpolitik eine so große Bedeutung für die gesamtwirtschaftliche Entwicklung?

Die Bedeutung der **Lohnpolitik** für die gesamtwirtschaftliche Entwicklung ist deshalb so gewichtig, weil

- die Lohnsumme in einer Volkswirtschaft die Hauptquelle ist, aus der der private Verbrauch gespeist wird, und
- gleichzeitig die Höhe der Löhne und Gehälter für fast alle Wirtschaftszweige der wichtigste Kostenfaktor ist.

9709336

Welche Faktoren spielen im gesamten Tarifverhandlungsprozess eine wichtige Rolle?

Folgende **Faktoren** spielen im gesamten **Tarifverhandlungsprozess** eine wichtige Rolle:

- Produktivitätsentwicklung
- Inflationsrate
- Unternehmensgewinne und Umverteilung
- Beschäftigungslage
- Arbeitszeitverkürzung

Welche Faktoren beeinflussen die Lohnpolitik?

In der **Lohnpolitik** werden die Forderungen und Angebote sowie die Verhandlungspositionen der Tarifparteien von einer **Reihe von Faktoren** beeinflusst:

- **Wirtschaftslage**
  Je besser die konjunkturpolitische Entwicklung, desto höher fallen die Forderungen der Gewerkschaften aus. Darüber hinaus ist auch die Verhandlungsposition günstiger, weil ein Arbeitskampf und der damit einhergehende Produktionsausfall die Unternehmen besonders stark trifft.

- **Organisatorische Stärke und Finanzkraft**
  Die Verhandlungsposition beider Tarifpartner hängt auch von ihrer organisatorischen Geschlossenheit und Einigkeit sowie von ihrer Mitgliederstärke ab.

- **Verbandspolitische Faktoren**
  Berücksichtigt werden müssen bei der Zielformulierung und den Tarifabschlüssen u. a. auch die Wünsche verschiedener Mitgliedergruppen.

- **Öffentliche Unterstützung**
  Trotz vorhandener Tarifautonomie dürfen Empfehlungen und Kritik aus Wissenschaft und Politik sowie die Einstellung der Öffentlichkeit nicht ignoriert werden.

3.4 Personalwesen

3.4.1 Ausbildungswesen

Welche Inhalte regelt die Ausbildungsordnung?

Z!

Die Ordnung der Berufsausbildung ist im **Berufsbildungsgesetz** (Stand 1. April 2005) in den §§ 4, 5 BBiG geregelt.

In der Rechtsvorschrift des § 4 BBiG ist die Anerkennung von Ausbildungsberufen festgelegt. Das zuständige Fachministerium ist berechtigt Ausbildungsberufe staatlich anerkennen zu lassen. Demnach ist für einen anerkannten Ausbildungsberuf eine Ausbildungsordnung zu erlassen, auf deren Grundlage ausgebildet werden darf. Sie bildet die Grundlage für eine geordnete und einheitliche Berufsausbildung

Gemäß des § 5 BBiG hat die Ausbildungsordnung mindestens festzulegen:

a) die Bezeichnung des Ausbildungsberufes, der anerkannt wird,
b) die Ausbildungsdauer; sie soll nicht mehr als drei und nicht weniger als zwei Jahre betragen,
c) die beruflichen Fertigkeiten, Kenntnisse und Fähigkeiten,
d) eine Anleitung zur sachlichen und zeitlichen Gliederung,
e) die Prüfungsanforderungen.

Was ist unter einem Ausbildungsberufsbild zu verstehen?

Z!

Im **Ausbildungsberufsbild** sind die beruflichen Fertigkeiten, Kenntnisse und Fähigkeiten aufgeführt, die in jedem Fall zu vermitteln sind.

Welche Funktion hat der Ausbildungsrahmenplan?

Z!

Der **Ausbildungsrahmenplan** ist eine Anleitung zur sachlichen und zeitlichen Gliederung der betrieblichen Ausbildung. Er bildet die Grundlage für die Erstellung des **innerbetrieblichen Ausbildungsplanes.** In diesem wird festgelegt, wo, wann und wie lange der Auszubildende entsprechende Kenntnisse und Fertigkeiten erwirbt.

9709338

Welche Aufgaben haben die zuständigen Kammern in Bezug auf das Berufsbildungsgesetz (Industrie- und Handelskammer, Handwerkskammer)?

Das Berufsbildungsgesetz weist den **Kammern** umfangreiche Aufgaben zu. Diese beziehen sich auf:

- die Beratung der Auszubildenden und der Betriebe,
- das Führen der Berufsausbildungsverhältnisse einschließlich der Änderungen und Löschungen,
- die Überwachung der Eignung von Ausbildungsbetrieben,
- Regelung und Überwachung der Berufsausbildung,
- Durchführung der Prüfungen und der Bildung der Prüfungsausschüsse.

Zwischen welchen Vertragspartnern wird der Berufsausbildungsvertrag abgeschlossen?

Der **Berufsausbildungsvertrag** wird zwischen dem Auszubildenden und dem ausbildenden Unternehmen geschlossen (§ 10 BBiG). Der Berufsausbildungsvertrag ist von dem Ausbildenden, dem Auszubildenden und bei Minderjährigen deren gesetzlichen Vertretern zu unterschreiben (§ 11 Abs. 2 BBiG). Der Ausbildende hat unverzüglich die Eintragung des Berufsausbildungsvertrages in das Verzeichnis der Berufsausbildungsverhältnisse bei den zuständigen Kammern zu beantragen (§ 36 Abs. 1 BBiG).

Welche Inhalte müssen im Berufsausbildungsvertrag enthalten sein?

Gemäß der Rechtsvorschrift des § 11 BBiG besteht die Pflicht der Ausbildenden zunächst darin, unverzüglich nach **Abschluss des Berufsausbildungsvertrages die wesentlichen Inhalte** schriftlich zu fixieren. Zu ihnen gehören:

- die Berufstätigkeit, für die ausgebildet werden soll (Ausbildungsberuf),
- Beginn und Dauer der Berufsausbildung,
- Ausbildungsmaßnahmen außerhalb der Ausbildungsstätte,
- Dauer der regelmäßigen täglichen Arbeitszeit,
- Dauer der Probezeit,
- Zahlung und Höhe der Vergütung,
- Dauer des Urlaubs,
- Voraussetzungen, unter denen der Berufsausbildungsvertrag gekündigt werden kann,
- ein allgemeiner Hinweis auf Tarifverträge, Betriebs- oder Dienstvereinbarungen, die auf das Berufsausbildungsverhältnis anzuwenden sind.

3.4.1 Ausbildungswesen

Nennen Sie die Pflichten eines Auszubildenden.

Der Auszubildende hat gemäß § 13 BBiG folgende Pflichten:

- Er hat sich zu bemühen die berufliche Handlungsfähigkeit zu erwerben, die zum Erreichen des Ausbildungsziels erforderlich ist.
- Er ist verpflichtet die ihm zugeordneten Tätigkeiten im Rahmen seiner Berufsausbildung sorgfältig auszuführen.
- Er hat an Ausbildungsmaßnahmen teilzunehmen, für die er nach § 15 BBiG freigestellt ist.
- Er hat die Anweisungen zu befolgen, die ihm im Rahmen der Berufsausbildung von den weisungsberechtigten Personen erteilt werden.
- Er hat die Betriebsordnung zu beachten.
- Er hat die Arbeitsmittel pfleglich zu behandeln.
- Er hat die Pflicht, über Betriebs- und Geschäftsgeheimnisse Stillschweigen zu wahren.
- Er hat die vorgeschriebenen Ausbildungsnachweise zu führen.
- Er hat an dem Berufsschulunterricht regelmäßig teilzunehmen.

Welche Pflichten hat der Ausbildende?

Die Pflichten der Ausbildenden sind gemäß § 14 BBiG:

- Ausbildende haben die berufliche Handlungsfähigkeit zu vermitteln und die Ausbildung so durchzuführen, dass der Auszubildende das Ausbildungsziel in der vorgesehenen Zeit auch erreicht.
- Sie haben Ausbilder damit zu beauftragen, wenn sie nicht selbst ausbilden.
- Ausbilder haben den Auszubildenden die Ausbildungsmittel, die für ihre betriebliche Ausbildung notwendig sind, kostenlos zur Verfügung zu stellen.
- Sie haben die Auszubildenden für den Besuch der Berufsschule und die Teilnahme an Prüfungen freizustellen (§ 15 BBiG).
- Sie haben das Führen der Berichtshefte zu überwachen.
- Sie haben dafür zu sorgen, dass den Auszubildenden nur Tätigkeiten übertragen werden, die dem Ausbildungszweck dienen und ihrer körperlichen Konstitution angemessen sind.

- Sie haben dafür zu sorgen, dass die Auszubildenden charakterlich gefördert sowie sittlich und körperlich nicht gefährden werden.

Welche gesetzlichen Bestimmungen sind bei der Festlegung der Probezeit zu beachten?

Die **Probezeit** ist in der Rechtsvorschrift des § 20 BBiG festgelegt. Sie muss mindestens einen Monat dauern und darf vier Monate nicht überschreiten. Sie bietet beiden Vertragspartnern die Möglichkeit, ihre Eignung festzustellen; innerhalb der Probezeit kann das Ausbildungsverhältnis jederzeit ohne Einhaltung einer Kündigungsfrist aufgelöst werden (§ 22 Abs. 1 BBiG).

Welche Bestimmungen hinsichtlich der Vergütung sind zu beachten?

Gemäß der Rechtsvorschrift des § 17 BBiG ist die **Vergütung** nach dem Lebensalter der Auszubildenden so zu bemessen, dass sie mit fortschreitender Berufsausbildung, mindestens jährlich einmal ansteigt.
Die Vergütung ist auch für die Zeit der Freistellung bis zur Dauer von sechs Wochen zu entrichten. Dieser Sachverhalt ist auch anzuwenden, wenn Auszubildende unverschuldet verhindert sind ihre Pflichten aus dem Berufsausbildungsverhältnis zu erfüllen.

Unter welchen Voraussetzungen kann das Ausbildungsverhältnis verkürzt werden?

Gemäß der Rechtsvorschrift des § 5 Abs. 1 Satz 2 BBiG soll die Ausbildungsdauer nicht mehr als drei und nicht weniger als zwei Jahre betragen.
Unter bestimmten Voraussetzungen ist allerdings eine **Verkürzung der Ausbildungszeit** möglich. Dabei ist zu beachten, dass zunächst ein gemeinsamer Antrag des Auszubildenden und des Ausbildenden auf eine Verkürzung der Ausbildungszeit notwendig ist (§ 8 Abs. 1 BBiG). Dieser Antrag ist der Industrie- und Handelskammer bzw. der Handwerkskammer vorzulegen. Diese zuständige Stelle hat die Ausbildungszeit zu verkürzen, wenn zu erwarten ist, dass das Ausbildungsziel in der gekürzten Zeit erreicht wird.

9709341

3.4.1 Ausbildungswesen

Wozu dient die Zwischenprüfung?

Nach dem Berufsbildungsgesetz (§ 48 BBiG) muss während der Berufsausbildung mindestens eine **Zwischenprüfung** abgelegt werden. Diese dient der Ermittlung des zwischenzeitlichen Ausbildungsstandes und ist die Voraussetzung zur Zulassung zur Abschlussprüfung.

Welche Voraussetzungen müssen für die Zulassung zur Abschlussprüfung erfüllt sein?

Zur **Abschlussprüfung** wird gemäß § 39 BBiG nur zugelassen:

- Wer die Ausbildungszeit absolviert hat oder innerhalb von zwei Monaten nach dem Prüfungstermin seine Ausbildungszeit beendet.
- Wer an der Zwischenprüfung teilgenommen hat und die Berichtshefte geführt hat.
- Wessen Ausbildungsverhältnis bei der zuständigen Kammer registriert ist.
- Wer in einer berufsbildenden Schule oder einer sonstigen Bildungseinrichtung ausgebildet worden ist, wenn dieser Bildungsgang der Ausbildung in einem anerkannten Ausbildungsberuf entspricht.

Wann endet das Ausbildungsverhältnis?

Grundsätzlich **endet das Berufsausbildungsverhältnis** mit Ablauf der Ausbildungszeit. Besteht der Auszubildende die Abschlussprüfung vor Ablauf der Ausbildungszeit, so ist das Berufsausbildungsverhältnis mit dem erfolgreichen Bestehen der Abschlussprüfung beendet (§ 21 Abs. 2 BBiG). Gemäß der Rechtsvorschrift des § 16 BBiG haben Ausbildende die Pflicht, dem Auszubildenden ein schriftliches Zeugnis auszustellen. Besteht der Auszubildende die Abschlussprüfung nicht, so verlängert sich die Berufsausbildung bis zum nächsten Prüfungstermin (§ 21 Abs. 3 BBiG). Die Abschlussprüfung kann allerdings nur zweimal wiederholt werden (§ 37 BBiG).
Wird der Auszubildende im Anschluss an die Berufsausbildung weiterbeschäftigt, ohne dass darüber eine besondere Vereinbarung getroffen wurde, so ist ein Arbeitsverhältnis auf unbestimmte Zeit geschlossen worden (§ 24 BBiG).

Z!

Unter welchen Voraussetzungen ist eine Kündigung nach Ablauf der Probezeit möglich?

Wird das Berufsausbildungsverhältnis nicht innerhalb der Probezeit aufgelöst, so gilt dann ein besonderer Kündigungsschutz für den Auszubildenden bis zum Ende der vertraglich festgelegten Ausbildungszeit. Gemäß der Rechtsvorschrift des § 22 Abs. 2 BBiG ist eine **vorzeitige Auflösung des Berufsausbildungsverhältnisses** allerdings nur in den nachfolgenden Fällen möglich:

- aus einem wichtigen Grund ohne Einhaltung einer Kündigungsfrist,
- vom Auszubildenden mit einer Kündigungsfrist von vier Wochen, wenn er die Berufsausbildung aufgeben oder er eine andere Berufsausbildung beginnen möchte.

Die Kündigung bedarf der Schriftform und muss die Gründe für die Kündigung enthalten (§ 22 Abs. 3 BBiG).
Eine Kündigung aus einem wichtigen Grund ist unwirksam, wenn die ihr zugrunde liegenden Tatsachen dem zur Kündigung Berechtigten länger als zwei Wochen bekannt sind (§ 22 Abs. 4 BBiG).
Wird das Berufsausbildungsverhältnis nach der Probezeit vorzeitig aufgelöst, ist Schadensersatz zu leisten, wenn der andere Vertragspartner den Grund für die Auflösung zu vertreten hat (§ 23 Abs. 1 BBiG). Der Anspruch erlischt, wenn er nicht innerhalb von drei Monaten nach der Beendigung geltend gemacht wird (§ 23 Abs. 2 BBiG).

Z!

Welche Inhalte sind in der Verordnung über die Berufsausbildung enthalten?

In dieser Verordnung vom 23. Juli 2001 und vom 04. Juli 2007 sind Bestimmungen enthalten, die sich auf einen bestimmten Ausbildungsberuf – Sport- und Fitnesskaufmann und Sportfachmann – beziehen. Diese ist die gesetzliche Grundlage der Berufsausbildung.

Der erste Teil enthält die gemeinsamen Vorschriften:

§ 1 die staatliche Anerkennung des Ausbildungsberufes;
§ 2 die Ausbildungsdauer bezieht sich auf drei Jahre;
§ 3 die Struktur und Zielsetzung der Berufsausbildung;

Der zweite Teil entfällt.

Im dritten Teil sind die Vorschriften für den oben genannten Ausbildungsberuf enthalten:

§ 10 Ausbildungsberufsbild
§ 11 Ausbildungsrahmenplan
§ 12 Ausbildungsplan
§ 13 Berichtsheft
§ 14 Zwischenprüfung
§ 15 Abschlussprüfung

3.4.1.1 Jugendarbeitsschutzgesetz

Welche Zielsetzung ist mit dem Jugendarbeitsschutzgesetz verbunden?

Z!

Das **Jugendarbeitsschutzgesetz (JArbSchG)** soll Jugendliche, die sich in einer Berufsausbildung befinden oder auch als Arbeitnehmer beschäftigt werden, vor körperlicher Überforderung schützen. Insbesondere soll die geistige und körperliche Entwicklung der Jugendlichen geschützt werden.

Für welchen Personenkreis gilt das Jugendarbeitsschutzgesetz?

Z!

Das **JArbSchG** gilt für Jugendliche, die das 18. Lebensjahr noch nicht vollendet haben und sich in der Berufsausbildung befinden. Weiterhin bezieht sich das Gesetz auch auf Jugendliche, die als Arbeitnehmer oder Heimarbeiter tätig sind oder sich in einem der Berufsausbildung ähnlichen Ausbildungsverhältnis befinden.

Wer ist als Kind und wer als Jugendlicher anzusehen?

Z!

- **Kinder** im Sinne des Gesetzes sind Personen, die das 15. Lebensjahr noch nicht vollendet haben. Eine Beschäftigung von Kindern ist grundsätzlich verboten.
- **Jugendliche** im Sinne des Gesetzes sind Personen, die das 15. Lebensjahr vollendet haben, aber das 18. Lebensjahr noch nicht erreicht haben.

Welche Beschäftigungsverbote gelten für Jugendliche?

Z!

Jugendliche dürfen nicht beschäftigt werden mit Arbeiten,
- die ihre Leistungsfähigkeit überschreiten.
- die mit hohen Unfallgefahren verbunden sind.
- bei denen sie sittlichen Gefahren ausgesetzt sind.

Ferner dürfen Jugendliche nicht beschäftigt werden
- mit Akkordarbeiten.
- bei Fehlen der ärztlichen Bescheinigung.
- in den Nachtstunden.

9709344

Welche Arbeitszeitregelungen sind zu beachten?

Jugendliche dürfen gemäß der Rechtsvorschrift des § 8 JArbSchG eine **tägliche Arbeitszeit** von acht Stunden und eine **wöchentliche Arbeitszeit** von 40 Stunden nicht überschreiten. Die tägliche Arbeitszeit von acht Stunden darf auf höchstens achteinhalb Stunden erhöht werden, wenn dadurch die wöchentliche Arbeitszeit von 40 Stunden nicht überschritten wird. Weiterhin dürfen Jugendliche nur an fünf Tagen in der Woche beschäftigt werden (§ 15 JArbSchG). Ein Beschäftigungsverbot gilt für sie vor 06:00 Uhr und nach 20:00 Uhr.
Ausnahmen bestehen:

- im Gaststätten- und Schaustellergewerbe
- in der Landwirtschaft
- und in Bäckereien und Konditoreien

An Samstagen dürfen Jugendliche nur in Ausnahmefällen beschäftigt werden, z. B. in Krankenanstalten, in Alten-, Pflege- und Kinderheimen, in offenen Verkaufsstellen.
Jugendliche dürfen nicht an Sonntagen beschäftigt werden. Ausnahmen bestehen in bestimmten Gewerbebereichen.
Dabei ist zu beachten, dass mindestens zwei Samstage bzw. Sonntage in der Woche beschäftigungsfrei bleiben sollen. Außerdem ist ihnen durch Freistellung an einem berufsschulfreien Tag die 5-Tage-Woche sicherzustellen (§ 16 JArbSchG).

3.4.1.1 Jugendarbeitsschutzgesetz

Wie ist die Pausenzeit gesetzlich geregelt?

Jugendliche haben einen Anspruch auf feststehende **Ruhepausen**. Die Pausen müssen mindestens betragen:

- 30 Minuten – wenn die Arbeitszeit mehr als viereinhalb Stunden bis sechs Stunden beträgt.
- 60 Minuten – wenn die Arbeitszeit mehr als sechs Stunden beträgt.

Eine Ruhepause muss mindestens 15 Minuten betragen. Weiterhin müssen den Jugendlichen entsprechende Räumlichkeiten für ihre Erholung zur Verfügung gestellt werden.

Wie erfolgt die Anrechnung des Berufsschulunterrichts auf die Arbeitszeit?

Die Jugendlichen sind für den **Berufsschulunterricht** vom Arbeitgeber freizustellen. Beginnt der Berufsschulunterricht vor 09:00 Uhr, dürfen die Jugendlichen vorher nicht im Ausbildungsbetrieb beschäftigt werden. Sie sind freizustellen, wenn der Berufsschulunterricht mehr als fünf Unterrichtsstunden umfasst.

Dieser Berufsschultag wird mit acht Stunden auf die wöchentliche Arbeitszeit angerechnet. Diese Regelung gilt für den zweiten Berufsschultag nicht. Dieser wird mit den tatsächlichen Unterrichtsstunden einschließlich den Pausen auf die wöchentliche Arbeitszeit angerechnet (§ 9 JArbSchG).

Welche Urlaubsregelung gilt für Jugendliche?

Der Arbeitgeber ist gemäß der Rechtsvorschrift des § 19 JArbSchG verpflichtet den Jugendlichen für jedes Kalenderjahr einen bezahlten **Erholungsurlaub** zu gewähren.

- Jugendliche, die das 16. Lebensjahr noch nicht vollendet haben, also 15 Jahre alt sind, haben einen Urlaubsanspruch auf 30 Werktage im Jahr.
- Jugendliche, die das 17. Lebensjahr noch nicht vollendet haben, also 16 Jahre alt sind, haben einen Urlaubsanspruch auf 27 Werktage im Jahr.

- Jugendliche, die das 18. Lebensjahr noch nicht vollendet haben, also 17 Jahre alt sind, haben einen Urlaubsanspruch auf 25 Werktage im Jahr.

Welche gesetzliche Regelung ist zu beachten, wenn der Jahresurlaub in den Berufsschulferien gewährt wird?

Für jeden **Berufsschultag, der während des Urlaubs** besucht wird, ist ein weiterer Urlaubstag zu gewähren (§ 19 Abs. 3 JArbSchG).

An wie vielen Pflichtuntersuchungen muss ein Jugendlicher teilnehmen?

Der Jugendliche muss, bevor er die Berufsausbildung oder ein Arbeitsverhältnis beginnt, die Bescheinigung einer **Erstuntersuchung** vorlegen. Die erste **Nachuntersuchung** erfolgt ein Jahr nach Aufnahme der Beschäftigung.

3.4.1.2 Interessenvertretung der Jugendlichen und Auszubildenden

Skizzieren Sie die Zielsetzung der Jugend- und Auszubildendenvertretung.

Die besonderen Interessen und die damit verbundenen Probleme der jugendlichen Arbeitnehmer unter 18 Jahren und der Auszubildenden unter 25 Jahren verlangen die Einrichtung einer **Jugend- und Auszubildendenvertretung**.

Welche Voraussetzungen müssen für die Bildung einer Jugend- und Auszubildendenvertretung erfüllt sein?

In Betrieben müssen mindestens fünf jugendliche Arbeitnehmer, die das 18. Lebensjahr noch nicht vollendet haben, oder Auszubildende, die das 25. Lebensjahr noch nicht vollendet haben, beschäftigt werden. Erst dann kann eine **Jugend- und Auszubildendenvertretung** gewählt werden.

Gewählt werden können alle Arbeitnehmer, die das 25. Lebensjahr noch nicht vollendet haben und dem Betriebsrat nicht angehören.

9709347

3.4.1.2 Interessenvertretung der Jugendlichen und Auszubildenden

Wie lange dauert die Amtszeit der gewählten Jugend- und Auszubildendenvertretung?

Z!

Die Jugend- und Auszubildendenvertretung wird für eine **Amtszeit** von zwei Jahren gewählt.

Wann finden die Wahlen zur Jugend- und Auszubildendenvertretung statt?

Z!

Die **Wahlen zur Jugend- und Auszubildendenvertretung** finden alle zwei Jahre im Zeitraum vom 1. Oktober bis zum 30. November statt.

Welche Aufgaben hat eine Jugend- und Auszubildendenvertretung?

Z!

Die **Aufgaben der Jugend- und Auszubildendenvertretung** beziehen sich insbesondere auf:

- Maßnahmen beim Betriebsrat zu beantragen, die junge Betriebsangehörige betreffen. Das betrifft auch die Integration ausländischer Jugendlicher.
- Sie überwachen die Einhaltung der Gesetze, die für die jugendlichen Arbeitnehmer und Auszubildenden gelten.
- Beschwerden und Anregungen an den Betriebsrat weiterzugeben.

Welches Recht hat die Jugend- und Auszubildendenvertretung?

Z!

Die Jugend- und Auszubildendenvertretung kann **zu allen Sitzungen des Betriebsrates einen Vertreter entsenden**. Sind Tagesordnungspunkte vorhanden, die insbesondere Jugendliche und Auszubildende betreffen, so hat die gesamte Jugend- und Auszubildendenvertretung ein Teilnahmerecht.

Im Einvernehmen mit dem Betriebsrat hat die Jugend- und Auszubildendenvertretung die Möglichkeit, vor oder nach einer Betriebsversammlung eine Versammlung einzuberufen.

Gemäß § 69 BetrVG hat die Interessenvertretung die Möglichkeit, eigene Sprechstunden abzuhalten, wenn mehr als 50 Jugendliche im Betrieb beschäftigt sind.

Wie ist die Zusammensetzung der Jugend- und Auszubildendenvertretung geregelt?

Die **Zusammensetzung der Jugend- und Auszubildendenvertretung** ist von der Anzahl dieser Beschäftigungsgruppe abhängig (1–15 Mitglieder).

3.4.2 Personalwirtschaft

3.4.2.1 Aufgaben und Ziele der Personalwirtschaft

Nennen Sie die Aufgaben und Ziele der Personalwirtschaft.

Die **Personalwirtschaft** hat die Aufgabe, durch den Einsatz von entsprechenden Mitarbeitern einen reibungslosen Betriebsablauf zu gewährleisten.
Die Personalwirtschaft schließt alle Maßnahmen ein, die sich auf die Mitarbeiter im Unternehmen beziehen, ausgehend von der Personalbeschaffung über die Einstellung, dem Arbeitseinsatz einschließlich der Betreuung bis zum Ausscheiden der Mitarbeiter aus dem Unternehmen.

Welche Anforderungen sind mit dem Personalmanagement in einem Sport- und Fitnessstudio verbunden?

Der Erfolg eines Sport- und Fitnessstudios ist im Wesentlichen von dem **persönlichen Einsatz, dem Engagement und der Identifikation der Mitarbeiter mit dem Studio** abhängig. Die Mitarbeiter der Freizeitbranche müssen nicht nur in der Lage sein ihre Mitglieder umfangreich fachlich zu beraten und zu betreuen, sondern darüber hinaus auch sie durch gruppendynamische Prozesse langfristig an das Studio zu binden.
Das persönliche Erscheinungsbild, die kommunikativen Fähigkeiten und die fachliche Kompetenz prägen das Erscheinungsbild des Mitarbeiters in der Sport- und Fitnessbranche.
Dies macht deutlich, dass eine umfangreiche Qualifikation der Mitarbeiter demnach die Grundlage bildet, um den gesamten Betriebsablauf im Studio mitgliedergerecht gestalten zu können.

9709349

3.4.2.1 Aufgaben und Ziele der Personalwirtschaft

Was verstehen Sie unter Corporate Identity?

Unter **Corporate Identity** ist die persönliche Identifikation der Mitarbeiter mit dem Unternehmen zu verstehen. Die Mitarbeiter identifizieren sich mit dem Unternehmensimage durch ihr Verhalten, ihr Engagement und ihre positive Einstellung dem gesamten Unternehmen gegenüber.

Welche weiteren Teilbereiche können dem Corporate Identity zugeordnet werden?

Folgende Bereiche können dem **Corporate Identity Management** zugeordnet werden:

a) **Corporate Behaviour (= Unternehmenskultur)** bezieht sich auf die Verhaltensformen der Studiomitarbeiter untereinander, den Studiomitgliedern und außenstehenden Personen (z. B. Lieferanten) gegenüber. Die Studiomitarbeiter sind dabei uneingeschränkt in ihrem äußerlichen Erscheinungsbild (einheitliche Bekleidung) und in ihrem Verhalten (einschließlich ihrer sprachlichen Ausdrucksformen und Argumentationen hinsichtlich möglicher Mitgliedereinwände und in der Umsetzung des Konflikt- und Beschwerdemanagements) Repräsentanten des Studios. Dieses Konzept impliziert eine explizite Förderung der Kommunikationsfähigkeiten und der Strategien zur Konfliktbewältigung. Die Zielsetzung liegt unter anderem darin, dass durch eine Verbesserung der Kommunikation der Mitarbeiter untereinander die studiobezogene Philosophie in der Öffentlichkeit verbessert dargestellt werden kann.

b) **Corporate Communications (= Unternehmenskommunikation)** ist auf die gesamte studiobezogene Kommunikation ausgerichtet. Dieser sozial-integrative Interaktionsprozess bezieht sich unter anderem auf den gesamten Bereich der Außendarstellung, wie z. B. den umfangreichen Bereich der Werbung, der direkten Kommunikation mit den Mitgliedern bzw. Interessenten, der Salespromotion und der Public Relations. Das einheitliche Erscheinungsbild des Studios und sein Image werden dadurch in der Öffentlichkeit einprägsam präsentiert.

c) **Corporate Image (= Unternehmensimage)** bezieht sich neben der Beratung und Betreuung von Mitgliedern auch auf die Präsentation des Leistungsangebotes des Studios. Durch die Mitgliederzufriedenheit wird das Image des Studios in der Öffentlichkeit bestimmt.

d) **Corporate Design (= Unternehmenserscheinungsbild)** bezieht sich auf das optische und einheitliche Erscheinungsbild des Studios in der Öffentlichkeit. Durch ein einprägsam gestaltetes Firmenzeichen (Logo) ist eine studioexterne Abgrenzung und Identifikation jederzeit gegeben.

In einem Corporate-Management-Handbuch sind diese Ausführungen detailliert zu dokumentieren.

Welche Möglichkeiten stehen dem Studiobetreiber zur Verfügung, um eine Motivationssteigerung seiner Mitarbeiter zu erreichen?

Die betriebliche Zielsetzung ist u. a. darauf gerichtet, eine **Motivationssteigerung** und damit eine Leistungssteigerung der Mitarbeiter zu erreichen. Dabei stehen den Unternehmen verschiedene Möglichkeiten zur Verfügung:

- die Mitarbeiter entsprechend ihrer Neigung einzusetzen, wie z. B. als Trainer, Kursleiter, Sachbearbeiter im Verwaltungsbereich usw.,
- den Mitarbeitern eine angemessene, gerechte Entlohnung zu gewähren,
- den Mitarbeitern die Teilnahme an Weiterqualifizierungen zu ermöglichen,
- den Mitarbeitern Aufstiegsmöglichkeiten in Aussicht zu stellen,
- die Mitarbeiter an betrieblichen Entscheidungsprozessen mit zu beteiligen,
- die Leistungen der Mitarbeiter entsprechend zu honorieren, wie z. B. die studiointerne Plakatierung der Mitarbeiter, die eine bestimmte vorgegebene Bestätigung der Mitgliedschaften erreicht bzw. überschritten haben; so werden z. B. gemeinsame Reisen durchgeführt, den Mitarbeitern Firmenfahrzeuge zur Verfügung gestellt oder ihnen werden weitere Aufgabenstellungen übertragen,
- das Betriebsklima u. a. durch soziale Einrichtungen zu verbessern.

3.4.2.2 Teilbereiche des Personalwesens

Was ist unter einer Personalplanung zu verstehen?

Die **Personalplanung** umfasst die Ermittlung des quantitativen Personalbedarfs (Wie viele Mitarbeiter werden benötigt?) sowie die Ermittlung des qualitativen Personalbedarfs (Welche Fähigkeiten und Kenntnisse müssen die einzelnen Mitarbeiter haben?).
Zur Personalplanung gehören außerdem die Planung des Personaleinsatzes, vor allem die Planung der Vertretungen bei Krankheit oder Urlaub von Mitarbeitern, aber auch das Erstellen von Versetzungsplänen, Stellenbeschreibungen und Arbeitsplatzbewertungen.

Welches Ziel wird mit der Personalbedarfsermittlung verfolgt?

Ziel der **Personalbedarfsermittlung** ist es, ausgehend vom aktuellen Personalbestand eine möglichst genaue Prognose des zukünftig benötigten Personals zu treffen.

Grenzen Sie den quantitativen vom qualitativen Personalbedarf ab.

- Die Ermittlung des **quantitativen Personalbedarfs** gibt lediglich Auskunft über die Anzahl von Mitarbeitern, die zusätzlich benötigt werden.
- Der **qualitative Personalbedarf** dagegen beinhaltet eine Übereinstimmung zwischen den Arbeitsplatzanforderungen und den Eignungsmerkmalen der Mitarbeiter.

Erläutern Sie den Begriff der Personalbeschaffung.

Die **Personalbeschaffung** stellt dem Unternehmen die erforderlichen Arbeitskräfte in der benötigten Anzahl und mit den geeigneten Qualifikationen zum richtigen Zeitpunkt und für den jeweils geplanten Einsatzort bereit.
Wenn aufgrund der Personalbedarfsrechnung feststeht, wie viel Personal eingestellt werden soll, hat die Geschäftsleitung grundsätzlich zwei Möglichkeiten der Personalbeschaffung: die externe und die interne Personalbeschaffung.

9709352

Welcher Grundsatz ist vom einstellenden Personalleiter beim Einstellungsverfahren zu beachten?

Im Rahmen des **Personaleinstellungsverfahrens** wird geprüft, ob die Qualifikationen der Bewerber mit den Qualifikationsanforderungen der zu besetzenden Stelle übereinstimmen. Über- und Unterqualifikationen sollten nach Möglichkeit vermieden werden.

Wie sollte das Personalauswahlverfahren von einem Unternehmen durchgeführt werden?

Das **Personalauswahlverfahren** sollte in folgenden Schritten vollzogen werden:

- Analyse und Auswertung der Bewerbungsunterlagen
- Vorstellungsgespräche
- Auswertung des Personalfragebogens
- Testverfahren
- Einstellungsgespräche
- Einstellungsunterlagen anfordern

Was ist bei der Personaleinstellung zu beachten?

Nachdem sich die Geschäftsleitung entschlossen hat einen bestimmten **Bewerber einzustellen** und die Zustimmung des Bewerbers vorliegt, ist ein Arbeitsvertrag zu schließen, der in der Regel schriftlich abzufassen und von beiden Vertragspartnern zu unterschreiben ist.

Der neue Mitarbeiter wird anschließend von dem zuständigen Vorgesetzten am Arbeitsplatz in das Aufgabengebiet eingewiesen und den Arbeitskollegen vorgestellt.

Welche Aufgaben sind mit der Verwaltung des Personals verbunden?

Aufgaben, die eng mit der **Verwaltung des Personals** verbunden sind:

- Personalverwaltung
- Personalbeurteilung
- Personalberichtswesen
- Personalentlohnung
- Personalbetreuung

3.4.2.2 Teilbereiche des Personalwesens

Welche Aufgaben hat die Personalverwaltung, die Personalbeurteilung und das Personalberichtswesen im einzelnen?

- Die **Personalverwaltung** führt die Personalakten und übt alle arbeitsrechtlich und organisatorisch notwendigen Tätigkeiten aus, die im Zusammenhang mit der Einstellung, Entlassung und Versetzung, der Beurteilung, Höhergruppierung und Beförderung der Mitarbeiter verbunden sind.
  Zur Erfassung der Personaldaten eignen sich besonders die Personalakte und die -stammdatei.

- Die **Personalbeurteilung** stuft die Mitarbeiter hinsichtlich ihrer Persönlichkeit, Leistung und Entwicklungsmöglichkeiten ein.

- Das **Personalberichtswesen** erstellt vielfältige Personalstatistiken, ermittelt die Veränderungen der Personalstruktur und der -kosten und berichtet über die Entwicklungen des Arbeitsmarktes.

3.4.2.3 Formelle und informelle Arbeitsgruppen

Was ist unter einer formellen und was unter einer informellen Arbeitsgruppe zu verstehen?

- **Formelle Arbeitsgruppen** setzen sich aus Mitarbeitern zusammen, die nach betrieblichen, sachlichen und formalen Kriterien dieser Gruppe zugeordnet sind. Die Stellenbesetzung erfolgt durch eine Übereinstimmung der Anforderungen der Arbeitsaufgabe mit den Qualifikationsmerkmalen des Bewerbers. Persönliche Beziehungen der Mitarbeiter untereinander bleiben dabei zunächst unberücksichtigt.

- **Informelle Arbeitsgruppen** bilden sich aufgrund gemeinsamer persönlicher Interessen und Sympathien. Diese Gruppenbildung erfolgt i. d. R. auch abteilungs-/bereichsübergreifend.

Welche Möglichkeiten stehen der Unternehmensleitung zur Verfügung, die informelle Gruppenbildung zu fördern?

Der Unternehmensleitung stehen verschiedene Alternativen zur Verfügung, um die **betriebsinterne informelle Gruppenbildung zu fördern:**

- gemeinsame Besprechungen,
- Gewährleistung der Aufgabentransparenz der verschiedenen Bereiche eines Sport- und Fitnessstudios, d. h., Mitarbeiter werden kurzfristig in andere, zugeordnete Bereiche versetzt, um das dortige Aufgabengebiet, den Arbeitsablauf und die entsprechenden Mitarbeiter kennen zu lernen,
- Durchführung von gemeinsamen Veranstaltungen (z. B. Betriebsausflug, Fortbildungslehrgänge).

3.4.2.4 Personalbeschaffung

Wie unterscheiden sich a) Personalbeschaffung, b) Personalbedarfsrechnung und c) Personalbeschaffungsplan voneinander?

a) Unter der **Personalbeschaffung** sind alle Tätigkeiten und Maßnahmen zu verstehen, die dazu dienen, geeignete Mitarbeiter zu finden, die den Anforderungen des Arbeitsplatzes entsprechen.

b) Die **Personalbedarfsrechnung** ermittelt zunächst lediglich den quantitativen Personalbedarf. Er zeigt also auf, wie viele Mitarbeiter benötigt bzw. eingestellt werden müssen.

c) Der **Personalbeschaffungsplan** legt dagegen fest, auf welche Weise der ermittelte Personalbedarf gedeckt werden kann.

Nennen Sie die Möglichkeit eines Betriebes zur Personalbeschaffung.

Dem Betrieb stehen grundsätzlich **zwei Möglichkeiten der Personalbeschaffung** zur Verfügung:

- intern und
- extern.

3.4.2.4 Personalbeschaffung

Was ist bei der internen Stellenausschreibung zu beachten?

Durch die **innerbetriebliche Stellenausschreibung** wird den eigenen Mitarbeitern die Möglichkeit zur Veränderung ihres Aufgabengebietes bzw. zum betrieblichen Aufstieg geboten.

Gemäß der Rechtsvorschrift des § 93 BetrVG kann der Betriebsrat verlangen, dass Arbeitsplätze vor ihrer Besetzung innerbetrieblich auszuschreiben sind. Gemäß der Rechtsvorschrift des § 95 BetrVG wird dem Betriebsrat auch ein Mitspracherecht bei der Festlegung der Auswahlrichtlinien eingeräumt.

In diesem Zusammenhang ist zu beachten, dass der Arbeitgeber den Betriebsrat über den künftigen Personalbedarf rechtzeitig und umfassend zu unterrichten hat (§ 92 BetrVG) und der Betriebsrat auch Vorschläge dem Arbeitgeber unterbreiten kann (§ 80 BetrVG).

Auf welchem Weg kann die interne Personalbeschaffung vorgenommen werden?

Dem Unternehmen stehen nachfolgende Möglichkeiten der **internen Personalbeschaffung** zur Verfügung:

- Aushang am schwarzen Brett
- Stellenanzeigen in der Betriebszeitung
- direkte Ansprache möglicher Kandidaten

Welche Aufgabe hat eine Einigungsstelle?

Kommt eine Einigung zwischen dem Arbeitgeber und dem Betriebsrat in einer personellen Angelegenheit nicht zustande, so entscheidet gemäß § 76 BetrVG die **Einigungsstelle**.

Welche Vor- und Nachteile sind mit der internen Stellenbesetzung verbunden?

Die Vorteile der internen Personalbeschaffung sind:

- Eröffnung von Aufstiegschancen; positives Ansehen im Betrieb wird erhöht.

- engere Bindung an den Betrieb
- Nutzung der vorhandenen Betriebskenntnisse des Mitarbeiters
- kurze Einarbeitungszeiten
- geringe Personalbeschaffungskosten
- positives Ansehen/Image bei den Mitarbeitern; Motivationssteigerung der Mitarbeiter untereinander, mit dem Ziel, bei der nächsten internen Stellenbesetzung berücksichtigt zu werden.

Die Nachteile einer internen Stellenbesetzung sind:

- Die Zahl der Bewerber ist gering/begrenzt; somit bestehen nur geringe Auswahlmöglichkeiten.
- Frust/Unzufriedenheit und Neid bei den abgelehnten Bewerbern führt dazu, dass sich künftig immer weniger Mitarbeiter auf betriebsinterne Stellenausschreibungen bewerben werden.
- mögliche Bedenken hinsichtlich der negativen Beeinträchtigung des bestehenden Betriebsklimas durch Neid der anderen Mitarbeiter; mögliche Bedenken/Vorurteile hinsichtlich der Zusammenarbeit mit den künftigen Abteilungsleitern und den Mitarbeitern; daher schon vorher die negative Bereitschaft zur Team-/Projektarbeit
- Mitarbeiter, die diese Stelle besetzen, hinterlassen in der eigenen Abteilung eine offen stehende Position/Stelle, die ebenfalls wieder zu besetzen ist, sodass der quantitative Personalbedarf bestehen bleibt.
- verkrustete Betriebsstrukturen bleiben erhalten; bestehende Betriebsabläufe/Strukturen werden somit nicht verändert.

Welche Möglichkeiten für die externe Personalbeschaffung bieten sich einem Unternehmen?

Möglichkeiten der externen Personalbeschaffung:

- Meldungen/Anfragen beim Arbeitsamt
- Stellenanzeigen in regionalen und überregionalen Zeitungen bzw. in Fachzeitschriften
- Personalleasing (Zeitarbeit, Leiharbeit)
- Personalberatungsunternehmen

3.4.2.4 Personalbeschaffung

Welche Behörde hat in Deutschland das Recht der Arbeitsvermittlung?

Aufgrund des Arbeitsförderungsgesetzes verfügt die **Bundesagentur für Arbeit (BA)** mit den ihr nachgeordneten Arbeitsagenturen über das alleinige Recht der Arbeitsvermittlung (Arbeitsvermittlungsmonopol).

Durch Stellenangebote suchen Unternehmen geeignete Mitarbeiter; durch Stellengesuche bieten Arbeitnehmer ihre speziellen Leistungen an. Auf freie Positionen bewerben sich nicht nur Personen, die in keinem dauerhaften Beschäftigungsverhältnis stehen, sondern auch solche Personen/Arbeitnehmer, die durch einen Arbeitsplatzwechsel bessere berufliche Möglichkeiten, besseren Standort, bessere Dotierung erwarten.

Welche Vor- und Nachteile bietet die Arbeitsvermittlung durch die Bundesagentur für Arbeit?

Die Zuweisung von Arbeitskräften durch die BA hat den **Vorteil**, dass bereits eine Vorauswahl getroffen wird; sie hat den **Nachteil**, dass nur Stellensuchende angesprochen werden.

Was ist bei Zeitungsinseraten in Zusammenhang mit der externen Personalbeschaffung zu beachten?

Die **Stellenanzeige in Zeitungen** ist der übliche externe Beschaffungsweg eines Unternehmens. Hier bieten sich regionale, überregionale Tages- und Wochenzeitungen sowie Fachzeitschriften als Anzeigenträger an. Mit Zeitungsinseraten wird ein großer Interessentenbereich angesprochen. In der Anzeige sind die Anforderungen aufgelistet, die an den Mitarbeiter gestellt werden.

- Um Fachkräfte zu einer Bewerbung zu veranlassen, werden in der Stellenanzeige auch häufig die Aufstiegs- und Weiterbildungsmöglichkeiten erwähnt.
- Stellen, die eine besondere berufliche Qualifikation erfordern, werden im Allgemeinen in überregionalen Zeitungen oder in einer geeigneten Fachzeitschrift ausgeschrieben.
- Stellen, die eine häufig vorkommende berufliche Qualifikation erfordern, werden in der Regel mit einer Anzeige in der regionalen Presse angeboten.

Was ist unter Personalleasing zu verstehen?

In Zusammenhang mit dem **Personalleasing** sind Unternehmen zu erwähnen, die Arbeitskräfte für einen bestimmten oder unbestimmten Zeitraum verleihen.
Studiobetreiber werden derartige Unternehmen in der Urlaubszeit oder bei einem hohen Krankenstand in Anspruch nehmen, weil mit dem vorhandenen Personal der Betriebsablauf im Studio nicht aufrechterhalten werden kann.

Was sind Personalberatungsunternehmen?

Personalberatungsunternehmen haben sich spezialisiert auf die Personalberatung, d. h., sie werden gegen eine entsprechende Vergütung (Honorar) von den personalsuchenden Unternehmen beauftragt eine Personalauswahl vorzunehmen.
Die Personalberatungsunternehmen verfassen zunächst die Stellenanzeigen in den Zeitungen (der Name des betreffenden Unternehmens ist darin nicht ersichtlich), daran schließt sich eine Personalvorauswahl an, d. h., es erfolgt eine Analyse und Bewertung der Bewerbungsunterlagen, bevor die ersten Gespräche mit den Bewerbern erfolgen. Im Anschluss daran werden den Unternehmen die Unterlagen der als geeignet erscheinenden Bewerber zur Auswahl vorgelegt.
Personalberatungsunternehmen dürfen grundsätzlich **keine Arbeitsvermittlung** betreiben, es sei denn, sie wären von der Bundesagentur für Arbeit dazu beauftragt.
Da diese Unternehmen nur eine Beratertätigkeit ausüben, dürfen sie jederzeit bei der Personalbeschaffung tätig sein.

Welche sonstigen Personalbeschaffungsmöglichkeiten stehen Unternehmen zur Verfügung?

Sonstige externe Personalbeschaffungsmöglichkeiten sind Kontakte zu Universitäten, Fachhochschulen und sonstigen Ausbildungsstätten. Am schwarzen Brett dieser Institutionen werden i. d. R. die vakanten Positionen bekannt gegeben. Ein wesentlicher Vorteil besteht darin, dass damit gezielt eine bestimmte Personengruppe, die über die erforderliche Qualifikation/Vorkenntnisse verfügt, direkt angesprochen wird.
Auch bieten Unternehmen den angehenden Hochschulabsolventen die Möglichkeit, ihre Examensarbeit über betriebliche Problemstellungen zu verfassen mit dem Ziel, diese nach dem Examen in den betrieblichen Entscheidungsprozess einzugliedern.

3.4.2.4 Personalbeschaffung

Welche Vorteile sind mit der externen Personalbeschaffung verbunden?

Vorteile der externen Personalbeschaffung:

- Es ergeben sich umfangreiche Auswahlmöglichkeiten zwischen den unterschiedlichen Bewerbern.
- Verkrustete Unternehmensstrukturen bzw. Betriebsabläufe können durch Innovationen von außen umgestaltet werden.
- Neue Mitarbeiter verfügen auch über umfangreiche Erfahrungen, d. h., sie sind in der Lage, innerhalb des Unternehmens Einfluss auf die Arbeitsorganisation zu nehmen und bestehende Formen der Zusammenarbeit zu verändern.
- Der Personalbedarf wird direkt ausgeglichen.

Welche Nachteile sind mit der externen Personalbeschaffung verbunden?

Nachteile der externen Personalbeschaffung:

- Die Stellenbesetzung ist sehr zeitaufwändig und mit hohen Kosten verbunden.
- zeitaufwändige Einarbeitungsphase
- Einschränkung der innerbetrieblichen Aufstiegsmöglichkeiten
- Mögliche Bedenken, dass der neue Mitarbeiter die an ihn gestellten Erwartungen nicht erfüllt oder er das Unternehmen wieder verlässt; neue Einstellungsverfahren verbunden mit entsprechenden Kosten sind mögliche Folgewirkungen.
- Mögliche Beeinträchtigung des Betriebsklimas durch direkte Stellenbesetzung ohne Berücksichtigung der Position des bisherigen Stelleninhabers bzw. des Vorgesetzten.

3.4.2.5 Personalauswahlverfahren

Wie wird das Personalauswahlverfahren durchgeführt?

Im Rahmen des **Personaleinstellungsverfahrens** werden die vorliegenden Qualifikationen des Bewerbers mit den Anforderungsmerkmalen der Stellenbeschreibung verglichen. Dadurch soll eine Über- und Unterforderung des neuen Mitarbeiters vermieden werden.

Soweit ein Betriebsrat vorhanden ist, muss der Arbeitgeber/Geschäftsleitung gemäß den rechtlichen Bestimmungen des Betriebsverfassungsgesetzes diesen vor jeder Einstellung unterrichten und ihm die jeweiligen Bewerbungsunterlagen vorlegen und Auskünfte über den Bewerber erteilen (BetrVG § 99). Verweigert der Betriebsrat seine Zustimmung, so muss er das schriftlich innerhalb einer Woche nach der Information durch den Arbeitgeber/Geschäftsleitung und unter Angabe von Gründen dem Arbeitgeber/Geschäftsleitung mitteilen. Unterlässt der Betriebsrat diese Möglichkeit, so ist sie als Zustimmung aufzufassen.

Die eingehenden Bewerbungsunterlagen müssen zunächst gesichtet, bewertet und analysiert werden. Zu den Bewerbungsunterlagen gehören:

- Bewerbungsschreiben
- Lebenslauf, Lichtbild
- Zeugnisse
- berufliche Tätigkeiten (chronologisch aufgelistet)
- Fortbildungsnachweise
- evtl. polizeiliches Führungszeugnis
- evtl. Referenzen

Der Bewerber erhält seine Unterlagen zurück, wenn seine aufgelisteten Kenntnisse und Fertigkeiten mit den Anforderungsmerkmalen, die aus der Stellenbeschreibung zu ersehen sind, nicht übereinstimmen.

Bewerber mit unvollständigen Bewerbungsunterlagen von Personen, die evtl. für diese vakante Position als geeignet erscheinen, werden aufgefordert diese umgehend nachzureichen. Sie werden im Anschluss daran zu einem Vorstellungsgespräch eingeladen.

Nach Eingang der Bewerbungen werden sie häufig erst in eine Bewerberliste eingetragen, um bei den zahlreichen Bewerbern einen möglichst genauen Überblick zu erhalten. Die erste Sichtung der Bewerbungsunterlagen erlaubt sicherlich noch keine differenzierten Aussagen über die Bewerber. Die Art und Weise der Zusammenstellung der Unterlagen vermittelt jedoch einen ersten Eindruck von der Grundeinstellung der Bewerber und den Grad ihres Interesses an der zu besetzenden Stelle.

In der Regel erfolgt nach der Sammlung der Bewerbungsunterlagen und der Eintragung in die Bewerberliste eine Vorauswahl durch den zuständigen Sachbearbeiter. Sie führt entweder zur Absage (Bewerber, die als ungeeignet erscheinen), zu einer Zurückstellung (Bewerber, die vielleicht geeignet sind) oder zur Einladung zu einem Einstellungstest oder Vorstellungsgespräch.

3.4.2.6 Personalverwaltung

Welche Aufgabe hat die Personalverwaltung?

Der komplexe Aufgabenbereich der **Personalverwaltung** umfasst zunächst die Sammlung der gesamten Personaldaten der Arbeitnehmer. Diese Daten werden anschließend geordnet, bearbeitet, archiviert und statistisch ausgewertet.

Zur Erfassung der Personaldaten eignen sich insbesondere die Personalakte und die Personaldatei.

Welche Bedeutung hat die Personalakte?

Eine **Personalakte** wird für jeden einzelnen Mitarbeiter geführt. Sie enthält wichtige Informationen über den Arbeitnehmer und soll neben den Qualifikationsmerkmalen des Arbeitnehmers den Inhalt und Verlauf des Arbeitsverhältnisses erfassen. Anzumerken ist zunächst, dass der Arbeitgeber zur Führung einer Personalakte nicht verpflichtet ist, sie aber als ein wichtiges Hilfsmittel ansieht, wenn das Verhalten des Arbeitnehmers zu berücksichtigen ist hinsichtlich einer möglichen Versetzung, einer Beförderung, einer Einstufung seines Gehaltes usw. Gemäß der Rechtsvorschrift des § 83 BetrVG hat der Arbeitnehmer das Recht, in seine geführte Personalakte Einsicht zu nehmen.

Welche Möglichkeit hat der Arbeitnehmer, wenn er mit dem Inhalt der Personalakte nicht einverstanden ist?

Er hat die Möglichkeit, **Erklärungen zu verfassen** und diese der Personalakte beizufügen.

Welche Unterlagen sollten in der Personalakte enthalten bzw. aufbewahrt sein?

Folgende Unterlagen sollten **in der Personalakte enthalten** und auch aufbewahrt sein:
- Bewerbungsunterlagen
- Zeugnisse bzw. Zertifikate

- Testergebnisse
- polizeiliches Führungszeugnis
- ärztliches Zeugnis/Gutachten
- Arbeitsvertrag
- Personalbogen
- Bescheinigungen
- Beurteilungen
- Abmahnungen

Personaldaten müssen mit besonderer Sorgfalt und Diskretion geführt werden. Nach dem Bundesdatenschutzgesetz dürfen keine Informationen an unbefugte Personen weitergegeben werden.

Was ist bei einer Personalstammdatei zu beachten?

Zu den Tätigkeiten im Personalwesen gehört auch das Anlegen einer **Personalstammdatei**, in der in übersichtlicher Form personenbezogene Daten der Mitarbeiter aufgeführt sind, die der zuständige Sachbearbeiter ständig benötigt, um z. B. eine Lohn- und Gehaltsabrechnung duchzuführen.

Die Personalstammdatei enthält die für die Bearbeitung wichtigen Daten der Mitarbeiter, die so genannten Stammdaten. Dazu zählen Name, Geburtsdatum, Anschrift, Personalnummer, Einstellungsdatum, Lohn- und Gehaltsgruppe, Bankverbindung usw. Aufgrund dieser Daten können betriebsinterne Statistiken erstellt werden.

Was ist den Personalstatistiken zu entnehmen?

Mithilfe der **Personalstatistiken** lassen sich die Beziehungen zwischen dem Betrieb und der Belegschaft übersichtlich in Form von Tabellen und Grafiken (Diagrammen) darstellen.

Sie dient als wesentliche Grundlage bei Personaleinstellungen, Versetzungen sowie Fort- und Weiterbildungsmaßnahmen.

3.4.2.6 Personalverwaltung

Was ist den Personalstatistiken zu entnehmen?

Mithilfe der **Personalstatistiken** lassen sich die Beziehungen zwischen dem Studio und den Mitarbeitern übersichtlich in Form von Tabellen und Grafiken (Diagrammen) darstellen.

Die Personalstatistik dient als wesentliche Grundlage bei Personaleinstellungen, Versetzungen sowie Fort- und Weiterbildungsmaßnahmen.

Was ist unter einer Sekundärstatistik zu verstehen?

Wie die statistischen Daten gewonnen und ausgewertet werden, hängt von dem Zweck der Untersuchung ab. Wird dabei auf bereits vorhandene Daten zurückgegriffen, so handelt es sich um eine **Sekundärstatistik**, zum Beispiel wenn das Verhältnis von Angestellten zu Arbeitern, der Anteil der Männer und Frauen, der Anteil der ausländischen zu den inländischen Arbeitnehmern im Betrieb untersucht werden soll.

3.4.2.7 Personalbeurteilung

Welche Aufgabe kommt der Personalbeurteilung zu?

Mithilfe der **Personalbeurteilung** wird versucht die Mitarbeiter hinsichtlich ihrer Persönlichkeit, ihrer Leistung und ihrer Entwicklung einzuschätzen bzw. einzustufen.

Die Mitarbeiterbeurteilung bietet eine Entscheidungsgrundlage, wenn z. B. nachfolgende Sachverhalte vorliegen:

- Einige Mitarbeiter haben ihre Probezeit beendet und sollen in anderen Bereichen bzw. Abteilungen eingesetzt werden.
- Mehrere Mitarbeiter bewerben sich auf eine interne Stellenausschreibung; eine Auswahl der Mitarbeiter muss vorgenommen werden.
- Die Vorgesetzten übergeben der Geschäftsleitung Beförderungsvorschläge ihrer Mitarbeiter.

Wie oft und wie sollten Mitarbeiterbeurteilungen durchgeführt werden?

Die **Mitarbeiterbeurteilungen** werden i. d. R. alle zwei bis drei Jahre durchgeführt. Häufig werden dazu Beurteilungsbögen eingesetzt, bei denen die zu beurteilenden Merkmale durch eine vorgegebene Abstufung (Wertstufen 1 – 7 oder 1 – 9) erfolgt.
Der Vorgesetzte des Mitarbeiters erhält somit die Möglichkeit, eine differenzierte Beurteilung der Leistung des Mitarbeiters vorzunehmen.

Anmerkung: Es handelt sich bei jeder Mitarbeiterbeurteilung um eine subjektive Einschätzung des Vorgesetzten, auch wenn durchwegs versucht wird die Beurteilungskriterien zu objektivieren.
Durch die erreichte Gesamtpunktzahl erhält der zuständige Personalleiter einen Vergleich der Mitarbeiterleistungen untereinander.

Was ist bei der Personalbeurteilung zu beachten?

Der Mitarbeiter muss vor seiner Beurteilung die **Möglichkeit zu einer Stellungnahme** im Rahmen eines Gespräches erhalten.

Eine schriftliche Stellungnahme zum Inhalt der Beurteilung ist der Personalakte des jeweiligen Mitarbeiters beizufügen (§ 83 BetrVG).

Aus der durchgeführten Beurteilung ist die Einschätzung der Arbeitsleistung des Mitarbeiters durch den Vorgesetzten ersichtlich.

Langfristig ist somit die Leistungsentwicklung des Mitarbeiters dokumentiert, die zur Begründung von bevorstehenden Beförderungen herangezogen werden kann.

3.4.3 Arbeits- und Sozialrecht

3.4.3.1 Arbeitsvertrag

Auf welche Weise kommt ein Arbeitsvertrag zustande?

Der **Arbeitsvertrag** wird, wenn zwei übereinstimmende Willenserklärungen vorliegen, zwischen dem Arbeitgeber und dem Arbeitnehmer geschlossen. Jeder Arbeitsvertrag ist im Sinne des Bürgerlichen Gesetzbuches als ein Dienstvertrag (§ 611 BGB) anzusehen, weil der Arbeitnehmer abhängige Arbeit leistet und der Arbeitgeber sich zur Zahlung einer Vergütung verpflichtet.

In diesem Zusammenhang ist anzumerken, dass der Inhalt und die Form des Arbeitsvertrages/Dienstvertrages bis auf einige Ausnahmen (z. B. Angestellte im öffentlichen Dienst) in der Regel gesetzlich nicht vorgeschrieben ist. Inhalt und Form des Arbeitsvertrages sind somit abhängig von dem Umfang der Arbeitsaufgabe und den betriebsinternen Gegebenheiten des Unternehmens. Gesetzliche Bestimmungen, gültige tarifvertragliche Bestimmungen und Inhalte der Betriebsvereinbarungen dürfen allerdings nicht unterschritten werden. Sie sind als Mindestbestimmungen anzusehen.

Welche Pflicht hat der Arbeitgeber nach dem Vertragsabschluss gemäß dem Nachweisgesetz?

Gemäß den gesetzlichen Bestimmungen, § 2 NachwG **(Nachweisgesetz),** hat der Arbeitgeber spätestens einen Monat nach dem Beginn des Arbeitsverhältnisses die wesentlichen Vertragsbedingungen schriftlich niederzulegen, sie zu unterschreiben und diese Niederschrift dem Arbeitnehmer auszuhändigen.

Welche Inhalte sollten im Arbeitsvertrag festgelegt sein?

Inhalte des Arbeitsvertrages:

- Name und Anschrift der Vertragsparteien
- Beginn des Arbeitsverhältnisses
- Probezeit
- Art der Tätigkeit

- ➢ Vergütung und weitere Zusatzleistungen
- ➢ Sozialleistungen
- ➢ vereinbarte Arbeitszeit und Pausenregelungen
- ➢ Dauer des jährlichen Erholungsurlaubes
- ➢ Fristen für die Kündigung des Arbeitsverhältnisses
- ➢ Wettbewerbsverbote nach dem Ausscheiden
- ➢ Regelungen von Nebentätigkeiten

Welche Pflichten aus dem Arbeitsvertrag ergeben sich für den Arbeitnehmer?

Der Arbeitnehmer hat

- ◆ **die Dienstleistungspflicht,**
  das heißt, der Arbeitnehmer hat seine vertraglich festgelegte Arbeitsleistung persönlich zu erbringen. Dabei ist er an die Weisungen des Arbeitgebers gebunden, außer sie beziehen sich z. B. auf die Beeinträchtigung seiner Gesundheit, auf unsittliche oder gesetzeswidrige Anweisungen. Weiterhin hat er in der gesetzlich oder vertraglich festgesetzten Zeit seine Arbeitsleistung dem Arbeitgeber zur Verfügung zu stellen. Die Art und die Dauer seiner Tätigkeit richtet sich nach den vereinbarten Bestimmungen im Dienstvertrag.
- ◆ **die Treuepflicht,**
  das heißt, der Arbeitnehmer hat die Pflicht, seine gesamte Arbeitsleistung dem Arbeitgeber zur Verfügung zu stellen.
  Diese Pflicht beinhaltet auch die Ableistung von Überstunden, soweit sie dem Arbeitnehmer zugemutet werden können und dem Arbeitszeitgesetz entsprechen. Weiterhin umfasst die Pflicht auch die Unterlassung von Handlungen, die dem Arbeitgeber wirtschaftlich schaden können.
- ◆ **Pflicht zur Verschwiegenheit**
  Der Arbeitnehmer hat die Pflicht, Betriebs- und Geschäftsgeheimnisse nicht weiterzugeben. Weiterhin darf er auch keine „Schmiergelder" annehmen.

  Pflicht zur Einhaltung des Wettbewerbsverbotes
  Dieses Verbot betrifft gesetzliche und vertragliche Bestimmungen.
  Das gesetzliche Wettbewerbsverbot bezieht sich auf das bestehende Arbeitsverhältnis, d. h., der Arbeitnehmer darf ohne Einwilligung des Arbeitgebers nicht selbstständig ein Handelsgewerbe betreiben oder im Geschäftszweig des Arbeitgebers für eigene oder fremde Rechnung tätig werden (§ 60 HGB).
  Das vertragliche Wettbewerbsverbot bezieht sich auf das Konkurrenzverbot des Arbeitnehmers nach Beendigung des Arbeitsverhältnisses. Das Wettbewerbsverbot kann für maximal zwei Jahre nach Beendigung des Arbeitsverhältnisses bestehen und ist schriftlich zu vereinbaren (§ 74, 74 a HGB).

9709367

3.4.3.1 Arbeitsvertrag

Welche Pflichten ergeben sich für den Arbeitgeber aus dem Arbeitsvertrag?

Der Arbeitgeber hat nachfolgende Pflichten:

- **Vergütungspflicht**
  Für die erbrachte Arbeitsleistung des Arbeitnehmers hat der Arbeitgeber eine Vergütung zu entrichten. Gemäß § 64 HGB muss das Gehalt des kaufmännischen Angestellten am Monatsende gezahlt werden. Bei Krankheit muss das Gehalt bis zu sechs Wochen gezahlt werden (Lohnfortzahlungsgesetz).

- **Beschäftigungspflicht**
  Der Arbeitnehmer hat das Recht, entsprechend der vereinbarten Tätigkeit vom Arbeitgeber beschäftigt zu werden.

- **Urlaubsgewährung**
  Die Pflicht des Arbeitgebers bezieht sich auch auf die Gewährung von bezahltem Erholungsurlaub. Die Einzelheiten sind im Bundesurlaubsgesetz festgelegt. Demnach beträgt der gesetzliche Urlaubsanspruch mindestens 24 Werktage. Werktage sind Kalendertage ohne Sonn- oder gesetzliche Feiertage (§ 3 BurlG). Sechs Monate nach Bestehen des Arbeitsverhältnisses hat der Arbeitnehmer das Recht auf den gesamten Jahresurlaub (§ 4 BurlG). Der gewährte Urlaub soll dem Arbeitnehmer zur Erholung dienen. Aus diesem Grund ist es dem Arbeitnehmer untersagt, entgeltliche Tätigkeiten auszuüben (§ 8 BurlG). Erkrankt der Arbeitnehmer im Urlaub und liegt dem Arbeitgeber ein ärztliches Attest vor, so werden diese Tage nicht auf den Jahresurlaub angerechnet (§ 8 BurlG).

- **Fürsorgepflicht**
  Diese Pflicht des Arbeitgebers ist als ein allgemeines Schutzprinzip anzusehen. Diese Pflicht ist insbesondere darauf gerichtet, die gesamten Schutzmaßnahmen einzuhalten, die der Gesundheit und dem Wohlergehen des Arbeitnehmers an seinem Arbeitsplatz dienlich sind.

- **Zeugnispflicht**
  Gemäß der Rechtsvorschrift des § 73 HGB hat der Arbeitnehmer ein Recht, bei Beendigung des Dienstverhältnisses ein schriftliches Zeugnis vom Arbeitgeber zu verlangen:
  - ***Einfaches Zeugnis***
    Es enthält lediglich Angaben über die Art und Dauer der Beschäftigung.
  - ***Qualifiziertes Zeugnis***
    Es wird auf ausdrücklichen Wunsch des Arbeitnehmers erstellt und enthält eine Bewertung seiner Arbeitsleistung.

9709368

Worin besteht der Unterschied beim Dienstvertrag nach § 611 BGB zwischen einem Arbeitsverhältnis und einem „freien Mitarbeitsverhältnis"?

- Das **Arbeitsverhältnis** ist durch wirtschaftliche und zeitliche Abhängigkeit gekennzeichnet.
- Für den **„freien Mitarbeiter"** finden alle arbeitsrechtlichen Vorschriften (z. B. Kündigungsschutz-, Arbeitszeitgesetz, Betriebs-/Dienstvereinbarungen usw.) keine Anwendung.

Welche Arten von Arbeitsverhältnissen sind in der Sport- und Fitnessbranche zu unterscheiden?

In der Sport- und Fitnessbranche sind zu unterscheiden:

1. Vollbeschäftigung

Die Versicherungspflicht ist gemäß den gesetzlichen Bestimmungen zu leisten. Sie besteht aus einem Arbeitgeber und einem Arbeitnehmeranteil an der Kranken-, Pflege-, Renten- und Arbeitslosenversicherung. Der Arbeitgeber (Studiobetreiber) hat den gesamten Beitrag zu gesetzlichen Unfallversicherung zu tragen, den er an die zuständige Berufsgenossenschaft abführt.

2. Geringfügige Beschäftigte

Bei dieser Personengruppe ist das Arbeitsentgelt bundeseinheitlich auf maximal 400,00 € im Monat **(Grundzone)** festgelegt.

In der **Gleitzone** (gemäß § 20 Abs. 2 SGB IV) gilt ein Einkommen von 400,01 € bis 800,00 €. Diese Zone ist als ein Übergang von Minijobs zu regulären Arbeitsverhältnissen anzusehen.

Nach den Bestimmungen des Sozialgesetzbuches unterliegen diese Arbeitnehmer nicht der Sozialversicherungspflicht und sind auch von der Steuer befreit. Lediglich der Arbeitgeber (Studiobetreiber) ist zu einer Pauschalsteuer in Höhe von 30 % verpflichtet (15 % Rentenversicherung, 13 % Krankenversicherung, 2 % Pauschalsteuer inkl. Solidaritätszuschlag und Kirchensteuer). Die Vorlage einer Lohnsteuerkarte ist dabei nicht erforderlich. Anzumerken ist, dass eine individuelle Berechnung der Steuer nach Vorlage der Lohnsteuerkarte des Arbeitnehmers erfolgen kann. Der Arbeitgeber ist nach der Rechtsvorschrift des § 40 a Abs. 1 EStG zu einer Pauschal-Lohnsteuer in Höhe von 25 % zuzüglich dem Solidaritätszuschlag und der Kirchensteuer verpflichtet. Diese Beträge werden an die Rentenversicherung bzw. die Bundesknappschaft als Zentralstelle für Minijobs abgeführt. Diese Institutionen leiten dann diese Beträge an die zuständigen Stellen weiter.

3.4.3.1 Arbeitsvertrag

Wie sind Arbeitsverhältnisse aus regelmäßigen Tätigkeiten gegen geringes Entgelt gestaltet?

Kriterien regelmäßiger Tätigkeiten gegen geringes Entgelt:

- Die Beschäftigung ist auf ständige Wiederholung ausgerichtet.
- Das Arbeitsentgelt darf monatlich 400,00 € nicht übersteigen.
- Die Abgabenbelastung für den Arbeitgeber beträgt 25 %, davon
  - Rentenversicherung 12 %,
  - Krankenversicherung 11 %,
  - Pauschalsteuer inkl. Solidaritätszuschlag und Kirchensteuer.

Was ist eine kurzfristige Beschäftigung?

Eine **kurzfristige Beschäftigung** liegt vor, wenn die Beschäftigungszeit auf zwei Monate oder 50 Tage innerhalb eines Jahres begrenzt ist.

Wie hoch ist das monatliche Einkommen maximal?

400,00 € monatlich dürfen nicht überschritten werden. Kurzfristige Tätigkeiten werden nicht berufsmäßig ausgeübt.

Wie wird das Entgelt in der Sport- und Fitnessbranche festgelegt?

Ein **gültiger Tarifvertrag** in der kommerziell betriebenen Sport- und Fitnessbranche **liegt noch nicht vor.**
Das Tätigkeitsfeld der Sport- und Fitnesskaufleute erstreckt sich auch auf den Vereins- und Verbandsbereich und auf die entsprechenden Ämter (z. B. Sportamt). Im Vereins- und Verbandsbereich werden daher oft in Anlehnung an den Bundesangestelltentarif (BAT) derartige Arbeitsverträge/Dienstverträge abgeschlossen.

9709370

3.4.3.1.1 Beendigung des Arbeitsverhältnisses

Wie können Arbeitsverhältnisse aufgelöst werden?

Arbeitsverhältnisse können durch Kündigung, Aufhebung oder Vertragsablauf **beendet werden.**

Um welche Willenserklärung handelt es sich bei einer Kündigung und welche zwei Arten werden unterschieden?

Die Kündigung ist rechtlich eine einseitige, empfangsbedürftige Willenserklärung. Dabei ist die Schriftform vorgeschrieben.

Die **Kündigung** kann in eine
- ordentliche und in eine
- außerordentliche Kündigung

unterteilt werden.

Was ist bei einer ordentlichen Kündigung zu beachten?

Die **ordentliche Kündigung** erfolgt zunächst unter Einhaltung bestimmter Kündigungsfristen. Die gesetzlich festgelegten Kündigungsfristen sind einzuhalten, wenn vertragliche Kündigungsfristen nicht im Arbeitsvertrag vereinbart wurden. Die gesetzliche Kündigungsfrist beträgt vier Wochen zum 15. oder zum Monatsende. Die Kündigung ist rechtsunwirksam, wenn diese Frist nicht eingehalten wird. Für langjährige Mitarbeiter gelten allerdings gesetzlich festgelegte längere Kündigungsfristen. Sie betragen:

Beschäftigungsdauer	***Kündigungsfristen***
2 Jahre	einen Monat zum Monatsende
5 Jahre	zwei Monate zum Monatsende
8 Jahre	drei Monate zum Monatsende
10 Jahre	vier Monate zum Monatsende
12 Jahre	fünf Monate zum Monatsende
15 Jahre	sechs Monate zum Monatsende
20 Jahre und mehr	sieben Monate zum Monatsende

3.4.3.1.1 Beendigung des Arbeitsverhältnisses

Welches Alter wird bei der Ermittlung der Beschäftigungsdauer zugrunde gelegt?

Bei der **Ermittlung der Beschäftigungsdauer** ist ein Alter von 25 Jahren zugrunde zu legen. Eine Beschäftigung vor Vollendung des 25. Lebensjahres wird bei der Kündigungsfrist nicht berücksichtigt.

Welche Regelungen existieren beim Einzelarbeitsvertrag für längere bzw. kürzere Kündigungsfristen?

Im **Einzelarbeitsvertrag** können zwischen den Vertragspartnern, also dem Arbeitgeber und dem Arbeitnehmer, Kündigungsfristen vereinbart werden, die allerdings nur über den gesetzlich vorgeschriebenen Kündigungsfristen liegen dürfen. Kürzere Kündigungsfristen sind somit rechtsunwirksam.

Welche Besonderheit ist bei einer Kündigung in der Probezeit zu beachten?

Während der vereinbarten **Probezeit** ist eine Kündigung des Arbeitsverhältnisses mit einer Kündigungsfrist von zwei Wochen möglich (§ 622 Abs. 3 BGB).

Was ist unter einem Aufhebungsvertrag zu verstehen?

Ein **Aufhebungsvertrag** liegt vor, wenn das Arbeitsverhältnis im gegenseitigen Einvernehmen aufgelöst wird. Das Arbeitsverhältnis endet mit dem vereinbarten Zeitpunkt.

Was beinhaltet ein befristeter Arbeitsvertrag?

Ein **befristeter Arbeitsvertrag** wird für einen befristeten Zeitraum (höchstens zwei Jahre) abgeschlossen. Er endet mit dem vertraglich festgesetzten Zeitablauf, ohne dass eine Kündigung erforderlich ist.

9709372

Was ist unter einer Änderungskündigung zu verstehen?

Eine **Änderungskündigung** bedeutet, dass das bestehende Arbeitsverhältnis nicht beendet, sondern lediglich abgeändert werden soll. Das bisherige Arbeitsverhältnis wird aufgelöst; ein neuer Arbeitsvertrag wird zu den geänderten Bedingungen abgeschlossen.

3.4.3.1.2 Kündigungsschutz

Welche Zielsetzung ist mit dem gesetzlichen Kündigungsschutz verbunden?

Mit dem **gesetzlichen Kündigungsschutz** soll erreicht werden, dass Arbeitnehmer vor ungerechtfertigten Kündigungen seitens des Arbeitgebers geschützt werden. Ein besonderer Kündigungsschutz besteht für bestimmte Arbeitnehmer, z. B. Mitglieder des Betriebsrates, Schwangere, Schwerbehinderte, Grundwehrdienstleistende.

Für welche Arbeitnehmer gilt der gesetzliche Kündigungsschutz?

Seit dem 1. Januar 2004 gilt das **Kündigungsschutzgesetz (KSchG)** mit zwei Änderungsschwellen:

- In Betrieben mit zehn oder weniger Arbeitnehmern gilt das Gesetz nicht für neu eingestellte Arbeitnehmer, d. h. für Arbeitnehmer, deren Arbeitsverhältnis nach dem 31. Dezember 2003 begonnen hat.
- Arbeitnehmer, die am 31. Dezember 2003 in einem Betrieb mit mehr als fünf Arbeitnehmern beschäftigt waren, haben weiterhin Kündigungsschutz. Dabei sind Auszubildende nicht zu berücksichtigen.

Was ist unter einer sozial ungerechtfertigten Kündigung zu verstehen?

Eine **Kündigung ist sozial ungerechtfertigt**, wenn sie nicht in der Person des Arbeitnehmers oder seinem Verhalten begründet ist oder es für die Kündigung keine dringenden betrieblichen Gründe gibt. Gemäß der Rechtsvorschrift des § 1 KSchG ist diese Kündigung somit rechtsunwirksam.

3.4.3.1.2 Kündigungsschutz

Wann ist eine Abmahnung erforderlich?

Eine **Abmahnung** ist erforderlich, wenn ein persönliches Fehlverhalten vom Arbeitnehmer vorliegt, z. B. wiederholte Unpünktlichkeit, häufiges Fehlen ohne Grund.

Der Arbeitgeber ist zunächst verpflichtet den Arbeitnehmer auf sein persönliches Fehlverhalten hinzuweisen und ihm die Rechtsfolgen bei Nichtbeachtung mitzuteilen. Die Abmahnung sollte in Schriftform erfolgen.

Welche Bedeutung hat der Betriebsrat bei einer Kündigung?

Ist ein **Betriebsrat** in einem Betrieb eingerichtet, so hat der Arbeitgeber die Pflicht, den Betriebsrat vor einer Kündigung anzuhören. Der Arbeitgeber hat dem Betriebsrat auch die Kündigungsgründe mitzuteilen. Die Kündigung ist rechtsunwirksam, wenn der Betriebsrat nicht zuvor angehört wurde.

Welche Möglichkeiten stehen dem Betriebsrat zur Verfügung, einer ordentlichen Kündigung zu widersprechen?

Der **Betriebsrat hat die Möglichkeit**, innerhalb einer Woche nachdem er vom Arbeitgeber unterrichtet worden ist, der ordentlichen Kündigung schriftlich zu widersprechen.

Welche Rechtsfolge ist mit dem Widerspruch verbunden?

Bei **Widerspruch** wird die Kündigung durch den Arbeitgeber nicht verhindert; sie bleibt trotzdem bestehen. Der Arbeitnehmer hat die Möglichkeit, beim Arbeitsgericht, innerhalb von drei Wochen nach Erhalt der Kündigung, Klage zu erheben. Stimmt das Arbeitsgericht der Klage zu, so gilt die Kündigung von Beginn an als rechtsunwirksam.

Was ist unter einem Vergleich zu verstehen?

Wird im Rahmen der Kündigungsschutzklage festgestellt, dass eine **Fortführung des Arbeitsverhältnisses** für beide Vertragspartner **unzumutbar** ist, so kann der Arbeitgeber zu einer einmaligen Abfindungszahlung verpflichtet werden.

3.4.3.1.3 Außerordentliche Kündigung

Definieren Sie den Begriff der außerordentlichen Kündigung.

Das Arbeitsverhältnis wird bei der **außerordentlichen Kündigung** sofort aufgelöst, ohne dass eine Kündigungsfrist einzuhalten ist. Diese Art der Kündigung ist allerdings nur zulässig, wenn ein wichtiger Grund im Sinne des § 626 BGB vorliegt.

Aufgrund des Vorliegens eines wichtigen Grundes ist es dem anderen Vertragspartner nicht mehr zumutbar, das Arbeitsverhältnis bis zum Ablauf der Kündigungsfrist weiter fortzuführen. Die Kündigung muss schriftlich unter Angabe des Kündigungsgrundes erfolgen.

Wann ist eine außerordentliche Kündigung wirksam?

Wirksam ist eine **außerordentliche Kündigung** nur, wenn sie innerhalb von zwei Wochen nach Bekanntwerden des wichtigen Grundes erfolgt und der Betriebsrat gehört worden ist.

Welche Arbeitspapiere muss der Arbeitgeber dem Arbeitnehmer bei Beendigung des Arbeitsverhältnisses aushändigen?

Der Arbeitgeber ist bei Beendigung des Arbeitsverhältnisses verpflichtet dem Arbeitnehmer die **gesamten Arbeitspapiere** auszuhändigen. Dies sind:

- die Lohnsteuerkarte
- das Rentenversicherungsnachweisheft
- die Urlaubsbescheinigung
- das Zeugnis

3.4.3.1.4 Besonderer Kündigungsschutz

Für welche Personengruppen besteht ein besonderer Kündigungsschutz?

Einen **besonderen Kündigungsschutz** haben nachfolgende Personengruppen:

- Betriebsratsmitglieder
- Frauen während der Schwangerschaft
- Schwerbehinderte
- Wehrdienstleistende

Was ist bei einer Kündigung von Betriebsratsmitgliedern zu beachten?

Betriebsratsmitglieder und Mitglieder der Jugend- und Auszubildendenvertretung unterliegen einem besonderen Kündigungsschutz. Bei ihnen ist eine ordentliche Kündigung nicht zulässig. Eine außerordentliche Kündigung ist allerdings nur zulässig, wenn ein wichtiger Grund vorliegt.

Der besondere Kündigungsschutz beginnt mit Aufnahme ihrer Amtstätigkeit und endet ein Jahr nach Beendigung ihrer Amtszeit (insgesamt also fünf bzw. drei Jahre).

Dieser Kündigungsschutz ist von besonderer Bedeutung, weil sie die Arbeitnehmerinteressen vertreten, die häufig nicht mit den Interessen des Arbeitgebers übereinstimmen.

Was ist bei der Beschäftigung werdender Mütter zu berücksichtigen?

Der Arbeitgeber hat die Bestimmungen des **Mutterschutzgesetzes (MuSchG)** zu beachten. Laut § 5 MuSchG sollen werdende Mütter die Schwangerschaft und den mutmaßlichen Entbindungstermin dem Arbeitgeber mitteilen, sobald dies bekannt ist.

Für welchen Zeitraum genießt die werdende Mutter bzw. die Mutter einen besonderen Kündigungsschutz?

Eine **Kündigung während der Schwangerschaft** und bis zum Ablauf von vier Monaten nach der Entbindung ist unzulässig.

Welche Möglichkeit hat eine werdende Mutter, wenn ihr eine ordentliche Kündigung erteilt wird und dem Arbeitgeber der Zustand der Frau nicht bekannt war?

Die **Kündigung ist unzulässig**, wenn dem Arbeitgeber innerhalb von zwei Wochen nach Zugang der Kündigung die Schwangerschaft mitgeteilt wird.

Wann beginnt die Mutterschutzfrist?

Werdende Mütter dürfen in den letzten sechs Wochen vor der Entbindung (§ 3 Abs. 2 MuSchG) und bis zum Ablauf von acht bzw. zwölf Wochen nach der Entbindung nicht beschäftigt werden (§ 6 MuSchG).

Welche Beschäftigungsverbote gelten für werdende Mütter?

Werdende Mütter dürfen nicht mit schwerer körperlicher Arbeit im Sinne des § 4 MuSchG beschäftigt werden.

Weiterhin dürfen sie nicht mit Mehrarbeiten und Nacht- und Sonntagsarbeit im Sinne des § 8 MuSchG beschäftigt werden.

Welche Maßnahmen hat der Arbeitgeber zu treffen, wenn ihm eine Schwangerschaft mitgeteilt wird?

Der **Arbeitgeber hat die Pflicht,** die Gestaltung des Arbeitsplatzes den besonderen Anforderungen der Schwangeren anzupassen (§ 2 MuSchG), insbesondere die erforderlichen Maßnahmen zum Schutz von Leben und Gesundheit der werdenden Mutter zu treffen.

9709377

3.4.3.1.4 Besonderer Kündigungsschutz

Welche Personen sind berechtigt, Elternzeit in Anspruch zu nehmen?

Nach Ablauf der Mutterschutzfrist (acht bzw. zwölf Wochen nach der Geburt) kann einer der beiden Elternteile (Vater oder Mutter) **Elternzeit** für maximal drei Jahre beanspruchen. Auch eine anteilige Elternzeit ist möglich.

Eine Kündigung durch den Arbeitgeber während der Zeit der Elternzeit ist nicht möglich (§§ 15, 18 Bundeserziehungsgeldgesetz BErzGG).

Was ist bei der Kündigung von Schwerbehinderten zu beachten?

Eine **Kündigung schwerbehinderter Mitarbeiter** ist nur möglich, wenn die Zustimmung des Integrationsamts (früher Hauptfürsorgestelle) vorliegt (§ 85 SGB XIV). Die Kündigungsfrist beträgt mindestens vier Wochen (§ 86 SGB XIV).

Was ist bei der Kündigung Wehrdienstleistender zu beachten?

Wehrdienstleistende unterliegen einem besonderen Kündigungsschutz. Dieser bezieht sich auf die Zeit von der Zustellung des Einberufungsbescheides bis zur Beendigung des Grundwehrdienstes. Er umfasst weiterhin den Zeitraum der Wehrersatzübungen. Eine ordentliche Kündigung vom Arbeitgeber ist ausgeschlossen (Arbeitsplatzschutzgesetz).

3.4.3.2 Interessenvertretung der Arbeitnehmer

Welcher Grundgedanke liegt der betrieblichen Mitbestimmung zugrunde?

Bei der **Mitbestimmung** haben die Arbeitnehmer die Möglichkeit, sich an den betrieblichen Entscheidungsprozessen durch ihre gewählten Vertreter zu beteiligen. Die Arbeitnehmer können somit ihre Interessen über die Arbeitnehmervertretung im Betrieb, dem Betriebsrat, oder über die Gewerkschaft vertreten.

9709378

Welcher Unterschied besteht zwischen der Mitbestimmung und der Mitwirkung?

- Bei der **Mitbestimmung** wird eine betriebliche Entscheidung gemeinsam zwischen dem Betriebsrat und dem Arbeitgeber getroffen. Mitbestimmung bedeutet in diesem Zusammenhang, dass die betriebliche Maßnahme erst mit Zustimmung des Betriebsrates wirksam wird.
- Die **Mitwirkung** des Betriebsrates bedeutet, dass der Betriebsrat ein Informations-, Beratungs- und Anhörungsrecht hat. Durch einen Widerspruch wird die vom Arbeitgeber angeordnete Maßnahme jedoch nicht unwirksam.

Welche Bedeutung hat das Betriebsverfassungsgesetz?

Die innerbetriebliche Ordnung wird durch das 1972 in Kraft getretene **Betriebsverfassungsgesetz** geregelt. Dieses Gesetz regelt unter anderem die Beziehungen zwischen dem Arbeitgeber und dem Betriebsrat als Interessenvertretung der Arbeitnehmerschaft im Betrieb.

3.4.3.2.1 Betriebsrat

Unter welchen Voraussetzungen kann ein Betriebsrat gebildet werden?

Gemäß der Rechtsvorschrift des § 1 Betriebsverfassungsgesetz (BetrVG) **kann ein Betriebsrat gebildet werden**, wenn mindestens fünf wahlberechtigte Arbeitnehmer beschäftigt sind, von denen drei wählbar sind.

Wahlberechtigt sind alle Arbeitnehmer, die das 18. Lebensjahr vollendet haben. Von diesen Arbeitnehmern können drei Arbeitnehmer als Betriebsratsmitglieder gewählt werden.

3.4.3.2.1 Betriebsrat

Wovon ist die Anzahl der Betriebsratsmitglieder abhängig?

Die **Zahl der Betriebsratsmitglieder** ist von der Zahl der wahlberechtigten Arbeitnehmer abhängig. Diese ist im § 9 BetrVG aufgelistet.

In welchem Zeitraum werden Betriebsratswahlen durchgeführt?

Die **regelmäßigen Betriebsratswahlen** werden alle vier Jahre in der Zeit vom 1. März bis zum 31. Mai durchgeführt (§ 13 BetrVG). Somit ist ersichtlich, dass auch die Amtszeit des Betriebsrates vier Jahre beträgt.

Was ist bei der Zusammensetzung des Betriebsrates zu beachten?

Der Betriebsrat soll sich im **zahlenmäßigen Verhältnis** der verschiedenen Arten der Beschäftigungen und den Geschlechtern zusammensetzen (§ 15 BetrVG).

Welcher Unterschied besteht zwischen der Wahlberechtigung und der Wählbarkeit?

- **Wahlberechtigt** sind alle Arbeitnehmer, die das 18. Lebensjahr vollendet haben.
- **Wählbar** sind alle wahlberechtigten Arbeitnehmer, sofern sie dem Betrieb mindestens ein halbes Jahr angehören.

Was gehört zu den allgemeinen Aufgaben des Betriebsrates?

Der **Betriebsrat überwacht**, dass die Arbeitnehmerschutzgesetze und die Unfallverhütungsvorschriften eingehalten werden.

In welchen betrieblichen Angelegenheiten hat der Betriebsrat ein uneingeschränktes Mitbestimmungsrecht?

Ein **uneingeschränktes Mitbestimmungsrecht** wird dem Betriebsrat insbesondere in sozialen Angelegenheiten eingeräumt. Diese sind:

- Kurzarbeit und Überstunden
- Festlegung der täglichen Arbeitszeit
- Einführung und Festlegung der Gleitzeit
- betriebliche Sozialeinrichtungen (z. B. Kantinen und Aufenthaltsräume)
- Einführung von Arbeitskontrollen
- Aufstellung eines Sozialplanes
- Lohngestaltung

Welche betriebliche Folgewirkung ergibt sich, wenn der Betriebsrat bei mitbestimmungspflichtigen Angelegenheiten seine Zustimmung verweigert?

Verweigert der Betriebsrat seine Zustimmung, so muss die Einigungsstelle eine Entscheidung treffen. Die Einigungsstelle trifft eine Entscheidung, die für beide Vertragsparteien verbindlich ist.

Was ist unter der Mitwirkung des Betriebsrates in wirtschaftlichen Angelegenheiten zu verstehen?

Der Betriebsrat hat **lediglich ein Informations-, Unterrichtungs- und Beratungsrecht.** Das bedeutet, dass ein Widerspruch des Betriebsrates ohne rechtliche Folgen bleibt. Der Arbeitgeber trifft seine Entscheidungen letztlich allein.

3.4.3.2.2 Betriebsvereinbarung

Welche Bedeutung haben Betriebsvereinbarungen?

Die **Betriebsvereinbarungen** werden zwischen der Geschäftsleitung (dem Arbeitgeber) und dem Betriebsrat abgeschlossen. Diese Vereinbarungen gelten unmittelbar für den betreffenden Betrieb. Sie unterliegen der Schriftform und müssen von beiden Vertragspartnern unterschrieben werden.

Weiterhin ist zu beachten, dass diese Vereinbarungen allen Mitarbeitern zugänglich gemacht werden, zum Beispiel durch einen Aushang am schwarzen Brett.

Welche Möglichkeiten stehen dem Betriebsrat zur Verfügung, die Kreativität der Mitarbeiter im Unternehmen zu fördern?

Der Betriebsrat hat ein Mitbestimmungsrecht bei der Festlegung von Grundsätzen über das betriebliche Vorschlagswesen.

Das **betriebliche Vorschlagswesen** fördert die Kreativität der Mitarbeiter dahin gehend, dass jeder Mitarbeiter seinen Arbeitsablauf genau kennt, einschließlich der damit verbundenen Schwachstellen. Durch das betriebliche Vorschlagswesen werden die Mitarbeiter aufgefordert dem Arbeitgeber Vorschläge zur Verbesserung des Arbeitsablaufes zu unterbreiten. Führt der Verbesserungsvorschlag auch zur effektiven Umsetzung, einschließlich der Kosteneinsparung, und zur Verbesserung des betrieblichen Arbeitsablaufes, so wird diese Sonderleistung auch honoriert. Dabei wird der Abschluss einer Betriebsvereinbarung vorausgesetzt.

3.4.3.2.3 Tarifvertrag

Was versteht man unter dem Begriff Tarifvertragspartner bzw. Sozialpartner?

Als **Tarifvertragsparteien** werden die überbetrieblichen Vereinigungen der Arbeitnehmer (Gewerkschaften) und die Zusammenschlüsse der Arbeitgeber in Arbeitgeberverbänden und einzelne Arbeitgeber bezeichnet. Sie werden auch als Sozialpartner bezeichnet, weil sie die sozialen Bedingungen der Arbeitnehmer festlegen.

Welche Ziele verfolgen die Gewerkschaften und die Arbeitgeberverbände?

- **Ziel der Gewerkschaften** ist es, eine Verbesserung der sozialen und wirtschaftlichen Bedingungen von Arbeitnehmern zu erreichen.
- **Ziel der Arbeitgeberverbände** ist die Erhaltung und Förderung der Wettbewerbsfähigkeit verbunden mit der Forderung nach Kosteneinsparung.

Wie kommt ein Tarifvertrag zustande und welche Inhalte werden festgelegt?

Der **Tarifvertrag** wird zwischen den Tarifvertragsparteien, den Arbeitgeberverbänden und den Gewerkschaften abgeschlossen. Für den Abschluss ist die Schriftform vorgeschrieben. Der Tarifvertrag wird in das Tarifregister eingetragen.

In dem Tarifvertrag werden unter anderem die Arbeitsbedingungen (z. B. Löhne und Gehälter, Arbeitszeiten) festgelegt. Sie sind als Mindestbedingungen anzusehen, die nicht unterschritten werden dürfen.

Was bedeutet der Begriff der Tarifautonomie?

Tarifautonomie bedeutet, dass die Tarifverträge zwischen den Tarifvertragspartnern individuell vereinbart werden. Sie kommen ohne Mitwirkung des Staates rechtswirksam zustande.

Was ist unter einem Lohn- und Gehaltstarif zu verstehen und warum wird er normalerweise nur für ein Jahr abgeschlossen?

Im **Lohn- und Gehaltstarif** werden die Arbeitnehmer entsprechend ihrer Vorbildung und dem Schwierigkeitsgrad ihrer Arbeit in verschiedene Lohn- und Gehaltstarife eingestuft.

Der Lohn- und Gehaltstarif wird in der Regel nur für ein Jahr abgeschlossen und beinhaltet die Zielsetzung, sich den jährlichen Preissteigerungen (Inflationsrate) anzupassen.

3.4.3.2.3 Tarifvertrag

Was beinhaltet der Manteltarifvertrag?

Der **Manteltarifvertrag** enthält allgemeine Arbeitsbedingungen, die über einen längeren Zeitraum unverändert bleiben, z. B. die Regelung der wöchentlichen Arbeitszeit, Kündigungsfristen, Urlaubsdauer, Schutzbestimmungen für einzelne Arbeitnehmergruppen.

Sie werden in der Regel über einen längeren Zeitraum abgeschlossen (z. B. 4 – 5 Jahre).

Wann spricht man von einem Haustarifvertrag?

Firmen- oder Haustarife werden nur für größere Unternehmen abgeschlossen, z. B. für den Automobilkonzern Volkswagen AG. Tarifpartner sind das Unternehmen und die betreffende Gewerkschaft.

Was ist unter einer Allgemeinverbindlichkeit zu verstehen?

Der **Geltungsbereich des Tarifvertrages** erstreckt sich zunächst nur auf die Tarifvertragsparteien und ihre Mitglieder.

Auf Antrag einer Tarifvertragspartei ist es möglich, dass der Arbeitsminister den Tarifvertrag für **allgemein verbindlich** erklärt. Der Geltungsbereich erstreckt sich dann auf die gesamten Mitglieder dieser Berufssparte.

Wann endet die Laufzeit eines Tarifvertrages?

Die **Verbindlichkeit eines Tarifvertrages** endet entweder mit dem festgelegten Zeitablauf oder bei unbefristeten Tarifverträgen durch Kündigung eines Vertragspartners.

9709384

3.4.3.2.4 Arbeitskampfrecht

Welche Bedeutung kommt der Friedenspflicht zu?

Die besondere Bedeutung der **Friedenspflicht** ist darin zu sehen, dass während der Laufzeit eines Tarifvertrages die Tarifvertragsparteien sich verpflichten den Arbeitsfrieden zu wahren, also keine Arbeitskampfmaßnahmen anzuregen und diese durchzuführen.

Eine schuldhafte Verletzung von Tarifvereinbarungen ist als ein Tarifbruch anzusehen, der zu Schadensersatzansprüchen der anderen Vertragspartei führen kann.

Welche Konsequenzen hat es, wenn sich die Tarifvertragsparteien nicht auf einen neuen Tarifvertrag einigen?

Zunächst wird der laufende Tarifvertrag durch eine Vertragspartei gekündigt. Kommt der neue Tarifvertrag durch Verhandlungen der Tarifvertragsparteien nicht zustande, so können **Arbeitskampfmaßnahmen** (Streik und Aussperrung) eingeleitet werden, um die Durchsetzung bestimmter Forderungen zu erzwingen.

Was ist unter einem Streik zu verstehen?

Der **Streik** ist als das wichtigste Arbeitskampfmittel der Arbeitnehmerschaft anzusehen.

Unter einem Streik ist die gemeinsame planmäßige Arbeitsniederlegung der Arbeitnehmer zu verstehen. Er kann sich auf einen Betrieb oder einen gesamten Wirtschaftszweig erstrecken.

3.4.3.2.4 Arbeitskampfrecht

Wann kommt eine Aussperrung seitens der Arbeitgeber infrage?

Die **Aussperrung** ist als ein Kampfmittel der Arbeitgeber anzusehen. Die Begründung liegt unter anderem darin, dass mit dem Rest der Belegschaft, der sich nicht dem Streik anschließt, ein ordnungsgemäßer Betriebs- bzw. Produktionsablauf nicht mehr gewährleistet ist.

Anzumerken ist allerdings, dass die Arbeitsverhältnisse nicht aufgelöst werden, sie ruhen nur vorübergehend.

Wie gestaltet sich normalerweise der Ablauf von Tarifverhandlungen?

Zunächst ist der Tarifvertrag abgelaufen. Zu Beginn der **Tarifverhandlungen** unterbreiten die Gewerkschaften den Arbeitgeberverbänden ihre Forderungen.

- Das Angebot der Arbeitgeber liegt unterhalb der Gewerkschaftsforderungen.
- Das Ziel der Verhandlungen besteht darin, eine Einigung zu erzielen.
- Ist eine Einigung ausgeschlossen, können die Tarifvertragsparteien das Scheitern der Tarifverhandlungen erklären.
- Ein Schlichtungsverfahren ist nur möglich, wenn dieses Verfahren zuvor auch vereinbart wurde.
- Wird der Einigungsvorschlag des Schlichters abgelehnt, so ist der Arbeitskampf unvermeidlich.
- Die Streikbereitschaft der Gewerkschaftsmitglieder wird durch eine Urabstimmung festgestellt.
- Der Streik wird durchgeführt, wenn mindestens 75 % der Gewerkschaftsmitglieder sich für einen Streik entschieden haben.
- Als mögliche Reaktion der Arbeitgeberverbände ist die Aussperrung in Betracht zu ziehen.
- Die neuen Verhandlungen beenden den Arbeitskampf, wenn sich die Tarifvertragsparteien untereinander oder auf einen Schlichterspruch einigen.

9709386

Welche finanzielle Regelung gilt für den Zeitraum des Streiks für die Arbeitnehmer?

Die bestehenden Arbeitsverhältnisse sind während des Streiks als unterbrochen anzusehen. Aus diesem Grund erhalten die gewerkschaftlich organisierten Arbeitnehmer während des Zeitraumes, in dem der Streik durchgeführt wird, ein **Streikgeld** von ihrer Gewerkschaft.
Die Höhe des Streikgeldes richtet sich nach dem monatlichen Gewerkschaftsbeitrag und der Mitgliedsdauer des einzelnen Arbeitnehmers.
Nicht organisierte Arbeitnehmer haben zunächst einen Lohn- bzw. einen Gehaltsanspruch. Dieser Anspruch entfällt, wenn die Arbeitnehmer wegen des Streiks nicht weiter beschäftigt werden können.

3.4.3.3 Betrieblicher Unfallschutz

Warum ist der betriebliche Unfallschutz notwendig?

Der Arbeitgeber hat präventiv, im Rahmen seiner Fürsorgepflicht, die gesetzlichen, von der Berufsgenossenschaft vorgeschriebenen Maßnahmen zur Unfallverhütung entsprechend umzusetzen und diese auch einzuhalten. Die gesetzlichen Rahmenbedingungen für den technischen Arbeitsschutz sind in der Gewerbeordnung festgelegt.

3.4.3.3.1 Arbeits- und Gesundheitsbestimmungen

Welche gesetzlichen Bestimmungen sind beim betrieblichen Unfallschutz zu beachten?

Die zuständige Berufsgenossenschaft, als Träger der gesetzlichen Unfallversicherung, erlässt und überwacht die Unfallverhütungsvorschriften. In diesem Zusammenhang sind u. a. die weiteren gesetzlichen Bestimmungen zu beachten, wie z. B.:

- **Die Bestimmungen des Arbeitsschutzgesetzes**
  In diesem Gesetz wird u. a. die Durchführung der Maßnahmen des Arbeitsschutzes zur Verbesserung der Sicherheit und des Gesundheitsschutzes geregelt (ArbSchG).

- **Die Verordnung über Arbeitsstätten**
  bezieht sich auf die Einrichtung, Ausstattung und Gestaltung der Arbeitsplätze (ArbStättV). Die Definition der Arbeitsstätte bezieht sich dabei auf die gesamte Anlage eines Sport- und Fitnessstudios.

- **Die Verordnung über die Betriebssicherheit**
  regelt die Arbeitsschutzanforderungen für die Benutzung von Arbeitsmitteln und überwachungsbedürftiger Anlagen einschließlich der Organisation des betrieblichen Arbeitsschutzes (BetrSichV).

- **Die Verordnung über Tätigkeiten am Bildschirm**
  regelt die Voraussetzungen, unter denen Tätigkeiten am Bildschirm erfolgen (Bildschirmarbeitsverordnung, BSV).

Darüber hinaus sind weitere soziale Maßnahmen zu beachten, die einen Gesundheitsschutz der Mitarbeiter gewährleisten. In diesem Zusammenhang ist z. B. zu erwähnen:

- **Die Arbeitszeitordnung (AZO)**
  regelt die betrieblichen Arbeitszeiten. Der Arbeitgeber legt im Rahmen seines Direktionsrechtes die betrieblichen Arbeitszeiten individuell für seinen Betrieb fest. Allerdings hat er die Bestimmungen des **Arbeitszeitgesetzes (ArbZG)** zu beachten.

- **Im Bundesurlaubsgesetz (BurlG)**
  ist der Mindesturlaubsanspruch der einzelnen Arbeitnehmer geregelt.

Wer überwacht die Einhaltung der gesetzlichen Regelungen?

Die Berufsgenossenschaften und die staatlichen Ämter für Arbeitsschutz und Sicherheitstechnik überwachen die **Einhaltung der Schutzvorschriften**.

Welche Aufgaben haben die zuständigen Berufsgenossenschaften?

Die zuständigen Berufsgenossenschaften, als Träger der gesetzlichen Unfallversicherung, erlassen die Unfallverhütungsvorschriften (UVV), die für alle Beteiligten im Unternehmen verbindlich sind. Zu ihren Aufgaben gehört auch die Überwachung der Einhaltung dieser Vorschriften. Werden diese Unfallverhütungsvorschriften nicht beachtet, können die Berufsgenossenschaften Geldbußen gegen den Arbeitgeber verhängen.

Beschreiben Sie die notwendigen Maßnahmen, die nach einem eingetretenen Arbeitsunfall durchzuführen sind.

Wegen evtl. später auftretender Folgeerkankungen ist über jeden **Arbeitsunfall** firmenintern ein *Unfallbericht* zu erstellen. Jeder Arbeitsunfall ist unverzüglich dem Vorgesetzten zu melden.
Jeder Arbeitsunfall mit vier oder mehr Ausfalltagen unterliegt der *Meldepflicht* an die Berufsgenossenschaft. Unfälle mit drei oder weniger Ausfalltagen sind jedoch nicht meldepflichtig. Die Ausnahme: wenn ärztliche Leistungen in Anspruch genommen werden.

9709389

3.4.3.3.1 Arbeits- und Gesundheitsbestimmungen

Welche Aufgaben haben die Berufsgenossenschaften evtl. nach einem Arbeitsunfall?

Nach einem Arbeitsunfall kümmern sich die **Berufsgenossenschaften** um die Wiederherstellung der Erwerbsfähigkeit des Verletzten durch Arbeits- und Berufsförderung oder durch medizinische Rehabilitation.
Bei wesentlicher Minderung der Erwerbsfähigkeit zahlen sie Unfallrenten. Im Todesfall werden Renten an die Hinterbliebenen gezahlt.

Welche Aufgaben hat der Sicherheitsbeauftragte?

Ein Unternehmen mit mehr als 20 Beschäftigten hat gemäß den gesetzlichen Bestimmungen der Unfallverhütungsvorschriften und dem Sozialgesetzbuch einen **Sicherheitsbeauftragten** zu bestellen, der die Studioleitung zunächst bei der Durchführung der Maßnahmen zur Verhütung von Arbeitsunfällen und Berufskrankheiten unterstützt und darüber hinaus die Einhaltung der gesetzlichen Unfallverhütungsvorschriften überwacht.

3.4.3.3.2 Notfallmanagement

Was ist bei der Erste-Hilfe-Leistung zu beachten?

Die Berufsgenossenschaften haben allgemein gültige **Grundsätze** für die **Anleitung zur ersten Hilfe bei Unfällen** erlassen.
Diese Grundsätze beinhalten:

- zunächst Ruhe bewahren.
- dann den eigenen Schreck überwinden.
- den Grundsatz beachten „erst denken, dann handeln".
- zusätzliche Schäden verhindern.
- Absicherung der Unfallstelle.
- Hilfe herbeiholen.
- den Notruf veranlassen.
- den Verletzten grundsätzlich nichts zu essen und zu trinken geben.
- den Verletzten möglichst nicht allein lassen.

Welche Informationen sollten beim Notruf gegeben werden?

Weiterhin haben die Berufsgenossenschaften eine allgemein verbindliche **Anleitung** herausgegeben, **welche Informationen bei einem Notruf** erforderlich sind. Diese beinhalten:

- eine möglichst genaue Angabe des Unfallortes (Wo hat sich der Unfall ereignet?),
- danach sollte eine kurze Beschreibung des Unfallherganges erfolgen (Was geschah?).
- Die Angabe über die Anzahl der Verletzten ist ebenfalls erforderlich.
- Eine Information über die Art der Verletzungen ist dringlich erforderlich (Handelt es sich um lebensbedrohliche Verletzungen?).
- Weiterhin sollte die Angabe des eigenen Namens erfolgen.

Welche Rechtsfolgen ergeben sich bei unsachgemäßen Erste-Hilfe-Leistungen durch den Ersthelfer?

Der Hauptverband der gewerblichen Berufsgenossenschaft (HVBG) hat zu diesem Sachverhalt eindeutige Rechtsgrundlagen geschaffen.

- Nach der Rechtsprechung braucht ein **Ersthelfer** nach geleisteter Hilfe dann nicht mit Schadensersatzansprüchen des Verletzten zu rechnen, wenn er ihm die bestmögliche Hilfe geleistet hat.

- Fehlerhaftes Handeln und Unterlassen des Ersthelfers können ihm nur dann vorgeworfen werden, wenn ihm nachzuweisen ist, dass er im Rahmen seiner Erste-Hilfe-Leistung die einfachsten Überlegungen nicht beachtet hat.

- Im Rahmen seiner Erste-Hilfe-Leistung kann der Ersthelfer grundsätzlich nicht zum Schadensersatz herangezogen werden, es sei denn, es wird ihm ein offensichtliches Verschulden durch grobe Fahrlässigkeit oder Vorsatz nachgewiesen.

- Erleidet der Ersthelfer im Rahmen seiner Erste-Hilfe-Leistung einen Sachschaden, so erhält er im Rahmen der gesetzlichen Unfallversicherung eine Entschädigung.

3.4.3.3.2 Notfallmanagement

Was ist unter einer unterlassenen Hilfeleistung zu verstehen?

Gemäß der Rechtsvorschrift des § 323 c StGB macht sich jeder Bürger wegen **unterlassener Hilfeleistung** strafbar, wenn er bei einem Notfall dem Opfer nicht die bestmögliche Hilfe, die seinen Fähigkeiten entspricht, zukommen lässt. Ist ihm eine unmittelbare Hilfeleistung nicht zumutbar, so ist er allerdings verpflichtet unmittelbare Hilfeleistung, z. B. durch einen Notruf, zu veranlassen.

Der Ersthelfer handelt auch dann nicht unvorsichtig, wenn er Maßnahmen in einer offensichtlichen Notlage ergreift, die sich nachträglich nicht als zweckmäßig herausstellen.

3.4.3.4 Betriebliche Ordnung und Umweltschutz

Welche Bedeutung hat der Umweltschutz für die Unternehmen?

Die gegenwärtige wirtschaftspolitische Situation ist u. a. gekennzeichnet durch eine Ausweitung der rechtlichen Bestimmungen hinsichtlich der Genehmigungspflichten, der Grenzwertvorgaben und der Umweltauflagen. Die damit verbundenen Kosten werden zusätzlich noch durch die Ökosteuer, die ständig zunehmende Verteuerung der Ölresourcen und die Verteuerung der Energie- und Entsorgungswirtschaft erhöht. So müssen die Unternehmen ihre Ausstattungen, Nutzungen und Techniken den ständig veränderlichen Erfordernissen der Umweltforschung und deren praktikable Umsetzung anpassen.

Welche Bedeutung ist mit dem Begriff des Umweltmanagementsystems verbunden?

Umweltmanagement bedeutet in diesem Zusammenhang die Einbeziehung des Umweltschutzes in das Gesamtkonzept des Unternehmens. Die Zielsetzung besteht darin, Möglichkeiten zur Verbesserung des Umweltschutzes im Unternehmen zu erkennen, zu analysieren und die Voraussetzungen für eine betriebliche Umsetzung zu schaffen. Nicht nur die Einhaltung der gesetzlichen Anforderungen und Auflagen werden somit erfüllt, sondern langfristige Kosteneinsparungen sind durch den Einsatz moderner Umwelttechnologien möglich. In diesem Zusammenhang ist auch das positive Ansehen des Unternehmens (Studio) in der Öffentlichkeit zu erwähnen (Image).

Welche gesetzlichen Vorschriften sind beim Umweltschutz zu beachten?

1. **Gesetzliche Bestimmungen zur Abfallbeseitigung** sind im Gesetz zur Förderung der Kreislaufwirtschaft und Sicherung der umweltverträglichen Beseitigung von Abfällen (Kreislaufwirtschafts- und Abfallgesetz/KrW-/AbfG) geregelt. Auf deren Grundlage sind weitere Rechtsverordnungen der Bundesregierung erlassen worden, wie z. B.:
   - Verordnung zur Einführung des Europäischen Abfallkatalogs (EAK-Verordnung),
   - Verordnung zur Bestimmung von überwachungsbedürftigen Abfällen zur Verwertung (BestüVAbfV),
   - Verordnung über Verwertungs- und Beseitigungsnachweise (NachwV),
   - Verordnung über die Vermeidung von Verpackungsabfällen – Verpackungsverordnung (VerpackV).

   Darüber hinaus sind Verwaltungsvorschriften der obersten Umweltbehörde sowie Satzungen von entsorgungspflichtigen Körperschaften zu beachten.

2. Als Rahmengesetz des Bundes ist das **Gesetz zur Ordnung des Wasserhaushaltes** (Wasserhaushaltsgesetz/WHG) zu erwähnen.

3. Das **Immissionsrecht** umfasst die Gesamtheit der Rechtsnormen, die dem Schutz der Umwelt vor Gefahren der Luftverunreinigung, Lärm, Erschütterungen und ähnlichen Einwirkungen dienen. Die Ausführung dieses Gesetzes ist in zahlreichen Rechtsverordnungen geregelt.

3.4.3.4 Betriebliche Ordnung und Umweltschutz

Welche Aspekte zum Schutz der Umwelt sind neben den gesetzlichen Bestimmungen bei einem Sport- und Fitnessstudio zu beachten?

◆ **Abfalltrennung und Abfallvermeidung**
Abfälle sind in erster Linie zu vermeiden. Nicht vermeidbare Abfälle sind einer hochwertigen Verwertung zurückzuführen und umweltschädigende bzw. nicht verwertbare Abfälle sind umweltverträglich zu entsorgen.
Im Geschäftsbetrieb fallen täglich unterschiedliche Abfälle (Papier, Verpackungen, Restabfall, Bioabfall, Glas) an, die nach den Vorgaben der Gewerbeabfallverordnung zu trennen sind, um sie den unterschiedlichen Verwertungs- und Beseitigungsmöglichkeiten zuzuleiten. Dabei sind die Bestimmungen der kommunalen Abfallsatzungen zu beachten.
Hinsichtlich besonders überwachungsbedürftiger Abfälle, wie z. B. Computer, Trainingsgeräte, Batterien, Spraydosen, Leuchtstoffröhren, sind die Bestimmungen der Nachweisverordnung und der BestbüAbfV auch bei der Abgabe der Abfälle an kommunale Sammelstellen zu beachten.
Bei der Entsorgung von Abfällen ist darauf zu achten, dass die Entsorgungswege bekannt sind, denn der Gesetzgeber verbindet mit der Entsorgung auch die Beachtung bestimmter Sorgfaltspflichten.

◆ **Wasser und Abwasser**
Im Rahmen einer umweltbewussten Geschäftspolitik ist der Einbau von Wasser sparenden Armaturen in Dusch- und Wasseranlagen einschließlich den Toilettenanlagen unerlässlich.
Um Gewässer zu schonen, sollten umweltverträgliche Putz- und Reinigungsmittel eingesetzt werden, denn vor allem die zugesetzten Duftstoffe wirken sich schädigend auf den Wasserorganismus aus.

◆ **Emissionen und Immissionen**
Der Betrieb eines Sport- und Fitnessstudios ist sicherlich mit einer Lärmsequenz verbunden; häufig werden Trainingseinheiten mit einer adäquaten Musikeinlage durchgeführt. In diesem Zusammenhang sind u. U. auch die Bestimmungen des Bundesimmissionsschutzgesetzes hinsichtlich der Lärmauswirkung zu beachten.

◆ **Gefahrstoffe und Gefahrgüter**
In einem Sport- und Fitnessstudio kommen neben dem Einsatz von Reinigungsmitteln auch Hilfs- und Betriebsstoffe, die für die Instandhaltung der Gerätschaften notwendig sind, zum Einsatz. Für die Verwendung und den Gebrauch

derartiger Stoffe sind besondere Bestimmungen, wie das Erstellen von Betriebsanweisungen, zu beachten.
Bei der Entsorgung sind die Bestimmungen der Nachweisverordnung einzuhalten, da es sich um besonders überwachungsbedürftige Abfälle handelt.

Was ist unter Recycling zu verstehen?

Recycling (engl. to recycle = wieder in den Kreislauf zurückführen) lässt sich als Wiederverwertung beschreiben. Dabei werden aus „Abfällen“ Materialien zurückgewonnen, aus denen wieder neue Produkte hergestellt werden können. Glas und Papier sind typische Beispiele für eine mögliche Wiederverwertung.

4 Buchführung und Controlling

4.1 Großhandelsbuchführung

4.1.1 Aufgaben der Buchführung

Was bedeutet „Buchführung"?

Z!

Buchführung ist die Aufzeichnung aller Geschäftsfälle, und zwar sachlich und zeitlich geordnet in lückenloser Form.

Welche gesetzlichen Grundlagen bestimmen die Buchführungspflicht?

Z!

Die Buchführungspflicht bestimmen:
- das **Handelsgesetzbuch** (HGB) § 238,
- die **Abgabenordnung** (AO) § 140 f.

Wer ist buchführungspflichtig?

Z!

Buchführungspflichtig ist **jeder Kaufmann**.

Nennen Sie die Grundsätze ordnungsgemäßer Buchführung (GoB).

Da die Buchführung u. a. als Beweismittel fungiert, muss sie ordnungsgemäß durchgeführt werden.

Z!

Die Buchführung muss den **„Grundsätzen ordnungsgemäßer Buchführung" (GoB)** entsprechen. Diese Grundsätze beinhalten:
- Die Buchführung muss klar und übersichtlich sein (Gliederung des Jahresabschlusses, leserlich, lebende Sprache).
- Alle Geschäftsfälle müssen vollständig, zeitlich und sachlich geordnet erfasst werden.
- Keine Buchung ohne Beleg.
- Alle Unterlagen müssen in schriftlicher Form oder auf Bildträgern zehn Jahre aufbewahrt werden.

Welche Aufgaben übernimmt die Buchführung in einem Sport- und Fitnessstudio (Großhandel)?

Die **Buchführung** erfüllt die folgenden **Aufgaben.** Sie

- stellt den Stand des Vermögens und der Schulden fest,
- zeichnet sämtliche Veränderungen der Vermögens- und Schuldenwerte zeitlich lückenlos und sachlich geordnet auf,
- erfasst die gesamten Aufwendungen und Erträge,
- ermöglicht durch die Gegenüberstellung der Aufwendungen und Erträge (Gewinn- und Verlustrechnung) die Ermittlung des Erfolges (Gewinn oder Verlust),
- liefert das Zahlenmaterial für die Preisberechnung der Waren und Dienstleistungen in einem Sport- und Fitnessstudio,
- stellt die Zahlen für das innerbetriebliche Controlling zur Verfügung,
- bildet die Grundlage für die Berechnung der Steuern,
- ist als ein wichtiges Beweismittel bei Rechtsstreitigkeiten anzusehen.

Welche Besonderheiten gelten für die Speicherung der Buchführungsunterlagen?

Mit Ausnahme der Eröffnungsbilanz und des Jahresabschlusses (GuV-Rechnung und Erstellung der Schlussbilanz) können die gesamten Buchführungsunterlagen auf einem Bildträger (Mikrofilm) oder auf einem anderen Datenträger (Disketten, CD-ROM u. a.) aufbewahrt werden. Allerdings ist zu beachten, dass die **gespeicherten Daten** jederzeit durch Bildschirm oder Ausdruck lesbar gemacht werden können. Für diese Form der Buchführung gelten die Grundsätze ordnungsgemäßer DV-gestützter Buchführungssysteme (GoBS).

Welche Aufbewahrungsfristen sind zu beachten?

Die gesamten Buchungsunterlagen wie Belege, Buchungsprogramme, Konten, Bücher, Inventare, Bilanzen, Jahresabschluss einschließlich dem Anhang und Lagebericht müssen nach den gesetzlichen Vorschriften **zehn Jahre lang geordnet aufbewahrt** werden. Die Aufbewahrungsfrist beginnt mit dem Schluss des Kalenderjahres, in dem die Unterlagen angefallen sind.
Verstöße gegen die GoB können mit Freiheitsstrafen oder mit Geldstrafe geahndet werden.

9709397

4.1.2 Inventur, Inventar und Bilanz

Wann ermittelt ein Kaufmann das Vermögen oder die Schulden seines Unternehmens?

Z!

Bei Gründung (auch Übernahme), am Ende eines Geschäftsjahres und bei Auflösung und Veräußerung muss ein Kaufmann das Vermögen und die Schulden des Unternehmens feststellen. Dies geschieht durch die **Inventur**, das **Inventar** und schließlich durch das Erstellen der **Bilanz**.

Was ist eine Inventur?

Z!

Die **Inventur** (Bestandsaufnahme) ist die Tätigkeit des Zählens, Messens und Wiegens der Vermögens- und Schuldteile.

Welche Arten der Inventur gibt es?

Z!

Man unterscheidet **zwei Arten der Inventur**:

- **Körperliche Inventur**
  Mengenmäßige Bestandsaufnahme z. B. durch Zählen und Wiegen von Warenbeständen, Geschäftsausstattung usw.
- **Buchinventur**
  Kontenmäßige Ermittlung z. B. der Forderungen, Bankguthaben und Verbindlichkeiten.

Welche Inventurverfahren gibt es mit Blick auf den Zeitpunkt der Bestandsaufnahme?

Z!

Nach dem Zeitpunkt der Bestandsaufnahme unterscheidet man vier Inventurverfahren:

- **Stichtagsinventur**: Zehn Tage vor oder nach dem Ende des Geschäftsjahres.
- **Verlegte Inventur**: Drei Monate vor oder zwei Monate nach Ende des Geschäftsjahres.
- **Permanente Inventur**: Laufende mengenmäßige Fortschreibung der Bestände (Waren) bei Zu- und Abgängen.
- **Stichprobeninventur**: Körperliche Bestandsaufnahme an einem beliebigen Tag (Stichprobe) und weitere Ermittlung durch mathematisch-statistische Verfahren.

Was versteht man unter einem Inventar und wie ist es gegliedert?

Das **Inventar** ist ein Bestandsverzeichnis, das sich mengen- und wertmäßig aus den Inventurposten ergibt. Es ist die Grundlage eines geordneten Jahresabschlusses. Die Darstellung des Vermögens und des Kapitals werden untereinander in Staffelform aufgelistet.
Das Vermögen wird unterteilt in Anlage- und Umlaufvermögen, wobei die Vermögensposten nach steigender Flüssigkeit geordnet werden.
Die Schulden bzw. die Verbindlichkeiten werden nach ihrer Fälligkeit geordnet.

Was ist eine Bilanz?

Die **Bilanz** ist die Kurzfassung des Inventars in Form einer kontenmäßigen Gegenüberstellung. Dabei werden auf der Aktivseite die Vermögenswerte und auf der Passivseite das Kapital als Gesamtwerte erfasst.
Die Passivseite der Bilanz gibt Auskunft über die Vermögensquellen, die Mittelherkunft, die Finanzierung. Sie beantwortet demnach die Frage, woher das Kapital stammt.
Die Aktivseite gibt Auskunft über die Verwendung der finanziellen Mittel. Sie zeigt demnach die Vermögensformen, die Mittelverwendung und die Investierung auf.
Beide Seiten der Bilanz müssen den gleichen Wert ergeben (Bilanzsumme).

Wer ist zur Aufstellung der Bilanz verpflichtet?

Gemäß den Rechtsvorschriften des HGB ist jeder Kaufmann verpflichtet bei der Gründung oder Übernahme, am Ende eines jeden Geschäftsjahres und bei Veräußerung oder Auflösung des Unternehmens eine **Bilanz aufzustellen**. Dabei ist zu beachten, dass die Vermögensposten nach den Gliederungsvorschriften zunehmender Flüssigkeit zu ordnen sind, während für die Kapitalposten auf der Passivseite der Bilanz die Ordnung nach der Fälligkeit zu befolgen ist.
Die Bilanz ist bei Einzelunternehmen vom Inhaber und bei Kapitalgesellschaften, wie z. B. der GmbH, von allen Geschäftsführern unter Angabe des Datums zu unterzeichnen.

4.1.2 Inventur, Inventar und Bilanz

Für das Studio „Sport und Wellness Aktiv GmbH" liegt aufgrund der Inventur am Ende des Geschäftsjahres folgendes rechts stehendes Inventar vor.

Erstellen Sie aus den Angaben des Inventars des Studios „Sport und Wellness Aktiv GmbH" eine Bilanz.

INVENTAR
Studio Sport und Wellness Aktiv GmbH

A. VERMÖGEN	**€**	**€**
I. Anlagevermögen		
1. Grundstücke		
Frankfurt	200.000,00	
Oberursel	130.000,00	330.000,00
2. Gebäude		
Betriebsgebäude	300.000,00	
Sporthalle	125.000,00	425.000,00
3. Geräteausstattung		225.000,00
4. Fuhrpark		
VW-Lupo	8.600,00	
Smart	4.150,00	
Mercedes 240 D	12.850,00	25.600,00
5. Betriebs- und Geschäftsausstattung		125.680,00
II. Umlaufvermögen		
1. Warenvorräte:		
Shopbereich:		
Sportbekleidung	2.875,00	
Sportartikel	995,00	3.870,00
Bistrobereich:		
Eiweißprodukte	565,78	
Lebensmittel	458,72	
Getränke	877,50	1.902,00
Beautybereich:		
Kosmetikartikel	1.445,64	
Beautyartikel	677,36	2.123,00
2. Forderungen		
Verein Fit & Fight	2.169,00	
Verein Lauftreff e. V.	535,00	2.704,00
3. Bankguthaben		
Sparkasse Frankfurt	3.780,32	
Volksbank Frankfurt	1.320,68	5.101,00
4. Kasse		569,00
SUMME VERMÖGEN		**1.147.549,00**

INVENTAR
Studio Sport und Wellness Aktiv GmbH

B. SCHULDEN		
I. Langfristige Schulden		
1. Hypothek der Sparkasse Frankfurt	220.000,00	
2. Darlehen der Deutschen Bank	180.000,00	400.000,00
II. Kurzfristige Schulden		
Verbindlichkeiten aus Lieferungen u. Leistungen:		
Sportgeräte AG	21.523,00	
Sportbekleidung GmbH	4.425,00	
Getränke GmbH	1.133,00	27.081,00
SUMME SCHULDEN		**427.081,00**
C. EIGENKAPITAL		
Summe des Vermögens		1.147.549,00
./. Summe der Schulden		427.081,00
Eigenkapital (Reinvermögen)		**720.468,00**

Lösung:

Aktiva — **Bilanz** — **Passiva**

Aktiva		Passiva	
I. Anlagevermögen		**I. Eigenkapital**	720.468,00
1. Grundstücke	330,000,00	**II. Fremdkapital**	
2. Gebäude	425.000,00	1. Hypothekenschulden	220.000,00
3. Geräte	225.000,00	2. Darlehensschulden	180.000,00
4. Fuhrpark	25.600,00	3. Verbindlichkeiten a. LL	27.081,00
5. Betriebs- und Geschäftsausstattung	125.680,00		
II. Umlaufvermögen			
1. Warenvorräte	7.895,00		
2. Forderungen	2.704,00		
3. Bank	5.101,00		
4. Kasse	569,00		
	1.147.549,00		1.147.549,00

4.1.2 Inventur, Inventar und Bilanz

Was beinhaltet die „goldene Bilanzregel"?

Z!

Deckung des Anlagevermögens durch langfristiges Kapital (Eigenkapital, Hypotheken).

Was stellt die Schlussbilanz zu Beginn des neuen Jahres dar?

Z!

Die erstellte Bilanz am Ende eines Geschäftsjahres **(Schlussbilanz)** wird zu Beginn des nächsten Jahres zur Eröffnungsbilanz.

Welche Bedeutung haben die Bestandskonten?

Z!

Um die laufenden Geschäftsvorgänge ordnungsgemäß buchen zu können, werden für alle Bilanzposten Konten eröffnet. Diese Konten nennt man **Bestandskonten**. Sie nehmen als ersten Buchungsposten die Bestände der Bilanz auf (Anfangsbestände).

4.1.3 System der Buchführung

Wie bezeichnet man die zwei Seiten der Konten?

Z!

Soll = linke Seite
Haben = rechte Seite

Auf welcher Kontoseite der Bestandskonten werden die Anfangsbestände gebucht?

Z!

Gebucht werden die
Anfangsbestände der Aktivkonten im Soll.
Anfangsbestände der Passivkonten im Haben.

9709402

Erklären Sie den Grundsatz „keine Buchung ohne Gegenbuchung".

Jede Veränderung der Aktivseite zieht eine Veränderung der Passivseite nach sich (Waage). Deshalb muss bei jeder Buchung die Soll- und auch die Habenseite angesprochen werden:
Soll
an Haben.

4.1.4 Kontenrahmen und Kontenplan

Welche Aufgabe erfüllt ein Kontenrahmen?

Durch die Vielzahl der Konten ist eine systematische Ordnung erforderlich. Der **Kontenrahmen** ist eine – je nach Branche – vorgegebene Gliederung.

- Industrie-Kontenrahmen (IKR)
- Kontenrahmen des Groß- und Außenhandels

Nach welchem System ist der Kontenrahmen aufgebaut?

Alle **Kontenrahmen** sind nach dem **dekadischen System** (Zehnersystem) aufgebaut, d. h., die Konten sind in
zehn Klassen (0 bis 9)
eingeteilt.

Skizzieren Sie den Aufbau der Kontenklassen und der Kontengruppen.

Jede **Kontenklasse** (einstellig) ist in zehn **Kontengruppen** (zweistellig) und jede Kontengruppe in zehn **Kontenarten** unterteilt. Nach betrieblichen Belangen werden die Kontenarten wiederum in zehn Kontenunterarten (vierstellig) unterteilt.

4.1.4 Kontenrahmen und Kontenplan

Worin unterscheidet sich der Kontenplan vom Kontenrahmen?

Z!

Während der **Kontenrahmen** eine zwingende einheitliche Grundordnung darstellt, ist der **Kontenplan** eine betriebsinterne Gliederung der Kontengruppen und Untergruppen. Der Kontenplan enthält jeweils nur die von einem Unternehmen geführten Konten.

4.1.5 Buchen auf Bestandskonten

Auf welchen Kontenseiten werden Mehrungen bzw. Minderungen gebucht?

Z!

- **Aktivkonten:**
  Mehrung im Soll, Minderung im Haben
- **Passivkonten:**
  Minderung im Soll, Mehrung im Haben

Buchen Sie a) den Kauf eines Tischrechners gegen bar und b) geben Sie an, um welche Tauschart es sich dabei handelt.

Z!

a) Geschäftsausstattung
an Kasse
b) Es handelt sich um einen Aktivtausch.

Buchen Sie: a) Für eine Verbindlichkeit wird ein Darlehen aufgenommen, b) Kauf eines Bürostuhls gegen Rechnung (auf Ziel), c) Ausgleich einer Verbindlichkeit durch Banküberweisung. Geben Sie jeweils die Tauschart an.

Z!

a) Verbindlichkeit
an Darlehensschuld
Passivtausch
b) Geschäftsausstattung
an Verbindlichkeiten
Aktiv-Passiv-Mehrung
c) Verbindlichkeiten
an Bank
Aktiv-Passiv-Minderung

Geben Sie die Buchung für den Kauf von Laufbändern zur Ergänzung der Sportgeräte und Beautyartikel auf Ziel an.

Bei den zuvor genannten Beispielen spricht man von einem **„einfachen Buchungssatz"**. In der Praxis ist dies nur sehr selten der Fall, denn ein Geschäftsvorgang berührt oft mehrere Konten gleichzeitig:
Geräte
Handelswaren
an Verbindlichkeiten
(= zusammengesetzter Buchungssatz)

Wie werden
a) am Jahresende Konten abgeschlossen und
b) wie lauten die entsprechenden Buchungen?

a) Während des Geschäftsjahres erfolgen alle Buchungen auf den entsprechenden Konten. Am Jahresende werden diese Konten abgeschlossen. Beide Kontenseiten werden addiert und der Differenzbetrag wird auf der wertmäßig kleineren Seite ermittelt. Dieser Saldo wird gebucht, sodass beide Seiten gleich sind (Waage). Der Saldo ergibt einen neuen Bilanzposten.

b) Die Buchungen lauten:
Schlussbilanz
an Aktivkonto
Passivkonto
an Schlussbilanz

Welche Kontenarten bzw. Bücher unterscheidet der Kaufmann?

Die Buchführung soll übersichtlich und jederzeit nachvollziehbar sein. Aus diesem Grund ist ein
- Grundbuch (Journal) sowie ein
- Haupt- und Nebenbuch

erforderlich.

Was beinhaltet ein Hauptbuch?

Das **Hauptbuch** beinhaltet Bestands- und Ergebniskonten. Sie werden auch Sachkonten genannt (sachliche Zuordnung).

4.1.5 Buchen auf Bestandskonten

Welche Funktion hat ein Nebenbuch?

Z!

Würde ein Studiobetreiber jede einzelne Kasseneinnahme auf dem Konto „Kasse“ buchen, wäre dieses nicht mehr übersichtlich. Deshalb führt er als **Nebenbuch** ein „Kassenbuch“. Die Kasse registriert jeden einzelnen Betrag, auf dem Bestandskonto wird aber nur der Endbetrag (Tageslosung) gebucht. (Die Lagerbuchhaltung ist ebenfalls ein Nebenbuch.) Nebenbücher werden über das Hauptbuch abgeschlossen.

Welche Aufgaben erfüllt das Grundbuch?

Z!

Das **Grundbuch** erfasst die Buchungen in zeitlicher Reihenfolge. Jede Buchung wird automatisch im Grundbuch erfasst. Deshalb ist stets nachvollziehbar, welche Buchung vor oder nach welcher erfolgt ist.

Was sind Unterkonten?

Z!

Für bestimmte Sachkonten werden **Unterkonten** eingerichtet. Auf diesen Konten wird während des Geschäftsjahres gebucht. Am Ende der Rechnungsperiode werden diese Konten über das entsprechende Hauptkonto abgeschlossen.

4.2 Buchen auf Erfolgskonten

Erläutern Sie die Funktion von Erfolgskonten.

Z!

Nicht alles, was zum täglichen Studiobetrieb notwendig ist, lässt sich am Ende einer Geschäftsperiode durch Zählen, Messen oder Wiegen feststellen. Strom für PCs und Maschinen wurde verbraucht, ebenso Wasser. Mieten oder Pachten wurden bezahlt oder wir haben sie erhalten. Telefongespräche wurden geführt und bezahlt. Zinsen für Kredite wurden unserem Bankkonto belastet oder bei Guthaben entsprechend dem Konto gutgeschrieben. All das, was wir für Ver- und Gebrauch

bezahlen oder erhalten, buchen wir auf den **Erfolgskonten**. Wir unterscheiden zwei Arten von Erfolgskonten:
- die **Aufwandskonten** und
- die **Ertragskonten**.

Auf welcher Kontoseite wird der Aufwand bzw. Ertrag gebucht?

- **Aufwendungen werden im Soll gebucht.**
  Sie mindern den Gewinn und und führen somit zu einer Minderung des Passivkontos „Eigenkapital".

- **Erträge werden im Haben gebucht.**
  Sie erhöhen den Gewinn und vermehren das Eigenkapital.

Buchen Sie folgende Geschäftsfälle:

a) Barkauf von Büromaterial,

b) Mietzahlung durch Banküberweisung,

c) Zinsgutschrift der Bank.

a) Büromaterial
an Kasse

b) Mietaufwand
an Bank

c) Bank
an Zinserträge

Welche Bedeutung hat das Konto „Warenverkauf" und wie lautet der Buchungssatz, wenn Sportartikel, Sportbekleidung, Beautyartikel und Fitnesszubehör auf Ziel verkauft werden?

Eine besondere Bedeutung bei den Erfolgskonten hat das Konto „**Warenverkauf**". Auf diesem Konto wird der Ertrag gebucht, den das Studio für den Verkauf von den beschriebenen Artikeln erzielt.

Der Buchungssatz lautet:
Forderungen
an Warenverkauf

4.2 Buchen auf Erfolgskonten

Wie kann der Warenrohgewinn ermittelt werden?

Durch Gegenüberstellung der Aufwendungen für Handelswaren (= Wareneinsatz) mit den erzielten Verkaufserlösen kann der **Warenrohgewinn** ermittelt werden.

Oliver Mayfahrt, Mitarbeiter der „Mittelhessischen Kampfkunst Akademie Dirk Atzori GmbH" bestätigt Mitgliedschaften im Gesamtwert von 12.500,00 €. Die Bankgutschrift weist aber nur einen Betrag von 9.875,00 € auf.

Wie sind diese Sachverhalte buchhalterisch zu erfassen?

Die Bestätigung der Mitgliedschaften erfolgt auf dem Ertragskonto „Erträge aus Mitgliedschaften".
Ist eine Gutschrift auf dem Geschäftskonto noch nicht erfolgt, so ist der Sachverhalt buchhalterisch auf dem Konto „Forderungen a. LL" zu erfassen.

Die Buchungssätze sind wie folgt zu bilden:
Forderungen a. LL 12.500,00 €
an Erträge aus Mitgliedschaften 12.500,00 €

Bankgutschrift:
Bank an Forderungen 9.875,00 €

4.2.1 Gewinn- und Verlustkonto

Welche Aufgabe hat das Gewinn- und Verlustkonto?

Alle Konten, die zu Beginn oder im Laufe des Geschäftsjahres eröffnet wurden, müssen am Ende des Jahres abgeschlossen werden.
Während die Bestandskonten mit ihrem Wert in die Bilanz fließen, werden die Erfolgskonten über das **Gewinn- und Verlustkonto** (GuV) abgeschlossen.
Dieses Konto erfasst die Salden der Aufwandskonten im Soll, die der Ertragskonten im Haben.

S	GuV	Haben
Aufwendungen		Erträge

9709408

Ihnen liegen zur Auswertung nachfolgende Werte vor:

1) Für Büromaterial wurden 1.500,00 € ausgegeben. Der Rechnungsbetrag wurde mit Quittung beglichen.

2) Die Gehaltsliste weist einen Betrag von 9.800,00 € aus. Die wurden bereits überwiesen.

3) Der Rechnungsbetrag von 6.200,00 € über den Verkauf von Sportartikeln und Fitnesszubehör wurde von unseren Kunden noch nicht überwiesen.

4) Weiterhin haben wir Mitgliedschaften von 11.600,00 € bestätigt. Eine Gutschrift ist noch nicht auf unserem Konto erfolgt.

Wie lauten die Buchungssätze und welcher Erfolg ergibt sich auf dem GuV-Konto?

Soll	Büromaterial	Haben
1) 1.500,00		GuV 1.500,00

Soll	Warenverkauf	Haben
GuV 6.200,00		3) 6.200,00

Soll	Gehälter	Haben
2) 9.800,00		GuV 9.800,00

Erträge aus Mitgliedschaften

Soll		Haben
GuV 11.600,00		4) 11.600,00

Soll	Kasse	Haben
AB 5.500,00		1) 1.500,00

Soll	Forderungen	Haben
AB) 7.300,00		
3) 6.200,00		
4) 11.600,00		

Soll	Bank	Haben
AB) 15.400,00		2) 9.800,00

Buchungssätze:

1) Büromaterial	an	Kasse	1.500,00 €
2) Gehälter	an	Bank	9.800,00 €
3) Forderungen	an	Warenverkauf	6.200,00 €
4) Forderungen	an	Erträge aus Mitgliedschaften	11.600,00 €

Soll		GuV	Haben
Büromaterial	1.500,00	Warenverkauf	6.200,00
Gehälter	9.800,00	Erträge aus Mitgliedschaften	11.600,00
Gewinn	**6.500,00**		
	17.800,00		17.800,00

Buchungssätze für den Abschluss der Aufwands- und Ertragskonten:

1) Büromaterial:	GuV	an	Büromaterial	1.500,00 €
2) Gehälter:	GuV	an	Gehälter	9.800,00 €
3) Warenverkauf:	Warenverkauf	an	GuV	6.200,00 €
4) Erträge aus Mitgliedschaften:	Erträge aus Mitgliedschaften	an	GuV	11.600,00 €

Der Saldo auf dem Konto GuV weist einen Gewinn von 6.500,00 € aus.

4.2.1 Gewinn- und Verlustkonto

Über welches Konto wird das GuV-Konto abgeschlossen?

Die Erfolgskonten (= Aufwands- und Ertragskonten) sind Unterkonten des Kontos „Eigenkapital" und sind zunächst auf dem **Sammelkonto GuV** zu erfassen.
Minderungen des Eigenkapitals erfolgen auf den Aufwandskonten im Soll.
Mehrungen des Eigenkapitals erfolgen auf den Ertragskonten im Haben.

Wie lautet der Buchungssatz für den Gewinn oder Verlust?

Der Saldo auf der Sollseite des GuV-Kontos weist einen Gewinn aus. Befindet sich der Saldo auf der Habenseite, wurde ein Verlust erwirtschaftet.

Buchung für den Gewinn: GuV an Eigenkapital

Buchung für den Verlust: Eigenkapital an GuV

4.2.2 Warenkonten und Umsatzsteuer beim Ein- und Verkauf

Das Studio „Sport und Freizeit Joachim Wagner GmbH" bezieht von der Sportgeräte AG einen Hometrainer im Wert von 1.000,00 € netto. Dieser Hometrainer wird dem Mitglied Alexander Don für 1.500,00 € angeboten.

Wie viel Euro beträgt die Steuer für den Mehrwert (19 %)?

Der Preis beim Einkauf von Waren oder Dienstleistungen erhöht sich um die **Mehrwertsteuer.** Das gilt auch für den Erwerb von Gerätschaften, Büromaterialien usw.

Auf der anderen Seite muss der Studiobetreiber (Unternehmer) den Warenwert seiner verkauften Produkte auch mit der Steuer erheben. Er begleicht den Rechnungsbetrag einschließlich der Steuer an den Lieferanten (Sportgeräte AG). Beim Verkauf begleicht der Kunde den Rechnungsbetrag einschließlich der Steuer. Die Steuer bezahlt er also an den Lieferanten und erhält sie von seinem Kunden.

Das steuerliche Entgelt, das er von den Kunden erhält, muss er an das Finanzamt abführen. Jedoch kürzt er diesen Betrag um den Steueranteil, den er beim Einkauf bezahlt hat.

9709410

Buchhalterisch ist es also wichtig, zwischen der **entrichteten** und der **erhaltenen Steuer** zu unterscheiden.

Wareneinkauf	1.000,00 €	500,00	Warenverkauf	1.500,00 €
Vorsteuer	190,00 €	95,00	Umsatzsteuer	285,00 €
Einkaufspreis	1.190,00 €		Verkaufspreis	1.785,00 €

Mehrwert (Wertsteigerung)	500,00 €
Mehrwertsteuer 19 %	95,00 €

Wie lautet der Buchungssatz für die Eingangsrechnung?

Buchungssatz:

Wareneingang	1.000,00 €	
Vorsteuer	190,00 €	
an Verbindlichkeiten a. LL		1.190,00 €

Wie lautet der Buchungssatz für die Ausgangsrechnung?

Buchungssatz:

Forderungen a. LL	1.785,00 €	
an Warenverkauf		1.500,00 €
an Umsatzsteuer		285,00 €

Wie wird die Zahllast ermittelt?

Die **Zahllast** ist die Differenz zwischen der Umsatzsteuer aus der Ausgangsrechnung und der Vorsteuer aus der Eingangsrechnung.
Die Umsatzsteuervoranmeldung muss im Regelfall monatlich erfolgen und ist bis zum 10. des Folgemonats an das zuständige Finanzamt abzuführen.

Soll	Vorsteuer	Haben
1) 190,00	Saldo	190,00

Soll	Umsatzsteuer	Haben
VSt 190,00	2)	285,00
Zahllast 95,00		

4.2.2 Warenkonten und Umsatzsteuer beim Ein- und Verkauf

Wie lautet der Buchungssatz für den Abschluss des Kontos Vorsteuer?

Z!

Buchungssatz:
Umsatzsteuer
an Vorsteuer

Buchen Sie die Überweisung der Zahllast durch die Bank.

Z!

Buchung der Überweisung der Zahllast:
Umsatzsteuer
an Bank

Wie entsteht ein Vorsteuerüberhang?

Z!

Werden einmal hohe Investitionen oder Einkäufe getätigt, kann es passieren, dass die Vorsteuer höher ist als die Umsatzsteuer. In diesem Fall wird das Konto „Umsatzsteuer" über das Konto „Vorsteuer" abgeschlossen. Es entsteht ein **„Vorsteuerüberhang"**, der vom Finanzamt ausgezahlt wird.

Wann spricht man von einer Passivierung der Zahllast und wie lautet der Buchungssatz?

Z!

Die Zahllast kann erst ermittelt werden, wenn der Monat vorüber ist. Dies ist auch am Jahresende der Fall. Wir nehmen eine Schuld mit in das neue Jahr. Sie wird auf der **Bilanzpassiv**seite ausgewiesen.

Umsatzsteuer/Zahllast
an Schlussbilanz

Wie wird ein Vorsteuerüberhang bilanziert?

Z!

Wurde ein Vorsteuerüberhang ermittelt, so ist dies eine Forderung gegenüber dem Finanzamt. Sie erscheint, wie alle

Aktivposten, auf der **Aktiv**seite der Bilanz. Der Buchungssatz lautet:

Schlussbilanz
an Vorsteuer

4.2.3 Warenein- und Warenverkauf mit Bestandsveränderungen

Der Studiobetreiber Joachim Wagner hat in seinem Studio die nachfolgenden Bestände ermittelt:

Warenanfangsbestand 60.000,00 €; Warenendbestand lt. Inventur 58.000,00 €; Wareneinkauf 38.000,00 €; Warenverkauf 46.000,00 €.

a) Buchen Sie die angegebenen Werte auf die Konten Warenbestände, Wareneinkauf, Warenverkauf, GuV und ermitteln Sie den Gewinn.

b) Wie lauten die entsprechenden Buchungen?

a)

Soll	Warenbestände		Haben
AB	60.000,00	SB	58.000,00
		WE	2.000,00
	60.000,00		60.000,00

Soll	Warenverkauf		Haben
GuV	46.000,00	Verkäufe	46.000,00

Soll	Wareneingang		Haben
Warenbestände	2.000,00	GuV	40.000,00
Einkäufe	38.000,00		
	40.000,00		40.000,00

Soll	GuV		Haben
Wareneinsatz	40.000,00	Warenverkauf	46.000,00
Gewinn	**6.000,00**		

b) Buchung des Warenschlussbestandes lt. Inventur:
9400 Schlussbilanzkonto
an 3900 Warenbestände 58.000,00 €

Buchung der Bestandsminderung:
3010 Wareneingang
an 3900 Warenbestände 2.000,00 €

Buchung des Wareneinsatzes:
9300 GuV
an 3010 Wareneingang 40.000,00 €

Abschluss des Warenverkaufskontos:
8010 Warenverkauf
an 9300 GuV 46.000,00 €

9709413

4.2.3 Warenein- und Warenverkauf mit Bestandsveränderungen

Wie lautet der Buchungssatz bei einer Bestandsmehrung zur Umbuchung auf das Wareneingangskonto zur buchhalterischen Ermittlung des Wareneinsatzes?

Z!

Buchungssatz:
3900 Warenbestände
an 3010 Wareneingang

Zusammenfassung:

- Neben dem Wareneingangs- und dem Warenverkaufskonto gibt es aus Gründen der Klarheit das **Warenbestandskonto,** auf dem die Warenbestände festgehalten werden.
- Das Warenbestandskonto ist ein aktives Bestandskonto.
- Der Saldo, der sich aus dem Warenanfangs- und dem Warenendbestand lt. Inventur ergibt, stellt die **Bestandsveränderung** dar.
- Zur buchhalterischen Ermittlung des tatsächlichen Warenaufwands (= Wareneinsatz) ist die Bestandsveränderung entsprechend auf das Wareneingangskonto umzubuchen.
- Der Wareneinsatz ist der tatsächlich ermittelte Warenaufwand (Saldo auf dem Wareneingangskonto auf der Habenseite). Dieser Betrag wird auf die Sollseite des Kontos „GuV“ übertragen.
- Der Warenrohgewinn ist die Differenz zwischen dem Warenverkauf und dem Warenaufwand und wird wie folgt ermittelt:

	Warenverkauf (Betrag auf der Habenseite des Kontos „GuV“)
–	Wareneinsatz (Betrag auf der Sollseite des Kontos „GuV“)
=	Warenrohgewinn

9709414

4.2.4 Privatkonto

Heinrich Kuhlmann, Inhaber des Studios „Fit & Fight KG"

a) leistet eine Kapitaleinlage auf das Geschäftskonto in Höhe von 8.600,00 €.

b) bringt einen privat genutzten Flachbildschirm in das Betriebsvermögen mit ein. Der Zeitwert ist mit 650,00 € angegeben.

c) überweist die Einkommensteuer in Höhe von 14.800,00 €.

d) entnimmt aus dem Lager für seine Urlaubsreise einen Skianzug zum Einstandspreis in Höhe von 550,00 € zuzüglich 19 % Umsatzsteuer.

Wie lauten die entsprechenden Buchungssätze?

Die **Buchungen** lauten:

a)	1300	Banken		
	an	1620 Privateinlagen		8.600,00 €
b)	0330	Betriebs- und Geschäftsausstattung		
	an	1620 Privateinlagen		650,00 €
c)	1610	Privatentnahme		
	an	1300 Banken		14.800,00 €
d)	1610	Privatentnahmen	654,50 €	
	an	8710 Entnahme von Waren (Eigenverbrauch)		550,00 €
	an	1810 Umsatzsteuer		104,50 €

4.2.4 Privatkonto

Wie lauten die Buchungssätze für:

a) Einlage per Banküberweisung,
b) Einlage eines Bürogebäudes,
c) Kassenentnahme für Privatzwecke,
d) Banküberweisung für die Einkommensteuer und
e) Entnahme von Waren?

a) Banken
an Privat
b) beb. Grundstücke
an Privat
c) Privat
an Kasse
d) Privat
an Banken
e) Privat
an Entnahme von Waren
an Umsatzsteuer

Wie wird das Privatkonto abgeschlossen?

Das **Privatkonto** ist ein Unterkonto des Kontos „Eigenkapital". Es hat also passiven Charakter und wird über das Eigenkapitalkonto wie folgt abgeschlossen:
Privat
an Eigenkapital
Eigenkapital
an Privat

Das Konto Eigenkapital weist einen Anfangsbestand von 850.000,00 € auf. Es wurden privat Waren im Wert von 2.500,00 € brutto entnommen und eine Einlage von 100.000,00 € geleistet.

Wie lautet der Abschluss des Privatkontos?

Soll — Privat — Haben

Soll		Haben	
Entnahme	2.500,00 €	Einlage	100.000,00 €
Eigenkapital	97.500,00 €		
	100.000,00 €		100.000,00 €

Buchungssatz:
Privat 97.500,00 €
an Eigenkapital 97.500,00 €

9709416

Mit welchem Wert wird das Eigenkapital bilanziert, wenn das Unternehmen einen Gewinn von 65.000,00 € erwirtschaftet hat?

Eigenkapital

SB	1.012.500,00 €	AB	850.000,00 €
		Privat	97.500,00 €
		GuV	65.000,00 €
	1.012.500,00 €		1.012.500,00 €

Das Eigenkapital weist einen Schlussbestand von 1.012.500,00 € auf.

4.2.5 Bilanzrechtsmodernisierungsgesetz

Was besagt das Bilanzrechtsmodernisierungsgesetz (BilMoG) und welche Zielsetzung ist damit verbunden?

Das **Gesetz zur Modernisierung des Bilanzrechts (BilMoG)** ist am 29. Mai 2009 in Kraft getreten und ist ab dem 01. Januar 2010 entsprechend anzuwenden. Die Aktualisierung des deutschen Handelsrechts beinhaltet unter anderem Maßnahmen zur Deregulierung und Kostensenkung von kleineren und mittleren Unternehmen. So wird zum Beispiel die handelsrechtliche Pflicht zur Buchführung bei Einzelkaufleuten aufgehoben, wenn – auf einen Zeitraum von zwei aufeinanderfolgenden Geschäftsjahren bezogen – der Umsatz den Betrag von 500.000,00 € und der erwirtschaftete Gewinn den Betrag von 50.000,00 € nicht übersteigt

Die primäre Zielsetzung dieses Gesetzes ist, das deutsche Bilanzrecht den internationalen Rechnungslegungsstandards (IFRS) anzupassen.

4.3 Buchungen im Beschaffungsbereich

4.3.1 Grundlagen

Nach welchem Schema ermitteln Sie den Angebotspreis?

Z!

	Listeneinkaufspreis
./.	Rabatt
	Zieleinkaufspreis
./.	Skonto
	Bareinkaufspreis
+	Bezugskosten
=	**Bezugspreis/Einstandspreis**

Ulrich Gerhard, Inhaber des Studios „Sport und Freizeit KG", erhält von der Sportartikel AG ein Angebot über Sportbekleidung im Gesamtwert von 10.000,00 € abzüglich 5 % Rabatt, 2 % Skonto innerhalb von 10 Tagen oder 30 Tagen netto Kasse, Bezugskosten 45,00 €.

Wie viel Euro beträgt der Bezugspreis?

Z!

	Ware	10.000,00 €
./.	Rabatt 5 %	500,00 €
	Zieleinkaufspreis	9.500,00 €
./.	Skonto 2 %	190,00 €
	Bareinkaufspreis	9.310,00 €
+	Bezugskosten	45,00 €
=	**Bezugspreis**	**9.355,00 €**

9709418

4.3.2 Warenbezugskosten

Buchen Sie den Rechnungseingang für den nebenstehenden Geschäftsfall.

Die Sportbekleidung Delano Osterbrauck GmbH in München erteilt uns die nachfolgende Rechnung:

	Sportbekleidung	4.680,00 €
+	Verpackung	80,00 €
+	Transportkosten	40,00 €
		4.800,00 €
+	19 % Umsatzsteuer	912,00 €
	Rechnungsbetrag	5.712,00 €

Buchung der Eingangsrechnung:

3010 Wareneingang	4.680,00 €	
3020 Warenbezugskosten	120,00 €	
1410 Vorsteuer	912,00 €	
an 1710 Verbindlichkeiten a. LL		5.712,00 €

Wir senden die Verpackung wieder an den Lieferanten zurück und erhalten eine Gutschrift über 80,00 € zuzüglich 19 % Umsatzsteuer.

Wie ist dieser Sachverhalt buchhalterisch zu erfassen?

Bei der Gutschrift des Lieferanten über die Rückgabe der Verpackung lautet der Buchungssatz:

1710 Verbindlichkeiten a. LL	95,20 €	
an 3020 Warenbezugskosten		80,00 €
an 1410 Vorsteuer		15,20 €

Was sind Warenbezugskosten?

Warenbezugskosten sind Anschaffungsnebenkosten, wie z. B. Frachtkosten, Verpackungskosten, Rollgeld, Transportversicherung, und werden auf dem Konto Warenbezugskosten mit dem Nettowert gesondert erfasst.
Bei der Rückgabe berechneter Verpackungen an den Lieferanten wird der Vorgang als Gutschrift auf der Habenseite des Kontos Warenbezugskosten erfasst. Dabei ist die Vorsteuer entsprechend zu korrigieren.
Das Konto Warenbezugskosten ist ein Unterkonto des Wareneingangskontos und wird darüber abgeschlossen.

9709419

4.3.2 Warenbezugskosten

Wie lautet der Buchungssatz für den Abschluss des Kontos Warenbezugskosten?

Z!

Abschluss des Kontos Warenbezugskosten:
3010 Wareneingang
an 3020 Warenbezugskosten

4.3.3 Rücksendungen an Lieferanten

Wir erhalten von der Beauty-World AG diverse Artikel im Gesamtwert von 6.300,00 € zzgl. 19 % Umsatzsteuer.

Wie lautet der Buchungssatz für den Rechnungseingang?

Z!

Eingangsrechnung der Beauty-World AG:

	Beautyartikel	6.300,00 €
+	19 % Umsatzsteuer	1.197,00 €
	Rechnungsbetrag	7.497,00 €

Buchung der Eingangsrechnung:

3010	Wareneingang	6.300,00 €	
1410	Vorsteuer	1.197,00 €	
an	1710 Verbindlichkeiten a. LL		7.497,00 €

Wir senden falsch gelieferte Ware wieder an die Beauty-World AG zurück und erhalten eine Gutschrift in Höhe von 800,00 € zzgl. 19 % Umsatzsteuer.

Wie lautet der Buchungssatz für diese Rücksendung?

Z!

Rücksendung:

	Rücksendung der Beautyartikel	800,00 €
+	19 % Umsatzsteuer	152,00 €
	Gutschriftsbetrag	952,00 €

Buchung der Rücksendung:

1710	Verbindlichkeiten a. LL	952,00 €	
an	3050 Rücksendung an Lieferanten		800,00 €
an	1410 Vorsteuer		152,00 €

Wie lautet der Buchungssatz für den Abschluss des Kontos Rücksendungen an Lieferanten?

Z!

3050 Rücksendung an Lieferanten
an 3100 Wareneingang

Wie lässt sich das Konto Warenrücksendung an Lieferanten beschreiben?

Zur besseren Übersicht werden **Warenrücksendungen** mit dem Nettowert auf der Habenseite auf dem Konto 3050 Rücksendungen an Lieferanten erfasst. Es ist ein Unterkonto des Wareneingangskontos und wird auch darüber abgeschlossen. Die Vorsteuer ist entsprechend zu korrigieren.

4.3.4 Nachlässe von Lieferanten

Aufgrund der Mängelrüge gewährt uns die Beauty-World AG einen Preisnachlass in Höhe von 150,00 € zzgl. 19 % Umsatzsteuer.

Wie lautet der Buchungssatz für diesen Preisnachlass?

Gutschrift von der Beauty-World AG:

Preisnachlass	150,00 €
+ 19 % Umsatzsteuer	28,50 €
Gutschriftsbetrag	178,50 €

Buchung des Preisnachlasses:

1710 Verbindlichkeiten a. LL	178,50 €	
an 3060 Nachlässe von Lieferanten		150,00 €
an 1410 Vorsteuer		28,50 €

Wie lautet der Buchungssatz für den Abschluss des Kontos Nachlässe von Lieferanten?

Abschluss des Kontos 3060 Nachlässe von Lieferanten:
3060 Nachlässe von Lieferanten
an 3100 Wareneingang

Wie lässt sich das Konto Nachlässe von Lieferanten beschreiben?

Zur besseren Information und Übersicht wird der Nettowarenwert auf der Habenseite des Kontos **3060 Nachlässe von Lieferanten** erfasst. Es ist ein Unterkonto des Wareneingangskontos und wird daher darüber abgeschlossen.
Das Konto 1410 Vorsteuer ist um den entsprechenden Umsatzsteuerbetrag auf der Habenseite zu korrigieren.

4.3.5 Lieferantenboni

Die Beauty-World AG gewährt uns am Jahresende einen Bonus in Höhe von 1,5 % auf einen Nettoumsatz von 80.000,00 € zzgl. 19 % Umsatzsteuer.

Wie lautet der Buchungssatz für diesen Preisnachlass?

Eingang der Gutschrift der Beauty-World AG:

	Bonus 1,5 % bezogen auf den Nettoumsatz 80.000,00 î	1.200,00 €
+	19 % Umsatzsteuer	228,00 €
	Umsatzvergütung	1.428,00 €

Buchung der Gutschriftsanzeige:

1710	Verbindlichkeiten a. LL	1.428,00 €	
an	3070 Lieferantenboni		1.200,00 €
an	1410 Vorsteuer		228,00 €

Wie lautet der Buchungssatz für den Abschluss des Kontos Lieferantenboni?

Abschluss des Kontos 3070 Lieferantenboni:

3070 Lieferantenboni
an 3100 Wareneingang

Wie lässt sich das Konto Lieferantenboni beschreiben?

Der Lieferant gewährt nachträglich einen Preisnachlass aufgrund der gebuchten Eingangsrechnungen. Der **Bonus** ist somit eine nachträgliche Umsatzvergütung, die buchungstechnisch entsprechend zu erfassen ist.
Der gewährte Bonus wird auf dem Unterkonto des Kontos Wareneingang 3070 Lieferantenboni auf der Habenseite gebucht und darüber abgeschlossen.
Zu beachten ist, dass die Vorsteuer entsprechend zu korrigieren ist.

4.3.6 Lieferantenskonti

Wir erhalten von der Sportartikel Willi Russlies KG eine Rechnung über diverses Sportzubehör im Nettowert von 12.500,00 €. Es wird uns ein Rabatt in Höhe von 15 % gewährt. Als Zahlungsbedingungen sind angegeben: bei Zahlung innerhalb von 10 Tagen wird uns 3 % Skonto gewährt oder 30 Tage netto Kasse.

Wie lautet der Buchungssatz für diese Eingangsrechnung?

Eingangsrechnung von der Sportartikel GmbH:

Sportzubehör – gem. beigefügter Bestellung –	12.500,00 €
./. 15 % Rabatt	1.875,00 €
	10.625,00 €
+ 19 % Umsatzsteuer	2.018,75 €
Rechnungsbetrag	12.643,75 €

Zahlungsbedingungen: Zahlung innerhalb von 10 Tagen abzüglich 3 % Skonto oder 30 Tage netto Kasse

Buchung der Eingangsrechnung:

3010 Wareneingang	10.625,00 €	
1410 Vorsteuer	2.018,75 €	
an 1710 Verbindlichkeiten a. LL		12.643,75 €

Wir begleichen den Rechnungsbetrag durch Banküberweisung innerhalb von zehn Tagen und nehmen den Skonto in Anspruch.

Wie lautet der Buchungssatz?

Rechnungsbetrag	12.643,75 €
./. 3 % Skonto	379,31 €
Überweisungsbetrag	12.264,44 €

Skonto – gesamt 379,31 €

Skonto – Nettobetrag

119 % = 379,31 €
100 % = x

$$x = \frac{379{,}31 \cdot 100}{119} = \mathbf{318{,}75\ €}$$

Steuerberichtigung

119 % = 379,31 €
19 % = x

$$x = \frac{379{,}31 \cdot 19}{119} = \mathbf{60{,}56\ €}$$

Buchungssatz für den Rechnungsausgleich unter Abzug von Skonto:

1710 Verbindlichkeiten a. LL	12.643,75 €	
an 1310 Kreditinstitute (Bank)		12.264,44 €
an 3080 Lieferantenskonti		318,75 €
an 1410 Vorsteuer		60,56 €

4.3.6 Lieferantenskonti

Wie lautet der Buchungssatz für den Abschluss des Kontos Lieferantenskonti?

Z!

Buchungssatz für den Kontenabschluss:
3080 Lieferantenskonti
an 3100 Wareneingang

Welcher Unterschied besteht zwischen dem Rabatt und dem Skonto?

Z!

- Bei dem **Rabatt,** der auf die Menge bezogen ist, handelt es sich um einen **Sofortrabatt,** der buchungstechnisch nicht erfasst wird.
- Der **Skonto** wird dagegen nachträglich in Anspruch genommen und ist deshalb auch entsprechend buchungstechnisch zu erfassen.
  Der Skonto wird von dem Rechnungsbetrag (einschließlich 19 % Umsatzsteuer) berechnet.
  Der abgezogene Skontobetrag einschließlich 19 % Umsatzsteuer (= 119 %) ist aufzuteilen in einen Skontonettobetrag und eine Steuerberichtigung.

Eine Eingangsrechnung (ER) der Sportwelt AG über 58.000,00 € Gesamtbetrag (einschließlich 19 % Umsatzsteuer) soll unter Skontoabzug beglichen werden. Zahlungsbedingung: 30 Tage Ziel, 10 Tage 3 % Skonto. Da keine Liquidität besteht, wird ein Kredit zu 8 % aufgenommen.

Wie viel Euro werden trotz Zinsbelastung eingespart?

Z!

	ER	58.000,00 €
./.	Skonto	1.740,00 €
	Zahlung	56.260,00 €

$$\textbf{Zinsen} = \frac{\textbf{Kapital} \cdot \textbf{Zeit} \cdot \textbf{Zinssatz}}{\textbf{100} \cdot \textbf{360}}$$

$$\text{Zinsen} = \frac{56.260{,}00\ € \cdot 20 \cdot 8}{100 \cdot 360} = 250{,}04\ €$$

	Skonto	1.740,00 €
./.	Zinsen	250,04 €
		1.489,96 €

9709424

Nach welchen zwei Verfahren können die Vorsteuerkorrekturen erfolgen?

Die Vorsteuerkorrekturen können nach dem **Brutto- und** dem **Nettoverfahren** erfolgen.

Wie erfolgt die Bruttobuchung?

Bei der **Bruttobuchung** wird der Skontobetrag inkl. der Steuer auf dem Nachlasskonto erfasst. Am Monatsende erfolgt die Korrektur in Form einer Umbuchung.

Wie erfolgt die Nettobuchung?

Bei der **Nettobuchung** wird der Nettoskontobetrag auf dem Nachlasskonto gebucht. Die Buchung des Steueranteils erfolgt auf dem Konto Vorsteuer als Minderung im Haben.

4.4 Buchungen im Absatzbereich

4.4.1 Vertriebskosten

Ulrich Gerhard, Inhaber des Studios „Sport und Freizeit KG", hat dem Steuerberater Walter Muchel – auch Vereinsvorsitzender des Budokan Ju-Jutsu Wetzlar e. V. – eine Rechnung über die bestellten und ordnungsgemäß gelieferten Sportmatten im Gesamtwert von 12.200,00 € zzgl. 19 % Umsatzsteuer erteilt.

Wie lautet der Buchungssatz für die Rechnung?

Ausgangsrechnung an den Budokan Ju-Jutsu Wetzlar e. V.:

	Sportmatten – gemäß beigefügter Bestellung –	12.200,00 €
+	19 % Umsatzsteuer	2.318,00 €
	Rechnungsbetrag	14.518,00 €

Buchung der Ausgangsrechnung:

1010	Forderungen a. LL	14.518,00 €	
an	8010 Warenverkauf		12.200,00 €
an	1810 Umsatzsteuer		2.318,00 €

4.4.1 Vertriebskosten

Vereinbarungsgemäß beauftragen wir die Spedition Hans-Peter Obermann e. K. mit der Auslieferung dieser Matten. Dieser erteilt uns eine Rechnung über Transportkosten in Höhe von 280,00 € zzgl. 19 % Umsatzsteuer, die wir mit einer Quittung begleichen.

Wie ist dieser Sachverhalt buchhalterisch zu erfassen?

Z!

Eingangsrechnung der Spedition Hans-Peter Obermann:

	Transportkosten	280,00 €
+	19 % Umsatzsteuer	53,20 €
	Rechnungsbetrag	333,20 €

Buchung der Eingangsrechnung:

4620	Ausgangsfrachten	280,00 €	
1410	Vorsteuer	53,20 €	
an	1510 Kasse		333,20 €

Diese Kosten stellen wir, wie vereinbart, Herrn Walter Muchel wieder in Rechnung

Wie ist dieser Sachverhalt buchhalterisch zu erfassen?

Z!

Ausgangsrechnung an den Budokan Ju-Jutsu Wetzlar e. V.:

	Transportkosten	280,00 €
+	19 % Umsatzsteuer	53,20 €
	Rechnungsbetrag	333,20 €

Buchung der Ausgangsrechnung:

1010	Forderungen a. LL	333,20 €	
an	8010 Warenverkauf		280,00 €
an	1810 Umsatzsteuer		53,20 €

Wie sind diese Vertriebskosten buchhalterisch zu erfassen?

Z!

Die **Vertriebskosten** sind in der Kontenklasse 4 unter der Position 4600 Kosten der Warenabgabe aufgelistet. Diese Kosten, die zunächst von uns übernommen werden, müssen daher als betrieblicher Aufwand buchhalterisch erfasst werden.

Die zu entrichtende Steuer ist auf dem Konto 1410 Vorsteuer auf der Sollseite zu buchen.

Werden anschließend diese Vertriebskosten dem Kunden wieder in Rechnung gestellt, so erfolgt die buchungstechnische

9709426

Erfassung mit dem Nettowert direkt auf dem Konto 8010 Warenverkauf auf der Habenseite.

Die zu entrichtende Steuer ist auf der Habenseite des Kontos 1810 Umsatzsteuer zu erfassen.

4.4.2 Rücksendungen von Kunden

Wir erteilen der Wellness und Freizeitpark GmbH eine Rechnung über Beautyartikel im Warennettowert von 8.600,00 € und Fitnesszubehör von 1.200,00 € zzgl. 19 % Umsatzsteuer.

Wie lautet der Buchungssatz für die Ausgangsrechnung?

Ausgangsrechnung an die Wellness und Freizeitpark GmbH:

Beautyartikel	8.600,00 €
Fitnesszubehör	1.200,00 €
	9.800,00 €
+ 19 % Umsatzsteuer	1.862,00 €
Rechnungsbetrag	11.662,00 €

Buchung der Ausgangsrechnung:

1010 Forderungen a. LL	11.662,00 €	
an 8010 Warenverkauf		9.800,00 €
an 1810 Umsatzsteuer		1.862,00 €

Wir erhalten falsch gelieferte Ware wieder zurück und erteilen der Wellness und Freizeitpark GmbH eine Gutschrift über 750,00 € zzgl. 19 % Umsatzsteuer.

Wie ist dieser Sachverhalt buchhalterisch zu erfassen?

Rücksendung der Wellness und Freizeitpark GmbH:

Rücksendung aufgrund einer Falschlieferung	750,00 €
+ 19 % Umsatzsteuer	142,50 €
Gutschriftsbetrag	892,50 €

Buchung dieser Rücksendung:

8050 Rücksendung von Kunden	750,00 €	
1810 Umsatzsteuer	142,50 €	
an 1010 Forderungen a. LL		892,50 €

4.4.2 Rücksendungen von Kunden

Wie lässt sich das Konto Warenrücksendungen von Kunden beschreiben?

Z!

Zur besseren Übersicht werden **Warenrücksendungen von Kunden** mit dem Nettowert auf der Sollseite auf dem Konto 8050 Rücksendungen von Kunden erfasst. Es ist ein Unterkonto des Warenverkaufskontos und wird auch darüber abgeschlossen. Die Umsatzsteuer ist entsprechend auf der Sollseite zu korrigieren.

Wie lautet der Buchungssatz für den Abschluss des Kontos Rücksendungen von Kunden?

Z!

Abschluss des Kontos 8050 Rücksendungen von Kunden:
8010 Warenverkauf
an 8050 Rücksendungen von Kunden

4.4.3 Nachlässe an Kunden

Aufgrund der Mängelrüge gewähren wir unserem Kunden, der Wellness und Freizeitpark GmbH, einen Preisnachlass in Höhe von 180,00 € zzgl. 19 % Umsatzsteuer.

Wie ist dieser Sachverhalt buchhalterisch zu erfassen?

Z!

Erfassung des Preisnachlasses:

Preisnachlass	180,00 €
+ 19 % Umsatzsteuer	34,20 €
Preisnachlass	214,20 €

Buchung des Preisnachlasses an unseren Kunden:

8060 Nachlässe an Kunden	180,00 €	
1810 Umsatzsteuer	34,20 €	
an 1010 Forderungen a. LL		214,20 €

Wie lautet der Buchungssatz für den Abschluss des Kontos Nachlässe an Kunden?

Z!

Abschluss des Kontos Nachlässe an Kunden:
8010 Warenverkauf
an 8060 Nachlässe an Kunden

9709428

Wie lässt sich das Konto Nachlässe an Kunden beschreiben?

Zur Verbesserung der Information werden **gewährte Nachlässe an den Kunden** auf dem Unterkonto des Warenverkaufskontos 8060 Nachlässe an Kunden auf der Sollseite erfasst.

Die Umsatzsteuer ist ebenfalls auf der Sollseite entsprechend zu korrigieren. Dadurch verringert sich die Umsatzsteuerschuld dem Finanzamt gegenüber.

4.4.4 Kundenboni

Wir gewähren unserem Kunden, der Wellness und Freizeitpark GmbH, am Jahresende einen Bonus in Höhe von 1.2 % auf einen Nettoumsatz von 96.500,00 € zzgl. 19 % Umsatzsteuer.

Wie lautet der Buchungssatz für diese nachträglich gewährte Umsatzvergütung?

Ermittlung der Umsatzvergütung:

Bonus 1,2 % bezogen auf den Nettoumsatz 96.500,00 4	1.158,00 €
+ 19 % Umsatzsteuer	220,02 €
Umsatzvergütung	1.378,02 €

Buchungstechnische Erfassung der Umsatzvergütung an unseren Kunden:

8070 Kundenboni	1.158,00 €	
1810 Umsatzsteuer	220,02 €	
an 1010 Forderungen a. LL		1.378,02 €

Wie lautet der Buchungssatz für den Abschluss des Kontos Kundenboni?

Abschluss des Kontos Kundenboni:

8010 Warenverkauf
an 8070 Kundenboni

4.4.4 Kundenboni

Wie lässt sich das Konto Kundenboni beschreiben?

Z!

Wird dem Kunden ein **Bonus (= Umsatzvergütung)** gewährt, so wird dieser Sachverhalt buchhalterisch zur besseren Übersicht auf dem Unterkonto des Warenverkaufskontos 8070 Kundenboni auf der Sollseite erfasst.

Dabei ist zu berücksichtigen, dass die Umsatzsteuer anteilig auf der Sollseite zu korrigieren ist.

4.4.5 Kundenskonti

Wir erteilen unserem Kunden, dem Vereinsvorsitzenden des Sportvereins „Bewegung und Gymnastik e. V.", Dr. Thorsten Strube, eine Rechnung über Fitnesszubehör im Wert von 4.200,00 € und gewähren ihm 10 % Rabatt. Die Umsatzsteuer ist mit 19 % zu berücksichtigen. Die Zahlungsbedingungen lauten: bei Zahlung innerhalb von 10 Tagen abzüglich 3 % Skonto oder 30 Tage netto Kasse.

Wie lautet der Buchungssatz für die Rechnung?

Z!

Ausgangsrechnung an den Verein Bewegung und Gymnastik e. V.:

	Fitnesszubehör – gemäß beigefügter Bestellung –	4.200,00 €
./.	10 % Rabatt	420,00 €
		3.780,00 €
+	19 % Umsatzsteuer	718,20 €
	Rechnungsbetrag	4.498,20 €

Zahlungsbedingungen: Zahlung innerhalb von 10 Tagen abzüglich 3 % Skonto oder 30 Tage netto Kasse

Buchung der Ausgangsrechnung:

1010	Forderungen a. LL	4.498,20 €	
an	8010 Warenverkauf		3.780,00 €
an	1810 Umsatzsteuer		718,20 €

9709430

Herr Strube begleicht den Rechnungsbetrag innerhalb von 10 Tagen (Skontofrist) durch Banküberweisung und nimmt den Skonto in Anspruch.

a) Wie ist dieser Sachverhalt rechnerisch zu erfassen?

b) Wie lautet der Buchungssatz?

	Rechnungsbetrag	4.498,20 €
./.	3 % Skonto	134,95 €
	Überweisungsbetrag	4.363,25 €

a) **Skonto – gesamt 134,95 €**

Skonto – Nettobetrag

119 % = 134,95 €
100 % = x

$$\frac{134{,}95 \cdot 100}{119} = \mathbf{113{,}40\ €}$$

Steuerberichtigung

119 % = 134,95 €
19 % = x

$$\frac{134{,}95 \cdot 19}{119} = \mathbf{21{,}55\ €}$$

b) Buchungssatz für Rechnungsausgleich unter Skontoabzug:

1310	Kreditinstitute (Bank)	4.363,25 €	
8080	Kundenskonti	113,40 €	
1810	Umsatzsteuer	21,55 €	
an	1010 Forderungen a. LL		4.498,20 €

Wie lautet der Buchungssatz für den Abschluss des Kontos Kundenskonti?

Buchungssatz für den Abschluss des Kontos Kundenskonti:
8010 Warenverkauf
an 8080 Kundenskonti

Wie lässt sich das Konto Kundenskonti beschreiben?

Nimmt der Kunde den Skonto beim Verkauf von Waren in Anspruch, so wird dieser Skonto zur besseren Information auf dem Unterkonto des Warenverkaufskontos **8080 Kundenskonti** auf der Sollseite erfasst.

Dabei ist die Umsatzsteuer entsprechend auf der Sollseite zu korrigieren.

Anzumerken ist, dass durch den Skonto sich die Verkaufserlöse (= Warenverkauf) vermindern.

4.4.6 Rechenbeispiele

Der Bezugspreis für eine Golfausrüstung beträgt 380,00 € je Stück. Der Betrieb kalkuliert mit 60 % Geschäftskosten und 20 % Gewinn.

Wie viel Euro beträgt der Barverkaufspreis?

	Bezugspreis	380,00 €
+	Geschäftskosten 60 %	228,00 €
	Selbstkostenpreis	608,00 €
+	Gewinn 20 %	121,60 €
	Barverkaufspreis	729,60 €

Dem Kunden sollen 5 % Rabatt und 2 % Skonto gewährt werden.

Wie viel Euro beträgt a) der Zielverkaufspreis,

b) der Listenverkaufspreis?

	Barverkaufspreis	729,60 €
+	Skonto 2 %	14,89 €
	Zielverkaufspreis	**744,49 €**
+	Rabatt 5 %	39,18 €
	Listenverkaufspreis	**783,67 €**

Ein Konkurrent bietet den Artikel zum Listenverkaufspreis von 759,00 € an.

Welcher Bezugspreis darf unter den gleichen Bedingungen höchstens aufgewendet werden?

	Listenverkaufspreis	759,00 €
./.	Rabatt 5 %	37,95 €
	Zielverkaufspreis	721,05 €
./.	Skonto 2 %	14,42 €
	Barverkaufspreis	706,63 €
./.	Gewinn 20 %	117,77 €
	Selbstkostenpreis	588,86 €
./.	Geschäftskosten 60 %	220,82 €
	Bezugspreis	**368,04 €**

Da die Berechnung der Verkaufspreise sehr aufwändig ist, wird mit dem Kalkulationszuschlag gearbeitet.

Was ist der Kalkulationszuschlag?

Der **Kalkulationszuschlag** ist die Differenz zwischen Bezugspreis und Verkaufspreis, ausgedrückt in Prozenten des Bezugspreises (Bezugspreis = 100 %).

Ermitteln Sie den Kalkulationszuschlag der letzten Beispielaufgabe.

	Bezugspreis	368,04 € =	100 %
+	Kalkulationszuschlag	390,96 € =	x %
	Verkaufspreis	759,00 €	

$$x = \frac{100 \cdot 390{,}96}{368{,}04} = 106{,}23\ \%$$

$$\text{Kalkulationszuschlag: } \frac{(\text{Angebotspreis} - \text{Bezugspreis}) \cdot 100}{\text{Bezugspreis}}$$

Der Bezugspreis beträgt 980,00 €. Es entstehen 55 % Geschäftskosten. Der Gewinn ist mit 25 % veranschlagt.

Wie viel Prozent beträgt der Kalkulationszuschlag?

	Bezugspreis	980,00 €
+	Geschäftskosten	539,00 €
	Selbstkostenpreis	1.519,00 €
+	Gewinn	379,75 €
	Angebotspreis	1.898,75 €

$$\text{Kalkulationszuschlag: } \frac{(1.898{,}75 - 980{,}00) \cdot 100}{980{,}00} = 93{,}75\ \%$$

4.4.6 Rechenbeispiele

Was ist die Handelsspanne?

Die **Handelsspanne** ist die Differenz zwischen Bezugspreis und Verkaufspreis, ausgedrückt in Prozenten des Verkaufspreises (Verkaufspreis = 100 %).

Ermitteln Sie die Handelsspanne der Beispielaufgabe.

Verkaufspreis	759,00 €	= 100 %
./. Handelsspanne	390,96 €	= x %
Bezugspreis	368,04 €	

$$x = \frac{390{,}96 \cdot 100}{759{,}00} = 51{,}51\ \%$$

Der Verkaufspreis beträgt 747,50 €. Es wurde mit 15 % Gewinn und 60 % Handlungskosten kalkuliert.

Wie viel Prozent beträgt die Handelsspanne?

Bezugspreis	406,25 €	
+ Geschäftskosten 60 %	243,75 €	
= Selbstkosten	650,00 €	= 160 %
+ Gewinn 15 %	97,50 €	
Angebotspreis	747,50 €	= 115 %

$$\text{Handelsspanne: } \frac{(\text{Angebotspreis} - \text{Bezugspreis}) \cdot 100}{\text{Angebotspreis}}$$

$$\text{Handelsspanne: } \frac{(747{,}50 - 406{,}25) \cdot 100}{747{,}50} = 45{,}65\ \%$$

Was ist der Kalkulationsfaktor?

Der **Kalkulationsfaktor** ist der jeweilige Verkaufspreis, wenn der Bezugspreis mit 1,00 € angenommen wird. Multipliziert man den Bezugspreis mit dem Faktor, erhält man den Verkaufspreis. Teilt man diesen durch den Faktor, ergibt sich der Bezugspreis.

Der Bezugspreis beträgt 600,00 €, der Verkaufspreis 1.140,00 €.

Wie hoch ist der Kalkulationsfaktor (KF)?

Bei einem Bezugspreis von 600,00 € beträgt der Verkaufspreis 1.140,00 €. Bei 1,00 € Bezugspreis beträgt er x €.

600,00 € = 1.140,00 €
1,00 € = x

$$\text{Kalkulationsfaktor} = \frac{\text{Angebotspreis}}{\text{Bezugspreis}} = \frac{1.140,00}{600,00} = 1,9$$

Bezugspreis · Kalkulationsfakor = Angebotspreis
600,00 · 1,9 = 1.140,00 €

Der Bezugspreis beträgt 1.250,00 €.

Wo liegt der Verkaufspreis bei einem KF von 2,1?

1.250,00 € · 2,1 = 2.625,00 €

Der Kalkulationsfaktor ist mit 1,75 angegeben. Der Verkaufspreis beträgt 568,75 €.

Ermitteln Sie den Bezugspreis.

$$\text{Bezugspreis:} \frac{\text{Verkaufspreis}}{\text{Kalkulationsfaktor}} = \frac{568,75}{1,75} = 325,00\ €$$

4.5 Buchungen im Personalbereich

Wie setzen sich die gesamten Personalkosten eines Unternehmens zusammen?

Die **gesamten Personalkosten** eines Unternehmens setzen sich zusammen aus:

1. den Löhnen und Gehältern,
2. den gesetzlichen Aufwendungen und
3. den freiwilligen Aufwendungen.

Arbeiter beziehen Löhne und Angestellte beziehen Gehälter als Entgelt für ihre geleistete Tätigkeit.
Neben diesen Löhnen und Gehältern ist der Arbeitgeber allerdings noch zu weiteren gesetzlichen Personalzusatzleistungen verpflichtet. Dazu zählen die Hälfte der Sozialversicherungsbeiträge (Kranken-, Pflege-, Renten- und Arbeitslosenversicherung) und der Beitrag zur gesetzlichen Unfallversicherung.
Freiwillige soziale Aufwendungen des Arbeitgebers sind sehr unterschiedlich gestaltet und können sich zum Beispiel auf Fahrtkostenzuschüsse und andere Zuschüsse beziehen.

Wo ist die Entgeltregelung für die Arbeiter und die Angestellten des Unternehmens geregelt?

Die **Regelungen über das Entgelt** der Arbeiter und Angestellten werden entweder rechtlich geregelt

- in Einzelarbeitsverträgen, also zwischen dem Arbeitgeber und dem einzelnen Mitarbeiter,
- in Betriebsvereinbarungen, die ausgehandelt werden zwischen dem Arbeitgeber und dem Betriebsrat und sich nur auf einen bestimmten Betrieb beziehen.
- Weiterhin sind Regelungen im Tarifvertrag festgelegt, der zwischen dem Arbeitgeberverband und der Gewerkschaft ausgehandelt wird.

Welche Tarifvertragsarten sind Ihnen bekannt?

- Der **Mantel- oder Rahmentarifvertrag** enthält die allgemeinen Arbeitsbedingungen, die über einen längeren Zeitraum konstant bleiben, wie zum Beispiel Urlaubsregelungen und Kündigungsfristen.
- Der **Lohn- und Gehaltstarifvertrag** teilt die Arbeitnehmer nach ihren Fachkenntnissen oder nach dem Schwierigkeitsgrad ihrer Tätigkeit in unterschiedliche Lohn- und Gehaltsgruppen ein.

9709436

Der Lohn- und Gehaltstarif wird in der Regel über eine Laufzeit von einem Jahr abgeschlossen und beinhaltet das Ziel, diese Eingruppierung der jährlichen Inflationsrate anzupassen.

- Mit **leitenden Angestellten** werden hinsichtlich der Gehaltseinstufung außertarifliche Vereinbarungen (a. T.) getroffen.

Wie sind die Personalkosten im Kontenrahmen des Großhandels erfasst?

Die **Personalkosten** sind in der Kontenklasse 4 unter den betrieblichen Aufwendungen 40 Personalkosten detailliert erfasst, die auch entsprechend betriebsspezifisch erweitert werden kann.

Welche Auswirkungen ergeben sich für das Unternehmen in Zusammenhang mit steigenden Personalkosten?

Die gesamten **Personalkosten** sind gemäß dem Kontenrahmen den betrieblichen Aufwendungen zuzuordnen. Diese Aufwendungen werden in der GuV-Rechnung erfasst und den erzielten Erträgen gegenübergestellt. Je höher die betrieblichen Aufwendungen sind und durch die Erträge nicht im gleichen Maß kompensiert werden können, desto mehr sinkt der Gewinn.

4.5.1 Lohnformen

Wie können die Lohnformen eingeteilt werden?

Erstellen Sie diesbezüglich eine Grafik.

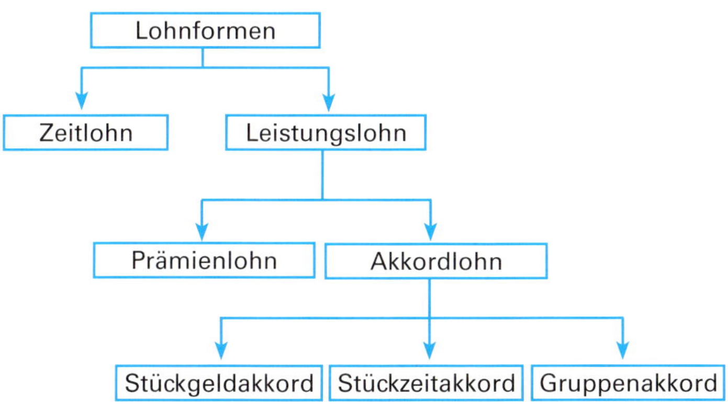

4.5.1 Lohnformen

Worin liegt der wesentliche Unterschied zwischen dem Zeit- und dem Leistungslohn?

Angestellte erhalten als Gegenleistung für ihre Tätigkeit ein **monatliches Gehalt**. Der Bruttoverdienst richtet sich dabei nach der Dauer der Arbeitszeit und dem Stundenlohn. Bei diesen Mitarbeitern ist das Arbeitsergebnis nicht unmittelbar messbar, wie es zum Beispiel bei Tätigkeiten im Bürobereich/Verwaltungsbereich und Tätigkeiten in der Forschung und Entwicklung der Fall ist.

Beim **Leistungslohn** wird das Entgelt nach der tatsächlich produzierten Stückzahl ermittelt. Anzumerken ist allerdings, dass zunächst ein tarifvertraglich garantierter Mindestlohn festgelegt ist. Dieser wird dann gezahlt, wenn der Mitarbeiter nur eine geringe Stückzahl produziert.

Woraus setzt sich der Prämienlohn zusammen?

Der **Prämienlohn** setzt sich aus einem Grundlohn und einer Prämie, die für eine besondere Leistung gewährt wird, zusammen.

Welcher Unterschied besteht zwischen dem Stückgeldakkord und dem Stückzeitakkord?

- Beim **Stückgeldakkord** ist für jedes hergestellte Stück ein fester Betrag festgelegt und die Entlohnung richtet sich nach der Menge der hergestellten Stücke.

- Beim **Stückzeitakkord** wird dem Arbeitnehmer für die Fertigung eines Stückes eine bestimmte Zeit vorgegeben, die so genannte Vorgabezeit. Diese Zeit wird aufgrund der Normalleistung der Mitarbeiter ermittelt. Zur Berechnung des Bruttoverdienstes wird der Lohnsatz je Zeitminute ermittelt (Minutenfaktor).
  Der Bruttoverdienst ergibt sich dabei aus der Multiplikation der hergestellten Stückzahl mit der Vorgabezeit bezogen auf ein Stück und dem Lohnsatz bezogen auf eine Minute.

Welche Bedeutung hat der Gruppenakkord?

Grundlage für die besondere Entlohnungsform des **Gruppenakkords** ist der gesamte Bruttolohn, der von den Mitarbeitern gemeinsam erzielt wurde.
Dieser wird nach einem vorher festgelegten Schlüssel anschließend auf die einzelnen Mitarbeiter verteilt.

Wie werden die Sozialversicherungsbeiträge berechnet?

Die **Beiträge zu den Sozialversicherungen** werden von dem gesamten Arbeitslohn berechnet und vom Arbeitnehmer und Arbeitgeber in unterschiedlicher Höhe (Prozentsatz) gezahlt.

Die Beitragssätze für 2009 betragen:

- **Krankenversicherung** **14,90 %** (ab 01. Juli 2009),
  Der Arbeitnehmeranteil beträgt 7,9 % einschließlich eines Sonderbeitrages in Höhe von 0,9 %. Dieser wird zusätzlich erhoben für den Zahnersatz 0,4 % und für das Krankengeld 0,5 %. Der Arbeitgeberanteil ist demnach auf 7,0 % festgelegt.

- **Pflegeversicherung** **1,95 %**
  Der verheiratete Arbeitnehmer hat einen Beitrag in Höhe von 0,975 % zu entrichten. Darüber hinaus wird ein Kinderlosenzuschlag von 0,25 % erhoben. Der kinderlose Arbeitnehmer zwischen dem 23. und 65. Lebensjahr hat demnach einen Beitrag in Höhe von 1,225 % (0,975 % + 0,25 %) zu tragen. Der Arbeitgeber hat einen Betrag in Höhe von 0,975 % zu entrichten.

- **Rentenversicherung** **19,90 %**
  Der Beitragssatz zur gesetzlichen Rentenversicherung ist auf 19,90 % festgesetzt. Der Arbeitnehmer- und Arbeitgeberanteil beträgt jeweils 9,95 %.

- **Arbeitslosenversicherung** **2,8 %**
  Der Beitragssatz zur Arbeitslosenversicherung ist auf den Arbeitnehmer und Arbeitgeber mit einem gleichen Betrag in Höhe von 1,40 % festgesetzt.

4.5.1 Lohnformen

Welche Bedeutung hat der Gesundheitsfonds?

Der Gesundheitsfonds, zur Finanzierung der gesetzlichen Krankenkassen, ist am 01. Januar 2009 in Kraft getreten.

Der Arbeitnehmer- und der Arbeitgeberanteil zur Sozialversicherung müssen bis zum 15. des Folgemonats an die zuständige Krankenkasse überwiesen werden. Diese leiten die Beiträge an den Fonds, der beim Bundesversicherungsamt (BVA) geführt wird, weiter. Die Rentenversicherungsbeiträge werden an die Bundes/-Landesversicherungsanstalt für Angestellte überwiesen. Die Beiträge zur Arbeitslosenversicherung erhält die Bundesagentur für Arbeit in Nürnberg.

Die Arbeitgeber haben ab dem 01. Januar 2011 die Möglichkeit, diese Beiträge direkt an die zuständige Institution (BVA) abzuführen.

Der Vorteil, der sich mit der Einrichtung des Gesundheitsfonds ergibt, ist unter anderem, dass die umfangreichen Berechnungen vereinfacht werden (die Berechnung der unterschiedlichen Krankenkassenbeitragssätze entfallen) und die zeitaufwendigen Überweisungsvorgänge an die verschiedenen Krankenkassen sind nicht mehr erforderlich.

Das beschlossene Konjunkturpaket der Bundesregierung beinhaltet ab dem 01. Juli 2009 eine Senkung des Beitragssatzes (bezogen auf die Krankenversicherung) auf 14,9 %. Der Arbeitnehmer hat demnach einen Betrag in Höhe von 7,9 % (einschließlich eines Sonderbeitrages in Höhe von 0,9 %) zu entrichten. Der Beitragssatz des Arbeitgebers ist auf 7,0 % festgelegt.

Was ist unter der Beitragsbemessungsgrenze zu verstehen?

Die Beiträge zur Sozialversicherung werden nur bis zu einer bestimmten Höhe des Bruttoarbeitslohnes prozentual erhoben. Übersteigen die Einkünfte aus unselbstständiger Arbeit diese Einkommensgrenze, werden die entsprechenden Beträge nur noch von dieser Grenze erhoben. Die Beitragsbemessungsgrenzen (Stand 2010) sind für die einzelnen Sozialversicherungszweige wie folgt festgelegt:

9709440

- Kranken- und Pflegeversicherung: monatlich 3.750,00 € in den alten und neuen Bundesländern.
- Rentenversicherung: monatlich 5.500,00 € in den alten und in den neuen Bundesländern 4.650,00 €.
- Die Arbeitslosenversicherung: 5.500,00 € in den alten und in den neuen Bundesländern 4.650,00 €.

Was ist bei geringfügig entlohnten Beschäftigten zu beachten?

Eine **geringfügig entlohnte Beschäftigung** liegt vor, wenn das regelmäßige Arbeitsentgelt 400,00 € im Monat nicht übersteigt.
Für diese Beschäftigten sind die Arbeitgeber verpflichtet, pauschale Versicherungsbeiträge in Höhe von 30 % des Verdienstes abzuführen. Davon entfallen auf die Rentenversicherung 15 %, auf die Krankenversicherung 13 % und auf eine einheitliche Pauschalsteuer 2 %. Dabei handelt es sich um eine Abgeltungssteuer; der Arbeitgeber hat die Möglichkeit anstelle dieser Steuer die Vorlage der Lohnsteuerkarte zu verlangen.

4.5.2 Vom Brutto- zum Nettolohn

Worin besteht die wesentliche Aufgabe der Personalabteilung?

Eine der wesentlichen Aufgaben der Personalabteilung besteht in der Durchführung der Lohn- und Gehaltsabrechnung für die einzelnen Mitarbeiter des Unternehmens.
Grundlage für die Ermittlung des Nettogehaltes ist das vertraglich vereinbarte Bruttogehalt des Mitarbeiters. Zulagen, Zuschläge, Gratifikationen, Urlaubs- und Weihnachtsgeld erhöhen das Bruttogehalt des Mitarbeiters.

4.5.2 Vom Brutto- zum Nettolohn

Welche Abzüge hat der Arbeitnehmer allein zu tragen?

Vom **Arbeitgeber** werden zunächst die Lohn- und Kirchensteuer und der Solidaritätszuschlag vom Arbeitgeber einbehalten und an das zuständige Finanzamt abgeführt.
Die Kirchensteuer ist nicht in allen Bundesländern einheitlich geregelt und beträgt 8 % in Baden-Württemberg und Bayern und in den übrigen Bundesländern 9 % und wird von der Lohnsteuer berechnet.
Der Solidaritätszuschlag beträgt 5,5 % und wird ebenfalls von der Lohnsteuer berechnet. Er ist zur Finanzierung der neuen Bundesländer 1995 eingeführt worden.

Wie wird die Lohnsteuer ermittelt?

Bei der Lohn- und Gehaltsabrechnung wird die **Lohnsteuer** aus den aktuellen Lohnsteuertabellen abgelesen, die nach den Lohn-/Gehaltsstufen und den Steuerklassen gegliedert sind. Abzulesen sind weiterhin der Solidaritätszuschlag, die Kirchensteuer und die Kinderfreibeträge.

Wie sind die Steuerklassen eingeteilt?

- **Lohnsteuerklasse I**: ledige, geschiedene oder verwitwete Arbeitnehmer (AN); auch verheiratete AN, die von ihren Ehegatten dauernd getrennt leben

- **Lohnsteuerklasse II**: AN, die in der Lohnsteuerklasse I eingestuft sind und denen ein Haushaltsfreibetrag zusteht. Dieser Freibetrag wird einem AN nur gewährt, wenn in dessen Wohnung mindestens ein Kind gemeldet ist, das auf der Lohnsteuerkarte des Arbeitnehmers zu berücksichtigen ist.

- **Lohnsteuerklasse III**: verheiratete AN, wenn beide Ehegatten im Inland wohnen, nicht dauernd getrennt leben, der Ehegatte des Arbeitnehmers keinen Arbeitslohn bezieht und auf gemeinsamen Antrag in die Lohnsteuerklasse V eingestuft wird

- **Lohnsteuerklasse IV**: verheiratete AN, beide beziehen Arbeitslohn, wohnen im Inland und leben nicht dauernd getrennt

- **Lohnsteuerklasse V:** AN der Steuerklasse III, wenn einer der Ehegatten auf gemeinsamen Antrag in die Steuerklasse V eingestuft wird.

- **Lohnsteuerklasse VI:** AN, die gleichzeitig Arbeitslohn von mehreren Arbeitgebern beziehen. Hat der AN keine Lohnsteuerkarte abgegeben, so wird er automatisch in diese Klasse eingestuft.

Welche Steuerklassenwahl ist für verheiratete Arbeitnehmer günstig?

Beziehen beide Ehepartner ein Einkommen in etwa gleicher Höhe, ist die Steuerklassenwahl IV/IV angebracht.

Bei einem unterschiedlichen Einkommen der Ehepartner sollte derjenige Ehepartner, der über ein höheres Einkommen verfügt, die Steuerklasse III wählen und der andere Ehepartner die Steuerklasse V beantragen.

4.5.2 Vom Brutto- zum Nettolohn

Der 32-jähriges kaufmännische Angestellte Thomas Reinold, ledig, evangelisch, ohne Kinder, bezieht ein monatliches Gehalt von 2.375,00 €. Die Lohnsteuer ist mit einem Betrag in Höhe von 365,50 € angegeben. Der Solidaritätszuschlag beträgt 5,5 % und die Kirchensteuer 9 %.

a) Erstellen Sie eine Gehaltsabrechnung unter Berücksichtigung nachfolgender Angaben: Lohnsteuer 365,50 €, Solidaritätszuschlag 5,5 %, Kirchensteuer 9 %. Krankenversicherung 14,9 % (Sonderbeitrag für Arbeitnehmer 0,9 %), Pflegeversicherung 1,95 % (Kinderlosenzuschlag für Arbeitnehmer 0,25 %), Rentenversicherung 19,9 %, Arbeitslosenversicherung 2,8 %.

b) Ermitteln Sie den Arbeitgeberanteil zur Sozialversicherung.

c) Wie ist dieser Sachverhalt buchhalterisch zu erfassen?

a)

Bruttolohn		**2.375,00 €**
./. *Steuern:*		
Lohnsteuer	365,50 €	
Solidaritätszuschlag	20,10 €	
Kirchensteuer	32,90 €	
	418,50 €	
./. *Sozialversicherungsbeiträge:*		
Krankenversicherung	187,63 €	
Pflegeversicherung	29,09 €	
Rentenversicherung	236,31 €	
Arbeitslosenversicherung	33,25 €	
	486,28 €	
./. Abzüge insgesamt		904,78 €
Nettogehalt		**1.470,22 €**

b)

Krankenversicherung	166,25 €
Pflegeversicherung	23,16 €
Rentenversicherung	236,31 €
Arbeitslosenversicherung	33,25 €
	458,97 €

c) Das Bruttogehalt ist als betrieblicher Aufwand in der Kontenklasse 4 unter der Kontennummer 4020 Gehälter zu erfassen.
Die **Steuern,** die der Arbeitnehmer zu entrichten hat, werden vom Arbeitgeber einbehalten und müssen spätestens bis zum **10. des Folgemonats** an das zuständige Finanzamt abgeführt werden. Das zuständige Konto wird unter der Bezeichnung 1910 Verbindlichkeiten aus Steuern geführt.
Die **einbehaltenen Sozialversicherungsbeträge** vom Arbeitnehmer und dem Arbeitgeberanteil müssen spätestens bis zum **drittletzten Bankarbeitstag des Vormonats** im Voraus an die zuständige Krankenkasse abgeführt werden. Das entsprechende Konto wird (als Forderungskonto) unter der Bezeichnung **1170 Sozialversicherungs-Beitragsvorauszahlung** geführt. Dieser im Voraus gezahlte Beitrag wird anschließend mit der tatsächlichen Zahlung der Sozialversicherungsbeiträge verrechnet. Der gesetzlich festgelegte Arbeitgeberanteil zur Sozialversicherung wird buchhalterisch als zusätzlicher Aufwand auf dem Konto 4040 Gesetzliche Soziale Aufwendungen (Abschluss erfolgt über das Konto 9300 Gewinn- und Verlustkonto) erfasst.

Bilden Sie zur vorherigen Aufgabe die dazugehörigen Buchungssätze.

a) **Überweisung der Sozialversicherungen:**
1170 SV-Beitragsvorauszahlungen
an 1310 Kreditinstitute 945,25 €

b) **Überweisung des Gehaltes:**
4020 Gehälter 2.375,00 €
an 1310 Guthaben bei Kreditinstituten 1.470,22 €
an 1910 Verbindlichkeiten aus Steuern 418,50 €
an 1170 SV-Beitragsvorauszahlungen 486,28 €

c) **Erfassung des Arbeitgeberanteils zur Sozialversicherung:**
4040 Gesetzliche soziale Aufwendungen
an 1170 SV-Beitragsvorauszahlungen 458,97 €

d) **Überweisung der Verbindlichkeiten:**
1910 Verbindlichkeiten aus Steuern
an 1310 Kreditinstitute 418,50 €

Bilden Sie die dazugehörigen abschließenden Buchungssätze.

a) **Abschluss des Kontos 4020 Gehälter:**
9300 GuV
an 4020 Gehälter 2.375,00 €

b) **Abschluss des Kontos 4040 Gesetzliche soziale Aufwendungen:**
9300 GuV
an 4040 Gesetzliche Soziale Aufwendungen 458,97 €

Wie lässt sich das Konto 1160 Sozialversicherungs-Beitragsvorauszahlungen beschreiben?

Mit der gesetzlichen Änderung (Gesetz zur Änderung des IV. und VI Buches des SGB) wird der Arbeitgeber verpflichtet, die Sozialversicherungsbeiträge vorzufinanzieren. Dementsprechend besteht eine Forderung gegenüber dem Staat in Form eines 3-Tage-Vorschusses.
Weist dieses Konto am Ende eines Monats einen Saldo aus, so ist dieser entweder auf eine Erstattung für zu viel gezahlte oder auf eine Nachzahlung für zu wenig gezahlte Beiträge zurückzuführen.

4.5.3 Vorschusszahlungen an Mitarbeiter

Was sind Vorschüsse?

Benötigt der Mitarbeiter eine **Vorauszahlung**, so hat der Arbeitgeber die Möglichkeit, ihm ein zinsloses, kurzfristiges Darlehen zu gewähren, das mit der späteren Lohn- oder Gehaltszahlung verrechnet wird. Wird der Vorschuss vom Arbeitgeber gewährt, so wird dieser Sachverhalt auf dem Konto 1130 Sonstige Forderungen erfasst.

Der 42-jährige kaufmännische Angestellte Thomas Wassel verheiratet, zwei Kinder, seine Ehefrau ist nicht berufstätig, evangelisch, erhält ein monatliches Bruttogehalt von 2.950,00 €. Vereinbarungsgemäß erhält er einen Vorschuss von 500,00 € durch eine Barauszahlung.

Wie ist dieser Sachverhalt buchhalterisch zu erfassen?

1160	Forderungen gegenüber Arbeitnehmern	
an	1510 Kasse	500,00 €

1. Erstellen Sie eine Gehaltsabrechnung (die Vorauszahlung wird mit einbezogen) unter Beachtung der nachfolgen der Angaben: Lohnsteuer 256,16 €, Solidaritätszuschlag 0,00 €, Kirchensteuer 3,69 €, Krankenversicherung 14,9 % (Sonderzuschlag für Arbeitnehmer in Höhe von 0,9 %), Pflegeversicherung 1,95 %,

1.	Grundgehalt/Bruttolohn		2.950,00 €
./.	*Steuern:*		
	Lohnsteuer	256,16 €	
	Solidaritätszuschlag	0,00 €	
	Kirchensteuer	3,69 €	
		259,85 €	
./.	*Sozialversicherungsbeiträge*:		
	Krankenversicherung	233,05 €	
	Pflegeversicherung	28,76 €	
	Rentenversicherung	293,53 €	
	Arbeitslosenversicherung	41,30 €	
		596,64 €	

Abzüge insgesamt	856,49 €
./. Vorschuss	500,00 €
Nettogehalt	1.593,51 €

Rentenversicherung 19,9 %, Arbeitslosenversicherung 2,8 %.

2. Ermitteln Sie den Arbeitgeberanteil zur Sozialversicherung.

3. Wie sind diese Sachverhalte buchhalterisch zu erfassen?

2.

Krankenversicherung	206,50 €
Pflegeversicherung	28,76 €
Rentenversicherung	293,53 €
Arbeitslosenversicherung	41,30 €
	570,09 €

3.

a) Überweisung der Sozialversicherungsbeiträge:

1170	SV-Beitragsvorauszahlungen		
an	1310 Bank		1.166,73 €

b) Gehaltsbuchung mit Verrechnung des Vorschusses:

4020	Gehälter	2.950,00 €	
an	1310 Guthaben bei Kreditinstituten		1.593,51 €
an	1160 Forderungen gegenüber Arbeitnehmern		500,00 €
an	1910 Verbindlichkeiten aus Steuern		259,85 €
an	1170 SV-Beitragsvorauszahlungen		596,64 €

c) Buchung des Arbeitgeberanteils zur Sozialversicherung:

4040	Gesetzliche soziale Aufwendungen	
an	1170 SV–Beitragsvorauszahlungen	570,09 €

d) Überweisung der Verbindlichkeiten gegenüber Finanzbehörden

1910	Verbindlichkeiten aus Steuern	
an	1310 Guthaben bei Kreditinstituten	259,85 €

4.5.4 Sachbezüge

Was ist unter einem geldwerten Vorteil zu verstehen?

Zum Bruttoarbeitslohn gehören auch einmalige Zahlungen zum laufenden Arbeitsentgelt, die vom Arbeitgeber gezahlt werden. Sie erhöhen unter Beachtung von bestimmten Freibeträgen das lohnsteuer- und sozialversicherungspflichtige Bruttogehalt des Arbeitnehmers.
Beispiele dafür sind: Weihnachtsgratifikationen, das 13. und 14. Monatsgehalt, Heiratsbeihilfen, Zuwendungen zum Jubiläum usw.

4.5.4 Sachbezüge

Was ist unter einem Sachwertbezug zu verstehen?

Erhält ein Arbeitnehmer zu seinem Grundgehalt **Sachbezüge,** z. B. die private Nutzung seines Dienstfahrzeuges oder die kostenlose Überlassung der Produkte des Unternehmens, so werden diese geldwerten Vorteile dem Grundgehalt zugerechnet; sie erhöhen das steuer- und sozialversicherungspflichtige Gehalt des Arbeitnehmers. Der Arbeitgeber hat diese geldwerten Vorteile mit dem gültigen Umsatzsteuersatz von 19 % zu berücksichtigen.

Dem Arbeitnehmer wird eine Werkswohnung vom Arbeitgeber zur Verfügung gestellt. Die ortsübliche Miete, die der Arbeitnehmer zu tragen hat, wird mit der laufenden Gehaltsabrechnung verrechnet. Was ist bei diesem Sachverhalt zu beachten?

Die ortsübliche Miete für die **Werkswohnung** wird zunächst zu dem Grundgehalt des Arbeitnehmers hinzugerechnet. Dadurch erhöht sich das steuer- und sozialpflichtige Gehalt des Arbeitnehmers. Dieser Sachbezug wird mit der Gehaltsabrechnung verrechnet. Dadurch ändert sich die Höhe seines Auszahlungsbetrages. Ein Sachbezugswert für freie Unterkunft ist als ein steuerfreier Betrag anzusehen.

Welche Bedeutung haben Sachbezüge?

Die Mitarbeiter können neben der Gewährung von Geldbezügen auch **Sachbezüge** erhalten, wie z. B. die Überlassung von Werkswohnungen oder Dienstfahrzeugen zur privaten Nutzung.

Die leitende kaufmännische Angestellte Nadine Muchel, ledig, ohne Kinder, evangelisch, wird eine Werkswohnung zur Verfügung gestellt. Die Miete in Höhe von 400,00 € wird mit ihrem Gehalt von 2.414,00 € verrechnet.

a)	Bruttolohn		2.414,00 €
+	Sachbezugswert einer Werkswohnung		400,00 €
	steuer- und sozialpflichtiges Gehalt		2.814,00 €
./.	*Steuern:*		
	Lohnsteuer	499,75 €	
	Solidaritätszuschlag	27,49 €	
	Kirchensteuer	44,98 €	
		572,22 €	

9709448

./. *Sozialversicherungsbeiträge:*		
Krankenversicherung	222,31 €	
Pflegeversicherung	34,47 €	
Rentenversicherung	279,99 €	
Arbeitslosenversicherung	39,40 €	
	576,17 €	
Abzüge insgesamt		1.148,39 €
Nettogehalt		1.665,61 €
./. Miete für die Werkswohnung		400,00 €
Auszahlungsbetrag		1.265,61 €

b)

Krankenversicherung	196,98 €
Pflegeversicherung	27,44 €
Rentenversicherung	279,99 €
Arbeitslosenversicherung	39,40 €
	543,81 €

c)

(1) Überweisung der Sozialversicherungen:

1170	SV-Beitragsvorauszahlungen	1.119,98 €	
an	1310 Bank		1.119,98 €

(2) Gehaltsbuchung mit Verrechnung der Werkswohnung:

4020	Gehälter	2.814,00 €	
an	1310 Guthaben bei Kreditinstituten		1.265,61 €
an	2470 Mieterträge		400,00 €
an	1910 Verbindlichkeiten aus Steuern		572,22 €
an	1170 SV-Beitragsvorauszahlungen		576,17 €

(3) Buchung des Arbeitgeberanteils zur Sozialversicherung:

4040	Gesetzliche soziale Aufwendungen	543,81 €	
an	1170 SV-Beitragsvorauszahlungen		543,81 €

(4) Überweisung der Verbindlichkeiten gegenüber Finanzbehörden:

1910	Verbindlichkeiten aus Steuern	572,22 €	
an	1310 Guthaben bei Kreditinstituten		572,22 €

a) Erstellen Sie eine Gehaltsabrechnung unter Berücksichtigung nachfolgender Angaben: Lohnsteuer 499,75 €, Solidaritätszuschlag 5,5 %, Kirchensteuer 9 %.
Die Sozialversicherungsbeiträge sind wie folgt angegeben: Krankenversicherung 14,9 %, (Sonderbeitrag für Arbeitnehmer 0,9 %), Pflegeversicherung 1,95 % (Kinderlosenzuschlag für Arbeitnehmer 0,25 %), Rentenversicherung 19,9 %, Arbeitslosenversicherung 2,8 %.

b) Ermitteln Sie den Arbeitgeberanteil zur Sozialversicherung.

c) Wie sind diese Sachverhalt buchhalterisch zu erfassen?

4.5.5 Vermögenswirksame Leistungen

Welche Bedeutung haben die vermögenswirksamen Leistungen?

Das seit dem 01. Januar 1999 in Kraft getretene **Gesetz zur Förderung der Vermögensbildung der Arbeitnehmer** bietet den Arbeitnehmern die Möglichkeit, von ihrem Einkommen insgesamt bis zu 870,00 € (Stand April 2009) begünstigt zu sparen, wenn sie die gesetzlich festgelegten Sparformen wählen (Bausparen 470,00 € und Beteiligungssparen 400,00 €).
Voraussetzung für die Gewährung der Arbeitnehmer-Sparzulage ist, dass im Jahr der Sparleistung das zu versteuernde Einkommen von 17.900,00 € bei allein Stehenden und von 35.800,00 € bei verheirateten Arbeitnehmern nicht überschritten wurde (Stand April 2009).
Die Sparbeiträge werden über ihren Arbeitgeber für eine bestimmte Zeit (sieben Jahre) angelegt. Die Arbeitnehmer erhalten dann vom Staat eine Sparzulage in Höhe von 9 % (Bausparen) und 20 % (Beteiligungssparen). Der gesamte Betrag wird nach Ablauf der Anlagefrist dem Arbeitnehmer ausgezahlt.

Wann übernimmt der Arbeitnehmer den Gesamtbetrag der vermögenswirksamen Leistungen?

Der Arbeitnehmer hat den **Gesamtbetrag der vermögenswirksamen Leistungen** zu tragen, wenn ein Tarifvertrag oder eine Betriebsvereinbarung nicht vorliegt. Häufig übernimmt aber der Arbeitgeber einen Betrag zu den vermögenswirksamen Leistungen des Arbeitnehmers. In diesem Fall werden die vom Arbeitgeber übernommenen Sparleistungen dem Grundgehalt (Bruttogehalt) hinzugerechnet. Es erhöht sich dadurch das steuer- und versicherungspflichtige Bruttogehalt des Arbeitnehmers. Der gesamte Sparbetrag wird vom Arbeitgeber einbehalten und auf das Konto der betreffenden Vermögensanlage überwiesen.

Der 36-jährige kaufmännische Angestellte Thorsten Kull, ledig, evangelisch, bezieht ein monatliches Entgelt in Höhe von 2.760,00 €. Der monatliche Sparbetrag für den vermögenswirksamen Bausparvertrag

a)	**Tarifgehalt/Bruttogehalt**	**2.760,00 €**
+	Vermögenswirksame Leistungen des Arbeitgebers	20,00 €
	steuer- und versicherungspflichtiges Bruttogehalt	**2.780,00 €**
	./. *Steuern:*	

9709450

Lohnsteuer	507,58 €	
Solidaritätszuschlag	27,92 €	
Kirchensteuer	45,68 €	
	581,18 €	
./. *Sozialversicherungsbeiträge:*		
Krankenversicherung	219,62 €	
Pflegeversicherung	34,06 €	
Rentenversicherung	276,61 €	
Arbeitslosenversicherung	38,92 €	
	569,21 €	
./. Abzüge insgesamt		1.150,39 €
		1.629,61 €
./. gesamte vermögenswirksame Leistung		40,00 €
= **Auszahlungsbetrag**		**1.589,61 €**

b)

Krankenversicherung	194,60 €
Pflegeversicherung	27,11 €
Rentenversicherung	276,61 €
Arbeitslosenversicherung	38,92 €
	537,24 €

c) (1) Überweisung der Sozialversicherungen:

1170	SV-Beitragsvorauszahlungen	1.106,45 €	
an	1310 Bank		1.106,45 €

(2) Buchung der Auszahlung des Gehaltes:

4020	Gehälter	2.760,00 €	
4070	Vermögenswirks. Leistungen	20,00 €	
an	1310 Guthaben bei Kreditinstituten		1.589,61€
an	1910 Verbindlichkeiten aus Steuern		581,18 €
an	1950 Verbindlichk. aus Vermögensbildung		40,00 €
an	1170 SV-Beitragsvorauszahlungen		569,21€

(3) Buchung des Arbeitgeberanteils zur Sozialversicherung:

4040	Gesetzliche soziale Aufwendungen	537,24 €	
an	1170 SV–Beitragsvorauszahlungen		537,24 €

(4) Überweisung der Steuern und der Vermögensbildung:

1910	Verbindlichkeiten aus Steuern	581,18€	
1950	Verbindlichk. aus Vermögensbildung	40,00€	
an	310 Guthaben bei Kreditinstituten		621,18 €

mit einer Laufzeit von 7 Jahren beträgt 40,00 € (ohne Sparprämie). Der Arbeitgeber beteiligt sich mit 50 % an der vermögenswirksamen Leistung.

a) Erstellen Sie eine Gehaltsabrechnung: Lohnsteuer 507,58 €, Solidaritätszuschlag 5,5 %, Kirchensteuer 9 %. Die Sozialversicherungsbeiträge sind wie folgt angegeben: Krankenversicherung 14,9 % (Sonderbeitrag für Arbeitnehmer 0,9 %), Pflegeversicherung 1,95 % (Kinderlosenzuschlag für Arbeitnehmer 0,25 %), Rentenversicherung 19,9 %, Arbeitslosenversicherung 2,8 %.

b) Ermitteln Sie den Arbeitgeberanteil zur Sozialversicherung.

c) Wie sind diese Sachverhalte buchhalterisch zu erfassen?

4.6 Abschreibungen auf Forderungen

Aus welchem Grund werden Forderungen abgeschrieben?

Durch Insolvenz- oder Vergleichsverfahren können **Forderungen** teilweise oder vollständig **nicht ausgeglichen** werden. Der Wertverlust muss wie bei Anlagegütern abgeschrieben werden.

9709451

4.6 Abschreibungen auf Forderungen

Welche Arten von Forderungen sind zu unterscheiden?

Es sind zu unterscheiden: einwandfreie, zweifelhafte und uneinbringliche Forderungen.

Welche Buchung muss bei unsicherem Zahlungseingang einer Kundenforderung erfolgen?

1020 Zweifelhafte Forderungen
an 1010 Forderungen

Wir erfahren im laufenden Geschäftsjahr, dass die zweifelhafte Forderung uneinbringlich wird.

Wie ist zu buchen?

Buchung der direkten Abschreibung:
2310 Übliche Abschreibungen auf Forderungen
1810 Umsatzsteuer
an 1020 Zweifelhafte Forderungen

Die Forderung unserem Kunden gegenüber wird zweifelhaft, danach uneinbringlich. Forderungsbetrag: 2.975,00 € inkl. 19 % Umsatzsteuer.

Wie lauten die Buchungssätze mit den entsprechenden Beträgen?

2.975,00 € = 119 %

1020	Zweifelhafte Forderungen	2.975,00 €	
an 1010	Forderungen		2.975,00 €
2310	Übliche Abschr. auf Ford.	2.500,00 €	
1810	Umsatzsteuer	475,00 €	
an 1020	Zweifelhafte Forderungen		2.975,00 €

Auf eine im letzten Jahr als uneinbringlich ausgebuchte Forderung erhalten wir wider Erwarten 1.190,00 € per Bank.

1310	Kreditinstitute (Bank)	1.190,00 €	
an 2740	Erträge aus abgeschrieb. Forderungen		1.000,00 €
an 1810	Umsatzsteuer		190,00 €

Die Umsatzsteuer lebt als Verbindlichkeit gegenüber dem Finanzamt wieder auf.

Wie lautet die Buchung?

2310 Übliche Abschreibungen auf Forderungen
an 0521 Einzelwertberichtigungen
Die Abschreibung muss indirekt erfolgen, da der Forderungsausfall noch nicht tatsächlich eingetreten und die zweifelhafte Forderung voll zu bilanzieren ist.

Der Forderungsausfall einer zweifelhaften Forderung muss am Bilanzstichtag geschätzt und abgeschrieben werden.

Wie lautet die Buchung?

2310 Übliche Abschreibungen auf Forderungen	840,00 €	
an 0521 Einzelwertberichtigungen		840,00 €

119 % = 1.666,00 €
100 % = x

x = 1.400,00 € [60 % = 840,00 € (Nettobetrag)]

Zweifelhafte Forderung = 1.666,00 €. Wir schätzen 60 % Ausfall.

Wie ist am Jahresende zu buchen?

1310 Kreditinstitute (Bank)	666,40 €	
an 1020 Zweifelhafte Forderungen		666,40 €

Im neuen Jahr gehen für diese Forderung auf dem Bankkonto ein:
560,00 €
+ 106,40 € (19 %)
666,40 €
Wie ist der Geldeingang zu buchen?

0521 Einzelwertberichtigung	840,00 €	
1810 Umsatzsteuer	159,60 €	
an 1020 Zweifelhafte Forderungen		999,60 €

Die Wertberichtigung wurde aufgelöst und die Umsatzsteuer entsprechend des Ausfalles korrigiert. Da die Steuer bereits abgeführt wurde, stellt sie jetzt eine Forderung gegenüber dem Finanzamt dar.

Der Rest der Forderung ist endgültig verloren. Er stimmt mit dem geschätzten Ausfall überein.

Wie ist zu buchen?

4.6 Abschreibungen auf Forderungen

Auf eine zweifelhafte Forderung (2.320,00 €) wurde eine Wertberichtigung (WB) von 1.000,00 € gebildet. Es gehen jedoch per Bank ein:

1.200,00 €
+ 228,00 €
1.428,00 €

Wie ist zu buchen?

1310	Kreditinstitute (Bank)	1.428,00 €	
0521	Einzelwertberichtigung	1.000,00 €	
1810	Umsatzsteuer	92,00 €	
an	1020 Zweifelhafte Forderungen		2.320,00 €
	2751 Erträge aus der Auflösung von Einzelwertberichtigungen zu Forderungen		200,00 €

Die Wertberichtigung für eine zweifelhafte Forderung wurde zu gering gebildet. Welche Auswirkung hat dies bei Abschluss des Verfahrens?

Der **zu gering abgeschriebene Betrag** wirkt sich als periodenfremder Aufwand aus.

4.7 Buchungen im Anlagebereich

Dirk Atzori, Studiobetreiber der „Mittelhessischen Kampfkunst Akademie Dirk Atzori GmbH" bestellt zur Erweiterung seines Studios bei der Fa. Saunalandschaft AG eine Saunaeinrichtung zum Nettoeinkaufspreis von 18.000,00 € zzgl. 19 % Umsatzsteuer. Zahlungsbedingungen: Bei Zahlung innerhalb von 10 Tagen abzüglich 3 % Skonto oder 30 Tage netto Kasse.

a) Ermittlung der Anschaffungskosten

	Listenpreis der Saunaeinrichtung	18.000,00 €
./.	Rabatt 15 %	2.700,00 €
	Zieleinkaufspreis	15.300,00 €
+	Transportkosten	800,00 €
+	Montagekosten	600,00 €
	Anschaffungskosten	**16.700,00 €**
+	19 % Umsatzsteuer	3.173,00 €
	Rechnungspreis	19.873,00 €

Zahlungsbedingungen: Bei Zahlung innerhalb von 10 Tagen abzüglich 3 % Skonto oder 30 Tage netto Kasse

9709454

Der Hersteller gewährt 15 % auf den Nettoeinkaufspreis. Weiterhin sind Transportkosten von 800,00 € und Montagekosten von 600,00 € zu berücksichtigen.

a) Wie werden die Anschaffungskosten ermittelt?

b) Wie ist der Rechnungseingang buchhalterisch zu erfassen?

c) Wie ist der Rechnungsausgleich innerhalb der Skontofrist buchhalterisch zu erfassen?

b) Buchung der Eingangsrechnung

0315 Saunaeinrichtung	16.700,00 €	
1410 Vorsteuer	3.173,00 €	
an 1710 Verbindlichkeiten a. LL		19.873,00 €

c) Buchung des Rechnungsausgleichs unter Abzug von Skonto

	Rechnungspreis	19.873,00 €
./.	3 % Skonto	596,19 €
	Überweisungsbetrag	19.276,81 €

Skonto – gesamt 596,19 €

Skonto – Nettobetrag

119 % = 596,19 €
100 % = x

$$x = \frac{596{,}19 \cdot 100}{119} = \mathbf{501{,}00\ €}$$

Steuerberichtigung

119 % = 596,19 €
19 % = x

$$x = \frac{596{,}19 \cdot 19}{119} = \mathbf{95{,}19\ €}$$

Buchungssatz für den Rechnungsausgleich unter Abzug von Skonto:

1710 Verbindlichkeiten a. LL	19.873,00 €	
an 1310 Kreditinstitute (Bank)		19.276,81 €
an 0315 Saunaeinrichtung		501,00 €
an 1410 Vorsteuer		95,19 €

Was ist beim Erwerb von Anlagegütern zu beachten?

Beim Erwerb von Anlagegütern ist zu beachten:

- Die erworbenen Anlagegüter sind mit ihren Anschaffungsnebenkosten zu erfassen.
- Vom Listenpreis wird zunächst der Rabatt subtrahiert.
- Anschließend werden die Anschaffungsnebenkosten addiert.
- Der in Anspruch genommene Skonto verringert mit dem Skontonettowert die Anschaffungskosten und ist gleichzeitig die Bemessungsgrundlage für die Abschreibung.
- Die aktivierungspflichtigen Anschaffungskosten werden wie folgt ermittelt:

	Anschaffungspreis netto
./.	Anschaffungspreisminderungen
+	Anschaffungsnebenkosten
=	aktivierungspflichtige Anschaffungskosten

9709455

4.7.1 Abschreibungen auf Sachanlagen

Warum ist eine Abschreibung bei Sachanlagen notwendig?

Anlagegüter, wie zum Beispiel die Geräteausstattung (Technische Anlagen und Maschinen), der Fuhrpark und die Betriebs- und Geschäftsausstattung, dienen der längerfristigen Studionutzung und sind daher mit ihrem Anschaffungswert zu erfassen.
Zu beachten ist, dass die zeitliche Begrenzung der Nutzung dieser Wirtschaftgüter in entsprechenden Tabellen aufgeführt ist.

Was gehört zu den Anschaffungsnebenkosten?

Zu den **Anschaffungsnebenkosten** gehören die Transportversicherung, Fundamentierungs- und Montagekosten, Einfuhrzölle, Provisionen, Zulassungskosten, Notariatskosten, Grunderwerbsteuer, Maklercourtage und Grundbuchgebühren.
Nicht zu den Anschaffungsnebenkosten gehören die Finanzierungskosten.

Wie sind Abschreibungen grundsätzlich buchhalterisch zu erfassen und wie werden sie abgeschlossen?

Buchhalterisch sind diese Wertminderungen (= Abschreibungen) als Aufwand zu erfassen und werden über das Konto GuV abgeschlossen.

Unter welchem Konto sind Abschreibungen buchhalterisch zu erfassen?

Buchhalterisch sind diese Wertminderungen als Aufwand unter der Kto-Nr. „4910 Abschreibungen auf Sachanlagen" zu erfassen. Die Gegenbuchung erfolgt auf dem entsprechenden Anlagekonto.

9709456

Wie lautet der Buchungssatz für diese buchhalterische Erfassung der Abschreibung?

4910 Abschreibungen auf Sachanlagen
an Anlagekonto

Wie lautet der Buchungssatz für den Kontenabschluss des Kontos „4910 Abschreibungen auf Sachanlagen"?

9300 GuV
an 4910 Abschreibungen auf Sachanlagen

Welche Abschreibungsmethoden können unterschieden werden?

- Bei der **linearen Abschreibung** wird der Abschreibungsbetrag vom Anschaffungswert berechnet und gleichbleibend vom Buchwert subtrahiert. Damit ist der Abschreibungsbetrag bei dieser Methode den Fixkosten zuzuordnen (unveränderliche Kosten = gleichbleibender Abschreibungsbetrag immer vom Anschaffungswert auf den angegebenen Zeitraum der Nutzungsdauer bezogen).

- Bei der **degressiven Abschreibung** wird der Abschreibungsbetrag nur im ersten Jahr vom Anschaffungswert und dann, auf die Nutzungsdauer bezogen, immer vom Buchwert berechnet.
  Damit ist dieser Abschreibungsbetrag den variablen (= veränderlichen) Kosten zuzuordnen.

9709457

4.7.1 Abschreibungen auf Sachanlagen

Sie beziehen mit dem Rechnungsdatum vom 18. Mai 2010 von der Sportgeräte AG eine Multifunktions-Kraftstation zu einem Nettoeinkaufspreis in Höhe von 8.690,00 €. Die Montagekosten sind mit einem Nettopreis in Höhe von 310,00 € zu berücksichtigen. Die studiobezogene Nutzungsdauer ist mit sechs Jahren angegeben.

a) Kontieren Sie diese Rechnung am 18. Mai 2010.

b) Ermitteln Sie die Anschaffungskosten.

c) Ermitteln Sie den jährlichen Abschreibungsbetrag in Euro und den Abschreibungssatz in Prozent.

d) Ermitteln Sie den Buchwert und den Abschreibungsbetrag im Jahr der Anschaffung (31. Dezember 2010) und den gesamten Abschreibungsbetrag.

e) Bilden Sie den Buchungssatz für den Abschreibungsbetrag am 31. Dezember 2010.

	1 Multifunktion-Kraftstation	8.690,00 €
+	Montagekosten	310,00 €
		9.000,00 €
+	19 % Umsatzsteuer	1.710,00 €
	Rechnungsbetrag	10.710,00 €

a) Buchungssatz für die Anschaffung (= Rechnungseingang) vom 18. Mai 2010:

0310	Technische Anlagen und Maschinen (Geräte)	9.000,00 €	
1410	Vorsteuer	1.710,00 €	
an	1710 Verbindlichkeiten a. LL		10.710,00 €

b) Ermittlung der Anschaffungskosten

	Einkaufspreis	8.690,00 €
+	Anschaffungsnebenkosten	310,00 €
=	Anschaffungskosten	9.000,00 €

c) Ermittlung des jährlichen Abschreibungsbetrages

$$\text{Abschreibungsbetrag} = \frac{\text{Anschaffungskosten}}{\text{Nutzungsdauer}}$$

$$= \frac{9.000}{6} = 1.500,00\ €$$

1.500,00 € = jährlicher Abschreibungsbetrag

Ermittlung des Abschreibungssatzes in Prozent

$$\frac{100\ \%}{\text{Nutzungsjahre}} = \frac{100}{6} = 16,66666\ \%$$

d) Buchwert und Abschreibungsbetrag im Jahr der Anschaffung (31. Dezember 2010)

$$\frac{\text{Jährlicher Abschreibungsbetrag}}{\text{12 Monate}} = \frac{1.500}{12} = 125,00\ €$$

↓

Monatlicher AfA-Betrag

Monatlicher AfA-Betrag · Zeitraum Mai-Dezember 2010

125,00 € · 8 Monate = 1.000,00 €

↓

gesamter Abschreibungsbetrag im Jahr der Anschaffung am 31. Dezember 2010

	Anschaffungswert	9.000,00 €
./.	Abschreibung	1.000,00 €
=	Buchwert am 31. Dezember 2010	8.000,00 €

e) Buchungssatz für den Abschreibungsbetrag am 31. Dezember 2010

4910 Abschreibungen auf Sachanlagen 1.000,00 €
an 0310 Technische Anlagen und Maschinen 1.000,00 €

4.7.2 Geringwertige Wirtschaftsgüter

Welche Besonderheit ist bei der Abschreibung von geringwertigen Wirtschaftsgütern (GWG) zu berücksichtigen?

Das **Unternehmenssteuerreformgesetz** ist im Januar 2008 in Kraft getreten und hat die Bestimmungen für die geringwertigen Wirtschaftsgüter neu geregelt. Wirtschaftsgüter, die im Jahr 2008 angeschafft wurden und deren Nettoanschaffungswert zwischen 150,01 € und 1.000,00 € (einschließlich der Anschaffungsnebenkosten und Berücksichtigung von Minderungen in Form von Rabatten und Skonto) liegt, sind in einem Sammelposten (Poolbildung) zusammenzufassen und müssen über den Zeitraum von fünf Jahren linear mit 20 % ($^1/_5$) jährlich abgeschrieben werden. Die Nutzungsdauer bleibt dabei unberücksichtigt. Buchhalterisch ist ein jährlich neu zu bildender Sammelposten (Aktives Bestandskonto 0380 Sammelposten Geringwertige Wirtschaftsgüter) einzurichten. Liegt der Wert des Anschaffungsgutes unter 150,00 €, so ist dieser Sachverhalt auf dem aktiven Bestandskonto 0370 Geringwertige Wirtschaftsgüter zu erfassen und wird am Jahresende abgeschrieben.
Im Rahmen des Wachstumsbeschleunigungsgesetzes beabsichtigt die Bundesregierung ab Januar 2010 ein Wahlrecht hinsichtlich der Abschreibung von Geringwertigen Wirtschaftsgütern einzuführen. Eine Abschreibung im Jahr der Anschaffung ist demnach vorgesehen, allerdings müssen diese Wirtschaftgüter von 150,01 € bis zu 410,00 € (im Nettowert) in einem laufend zu führenden Verzeichnis erfasst werden.
Wirtschaftsgüter bis zu diesem Betrag (150,00 €) sind demnach sofort als Aufwand buchhalterisch zu erfassen.
Anzumerken ist, dass eine Poolabschreibung dieser Beträge (150,01 € bis 410,00 €) auch weiterhin möglich ist. Allerdings ist das Wahlrecht jährlich anzuwenden.

4.7.2 Geringwertige Wirtschaftsgüter

Wir kaufen einen Stuhl für den Bistrobereich in Höhe von 149,50 € (Nettobetrag) und begleichen den Rechnungsbetrag mit einer Quittung.

Wie lauten die Buchungssätze?

Buchungssatz im Jahr der Anschaffung:

0370	GwG	149,50 €	
1510	Vorsteuer	28,41 €	
an	1510 Kasse		177,91 €

Buchungssatz für die Abschreibung am Jahresende:

4950 Abschreibungen GwG
an 0370 Geringwertige Wirtschaftgüter

Wir kaufen für den Umkleideraum unseres Studios einen weiteren abschließbaren Schrank in Höhe von 850,00 € (Nettobetrag) und begleichen den Rechnungsbetrag mit einer Überweisung.

Wie lauten die entsprechenden Buchungssätze?

Buchungssatz im Jahr der Anschaffung:

0380	GwG Sammelkonto	850,00 €	
1510	Vorsteuer	161,50 €	
an	1310 Bank		1.011,50 €

Buchungssatz für die Abschreibung am Jahresende:

4912	Abschreibungen auf GwG Sammelkonto	170,00 €	
an	0380 Geringwertige Wirtschaftgüter Sammelkonto		170,00 €

Wird ein Geringwertiges Wirtschaftsgut verkauft, so ist dieser Sachverhalt wie folgt zu erfassen:

Verkauf eines geringwertigen Wirtschaftsgutes im Anschaffungsjahr 2010:

1010 Forderungen
an 2700 Erlöse aus Anlageabgängen
an 1810 Umsatzsteuer

Übersteigt der Netto Anschaffungswert den Betrag von 1.000,01 € so ist dieser Betrag buchhalterisch auf dem betreffenden Anlagekonto zu erfassen.

Wie lauten die Buchungssätze für nachfolgende Geschäftsfälle 1 bis 5?

1. Direkte Abschreibung eines Pkw.

4910 Abschreibungen auf Sachanlagen
an 0340 Fuhrpark

2. Abschluss des Kontos „Abschreibungen".

9300 GuV
an 4910 Abschreibungen auf Sachanlagen

3. Abschreibung einer Multifunktionsstation, die durch einen Wasserschaden unbrauchbar wurde.

4913 Außerplanmäßige Abschreibung auf Sachanlagen
an 0320 Geräteausstattung

4. Indirekte Abschreibung der Geschäftsausstattung.

4910 Abschreibungen auf Sachanlagen
an 0510 Wertberichtigung bei Sachanlagen

5. Abschluss des Kontos „Wertberichtigung".

0510 Wertberichtigung bei Sachanlagen
an 9400 Schlussbilanzkonto

4.7.3 Zeitliche Abgrenzungen

Aus welchem Grund sind Aufwendungen und Erträge am Jahresende zeitlich abzugrenzen?

§ 252 HGB besagt, dass Aufwendungen und Erträge des Geschäftsjahres unabhängig vom Zeitpunkt der Zahlungen im Jahresabschluss zu berücksichtigen sind. Die Erfolgsrechnung des laufenden und des kommenden Jahres wäre ansonsten verfälscht.

Auf welchen Konten sind Aufwendungen und Erträge zu buchen, die erst im neuen Jahr geldlich ausgeglichen werden?

Diese Aufwendungen sind zu buchen auf den Konten:
1940 Sonstige Verbindlichkeiten,
1130 Sonstige Forderungen.

Die Dezembermiete für unser Büro zahlen wir erst im Januar. Die Zinsen für ein von uns gewährtes Darlehen sind am Bilanzstichtag noch nicht eingegangen.

Wie ist zu buchen?

4110 Miete
an 1940 Sonstige Verbindlichkeiten

1130 Sonstige Forderungen
an 2610 Zinserträge
Da die Miete und die Zinsen das laufende Jahr betreffen, müssen sie auch in diesem Jahr in die Erfolgsrechnung einfließen.

Wie lauten die Abschlussbuchungen für vorgenannte Konten?

9300 GuV
an 4110 Miete
1940 Sonstige Verbindlichkeiten
an 9400 Schlussbilanzkonto
2610 Zinserträge
an 9300 GuV
9400 Schlussbilanzkonto
an 1130 Sonstige Forderungen

9709462

Wie ist im neuen Jahr bei jeweiligem Zahlungsausgleich per Bank zu buchen?

1940 Sonstige Verbindlichkeiten
an 1310 Kreditinstitute (Bank)
1310 Kreditinstitute (Bank)
an 1130 Sonstige Forderungen

Auf welchen Abgrenzungskonten werden Zahlungsausgänge und -eingänge gebucht, die bereits im alten Jahr eingehen, aber erst für das neue Jahr bestimmt sind?

Vorzeitiger Zahlungsausgang:
Aktive Rechnungsabgrenzung (ARA)

Vorzeitiger Zahlungseingang:
Passive Rechnungsabgrenzung (PRA)

Wie lauten die Buchungssätze für nachfolgende Geschäftsfälle 1 bis 4?

1. Im Dezember zahlen wir die Haftpflichtversicherung für das kommende Jahr.

Buchung bei Zahlung:
4260 Versicherungen
an 1310 Kreditinstitute (Bank)

Buchung beim Jahresabschluss:
0910 Aktive Rechnungsabgrenzungsposten
an 4260 Versicherungen
9400 Schlussbilanzkonto
an 0910 Aktive Rechnungsabgrenzungsposten

4.7.3 Zeitliche Abgrenzungen

2. Auflösung des Kontos ARA zu Beginn des neuen Jahres.

4260 Versicherungen
an 0910 Aktive Rechnungsabgrenzungsposten

3. Unser Schuldner zahlt die Zinsen für das neue Jahr bereits im alten Jahr.

Buchung bei Geldeingang:
1310 Kreditinstitute (Bank)
an 2610 Zinserträge

Buchung beim Jahresabschluss:
2610 Zinserträge
an 0930 Passive Rechnungsabgrenzungsposten
0930 Passive Rechnungsabgrenzungsposten
an 9400 Schlussbilanzkonto

4.8 Auswertung des Jahresabschlusses

Welche Bilanzkennzahlen lassen sich ermitteln?

Zur Bilanzauswertung (Bilanzanalyse) werden so genannte **Bilanzkennzahlen** ermittelt, die Aussagen beinhalten über

- den Vermögensaufbau,
- den Kapitalaufbau,
- die Deckung des Anlagevermögens (Investierung) und
- die Deckung des kurzfristigen Fremdkapitals (Liquidität).

Welche Aussagen können über den Kapitalaufbau getroffen werden?

Der **Kapitalaufbau** gibt Auskunft darüber, ob das Unternehmen überwiegend mit eigenem oder mit fremdem Kapital ausgestattet ist.

Welche Aussagen können über den Vermögensaufbau getroffen werden?

Der **Vermögensaufbau** macht das Verhältnis von Anlage- zum Umlaufvermögen deutlich.

Der Jahresabschluss des Studios „Sport und Wellness aktiv" ist wie links stehend gestaltet.

Wie lässt sich das Verhältnis von Anlage- und Umlaufvermögen zu Gesamtvermögen ermitteln?

Bilanz
Studio Sport und Wellness aktiv

Aktiva	**Bilanz**		**Passiva**
Grundstücke u. Gebäude	680.000,00	Eigenkapital	911.000,00
Geräte	460.000,00	Hypotheken	506.000,00
BGA	236.000,00	Verbindlichkeiten	258.000,00
Waren	69.000,00		
Forderungen	86.300,00		
Postbank	24.000,00		
Bankguthaben	116.000,00		
Kasse	3.700,00		
	1.675.000,00		1.675.000,00

Soll	**GuV**		**Haben**
Wareneingang	37.200,00	Verkauf Beautyartik.	38.250,00
Personalkosten	22.750,00	Verkauf Sportartikel	18.200,00
Leasing, Mieten	18.600,00	Verkauf Sportbekl.	12.850,00
Stromkosten	12.690,00	Verkauf Mitgliedsch.	59.550,00
Abschreibungen	10.800,00		
Gewinn	**26.810,00**		
	128.850,00		128.850,00

Der **Vermögensaufbau des Studios** ergibt sich aus dem Verhältnis

$$\frac{\text{Anlagevermögen} \cdot 100}{\text{Gesamtvermögen}} = \frac{1.376.000,00 \cdot 100}{1.675.000,00} = 82{,}149253\ \%$$

$$\frac{\text{Umlaufvermögen} \cdot 100}{\text{Gesamtvermögen}} = \frac{299.000,00 \cdot 100}{1.675.000,00} = 17{,}850746\ \%$$

9709465

4.8 Auswertung des Jahresabschlusses

Wie lässt sich die Anlagendeckung ermitteln?

$$\frac{\text{Eigenkapital} \cdot 100}{\text{Anlagevermögen}} = \frac{911.000{,}00 \cdot 100}{1.376.000{,}00} = 66{,}206395\ \%$$

Die Anlagendeckung gibt Auskunft über das Verhältnis zwischen dem Kapital und dem Anlagevermögen und ist ein Maßstab der Kapitalausstattung des Unternehmens (Studios). Dabei ist zu beachten, dass eine Finanzierung des Anlagevermögens durch das langfristige Kapital erfolgen sollte (= Goldene Bilanzregel).

Welche Aussage kann über den Vermögensaufbau getroffen werden?

Der **Vermögensaufbau** zeigt die Verwendung des eingesetzten Kapitals. Der hohe Anteil des Anlagevermögens verursacht für das Studio hohe Fixkosten.

Wie lässt sich der Kapitalaufbau beschreiben und analysieren?

Auf der Passivseite der Bilanz wird die Herkunft des Kapitals aufgezeigt. Dementsprechend wird analysiert, wie sich das Unternehmen finanziert hat: überwiegend mit eigenen oder fremden Mitteln. Dabei sollte bei günstiger Finanzierung Eigenkapital und Fremdkapital in einem angemessenen Verhältnis zueinander stehen.
Dieser Grundsatz macht deutlich, dass zusätzlich zum langfristig gebundenen Kapital eigene finanzielle Mittel vorhanden sein müssen, um unerwartete Ereignisse überbrücken zu können.

$$\text{Finanzierung: } \frac{\text{Eigenkapital}}{\text{Fremdkapital}} \cdot 100 \quad \frac{911.000}{764.000} = 119{,}24\ \%$$

Dieser Prozentsatz weist auf einen hohen Anteil der Finanzierung mit Eigenkapital hin.

$$\text{Eigenkapitalanteil: } \frac{\text{Eigenkapital}}{\text{Gesamtkapital}} \cdot 100 \quad \frac{911.000}{1.675.000} = 54{,}39\ \%$$

Wie lassen sich der Verschuldungsgrad und der Eigenkapitalanteil ermitteln?

Der **Verschuldungsgrad** gibt das prozentuale Verhältnis vom Fremdkapital zum Eigenkapital an und wird wie folgt ermittelt:

Verschuldungsgrad: $\frac{\text{Fremdkapital}}{\text{Eigenkapital}} \cdot 100 \quad \frac{764.000}{911.000} = 83{,}86\ \%$

Aus dieser Darstellung wird ersichtlich, dass das Eigenkapital größer ist als das Fremdkapital.

Fremdkapitalanteil: $\frac{\text{Fremdkapital}}{\text{Gesamtkapital}} \cdot 100 \quad \frac{764.000}{1.675.000} = 45{,}61\ \%$

4.8.1 Liquidität

Was versteht man unter Liquidität?

Unter dem Begriff **Liquidität** ist die Flüssigkeit eines Unternehmens zu verstehen. Das bedeutet, dass Unternehmen (Studio) muss jederzeit in der Lage sein seine fristgerechten Verpflichtungen (kurzfristige Verbindlichkeiten) begleichen zu können. Die Zahlungsfähigkeit eines Unternehmens ist gegeben, wenn sich Ein- und Auszahlungen ausgleichen. Damit ist ein finanzielles Gleichgewicht (= optimale Liquidität) erreicht.

Was bedeutet Über- und was Unterliquidität?

- Eine **Überliquidität** liegt vor, wenn die liquiden Mittel des Unternehmens die laufenden Zahlungsverpflichtungen übersteigen.
- Eine **Unterliquidität** liegt vor, wenn die liquiden Mittel des Unternehmens nicht ausreichen, um die kurzfristigen Zahlungsverpflichtungen begleichen zu können.

4.8.1 Liquidität

Welche Liquiditätskennzahlen werden unterschieden?

- **Liquidität 1. Grades:**

$$\frac{\text{Zahlungsmittel}}{\text{Kurzfristige Verbindl.}} = \frac{143.700}{258.000} = 0{,}5569 \cdot 100 = 55{,}70\ \%$$

Zahlungsmittel: sofort flüssige Mittel, wie Kassenbestand, Postbank, frei verfügbare Bankguthaben

- **Liquidität 2. Grades:**

$$\frac{\text{Zahlungsmittel + Forderung.}}{\text{Kurzfristige Verbindl.}} = \frac{230.000}{258.000} = 0{,}89147 \cdot 100 = 89{,}15\ \%$$

- **Liquidität 3. Grades:**

$$\frac{\text{Zahlungsmittel + Forderung. + Warenvorräte}}{\text{Kurzfristige Verbindl.}} = \frac{299.000}{258.000} = 1{,}1589 \cdot 100 = 115{,}89\ \%$$

Die Liquiditätskennzahlen geben Auskunft darüber, wie das kurzfristige Fremdkapital zum Bilanzstichtag gedeckt ist:

- durch flüssige Mittel = Liquidität 1. Grades (diese sollte mindestens $^1/_5$ = 20 % betragen);
- durch flüssige Mittel und kurzfristige Forderungen = Liquidität 2. Grades (diese sollte mindestens 1 = 100 % betragen);
- durch das Umlaufvermögen = Liquidität 3. Grades (diese sollte mindestens 2 = 200 % betragen).

Welche Aussagen können aufgrund der Liquiditätskennzahlen getroffen werden?

Das Unternehmen (Studio) ist in dieser Situationsbeschreibung jederzeit in der Lage (obwohl die optimale Liquidität nicht erreicht wurde), die Zahlungsverpflichtungen ordnungsgemäß zu erfüllen. Vorhandene überschüssige Zahlungsmittel bedeuten aber auch, dass das Kapital unwirtschaftlich eingesetzt wird und Zinsverluste hingenommen werden müssen.

4.8.2 Rentabilität

Was bedeutet Rentabilität?

Die **Rentabilität** gibt die Verzinsung des in einem Unternehmen eingesetzten Kapitals an. Bei der Ermittlung der Eigenkapitalrentabilität wird der erzielte Unternehmergewinn ins Verhältnis zum Eigenkapital gesetzt. Der Unternehmergewinn ist der Reingewinn vermindert um den kalkulatorischen Unternehmerlohn. Die Eigenkapitalrentabilität gibt an, mit wie viel Prozent sich das eingesetzte Eigenkapital verzinst hat.

Wie wird die Rentabilität ermittelt?

- **Eigenkapitalrentabilität:**
  $$\frac{\text{Unternehmergewinn} \cdot 100}{\text{Eigenkapital}} = \frac{26.810 \cdot 100}{911.000} = 2{,}94\ \%$$
  Die Eigenkapitalrentabilität gibt an, mit wie viel Prozent sich das eingesetzte Kapital verzinst hat.
- **Gesamtkapitalrentabilität** $= \frac{(\text{Gewinn} + \text{Fremdkapitalzinsen}) \cdot 100}{\text{Eigen- und Fremdkapital}}$
  Die Gesamtkapitalrentabilität gibt an, mit wie viel Prozent sich das gesamte eingesetzte Kapital verzinst hat. Bei ihrer Ermittlung wird der erzielte Kapitalgewinn zum Gesamtkapital ins Verhältnis gesetzt. Der erzielte Kapitalgewinn ist der Unternehmergewinn zuzüglich der Fremdkapitalzinsen. Das Gesamtkapital ist die Summe von Eigen- und Fremdkapital.
- **Umsatzrentabilität** $= \frac{\text{Unternehmergewinn}}{\text{Verkaufserlöse}} \cdot 100 = \frac{26.810}{128.850} = 20{,}81\ \%$
  Die Umsatzrentabilität gibt den im Nettoumsatz enthaltenen Gewinn in Prozent an.

4.9 Statistik

4.9.1 Grundlagen und Instrumente der Statistik

Was ist unter einer Betriebsstatistik zu verstehen?

Die **Betriebsstatistik** umfasst den Bereich der Buchführung und der Kosten- und Leistungsrechnung einschließlich der Planungsrechnung. Die Betriebsstatistik ist somit ein weiterer Teilbereich des betrieblichen Rechnungswesens.
Die Zahlen werden aus den gesamten Bereichen des Unternehmens erfasst, aufbereitet und ausgewertet. Aufgrund der Entwicklung statistischer Daten können Abläufe und Strukturen eines Betriebes kontrolliert werden. Außerdem ist ein Betriebsvergleich mit anderen Unternehmen der gleichen Branche möglich.
Statistik bedeutet: Sammeln, Auswerten und Darstellen.

9709469

4.9.1 Grundlagen und Instrumente der Statistik

Wie unterscheiden sich inner- und außerbetriebliche Daten?

- **Innerbetriebliche (interne) Daten** werden aus dem eigenen Studio gewonnen und beziehen sich u. a. auf den Umsatz, die Fluktuation von Mitgliedern, die Teilnehmerzahlen bei Kursen differenziert nach Uhrzeiten, das Personal, die Kostenentwicklung oder andere betriebliche Teilbereiche des Studios.

- **Außerbetriebliche (externe Daten)** werden z. B. vom Statistischen Bundesamt, von den Fachverbänden und aus sonstigen Veröffentlichungen gewonnen und dienen insbesondere dem Betriebsvergleich. Weiterhin ist eine Analyse der gesamtwirtschaftlichen Entwicklung möglich.

Wie unterscheidet sich eine Primär- von einer Sekundärstatistik?

Bevor eine statistische Auswertung vorgenommen werden kann, müssen zunächst absolute Zahlen gewonnen werden. Diese Zahlengewinnung erfolgt in Form einer:

- **Primärerhebung**
  Das heißt, es kann nicht auf vorhandene Daten zugegriffen werden, da sie noch nicht vorhanden sind. Die Daten müssen z. B. durch Befragung erst beschafft werden.

- **Sekundärerhebung**
  Ein Zahlenmaterial ist bereits vorhanden und kann für eine Statistik verwendet werden, wie zum Beispiel die Gesamtzahl der Mitarbeiter im Krankheitsstand.
  Die gewählte Form der Datenerhebung ist allerdings abhängig von der Zielsetzung der statistischen Zahlenaufbereitung.

Wie unterscheiden sich Vollerhebung, Teilerhebung und Repräsentativerhebung?

- Bei einer **Vollerhebung** werden die gesamten Zähleinheiten, die zur Statistik benötigt werden, erfasst. Inventur oder Volkszählungen sind typische Beispiele für eine Vollerhebung.

9709470

◆ **Repräsentativerhebung** bedeutet, dass ein typischer, repräsentativer Querschnitt aus der Gesamtmasse ausgewählt wird. Dieser entspricht der Struktur der Gesamtheit.

◆ Bei einer **Teilerhebung** wird nur ein Teilbereich der gesamten Erhebung für die Analyse und Aufbereitung benötigt (z. B. nur der Umsatz eines bestimmten Erzeugnisses wird ausgewertet; die Durchführung einer Stichprobe).

4.9.2 Kennzahlen und Verhältniszahlen

Was sind statistische Kennzahlen oder Verhältniszahlen?

Die Studioleitung benötigt für ihre Entscheidungsfindung fundiertes Zahlenmaterial. Dieses Zahlenmaterial muss so aufbereitet sein, dass betriebliche Zusammenhänge und Tendenzen übersichtlich und zusammengefasst erkennbar sind.

Statistische Kennzahlen ergeben sich aus der Umwandlung der absoluten Zahlen in statisches Zahlenmaterial, den **Verhältniszahlen**. Sie ergeben sich, indem eine statistische Teilmasse mit der Gesamtmasse in Beziehung gesetzt wird.

Wie lassen sich die Verhältniszahlen gliedern?

Die **Verhältniszahlen** lassen sich wie folgt weiter **untergliedern**:
1. Gliederungszahlen,
2. Beziehungszahlen,
3. Indexzahlen,
4. Messzahlen.

Was sind Gliederungszahlen?

Bei den **Gliederungszahlen** werden bestimmte Teilwerte ins Verhältnis zum Gesamtwert gesetzt. Diese absoluten Zahlen müssen auf eine gemeinsame Basis (= 100 Prozent) bezogen werden.

$$\textbf{Gliederungszahl} = \frac{\textbf{Teilmasse}}{\textbf{Gesamtmasse}} \cdot \textbf{100}$$

4.9.2 Kennzahlen und Verhältniszahlen

Die Bilanz eines Golf- und Freizeitparks weist ein Anlagevermögen von 1.690.000,00 € und ein Umlaufvermögen von 910.000,00 € aus. Das Fremdkapital ist mit 650.000,00 € angegeben.

a) Wie hoch ist das Eigenkapital in Euro?

b) Wie hoch sind die prozentualen Anteile der einzelnen Bilanzpositionen?

Bilanz

Aktiva | Passiva

Anlagevermögen	1.690.000,00	65 %	Eigenkapital	1.950.000,00	75 %
Umlaufvermögen	910.000,00	35 %	Fremdkapital	650.000,00	25 %
	2.600.000,00	100 %		2.600.000,00	100 %

Was ist unter Beziehungszahlen zu verstehen?

Die **Beziehungszahl** ist eine statistische Kennzahl, bei der zwei nicht gleichartige Größen (Massen) aufeinander bezogen werden. Die Beziehungen zwischen diesen Größen müssen sachlich und sinnvoll sein.

$$\textbf{Beziehungszahl} = \frac{\textbf{Masse einer bestimmten Art}}{\textbf{Masse einer anderen Art}} \cdot \textbf{100}$$

Auf einem Messestand mit 480 m² wurde ein Umsatz in Höhe von 475.200,00 € erzielt.

Wie hoch ist der Umsatz bezogen auf einen m²?

$$480\ m^2 = 475.200,00\ €$$
$$1\ m^2 = x$$

$$x = \frac{475.200,00}{480} = \underline{\underline{990,00\ €/m^2}}$$

9709472

Dirk Atzori, Inhaber der „Mittelhessischen Kampfkunst Akademie Dirk Atzori GmbH", gewährt dem Vereinsvorsitzenden Klaus Butte einen Kredit über 59.800,00 €. Klaus Butte überweist am Jahresende Zinsen in Höhe von 6.877,00 €. Wie hoch ist die prozentuale Verzinsung?

59.800,00 € = 100 %
6.877,00 € = x

$$x = \frac{6.877,00 \cdot 100}{59.800,00} = \underline{\underline{11,5\ \%}}$$

Was ist unter Indexzahlen zu verstehen?

Unter **Indexzahlen** versteht man die Zusammenfassung mehrerer gleichartiger Zeitreihen zu einer einzigen Reihe. Hierbei werden die jeweiligen Werte in ein prozentuales Verhältnis zu den Werten des Basisjahres (= 100) gesetzt (= Messzahl).

$$\textbf{Index} = \frac{\textbf{Wert des betreffenden Zeitpunktes} \cdot \textbf{100}}{\textbf{Wert des Basisjahres}}$$

Die Umsätze im Bereich Golfzubehör des Golf und Wellness Parks haben sich von 2000 bis 2010 wie folgt entwickelt:

2010	**2.697,00**
2009	**2.458,00**
2008	**2.552,00**
2007	**2.228,00**
2006	**1.998,00**
2005	**1.886,00**
2004	**1.693,00**
2003	**1.793,00**
2002	**1.931,00**
2001	**1.788,00**
2000	**1.975,00**

Erstellen Sie eine Indexkette, bezogen auf das Basisjahr 2005.

Jahr	*Umsätze*	*Index*
2010	2.697,00	143,0
2009	2.458,00	130,3
2008	2.552,00	135,3
2007	2.228,00	118,1
2006	1.998,00	105,9
2005	1.886,00	100,0
2004	1.693,00	89,8
2003	1.793,00	95,1
2002	1.931,00	102,4
2001	1.788,00	94,8
2000	1.975,00	104,7

Basisjahr 2005 = 100,00 %

4.9.2 Kennzahlen und Verhältniszahlen

Welche Aussagen können anhand einer Indexkette getroffen werden?

Die **Indexkette** zeigt die Veränderung der Umsätze im Zeitablauf auf.
Eine Indexzahl, die unter dem Basisjahr liegt, also kleiner als 100 ist, beinhaltet einen Umsatzrückgang; liegt die Indexzahl über dem Basisjahr, also über dem Wert von 100, bedeutet dies einen Umsatzzuwachs. Betriebsinterne Analysen sind zu erstellen und entsprechende Maßnahmen können umgesetzt werden.

Was ist unter einer Messzahl zu verstehen?

Messzahlen entstehen, wenn sachlich gleichartige statistische Massen gegenübergestellt werden. Voraussetzung ist, dass beide statistischen Massen sich zu einer übergeordneten Gesamtmasse zusammenfassen lassen. Es wird ermittelt, wie sich prozentual die eine Masse zu der anderen Masse verhält. Ins Verhältnis gesetzt werden z. B. die Anzahl der weiblichen, männlichen und der ausländischen Mitarbeiter an der Gesamtzahl der beschäftigten Mitarbeiter.

Die GuV-Rechnung des Golf und Wellness Parks weist im Geschäftsjahr 2010 Verkaufserlöse in Höhe von 1.344.375,00 € aus. Im Geschäftsjahr 2009 wurden Verkaufserlöse in Höhe von 1.075.500,00 € ausgewiesen.

Wie hoch ist die prozentuale Umsatzveränderung des Jahres 2009 gegenüber dem Geschäftsjahr 2010?

Ermittlung der prozentualen Veränderung der Verkaufserlöse:

Geschäftsjahr 2009 = Verkaufserlöse 1.075.500,00 € = 100,00 %

Geschäftsjahr 2010 = Verkaufserlöse 1.344.375,00 € = x

$$x = \frac{100 \cdot 1.344.375}{1.075.500} = \underline{\underline{125\ \%}}$$

Die Verkaufserlöse sind um 25 % (= 268.875,00 €) von 1.075.500,00 € im Geschäftsjahr 2009 auf 1.344.375,00 € im Geschäftsjahr 2010 gestiegen.

9709474

Was ist ein Mittelwert?

Mittelwerte sind Durchschnittswerte. Durch ihre Ermittlung wird versucht eine statistische Reihe in einer repräsentativen Zahl zu bestimmen.

Was versteht man unter einem arithmetischen Mittelwert?

Der **arithmetische Mittelwert** wird wie folgt ermittelt:

1. Es wird zunächst die Summe der gesamten Merkmalsausprägungen gebildet.
2. Die ermittelte Summe wird dividiert durch die Anzahl der Merkmalsausprägungen.

Die monatlichen Umsätze an Sportbekleidung und Fitnesszubehör sind im ersten Halbjahr wie folgt aufgelistet:

Monat	*Umsätze*
Januar	12.552
Februar	10.234
März	4.228
April	1.868
Mai	982
Juni	796

Wie hoch ist der durchschnittliche Umsatz im ersten Halbjahr an Sportbekleidung?

Mittelwert =

$$\frac{12.552 + 10.234 + 4.228 + 1.868 + 982 + 796}{6} = \frac{30.660}{6} = 5.110{,}00\ €$$

Der durchschnittliche Umsatz im ersten Halbjahr 20.. an Sportbekleidung und Fitnesszubehör beträgt 5.110,00 €.

Mittelwert: $\frac{\textbf{Summe der Einzelgrößen}}{\textbf{Anzahl der Einzelgrößen}}$

4.9.2 Kennzahlen und Verhältniszahlen

Was ist unter einem gewogenen arithmetischen Mittelwert zu verstehen?

Der **gewogene arithmetische Mittelwert** wird auch als gewogener Durchschnittswert bezeichnet.

Er wird ermittelt, wenn verschiedene Einzelwerte mit unterschiedlichen Gewichtungen vorliegen.

Es werden die angegebenen Sorten geliefert:

Sorte A 600 kg zu 9,20 €/kg,

Sorte B 300 kg zu 6,80 €/kg.

Transportversicherungen von 88,45 € sind anteilsmäßig auf die Sorten zu verteilen.

Wie viel Euro Transportversicherungen entfallen auf die einzelnen Sorten?

$$600\text{ kg} \cdot 9{,}20\text{ €} = 5.520{,}00\text{ €} \cdot 0{,}0117 = 64{,}58\text{ €}$$

$$300\text{ kg} \cdot 6{,}80\text{ €} = \frac{2.040{,}00\text{ €}}{7.560{,}00\text{ €}} \cdot 0{,}0117 = \frac{23{,}87\text{ €}}{88{,}45\text{ €}}$$

$$\frac{88{,}45\text{ €}}{7.560{,}00\text{ €}} = 0{,}0117\text{ €}$$

Welche grafischen Darstellungsformen lassen sich unterscheiden?

Statistiken werden aus Gründen der Übersichtlichkeit häufig in einer tabellarischen Form dargestellt.

Grafische Darstellungen können in Form von Linien- oder Kurvendiagrammen erfolgen. Diese Darstellungsformen sind in einem Koordinatensystem übersichtlich dargestellt.

➢ Bei einem *Stab- oder Säulendiagramm* werden die statistischen Daten ebenfalls in einem Koordinatensystem anschaulich dargestellt. Die statistischen Werte sind in der unterschiedlichen Höhe der Stäbe oder Säulen erfasst.

- Das *Flächen- oder Kreisdiagramm* eignet sich besonders für die Darstellung von prozentualen Anteilen an einer Gesamtgröße. Dabei wird jede Teilmasse durch einen Kreisausschnitt dargestellt.
- Bei der Ermittlung der Gradanteile ist zu berücksichtigen, dass der gesamte Kreisumfang 360° beträgt und die Gesamtgröße 100 % entspricht.

9709477

4.10 Kosten- und Leistungsrechnung (KLR)

4.10.1 Aufgaben und Grundbegriffe der KLR

Welche Zielsetzung ist mit der Kosten- und Leistungsrechnung verbunden?

Die **Finanzbuchhaltung** (Rechnungskreis I) stellt durch die Gegenüberstellung von Aufwendungen und Erträgen des Geschäftsjahres in der Gewinn- und Verlustrechnung das Gesamtergebnis der Unternehmung fest.

Der Kaufmann hat seine handelsrechtliche Verpflichtung erfüllt, wenn er den Jahresabschluss in Form der **Bilanz** und der **Gewinn- und Verlustrechnung** erstellt.

Auch nach steuerrechtlichen Vorschriften ist der Kaufmann zur Buchführung in der Form verpflichtet, dass er dem Finanzamt den zu versteuernden Gewinn vorlegt, der sich aus der Gewinn- und Verlustrechnung ergibt. Diese Unterlagen werden durch die Betriebsprüfer vom Finanzamt entsprechend kontrolliert.

Die **betriebsinterne Kosten- und Leistungsrechnung** (Rechnungskreis II) verfolgt das Ziel, detaillierte Aussagen hinsichtlich der Ergebnisse einzelner Abteilungen zu erhalten, um diese dann zu analysieren und anschließend entsprechende Maßnahmen einzuleiten.

Die **Aufgaben der Kosten- und Leistungsrechnung** sind:

- Erfassung sämtlicher Kosten, gegliedert nach Kostenarten
- Abgrenzung der Kosten und Leistungen von den betriebsfremden Aufwendungen und Erträgen
- Verteilung der Kosten auf die Kostenstellen
- Zurechnung der Kosten auf die Kostenträger
- Ermittlung der Wirtschaftlichkeit
- Bereitstellung von Daten für Statistik, Kontrolle und Planung

9709478

Welche Unterschiede bestehen zwischen der Finanzbuchhaltung und der KLR?

Buchführung im Industrieunternehmen

Finanzbuchhaltung	*Kosten- und Leistungsrechnung*
Auf den Bestandskonten werden die gesamten Vermögens- und Kapitalveränderungen erfasst.	Veränderungen auf den Bestandskonten werden nicht erfasst.
Auf den Erfolgskonten werden die gesamten Aufwendungen und Erträge innerhalb eines Geschäftsjahres erfasst. Durch Gegenüberstellung der Leistungen zu den Kosten wird das Betriebsergebnis ermittelt.	Erfasst werden betriebsbedingte Kosten und Leistungen. Durch Gegenüberstellung der Erträge zu den Aufwendungen wird das Gesamtergebnis ermittelt.
Aufwendungen stellen den gesamten Werteverzehr an Gütern, Diensten und Ausgaben dar, die zu einer Verminderung eines Vermögensposten führen und damit zu einer Verminderung des Eigenkapitals.	Kosten stehen in unmittelbarem Zusammenhang mit dem eigentlichen Betriebszweck. Sie erfassen den Verzehr an Gütern, Diensten und Abgaben, die im Rahmen der geplanten betrieblichen Leistungserstellung (= Produktion) und Leistungsverwertung (= Absatz) anfallen. Der ausschließlich betriebsbedingte Verbrauch von Gütern und Dienstleistungen wird als Kosten bezeichnet.
Erträge sind alle Wertezuflüsse eines Unternehmens, die zu einer Erhöhung eines Vermögenspostens und damit auch zu einer Erhöhung des Eigenkapitals führen.	Leistungen sind der Teil Erträge, der im Rahmen der geplanten betrieblichen Beschaffungs-, Produktions- und Absatzprozesse anfällt. Leistungen sind betriebsbedingte Wertezuflüsse, die im Zusammenhang mit der betrieblichen Leistungserstellung stehen.
Erträge ./. Aufwendungen = Gesamtergebnis	Leistungen ./. Kosten = Betriebsergebnis

9709479

4.10.1 Aufgaben und Grundbegriffe der KLR

Die Aufwendungen bzw. Erträge der Finanzbuchhaltung sind entweder betrieblich bedingt oder neutral.

Welche Beispiele lassen sich diesen Begriffen zuordnen?

Betriebsbedingte Aufwendungen sind z. B.:
- die betriebl. Gehälter einschl. der sozialen Aufwendungen,
- die Instandsetzungen für das Studio,
- die Zinsaufwendungen.

Betriebsbedingte Ertragsarten sind z. B.:
- die Verkaufserlöse für Warenverkauf und Mitgliedschaften,
- die Privatentnahme von Waren.

Nennen Sie Beispiele für betriebsfremde Aufwendungen und Erträge.

Betriebsfremde Aufwendungen sind z. B.:
- Wasser- oder Brandschaden im Studio,
- Abschreibungen auf ein vermietetes Gebäude,
- Forderungsausfall durch Insolvenz unseres Mitglieds.

Betriebsfremde Erträge sind z. B.:
- Ertrag aus dem Verkauf von Wertpapieren,
- Rückerstattung der zu viel gezahlten Betriebssteuern durch das Finanzamt,
- Mieterträge,
- Zinserträge.

9709480

Welcher Unterschied besteht zwischen dem Gesamt- und dem Betriebsergebnis?

- Das **Gesamtergebnis** beinhaltet die gesamten Aufwendungen und Erträge, die innerhalb eines Geschäftsjahres angefallen sind, einschließlich der betriebsfremden Aufwendungen und Erträge. Aus der Gegenüberstellung der Erträge zu den Aufwendungen wird der zu versteuernde Gewinn ermittelt.
- Das **Betriebsergebnis** wird ermittelt durch die Gegenüberstellung der betriebsbedingten Kosten und Leistungen, die in einem unmittelbaren Zusammenhang mit der betrieblichen Leistungserstellung stehen.

4.10.2 Abgrenzungsrechnung

Welche Aufgabe erfüllt die Abgrenzungsrechnung?

Voraussetzung für die Ermittlung des Betriebsergebnisses ist die **Abgrenzungsrechnung**. In ihr werden die betriebsfremden Aufwendungen und Erträge gesondert erfasst, die nicht in einem unmittelbaren Zusammenhang mit der betrieblichen Leistungserstellung (Verkauf von Waren und Dienstleistungen) stehen.

Die Finanzbuchhaltung des „Mittelhessischen Bewegungszentrums" weist innerhalb einer Abrechnungsperiode die in der links stehenden Tabelle zusammengefassten Aufwendungen und Erträge auf.

Führen Sie eine Abgrenzungsrechnung durch. Ermitteln Sie das Gesamt-, das neutrale Ergebnis und das Betriebsergebnis.
Fortsetzung Seite 482

Konto-Nummer	Konten-Bezeichnung	Betrag
8010	Verkaufserlöse für Beautyartikel	2.400,00
8011	Verkaufserlöse für Sportbekleidung	1.850,00
8600	Erträge aus Mitgliedschaften	3.650,00
2421	Mieterträge	620,00
2610	Zinserträge	450,00
2020	Betriebsfremde Aufwendungen	480,00
3010	Wareneingang	850,00
4020	Gehälter	1.420,00
4040	Gesetzliche soziale Aufwendungen	950,00
4110	Mieten	680,00
4130	Leasing	380,00
4300	Energie, Brennstoffe	1.230,00
4910	Abschreibungen	390,00

4.10.2 Abgrenzungsrechnung

Fortsetzung von Seite 481

Finanzbuchhaltung Life und Wellness-Club

	Finanzbuchhaltung		*Abgrenzungsbereich*		*KLR*	
	GuV		*Neutral. Ergebnis*		*Betriebsergebnis*	
Kontenbezeichnung	**Aufwendungen**	**Erträge**	**Aufwendungen**	**Erträge**	**Kosten**	**Leistungen**
Verkaufserlöse f. Beautyartikel		2.400,00				2.400,00
Verkaufserlöse f. Sportbekleidung		1.850,00				1.850,00
Erträge aus Mitgliedschaften		3.650,00				3.650,00
Mieterträge		620,00		620,00		
Zinserträge		450,00		450,00		
Betriebsfremde Aufwendungen	480,00		480,00			
Aufwendungen für Waren	850,00				850,00	
Gehälter	1.420,00				1.420,00	
Gesetzl. soziale Aufwendungen	950,00				950,00	
Mieten	680,00				680,00	
Leasing	380,00				380,00	
Energie, Brennstoffe	1.230,00				1.230,00	
Abschreibungen	390,00				390,00	
Summe	6.380,00	8.970,00	480,00	1.070,00	5.900,00	7.900,00
Saldo	2.590,00		590,00		2.000,00	
Ergebnis	8.970,00	8.970,00	1.070,00	1.070,00	7.900,00	7.900,00
Gesamtergebnis der Finanzbuchhaltung						2.590,00
Neutraler Gewinn				590,00		
Betriebsgewinn				2.000,00		
Gesamtergebnis der Kosten- und Leistungsrechnung						2.590,00

9709482

Wie lassen sich Grund-, Anders- (aufwandsungleiche Kosten) und Zusatzkosten unterscheiden?

- **Grundkosten oder aufwandsgleiche Kosten**
  Dies sind Kosten, die unverändert von der GuV-Rechnung in die KLR übernommen werden. Sie stehen in einem unmittelbaren Zusammenhang mit dem betrieblichen Leistungsangebot.

  Die Erträge werden ebenfalls unverändert in die Kosten- und Leistungsrechnung übernommen. Als Beispiel sind die Erträge aus Mitgliedschaften und der Verkauf von Waren anzuführen.

- **Anderskosten/Aufwandsungleiche Kosten**
  Diese Kosten werden zunächst in der GuV-Rechnung mit einem Wertansatz unter Beachtung bestehender handels- und steuerrechtlicher Vorschriften erfasst. Ihre Höhe ist aber für die Kosten- und Leistungsrechnung irrelevant. Sie müssen allerdings mit einem anderen Wertansatz in der KLR erfasst werden. Diese Kosten werden als *„kalkulatorische Kosten"* bezeichnet.

  Die Erfassung dieser Kosten erfolgt über die Konstellation in der Abgrenzungsrechnung/Tabelle. Diese Aufwendungen werden als Aufwand auf der Sollseite der kostenrechnerischen Korrekturen erfasst; der angegebene kalkulatorische Wert wird auf der Habenseite unter verrechnete Kosten erfasst. Dieser Wert wird auch als Kosten in die KLR übernommen.

- **Zusatzkosten**
  Diese Kosten erscheinen in der GuV-Rechnung nicht; sie werden ausschließlich in der Kosten- und Leistungsrechnung erfasst. Der Wertansatz dieser Kosten erfolgt auf der Habenseite unter verrechnete Kosten. Dieser Wert wird in die KLR auf der Sollseite unter Kosten übernommen.

  Bei den Zusatzkosten stehen keine Aufwandsbuchungen in der GuV-Rechnung gegenüber. Als Beispiel ist der kalkulatorische Unternehmerlohn anzuführen.

4.10.3 Kalkulatorische Kosten

Welche Aufgaben erfüllen die kalkulatorischen Kosten?

Die aufgeführten **kalkulatorischen Kostenarten** sorgen dafür, dass die tatsächlichen, betriebsbedingten Kosten in der KLR erfasst werden. Sie sind durch die betriebliche Leistungserstellung tatsächlich entstanden und werden in der Finanzbuchhaltung mit dem Wert unter handels- und steuerrechtlichen Vorschriften erfasst.

Die kalkulatorischen Kosten werden in der linken Seite (= Kosten) der Tabelle aufgeführt und bilden zusammen mit den Grundkosten die Grundlage der Angebotskalkulation. Beim Verkauf der Erzeugnisse fließen sie als Umsatzerlöse wieder dem Unternehmen zu. In diesem Fall wirken sie sich nicht auf das Betriebsergebnis aus.

Welche Bedeutung haben die kalkulatorischen Abschreibungen, die kalkulatorischen Wagnisse, die kalkulatorische Miete, die kalkulatorischen Zinsen und der kalkulatorische Unternehmerlohn?

- **Kalkulatorische Abschreibungen**
  Die bilanziellen Abschreibungen werden gemäß gesetzlicher Vorschriften in der Finanzbuchhaltung erfasst. Die gesamten Anlagegegenstände, die einer Abnutzung unterliegen, müssen abgeschrieben werden.

  Die kalkulatorischen Abschreibungen dagegen haben die Aufgabe, den tatsächlichen Werteverzehr des Anlagegegenstandes zu erfassen. Abgeschrieben werden allerdings nur die betriebsnotwendigen Anlagegegenstände.

- **Kalkulatorische Wagnisse**
  Jede unternehmerische Tätigkeit ist mit Risiken bzw. Wagnissen verbunden und kann unter anderem konjunkturell bedingt sein. Es wird als allgemeines Unternehmenswagnis bezeichnet und durch den Gewinn ausgeglichen. Dieses Wagnis wird kalkulatorisch nicht erfasst.

  Weiterhin können auch Einzelwagnisse auftreten, die nicht durch Versicherungsleistungen abgedeckt sind, wie zum Beispiel Diebstahl, Brand, Schäden durch Unwetter. Diese Einzelwagnisse werden in der KLR in Form der kalkulatorischen Wagnisse berücksichtigt und aufgrund von Erfahrungswerten (z. B. Durchschnittswerte der eingetretenen Verluste in der Vergangenheit) berechnet. Die Verrechnung von kalkulatorischen Wagnissen ermöglicht dem Unternehmen somit eine konstante Preiskalkulation.

Sind Wagnisse durch Versicherungsleistungen abgedeckt, ist eine kalkulatorische Erfassung nicht möglich. Diese gehen dann in die KLR als Grundkosten ein.

- **Kalkulatorische Miete**
  Einzelunternehmen oder Personengesellschaften haben dann eine kalkulatorische Miete anzusetzen, wenn der Geschäftsinhaber dem Unternehmen private Räume zur geschäftlichen Nutzung überlässt. Die Höhe der kalkulatorischen Miete richtet sich nach vergleichbaren Objekten.

- **Kalkulatorische Zinsen**
  Die tatsächlich zu zahlenden Zinsen für das Fremdkapital sind entsprechend in der Finanzbuchhaltung als Aufwand zu erfassen. Nicht berücksichtigt bleibt jedoch die Verzinsung des Eigenkapitals.

  In der Kosten- und Leistungsrechnung werden daher zusätzlich zu den Fremdkapitalzinsen auch kalkulatorische Zinsen angesetzt. Die Berechnung erfolgt von dem betriebsnotwendigen Kapital. Als Zinssatz wird der Kapitalzinssatz für langfristige Darlehen angenommen.

  Der kalkulatorische Zinssatz ermöglicht auch einen Betriebsvergleich mit anderen Unternehmen.

- **Kalkulatorischer Unternehmerlohn**
  Einzelunternehmer oder Gesellschafter von Personengesellschaften dürfen aus steuerrechtlichen Gründen kein Gehalt beziehen. Ihr Gehalt besteht in Privatentnahmen aus dem erwirtschafteten Gewinn.

  Um aber eine exakte Kalkulation durchführen zu können, müssen in der KLR die gesamten Kosten, die im Zusammenhang mit der betrieblichen Leistungserstellung stehen, erfasst werden. Dazu zählt auch die Arbeitsleistung des Unternehmers.

  Die Höhe des kalkulatorischen Unternehmerlohnes richtet sich in der Regel nach dem Gehalt eines leitenden Angestellten in vergleichbarer Position.

4.10.4 Kostenartenrechnung

Welche Aufgabe ist mit der Kostenartenrechnung verbunden?

In der **Kostenartenrechnung** werden zunächst sämtliche Kosten erfasst und nach Kostenarten gegliedert.
Die **Aufgabe der Kostenartenrechnung** besteht darin, die Kostenstruktur eines Betriebes zu überwachen und zu beurteilen. Weiterhin werden innerbetriebliche (Analyse der Kosten bezogen auf einzelne Abteilungen) und außerbetriebliche (Betriebsvergleiche mit anderen Unternehmen der gleichen Branche) Kostenvergleiche durchgeführt. Bei sehr großen Abweichungen sind zunächst die Ursachen zu erforschen, um anschließend entsprechende Maßnahmen einzuleiten. Die Kostenartenrechnung befasst sich mit der Fragestellung „Welche Kosten sind angefallen?". Es handelt sich daher bei der Kostenartenrechnung lediglich um die gesonderte Erfassung der Kosten.

Wie lassen sich die Kostenarten eines Großhandelsunternehmens (Sport- und Fitnessstudio) einteilen?

Die **Kostenarten eines Großhandelsunternehmens** lassen sich nach verschiedenen Gesichtspunkten einteilen:

a) **Nach ihrer Entstehung** werden die Kosten entsprechend dem Kontenrahmen geordnet, wie z. B. Personalkosten, Mieten, Leasing, Pachten, Steuern, Beiträge, Versicherungen, Energie, Werbe- und Reisekosten, allgemeine Verwaltungskosten, Abschreibungen, Wareneinsatz.

b) **Nach der Verrechnung** wird unterschieden in Einzelkosten (direkte Kosten) und Gemeinkosten (indirekte Kosten).

c) **Unterteilung in fixe (= feste Kosten) und variable (= veränderliche Kosten).** Die fixen Kosten sind unabhängig vom Leistungsumfang eines Sport- und Fitnessstudios, wie z. B. Steuern, Beiträge, Mieten, der lineare Abschreibungsbetrag. Zu den variablen Kosten zählen z. B. die Provisionen.

d) **Einzelkosten** können dem einzelnen Kostenträger (Ware oder Warengruppe) direkt zugerechnet werden, wie z. B. die Warenbezugskosten.

e) **Gemeinkosten** können dem Kostenträger nur **indirekt** zugeordnet werden, weil sie mit Aufnahme der Betriebstätigkeit anfallen, wie z. B. Energiekosten.

9709486

Welcher Unterschied besteht zwischen den Ist- und den Normalkosten?

- **Istkosten** sind erst dann zu erfassen, wenn das Produkt hergestellt bzw. produziert wurde. Diese tatsächlichen Kosten sind in der Nachkalkulation zu ermitteln.
- **Normalkosten** werden für die Vorkalkulation benötigt. Bei Abgabe eines Angebotes muss mit Werten kalkuliert werden, die auf der Basis der Istkosten beruhen. Es wird analysiert, mit welchen Zuschlagssätzen in der Vergangenheit ein vergleichbares Produkt hergestellt wurde. Diese Zuschlagssätze werden bei der Abgabe eines Angebotes zugrunde gelegt.
  Nach Herstellung des Produktes wird analysiert, ob die im Angebot enthaltenen Zuschlagssätze (Normalkosten) mit den tatsächlichen Zuschlagssätzen (Istkosten) übereinstimmen. Liegen die Normalkosten über den Istkosten, so ist eine Überdeckung erreicht worden. Liegen die Normalkosten unter den Istkosten, so liegt eine Unterdeckung vor.

4.10.5 Kostenstellenrechnung

Welche Aufgabe erfüllt als zweite Stufe der Kosten- und Leistungsrechnung die Kostenstellenrechnung?

Die Kostenartenrechnung, als erste Stufe der Kosten- und Leistungsrechnung, erteilt Auskunft über Höhe und Art der Kosten und ermöglicht somit die betriebsinterne Kontrolle hinsichtlich der Veränderung dieser Kosten.
Um die Kosten beeinflussen zu können, müssen aber die Orte ihrer Entstehung bekannt sein. Aus diesem Grund ist es notwendig, den gesamten Betrieb nach Verantwortungsbereichen zu unterteilen. Die abgrenzbaren Teilbereiche werden als Kostenstellen bezeichnet. Die Kostenstellenrechnung beinhaltet die Fragestellung „Wo sind die Kosten angefallen?".
Die **Kostenstellenrechnung eines Sport- und Fitnessstudios** gliedert das Studio zunächst in eigenständige Verantwortungs- bzw. Funktionsbereiche, wie z. B. den Thekenbereich, den Geräte- und Racketbereich, den Kursbereich usw.

Die Gemeinkosten, die aus der Kostenstellenrechnung übernommen werden, müssen zunächst verursachungsgerecht (mithilfe betriebsinterner Verteilungsschlüssel) auf die einzelnen Kostenstellen verteilt werden, um somit die Gemeinkostenzuschläge berechnen zu können. Durch den Vergleich der Kosten, bezogen auf die Kostenstellen, ist eine wirksame Kostenkontrolle möglich.

4.10.5 Kostenstellenrechnung

Von welchen betriebsinternen Gegebenheiten ist die Bildung von Kostenstellen abhängig?

Die **Bildung von Kostenstellen** ist abhängig von der Größe des Sport- und Fitnessstudios und der betriebsinternen Zielsetzung, eine effiziente Kostenkontrolle zu erreichen.

Aus diesem Grund ist es notwendig, für jeden selbstständigen Verantwortungsbereich eine eigene Kostenstelle zu bilden. Die Verantwortungsbereiche der Kostenstellen müssen allerdings eindeutig voneinander abgegrenzt werden, damit der zuständige Leiter der Kostenstelle auch zur Verantwortung der Kostenentwicklung herangezogen werden kann.

Wie können die Kosten von der Kostenartenrechnung in die Kostenstellenrechnung übernommen werden?

Die **Übernahme der Kosten aus der Kostenartenrechnung in die Kostenstellenrechnung** erfolgt zunächst in der Form, dass verschiedene Gemeinkosten direkt den betreffenden Kostenstellen zugerechnet werden können, wie zum Beispiel die Energiekosten, die nach der Raumgröße (m^2) den einzelnen Kostenstellen (Abteilungen) entsprechend zugerechnet werden können, oder die Verteilung von Betriebsstoffen, die auf der Grundlage von Materialentnahmescheinen erfolgt. Es handelt sich in diesen Fällen um Kostenstelleneinzelkosten.

Gemeinkosten, die für mehrere Kostenstellen anfallen (Kostenstellengemeinkosten), lassen sich nur indirekt, mithilfe von betriebsinternen Verteilungsschlüsseln, auf die einzelnen Kostenstellen umrechnen. In der richtigen Ermittlung dieser Verteilungsschlüssel, die dem Verursachungsprinzip gerecht werden, liegt die eigentliche Schwierigkeit der Kostenstellenrechnung. Je genauer die betriebsinternen Verteilungsschlüssel erstellt werden, umso genauer ist die Kostenverteilung auf die Kostenstellen. Somit erhöht sich auch die Aussagefähigkeit der Kostenrechnung.

Die Verteilung der Gemeinkosten auf die einzelnen Kostenstellen erfolgt durch den Betriebsabrechnungsbogen. Dieses abrechnungstechnische Hilfsmittel dient zur Kostenverteilung. Die Gemeinkosten werden aus der Kostenartenrechnung tabellarisch übernommen und auf die Kostenstellen verteilt. Die Gemeinkosten werden senkrecht und die Kostenstellen waagerecht aufgelistet.

9709488

4.10.6 Kostenträgerrechnung

Was ist unter einer Kostenträgerrechnung zu verstehen?

Kostenträger sind die in einem Sport- und Fitnessstudio abgesetzten Waren und Dienstleistungen (Mitgliedsbeiträge).
Mit der **Kostenträgerrechnung** (= Kalkulation) werden die Kosten und Preise für die einzelnen Warengruppen bzw. Artikel ermittelt. Der kalkulierte Angebotspreis soll dabei die anteiligen Handlungskosten des Studios decken und einen angemessenen Gewinn gewährleisten.

Sie werden beauftragt die Kalkulation für zehn Sportanzüge gemäß den nachfolgenden Angaben durchzuführen.

Der Listeneinkaufspreis beträgt 45,00 € bezogen auf einen Sportanzug. Der Hersteller gewährt uns 20 % Rabatt und 3 % Skonto. Die Transportkosten werden uns mit 15,40 € in Rechnung gestellt. Die Handlungskosten sind mit 15 % und der Gewinn ist mit 10 % zu berücksichtigen. Den Händlern/Kunden gewähren Sie 2 % Skonto und 5 % Verkaufsprovision. Weiterhin sind 10 % Rabatt zu berücksichtigen.

Ermitteln Sie den Angebotspreis für die gesamte Lieferung und für einen Sportanzug.

Kalkulationsschema im Handelsbetrieb

	Listeneinkaufspreis (bezogen auf 10 Sportanzüge)	450,00 €		
./.	Rabatt 20 %	90,00 €		
	Zieleinkaufspreis	360,00 €		
./.	Skonto 3 %	10,80 €		
	Bareinkaufspreis	349,20 €		
+	Bezugskosten	15,40 €		
	Bezugspreis	364,60 €		
+	Handlungskosten 15 %	54,69 €		
	Selbstkosten	419,29 €		
+	Gewinn 10 %	41,93 €		
	Barverkaufspreis	461,22 €	93,00 %	
+	Skonto 2 %	9,92 €	2,00 %	
+	Verkaufsprovision 5 %	24,80 €	5,00 %	
	Zielverkaufspreis	495,94 €	100,00 %	90,00 %
+	Rabatt 10 %	55,10 €		10,00 %
	Netto-Verkaufspreis	551,04 €		100,00 %
+	Umsatzsteuer 19 %	104,70 €		
	Angebotspreis	**655,74 €**		
	Verkaufspreis für einen Anzug	65,57 €		

9709489

4.10.6 Kostenträgerrechnung

Was ist unter den Handlungskosten zu verstehen?

Die **Handlungskosten** beziehen die gesamten Aufwendungen, die mit der Betriebstätigkeit anfallen, mit ein. Diese Kosten sind als Gemeinkosten zu berücksichtigen.
Die Warenaufwendungen (Wareneinsatz) sind als Einzelkosten anzusehen und lassen sich dem jeweiligen Kostenträger (Artikel, die in einem Sport- und Fitnessstudio geführt werden) zuordnen.
Der Wareneinsatz bildet somit die Grundlage (= 100 %) zur Berechnung des Handlungskostenzuschlages in Prozent.

Wie wird der Handlungskostenzuschlag ermittelt?

Handlungskostenzuschlag: $\frac{\text{Handlungskosten}}{\text{Wareneinsatz}}$

4.10.7 Deckungsbeitragsrechnung

Welche Voraussetzungen sind bei der Deckungsbeitragsrechnung zu beachten?

Die Kostenträgerstückrechnung als Vollkostenrechnung unterstellt, dass sich die gesamten Kosten auf den Kostenträger (das Produkt) umlegen lassen. Im Gegensatz zu der Vollkostenrechnung wird bei der Teilkostenrechnung nur der entscheidungsrelevante Teil der Kosten, die variablen Kosten, dem Kostenträger zugerechnet. Die fixen Kosten sind von den betrieblichen Einflussgrößen unabhängig. Den Kostenträgern werden also nur die variablen Kosten zugerechnet.

Die **Deckungsbeitragsrechnung** verzichtet darauf, die gesamten angefallenen Kosten zu verrechnen. Berücksichtigt werden lediglich Kosten, die von der jeweiligen betriebswirtschaftlichen Entscheidung beeinflusst werden. Das sind in diesem Fall die variablen Kosten. Langfristig müssen aber die Preise so kalkuliert werden, dass alle Kosten abgedeckt sind. Nur dann ist die Existenz eines Unternehmens (Studios) gesichert.

4.10.7 Deckungsbeitragsrechnung

Welcher Zusammenhang besteht zwischen der Teilkostenrechnung und dem Deckungsbeitrag?

Die **Deckungsbeitragsrechnung ist eine Form der Teilkostenrechnung.** Gegenübergestellt werden die variablen Kosten zu den Verkaufserlösen. Die Differenz ist der Deckungsbeitrag. Dieser sollte den fixen Kostenanteil übersteigen, um einen angemessenen Betriebsgewinn zu erzielen. Ermittlung des Deckungsbeitrages:

	Umsatzerlöse
./.	variable Kosten
=	Deckungsbeitrag
./.	fixe Kosten
=	Betriebsgewinn

Der Deckungsbeitrag ist gleich null, wenn bei einem angenommenen Auftrag lediglich die variablen Kosten ausgeglichen werden. Bei einer kurzfristig angelegten Entscheidung stellt somit der Deckungsbeitrag die absolute Preisuntergrenze dar. Durch die erzielten Umsatzerlöse werden lediglich die variablen Kosten ausgeglichen, ein Gewinn wird nicht erwirtschaftet. Langfristig kann ein Unternehmen allerdings nicht auf einen angemessenen Gewinn verzichten. Aus diesem Grund muss der Deckungsbeitrag die Fixkosten ausgleichen bzw. übersteigen, um einen angemessenen Betriebsgewinn zu erreichen.

Wie wird der Dekungsbeitrag und der Betriebsgewinn/-verlust bei nachfolgende Angaben ermittelt?

25 Bekleidungsstücke für die Golfsportler werden zu einem Stückpreis von 180,00 € verkauft. Die variablen Kosten betragen 2.200,00 € und die fixen Kosten 1.800,00 €.

Der Deckungsbeitrag lässt sich wie folgt ermitteln:

	Umsatzerlöse 25 · 180,00 € =	4.500,00 €
./.	variable Kosten	2.200,00 €
=	Deckungsbeitrag	2.300,00 €
./.	fixe Kosten	1.800,00 €
=	Betriebsgewinn	500,00 €

9709492

Ulrich Gerhard, Geschäftsführer der „Mittelhessischen Sport- und Bewegungszentrum GmbH", beabsichtigt im Rahmen des Controllings in den nächsten Jahren 2500 Mitgliedschaften zu einem Preis in Höhe von 48,50 € anzubieten. Gegenwärtig sind im Zentrum 1800 Mitglieder registriert. Die Kostenanalyse weist variable Gesamtkosten in Höhe von 7.200,00 € aus und die fixen Kosten wurden mit 16.850,00 € ermittelt.

Ermitteln Sie den Betriebsgewinn.

	Umsatzerlöse (2500 Mitglieder, Mitgliedsbeitrag 48,50 €)	121.250,00 €
./.	variable Gesamtkosten (7.200,00 € : 1800 = 4,00 € · 2500)	10.000,00 €
=	Deckungsbeitrag	111.250,00 €
./.	fixe Gesamtkosten	16.850,00 €
=	Betriebsgewinn	94.400,00 €

Was ist unter einem Break-even-Point zu verstehen?

Der **Break-even-Point** ist erreicht, wenn die Deckungsbeiträge die fixen Kosten ausgleichen. Es muss also eine bestimmte Menge von Produkten verkauft werden, um die Fixkosten auszugleichen. Das Unternehmen hat bei dieser Produktionsmenge die Gewinnschwelle erreicht. Liegt die Produktionsmenge über der Gewinnschwelle, erwirtschaftet der Betrieb einen Gewinn.

5 Fallbezogene Fachgesprächaufgaben

5.1 Mitgliedschaftsvertrag

Der kaufmännische Mitarbeiter Joachim Wagner ist von dem Leistungsangebot des Studios „Sport und Fitness Class GmbH" überzeugt; der Mitgliedschaftsvertrag wird durch die Unterschriften beider Vertragspartner bestätigt.

a) Erläutern Sie die rechtliche Bedeutung des Mitgliedschaftsvertrages.

b) Aus welchen rechtlichen Bestandteilen (Vertragsarten) setzt sich der Mitgliedschaftsvertrag zusammen?

c) Welche Rechte und Pflichten ergeben sich für die Vertragsparteien?

d) Wie stehen sich die Vertragspartner bei Streitigkeiten gegenüber?

a) Der **Mitgliedschaftsvertrag** ist ein privatrechtlichen Vertrag, der durch zwei übereinstimmende Willenserklärungen zustande kommt und zwischen dem Studiobetreiber und dem Mitglied durch die Unterschriften bestätigt wird.

b) Bei einem Mitgliedschaftsvertrag handelt es sich in der Regel um einen Vertrag, der sich aus dem **Mietvertrag** (§ 535 ff. BGB) und dem **Dienstvertrag** (§ 611 ff. BGB) zusammensetzt.
- Mietvertragliche Inhalte des Mitgliedschaftsvertrages beziehen sich auf die Überlassung bzw. Nutzung der Räumlichkeiten und der Gerätschaften.
- Dienstvertragliche Inhalte des Mitgliedschaftsvertrages beziehen sich auf die Beratung, die ständige Betreuung und die Einweisung an den Gerätschaften.

c) Die **Pflichten des Studiobetreibers** sind zunächst darauf gerichtet, dem Mitglied die Räumlichkeiten, Gerätschaften und die dazugehörigen Dienstleistungen (z. B. Einweisungen) zur Verfügung zu stellen. In diesem Zusammenhang ist die Einhaltung gesetzlicher Bestimmungen an den Gerätschaften (z. B. durch den TÜV) und Einrichtungen (z. B. die Einhaltung der Hygienevorschriften, Vorschriften im Umgang mit Speisen und Getränken usw.) zu beachten.

d) Die **Pflichten des Mitgliedes** bestehen unter anderem in der termingerechten Beitragszahlung, in der Beachtung der Hausordnung und in dem sorgfältigen Umgang mit den Gerätschaften.
Zunächst stehen sich diese beiden Vertragspartner gleichberechtigt gegenüber. Auf der Grundlage der Bestimmungen des BGB ist zu prüfen, ob eine unangemessene Benachteiligung des Mitglieds im Sinne des § 305 BGB (Einbeziehung der Allgemeinen Geschäftsbedingungen in den Mitgliedschaftsvertrag) vorliegt. Zuständig für Rechtsstreitigkeiten ist das zuständige Amtsgericht.

9709494

Erläutern Sie die wirtschaftliche Bedeutung der Allgemeinen Geschäftsbedingungen (AGB) für den Studiobetreiber und die Mitglieder.

Unter **Allgemeinen Geschäftsbedingungen** sind Vertragsbestimmungen zu verstehen, die für eine Vielzahl von Verträgen vorformuliert sind und auf der Vertragsurkunde oder einem besonderen Blatt abgedruckt werden (§ 305 BGB). Die Verwendung der AGB erleichtert den Vertragsabschluss erheblich. Dadurch, dass der einzelne Vertrag nicht mehr individuell ausgehandelt werden muss, dienen die AGB somit der Kosteneinsparung und Rationalisierung. Um Benachteiligungen der wirtschaftlich schwächeren Vertragspartner (Mitglied) durch vorformulierte Vertragsbedingungen zu verhindern, um also mehr Rechtssicherheit und Gerechtigkeit zu schaffen, ist das AGB-Gesetz in Kraft getreten und am 1. Januar 2002 in das BGB integriert worden.

Beurteilen Sie Rechtslage bezogen auf die nachfolgenden Sachverhalte:
a) Die Kosmetikerin Nadine Muchel bestätigt mit Ihnen den Mitgliedschaftsvertrag. Sie wurde allerdings nicht auf die AGB hingewiesen; diese waren auch nicht dem Vertrag beigefügt.
b) In dem Mitgliedschaftsvertrag wurde vereinbart, dass eine Beitragserhöhung drei Monate nach Vertragsabschluss erfolgt.
c) In dem Mitgliedschaftsvertrag wurde u. a. vereinbart, dass eine generelle Haftung für den Studiobetreiber und seinen Mitarbeiter ausgeschlossen ist.

a) Zum Schutz des Verbrauchers legt das Gesetz fest, dass die AGB nur dann Vertragsbestandteil werden, wenn der Studiobetreiber ausdrücklich auf die AGB hinweist bzw. diese deutlich sichtbar am Ort des Vertragsabschlusses aushändigt und die andere Vertragspartei damit einverstanden ist (§ 305 Abs. 2 BGB).
Der Vertrag wurde rechtsgültig abgeschlossen; er ist durch zwei übereinstimmende Willenserklärungen zustande gekommen. Die AGB des Studios haben somit keine Gültigkeit für Nadine Muchel.

b) Diese Vereinbarung ist rechtsungültig. Sie verstößt gegen die gesetzliche Bestimmung des § 309 Abs. 1 BGB. Eine kurzfristige Beitragserhöhung ist innerhalb der ersten vier Monate nach Vertragsabschluss rechtsungültig.

c) Diese Vereinbarung verstößt gegen die Rechtsvorschrift des § 309 Abs. 7 BGB und ist somit nichtig. Gemäß der vorliegenden Rechtsvorschrift ist sie als eine unangemessene Benachteiligung des Mitglieds (Nadine Muchel) anzusehen.

9709495

5.1 Mitgliedschaftsvertrag

In dem Mitgliedschaftsvertrag mit der Kosmetikerin Nadine Muchel sind folgende Formulierungen/Bestimmungen enthalten.

Beurteilen Sie die nachfolgenden Situationen hinsichtlich der Vertragsinhalte unter Angabe gesetzlicher Vorschriften.

a) Der Mitgliedschaftsvertrag wurde am 13. August 2010 bestätigt. In den Vertragsbedingungen wurde eine Laufzeit von 36 Monaten vereinbart und festgelegt.

b) In den Vertragsbedingungen wurde u. a. vereinbart, dass der Vertrag sich um 18 Monate verlängert, sofern er nicht vorzeitig aufgelöst wird.

c) In den Vertragsbedingungen wurde weiterhin eine Kündigungsfrist von sechs Monaten vor Ablauf des Vertrages vereinbart.

d) Am 13. September 2010 legt Frau Nadine Muchel Ihnen ein Attest über eine bestehende Schwangerschaft vor und löst den Mitgliedschaftsvertrag mit sofortiger Wirkung auf.

a) Diese Vereinbarung verstößt gegen die gesetzliche Bestimmung des § 309 Abs. 9 a BGB. Die Laufzeit des Mitgliedschaftsvertrages ist auf 24 Monate begrenzt. Eine Verlängerung der Laufzeiten ist durch eine Zusatzvereinbarung möglich. Die einzelvertragliche Vereinbarung kommt durch zwei übereinstimmende Willenserklärungen zustande und hebt die AGB auf.

b) Diese Vereinbarung verstößt gegen die gesetzliche Bestimmung des § 309 Abs. 9 b BGB und ist somit unzulässig. Eine Verlängerung der Mitgliedschaft ist um höchstens 12 Monate möglich.

c) Diese Vereinbarung verstößt gegen die gesetzliche Bestimmung des § 309 Abs. 9 c BGB. Die Kündigungsfrist von mehr als drei Monate ist unwirksam.

d) Eine Schwangerschaft ist nicht als eine Dauererkrankung anzusehen und berechtigt daher nicht zu einer außerordentlichen Kündigung. Für die Zeit der Schwangerschaft und der Mutterschutzfrist ist eine beitragsfreie Unterbrechung möglich; die Zahlung der Mitgliedschaftsbeiträge entfällt und die Zeit der Unterbrechung verlängert sich beitragspflichtig entsprechend die Grundlaufzeit.
Eine andere Möglichkeit besteht darin, den Vertrag für die entsprechende Zeit ruhen zu lassen. Das Mitglied zahlt weiterhin die Beiträge und die Grundlaufzeit verlängert sich um diese Zeitspanne der Ruhezeit beitragsfrei für das Mitglied Nadine Muchel.

9709496

Der Student Delano Osterbrauck ist neben seinem Betriebswirtschaftsstudium aktiver Freizeitsportler. Er beabsichtigt, mit Ihrem Studio einen Mitgliedschaftsvertrag abzuschließen. Als zuständiger Mitarbeiter des Studios werden Sie beauftragt, die nachfolgenden Unterschiede unter Angabe gesetzlicher Bestimmungen Herrn Osterbrauck zu erläutern:

a) **Was versteht man unter einer Grundlaufzeit?**

b) **Was ist unter einer Verlängerungszeit – unter Beachtung der gesetzlichen Vorschriften – zu verstehen?**

a) Jedes Studio legt unterschiedliche Grundlaufzeiten im Mitgliedschaftsvertrag fest. Die Laufzeiten bestimmen u. a. die Höhe der Mitgliedschaftsbeiträge. Gemäß der Rechtsvorschrift des § 309 Nr. 9 a BGB ist eine Höchstdauer von 24 Monate vorgesehen, um das Mitglied vor einer zu langen Vertragsbindung zu schützen.

b) In der Regel ist im Mitgliedschaftsvertrag eine stillschweigende Verlängerungsklausel enthalten. Das heißt, dass sich der Vertrag nach der Grundlaufzeit automatisch um eine im Vertrag bestimmte Zeit verlängert, sofern das Mitglied diesen Vertrag nicht vorher aufgelöst hat. Unwirksam ist eine Verlängerung um mehr als ein Jahr (§ 309 Nr. 9 b BGB).

Erläutern Sie, warum die Gestaltung des Mitgliedschaftsvertrages in Zusammenhang mit dem Kundenbindungskonzept steht.

Die Gestaltung bzw. die Inhalte des Mitgliedschaftsvertrages sind zunächst nach den gesetzlichen Bestimmungen aufzunehmen.
Es liegt im Ermessen die Studiobetreibers, auf besondere Wünsche seiner Mitglieder einzugehen **(Kundenbindungskonzept)** und eine Lösung im beiderseitigem Interesse vorzunehmen.

5.1 Mitgliedschaftsvertrag

Tobias Muchel, Vorsitzender des Bushido Vereins e. V., schließt mit Ihnen am 18. April 2010 einen Vertrag über die Nutzung des Gymnastikraumes ab. Die Laufzeit des Vertrages ist zunächst auf fünf Jahre festgelegt; in der Zeit von 18:30 bis 21:30 Uhr wird dieser Raum vom Verein uneingeschränkt genutzt. Weiterhin wurde ein monatlicher Betrag in Höhe von 750,00 € vereinbart. Als der Übungsleiter Günter Weimar aus beruflichen Gründen seinem Sportverein nicht mehr zur Verfügung steht, kündigt Herr Muchel am 10. November 2010 den Vertrag mit sofortiger Wirkung.

a) Erläutern Sie die Rechtsnatur der Kündigung.

b) Erläutern Sie, ob diese Kündigung gerechtfertigt ist.

a) Die Kündigung ist als eine einseitig empfangsbedürftige Willenserklärung anzusehen.

b) Der Mietvertrag ist in den Rechtsvorschriften des § 535 ff. BGB geregelt. In der Rechtsvorschrift des § 537 BGB ist festgelegt, dass die Zahlung der Miete auch dann zu entrichten ist, wenn der Mieter aus persönlichen Gründen nicht in der Lage ist den Mietraum auch vereinbarungsgemäß zu nutzen. Gemäß der Rechtsvorschrift des § 542 BGB endet das Mietverhältnis mit Ablauf der vereinbarten Mietvertragszeit, also nach fünf Jahren.

Eine außerordentliche, fristlose Kündigung gemäß der Rechtsvorschrift des § 543 BGB ist aus einem wichtigen Grund möglich. In Sinne dieser Rechtsvorschrift ist allerdings ein Verschulden einer Vertragspartei die Voraussetzung für einen außerordentlichen Kündigungsgrund. Diese Voraussetzung ist in der vorliegenden Situationsbeschreibung nicht gegeben. Aus diesem Grund ist eine vorzeitige Kündigung nur möglich, wenn der Studiobetreiber diesem Anliegen zustimmt.

Im Rahmen einer Messeveranstaltung, die am 10. Oktober 2010 in Ihrem Studio durchgeführt wird, bestätigt der kaufmännische Angestellte Thorsten Kull den Mitgliedschaftsvertrag.

Der Abschluss von Verträgen bei diesen Veranstaltungsarten (z. B. Tag der offenen Tür) sind nach der einstimmigen Rechtsauffassung als **Haustürgeschäfte** anzusehen. Der Verbraucher, also das Mitglied, soll bei derartigen Vertragsabschlüssen (Haustür- und ähnlichen Geschäften) vor der Gefahr einer Überforderung geschützt werden.
Gemäß der Rechtsvorschrift des § 312 BGB wird dem Kunden, also dem Mitglied, das Recht eingeräumt, die bei Vertragsabschluss abgegebene Willenserklärung innerhalb von zwei

Wochen zu widerrufen, ohne dass eine Begründung erforderlich ist (§ 355 BGB). Das Mitglied, Herr Thorsten Kull, hat die Pflicht, schriftlich (z. B. mit einem Brief, Fax oder einer E-Mail) nach Vertragsabschluss zu erklären, dass er von dem Vertragsabschluss zurücktreten möchte.
Die Frist von zwei Wochen beginnt allerdings nicht mit dem Vertragsabschluss, sondern erst, wenn das Mitglied vom Verkäufer (also dem zuständigen Mitarbeiter des Studios) ordnungsgemäß über das Widerrufsrecht belehrt wurde.

Welche gesetzlichen Bestimmungen sind in diesem Zusammenhang zu beachten?

5.2 Vereinsrecht

Der Wirtschaftsprüfer und Steuerberater Walter Muchel beabsichtigt, zunächst mit zwölf anderen Kollegen, den Verein „Ju-Jutsu Budokan Wetzlar" zu gründen.
a) Erläutern Sie, ob zunächst gesetzliche Einschränkungen in diesem Zusammenhang bestehen.
b) Erläutern Sie, ob in dieser Situationsbeschreibung ein Verein gemäß bestehender Rechtsvorschriften gegründet worden ist.
c) Walter Muchel möchte, bedingt durch die ständig steigenden Mitgliederzahlen, einen Verein gründen.
(1) Erläutern Sie, welche Voraussetzungen, unter Angabe der gesetzlichen Vorschriften, mit der Gründung eines Vereins verbunden sind.
(2) Erläutern Sie, wie der Verein im Sinn des Gesetzes definiert ist.
Fortsetzung Seite 500

a) Gemäß dem Art. 9 Abs. 1 GG wird allen Deutschen das Recht eingeräumt Vereine und Gesellschaften zu bilden. Dieser Begriff bezieht sich dabei auf privatrechtliche Vereinigungen aller Art, zunächst ohne Rücksicht auf die zu wählende Rechtsform.

b) In der vorliegenden Situationsbeschreibung handelt es sich zunächst um eine **Interessengemeinschaft,** die ein gemeinsames Ziel verfolgt. Es handelt sich somit um einen freiwilligen Zusammenschluss von Privatpersonen in der Rechtsform einer Gesellschaft des bürgerlichen Rechts gemäß der Rechtsvorschriften des § 705 ff. BGB.

c) (1) Für die Gründung eines Vereins ist es erforderlich, dass die **Mindestmitgliederzahl** mindestens sieben Personen umfasst (§ 56 BGB). Weiterhin muss gemäß der Rechtsvorschrift der §§ 57, 58 BGB eine **Satzung** erstellt werden, um anschließend den Verein in das **Vereinsregister,** das beim zuständigem Amtsgericht geführt wird, zur Eintragung anzumelden (§ 59 BGB). Im Rahmen der freiwilligen Gerichtsbarkeit wird die Eintragung durch einen Rechtspfleger vorgenommen.

(2) Ein Verein ist ein auf eine bestimmte Dauer angelegter, körperschaftlich organisierter Zusammenschluss einer Anzahl von Personen, die ein gemeinschaftliches Ziel verfolgen. Eine körperschaftliche, organschaftliche Vertretung liegt vor, wenn die sich zusammenschließenden Personen (natürliche Personen) künftig als Einheit auftreten möchten, einen einheitlichen Gesamtnamen führen und durch einen Vorstand vertreten werden. Der Vorstand ist an die Beschlussfassung der Mitglieder gebunden gemäß der Rechtsvorschrift des § 58 BGB.

9709499

5.2 Vereinsrecht

d) Was ist unter einem Vorverein zu verstehen?

d) Mit der Einigung der Gründungsmitglieder über die Erstellung der Satzung ist der Verein allerdings noch nicht entstanden. Der Verein ist körperschaftlich organisiert, d. h., es muss ein Organ geschaffen werden, das für ihn handelt. Die Gründer müssen deshalb zuerst den Vorstand des Vereins bestellen, gemäß der von ihnen aufgestellten Satzung. Zur Wahl ist die in der Satzung festgelegte Stimmenmehrheit erforderlich und es müssen entsprechend der Satzung die erforderlichen Vorstandsmitglieder gewählt werden. Das ist ebenso wie bei der Gründung in einer Niederschrift (Gründungsprotokoll) festzuhalten, deren Abschrift später mit der Anmeldung des Vereins beim Amtsgericht vorgelegt werden muss (§ 59 Abs. 2 Nr. 2 BGB).
Mit der Bestellung des Vorstandes ist der Verein errichtet; als ein rechtsfähiger Verein entsteht er jedoch erst mit der Eintragung in das Vereinsregister. In dem dazwischen liegenden Zeitraum liegt ein so genannter **Vorverein** vor, der i. d. R. nicht als ein nicht rechtsfähiger Verein anzusehen ist. Dieser wird durch den Vorstand vertreten, der die Eintragung veranlasst.

5.3 Rechnungswesen und Beschaffung

Am 12. Oktober 2010 bestellt Ulrich Gerhard bei der Sportartikel AG 222 m^2 Matten zu einem Gesamtpreis von 10.555,30 €, die am 24. Oktober ordnungsgemäß geliefert werden. Der Hersteller gewährt einen Rabatt in Höhe von 10 %. Transportkosten im Gesamtpreis von 540,26 € fallen an.

a) Die rechts stehende Rechnung ist an den Vereinsvorsitzenden Ulrich Gerhard gerichtet. Erläutern Sie die buchungstechnische Erfassung dieser Rechnung.

SPORTARTIKEL AG
Industriestraße 18 70437 Stuttgart

BUDOKAN WETZLAR e. V.
zu Hd. Herrn Ulrich Gerhard
Sportparkstraße 5
35578 Wetzlar

Stuttgart, 24.10.2010
Rechnung-Nr. 1602

Matten – gemäß beigefügter Bestellung –	8.870,00 €
./. 10 % Rabatt	887,00 €
	7.983,00 €
+ Transportkosten	454,00 €
	8.437,00 €
+ 19 % Umsatzsteuer	1.603,03 €
Rechnungsbetrag	10.040,03 €

Zahlungsbedingungen: Zahlung innerhalb von 10 Tagen abzüglich 3 % Skonto oder 30 Tage netto Kasse

9709500

a) 3010	Wareneinkauf	7.983,00 €	
3020	Bezugskosten	454,00 €	
1410	Vorsteuer	1.603,03 €	
an	1710 Verbindlichkeiten		10.040,03 €
b) 1710	Verbindlichkeiten	10.040,03 €	
an	1310 Bank		9.738,83 €
an	3080 Lieferantenskonto		253,11 €
an	1410 Vorsteuer		48,09 €

b) Ulrich Gerhard überweist den Rechnungsbetrag am 2. November 2010 und nimmt den Skonto in Anspruch. Wie lautet der Buchungssatz?

a) Die wirtschaftliche und rechtliche Bedeutung einer Anfrage beinhaltet die betriebliche Intention, neue Bezugsquelleninformationen zu erschließen, um Entscheidungen im Beschaffungsbereich entsprechend vorbereiten zu können.

Die rechtliche Bedeutung einer Anfrage beinhaltet, dass ein unmittelbarer Rechtsanspruch auf eine Bestellung nicht abgeleitet werden kann; die Anfrage ist rechtlich unverbindlich.

b) Diese Aussage ist nicht zutreffend. Die Anfrage ist rechtlich unverbindlich und somit nicht als eine rechtsverbindliche Willenserklärung anzusehen.

c) Ein Kaufvertrag (§ 433 BGB), kommt zunächst durch zwei übereinstimmende Willenserklärungen zustande.

Die Bestellung (Auftragserteilung) ist als eine verbindliche Willenserklärung (Antrag) des Käufers anzusehen Waren (Sportbekleidung) unter angegebenen (bekannten) Bedingungen zu kaufen.

Die zweite erforderliche Willenserklärung des Verkäufers (Lieferanten) besteht entweder in der sofortigen Lieferung oder in der Erteilung einer Auftragsbestätigung.

Als zuständiger Mitarbeiter der „Mittelhessisches Bewegungszentrum Ulrich Gerhard KG" werden Sie beauftragt die nachfolgenden Sachverhalte eingehend zu erläutern.

a) Beschreiben Sie die wirtschaftliche und rechtliche Bedeutung einer Anfrage.

Luan Yuthay, Geschäftsführer der Kur- und Freizeitzentrum GmbH, benötigt für eine Sportveranstaltung (Samstag, 13. August 2010) 147 Sportanzüge. Aufgrund unserer telefonischen Anfrage am 29. Juli 2010 bei der „Sportbekleidung AG" durch unser Studio können wir ihm die benötigte Menge bestätigen. Daraufhin erteilt er die Bestellung.

b) Erläutern Sie, ob durch eine Anfrage ein Kaufvertrag zustande gekommen ist.

c) Erläutern Sie, unter welchen Voraussetzungen ein rechtswirksamer Kaufvertrag zustande kommt.

Fortsetzung Seite 502

5.3 Rechnungswesen und Beschaffung

d) Welche Erläuterung erteilt ein Vertreter unseres Studios dem Vereinsvorsitzenden über die Bedeutung des Gütezeichens?

d) Ein **Gütezeichen** ist ein Qualitätssiegel. Es wird als ein Garantieausweis für eine bestimmte Warengüte erteilt. Gütezeichen werden von verschiedenen Herstellern gleichartiger Erzeugnisse als Gewähr für eine bestimmte Mindestqualität verwandt. Sie werden vom Ausschuss für Lieferbedingungen und Gütesicherung (RAL) beim Deutschen Institut für Normung überwacht. Waren, die mit einem solchen Gütezeichen versehen sind, müssen aus genau festgelegten Werkstoffen bestehen und nach bestimmten Arbeitsmethoden hergestellt oder behandelt worden sein.

Unser Studio erhält die rechts stehende Rechnung.

SPORTBEKLEIDUNG AG
Schleißheimer Str. 18 80796 München

Mittelhessisches
Bewegungszentrum
Industriestr. 18
60594 Frankfurt

München, 3. August 2010
Rechnung-Nr. 1808

147 Sportanzüge – gem. Bestellung –	12.425,00 €
./. 15 % Rabatt	1.863,75 €
	10.561,25 €
+ Transportkosten	38,75 €
	10.600,00 €
+ 19 % Umsatzsteuer	2.014,00 €
Rechnungsbetrag	12.614,00 €

Zahlungsbedingungen: Zahlung innerhalb von 10 Tagen abzügl. 3 % Skonto oder 30 Tage netto Kasse

e) Wie ist dieser Sachverhalt buchhalterisch zu erfassen?

e)	3010	Wareneingang	10.561,25 €	
	3020	Bezugskosten	38,75 €	
	1410	Vorsteuer	2.014,00 €	
	an	1710 VBL		12.614,00 €

f) Das Studio begleicht die Rechnung am 8. August 2010 und nimmt den Skonto in Anspruch.

Wie ist dieser Sachverhalt buchhalterisch zu erfassen?

f)	1710	Verbindlichkeiten	12.614,00 €	
	an	1310 Bank		12.235,58 €
	an	3080 Lieferantenskonto		318,00 €
	an	1410 Vorsteuer		60,42 €

9709502

Mittelhessisches Bewegungszentrum
Ulrich Gerhard KG
Industriestr. 18
60594 Frankfurt

Kur- und Freizeitzentrum GmbH
Am Kurpark 62
60231 Bad Nauheim

Frankfurt, 5. August 2010
Rechnung-Nr. 1808

	147 Sportanzüge – gemäß Bestellung –	16.905,00 €
./.	10 % Rabatt	1.690,50 €
		15.214,50 €
+	Transportkosten	15,50 €
		15.230,00 €
+	19 % Umsatzsteuer	2.893,70 €
	Rechnungsbetrag	18.123,70 €

Zahlungsbedingungen: Zahlung innerhalb von 10 Tagen abzüglich 3 % Skonto oder 30 Tage netto Kasse

Vereinbarungsgemäß erteilt das Mittelhessische Bewegungszentrum der Kur- und Freitzentrum GmbH die links stehende Rechnung.

g) Wie ist dieser Sachverhalt buchhalterisch zu erfassen?

h) Ulrich Gerhard begleicht die Rechnung am 10. August 2010 und nimmt den Skonto in Anspruch.

Wie ist dieser Sachverhalt buchhalterisch zu erfassen?

i) Nach drei Monaten häufen sich die Beschwerden der Mitglieder von der Kur- und Freizeitzentrum GmbH über die schlechte Qualität der Sportanzüge nach dem Waschen.

Wie reagiert unser Studio auf die Reklamation?

Fortsetzung Seite 504

g)

1010	Forderungen	18.123,70 €	
an	8010 Warenverkauf		15.230,00 €
an	1810 Umsatzsteuer		2.893,70 €

h)

	Rechnungsbetrag	18.123,70 €
./.	Skonto 3 %	543,71 €
	Überweisungsbetrag	17.579,99 €

1310	Bank	17.579,99 €	
8080	Kundenskonto	456,90 €	
1810	Umsatzsteuer	86,81 €	
an	1010 Forderungen		18.123,70 €

i) Sie weisen die Mitglieder darauf hin, dass Sie diese Sportanzüge zu einer neutralen Prüfstelle „Textilprüfstelle Nagold“ in Nagold schicken, die eindeutig feststellen kann, ob es sich um einen Materialfehler handelt oder die Hinweise beim Waschen der Anzüge nicht beachtet worden sind.

5.3 Rechnungswesen und Beschaffung

j) Es wird mit dem Hersteller vereinbart, dass diverse Sportanzüge wieder zurückgeschickt und uns die nachfolgende Gutschrift erteilt wird.

Wie ist dieser Sachverhalt buchhalterisch zu erfassen?

SPORTBEKLEIDUNG AG
Schleißheimer Str. 18 80796 München

Mittelhessisches
Bewegungszentrum
Industriestr. 18
60594 Frankfurt

München, 23. November 2010
Gutschrift-Nr. 3702

	Reklamationen über Sportanzüge	3.780,00 €
+	19 % Umsatzsteuer	718,20 €
	Gutschrift	4.498,20 €

j) 1710 VBL 4.498,20 €
an 3050 Rücksendungen und Gutschrift vom Lieferanten 3.780,00 €
an 1410 Vorsteuer 718,20 €

Als Mitarbeiter der „Mittelhessischen Golf- und Freizeitpark Günter Weimar GmbH" umfasst Ihr Aufgabengebiet auch den Bereich der kaufmännischen Steuerung und Kontrolle. Sie werden beauftragt nachfolgende Sachverhalte eingehend zu bearbeiten.

Der Warenanfangsbestand an Golfartikeln und Golfzubehör ist am 1. Januar 2010 mit 65.000,00 € angegeben. Im Laufe des Geschäftsjahres wurden Golfartikel im Nettowert von 225.800,00 € bezogen.

a) Warenbestand

Soll		Haben	
AB	65.000,00	SB	25.000,00
		Wareneingang	40.000,00
	65.000,00		65.000,00

Wareneinkauf

Soll		Haben	
Wareneingang	225.800,00	Wareneinsatz	270.000,00
Warenbestand	40.000,00		
Bezugskosten	4.200,00		
	270.000,00		270.000,00

Bezugskosten

Soll		Haben	
Einkauf	4.200,00	Wareneinkauf	4.200,00

Warenverkauf

Soll		Haben	
GuV	425.320,00	Verkauf	425.320,00

Gewinn und Verlust

Soll		Haben	
Wareneins.	270.000,00	Warenverkauf	425.320,00
Rohgewinn	155.320,00		
	425.320,00		425.320,00

9709504

b) Durchschnittlicher Lagerbestand: $\frac{AB + EB}{2} = \frac{65.000 + 25.000}{2} = 45.000$

= 45.000,00 €

Aussage: Er gibt Auskunft über den durchschnittlichen Lagerbestand eines Jahres.

c) Umschlagshäufigkeit: $\frac{\text{Wareneinsatz}}{\text{durchschnittlicher Lagerbestand}}$

$= \frac{270.000,00}{45.000,00} = 6$

$\frac{\text{Wareneinsatz}}{\text{durchschnittlicher Lagerbestand zu Einstandspreisen}}$

Aussage: Er informiert darüber, wie oft der durchschnittliche Lagerbestand während eines Jahres umgesetzt wurde.

Eine Erhöhung der Umschlagshäufigkeit führt zu einer Verminderung der durchschnittlichen Lagerdauer und damit zu einer Verminderung der Kapitalbindung!

Durchschnittliche Lagerdauer:

$\frac{360}{\text{Umschlagshäufigkeit}} = \frac{360}{6} = 60 \text{ Tage}$

Aussage: Die durchschnittliche Lagerdauer sagt aus, wie lange eine Ware auf Lager liegt.

d) Eine ebenfalls häufig verwendete Lagerkennziffer ist der Lagerzinssatz. Es ist eine Kennzahl, mit der die Zinskosten erfasst werden, die durch die Investition in Warenvorräte entstehen. Der Zinssatz gibt somit Auskunft über das in den Lagerbeständen festgelegte Kapital. Das damit gebundene, tote Kapital würde bei den Geschäftsbanken Zinsen erbringen.

(1) $\frac{\text{Jahreszinssatz} \cdot \text{durchschnittl. Lagerdauer}}{360}$

$= \frac{8 \cdot 60}{360} = 1{,}33\ \%$

(2) $\frac{\text{Jahreszinssatz} \cdot \text{durchschnittl. Lagerbestand}}{\text{Wareneinsatz}}$

$= \frac{8 \cdot 45.000}{270.000} = 1{,}33\ \%$

Aussage: Der Lagerzinssatz erfasst die Zinskosten des in den Warenvorräten gebundenen Kapitals.

Die dazugehörigen Transportkosten wurden mit 4.200,00 € (im Nettowert) in Rechnung gestellt. Der Bestand am 31. Dezember 2010 an diesen Artikeln ist mit 25.000,00 € (im Nettowert) angegeben. Es wurden Golfausstattungen im Nettowert von 425.320,00 € verkauft.

a) Ermitteln Sie den Wareneinsatz und den Warenrohgewinn.

b) Ermitteln Sie den durchschnittlichen Lagerbestand.

c) Ermitteln Sie die Lagerumschlagshäufigkeit und die durchschnittliche Lagerdauer.

d) Ermitteln Sie den Lagerzinssatz bei einem Jahreszinssatz von 8 %.

Fortsetzung Seite 506

5.3 Rechnungswesen und Beschaffung

e) Ermitteln Sie die Lagerzinsen.

e) Lagerzinsen:

$$= \frac{\text{Durchschnittlicher Lagerbestand} \cdot \text{Lagerzinssatz}}{100}$$

= 45.000,00 € · 1,33 % = **598,50 €**

f) Welche Bedeutung haben die Lagerkennzahlen für das Studio?

f) Für Handelsbetriebe – Studiobetreiber sind als Großhändler anzusehen – sind die Lagerkennziffern von besonderer Bedeutung. Im Zeitvergleich zeigen sie Entwicklungstendenzen des Betriebes, einer Artikelgruppe oder eines Artikels auf.

Sie beziehen Waren im Gesamtgewicht von 6 680 kg zu 38,20 € bezogen auf 225 kg. Die Tara ist mit 3¹/₃ % angegeben. Mit der Genossenschaft haben Sie nachfolgende Vereinbarungen getroffen: Rabatt 8 %, Skonto 2 %. Die Frachtkosten sind mit 55,00 € zu berücksichtigen.

Sie kalkulieren mit 12 % Geschäftskosten und 9 % Gewinn. Ihren Händlern gewähren Sie 3 % Skonto und 5 % Rabatt.

a) Ermitteln Sie den Angebotspreis.

a)

	Bruttogewicht	6 680,00 kg
./.	Tara $3\frac{1}{3}$ %	222,67 kg
	Nettogewicht	6 457,33 kg

$$\frac{6\,457{,}33 \cdot 38{,}20}{225} = 1.096{,}31\ €$$

	Listeneinkaufspreis	1.096,31 €
./.	Rabatt 8 %	87,71 €
	Zieleinkaufspreis	1.008,60 €
./.	Skonto 2 %	20,17 €
	Bareinkaufspreis	988,43 €
+	Bezugskosten	55,00 €
	Bezugspreis	1.043,43 €
+	Handlungsgemeinkosten 12 %	125,21 €
	Selbstkosten	1.168,64 €
+	Gewinn 9 %	105,18 €
	Barverkaufspreis	1.273,82 €
+	Skonto 3 %	39,40 €
	Zielverkaufspreis	1.313,22 €
+	Rabatt 5 %	69,12 €
	Nettoverkaufspreis	1.382,34 €
+	Umsatzsteuer 19 %	262,64 €
	Angebotspreis	1.644,98 €

9709506

b) Welche Möglichkeit sehen Sie, diese Kalkulation zu vereinfachen? Erläutern Sie Ihre Aussage.

b) ➢ Die Verkaufskalkulation lässt sich durch den Kalkulationszuschlag und den Kalkulationsfaktor vereinfachen.
➢ Die Zuschlagssätze für die Handlungsgemeinkosten, den Gewinn, den Verkaufsskonto und den Verkaufsrabatt bleiben für die meisten Warengruppen des Sortiments einer Unternehmung über eine längere Zeit konstant.
➢ Durch eine Zusammenfassung dieser Einzelzuschläge zu einem Gesamtzuschlag wird das Errechnen des Angebotspreises vereinfacht.

Kalkulationszuschlag: Er ist die Differenz zwischen dem Bezugspreis (Wareneinsatz) und dem Angebotspreis. Der Bezugspreis wird gleich 100 % gesetzt.

$$\frac{(\text{Verkaufspreis ./. Bezugspreis}) \cdot 100}{\text{Bezugspreis}}$$

$$\frac{(1.644{,}98 \text{ ./. } 1.043{,}43) \cdot 100}{1.043{,}43}$$

$$= \frac{601{,}55 \cdot 100}{1.043{,}43} = 57{,}651208\ \%$$

Bezugspreis + Kalkulationszuschlag = Angebotspreis
1.043,43 € + (1.043,43 € · 57,651208 % = 601,55 €) = 1.644,98 €

Kalkulationsfaktor: Er ist eine Zahl, mit der der Bezugspreis multipliziert wird, um den Angebotspreis zu ermitteln.

Der Kalkulationsfaktor entspricht dem Angebotspreis für 1,00 € Bezugspreis.

Kalkulationsfaktor: $\frac{\text{Verkaufspreis}}{\text{Bezugspreis}} = \frac{1.644{,}98}{1.043{,}43} = 1{,}576512$

Bezugspreis · Kalkulationsfaktor = Verkaufspreis
1.043,43 · 1,576512 = 1.644,98 €

Bei der Warenannahme stellen Sie fest, dass die Verpackungen der Waren beschädigt sind. Der Spediteur teilt Ihnen mit, dass er nur für die Auslieferung zuständig ist; beschädigte Ware nimmt er nicht zurück.

Erläutern Sie Ihre Vorgehensweise.

In dieser Situationsbeschreibung ist sofort (unverzüglich – ohne schuldhaftes Zögern) bei Feststellung des Schadens ein **Protokoll in Anwesenheit des Spediteurs** zu erstellen. Es ist von ihm auch zu unterschreiben.
Weigert sich der Spediteur, eine derartige Unterschrift zu leisten, so haben Sie die Möglichkeit, die Warenannahme unter Vorbehalt entgegenzunehmen bzw. die Annahme zu verweigern.

9709507

Kontenrahmen für den Groß- und Außenhandel

Kontenklassen

0 Anlage- und Kapitalkonten

00 Ausstehende Einlagen

01 Immaterielle Vermögensgegenstände (z. B. Firmenwert)
- 0100 Immaterielle Vermögensgegenstände

02 Grundstücke und Gebäude
- 0210 Grundstücke
- 0230 Bauten auf eigenen Grundstücken

03 Anlagen, Maschinen, Betriebs- und Geschäftsausstattung
- 0310 Techn. Anlagen und Maschinen
- 0330 Betriebs- und Geschäftsausst.
- 0340 Fuhrpark
- 0350 Geleistete Anzahlungen
- 0360 Anlagen im Bau
- 0370 Geringwertige Wirtschaftsgüter 0,00 € - 149,99 €
- 0380 Geringwertige Wirtschaftsgüter Sammelkonto + Jahreszahl 150,00 € - 999,99 €

04 Finanzanlagen
- 0430 Beteiligungen
- 0450 Wertpapiere des Anlagevermögens
- 0460 Sonstige Ausleihungen (Darlehen)

05 Wertberichtigungen
- 0510 Wertberichtigungen bei Sachanlagen
- 0520 Wertberichtigungen bei Forderungen
  - 0521 Einzelwertberichtigungen
  - 0522 Pauschalwertberichtigungen

06 Eigenkapital
- 0610 Gezeichnetes Kapital oder Eigenkapital
- 0620 Kapitalrücklage
- 0630 Gewinnrücklage
  - 0631 Gesetzliche Rücklagen
  - 0632 Rücklagen für eigene Anteile
  - 0633 Satzungsgemäße Rücklagen
  - 0634 Andere Gewinnrücklagen
- 0640 Gewinnvortrag, Verlustvortrag
- 0650 Jahresüberschuss, Jahresfehlbetrag

07 Sonderposten mit Rücklageanteil und Rückstellungen
- 0720 Rückstellungen
- 0721 Rückstellungen für Pensionen
- 0722 Steuerrückstellungen
- 0724 Sonstige Rückstellungen

08 Verbindlichkeiten
- 0820 Verbindlichkeiten gegenüber Kreditinstituten (z. B. Darlehen)

09 Rechnungsabgrenzungsposten
- 0910 Aktive Rechnungsabgrenzungsposten
- 0920 Disagio
- 0930 Passive Rechnungsabgrenzungsposten

1 Finanzkonten

10 Forderungen
- 1010 Forderungen a. LL
- 1020 Zweifelhafte Forderungen

11 Sonstige Vermögensgegenstände
- 1130 Sonstige Forderungen
- 1140 Geleistete Anzahlungen
- 1150 Forderungen gegenüber Gesellschaftern
- 1160 Forderungen gegenüber Arbeitnehmern
- 1170 Sozialversicherungs-Beitragsvorauszahlungen

12 Wertpapiere des Umlaufvermögens
- 1200 Wertpapiere des UV

13 Banken
- 1310 Kreditinstitute (= Bank)
- 1320 Postbank

14 Vorsteuer
- 1410 Vorsteuer Normalsteuersatz
- 1420 Vorsteuer ermäßigter Steuersatz
- 1430 Einfuhrumsatzsteuer

15 Zahlungsmittel
- 1510 Kasse
- 1520 Schecks
- 1530 Wechselforderungen (Besitzwechsel)
  - 1531 Protestwechsel
  - 1532 Prolongationswechselforderungen

16 Privatkonten
- 1610 Privatentnahmen
- 1620 Privateinlagen

17 Verbindlichkeiten
- 1710 Verbindlichkeiten a. LL
- 1750 Erhaltene Anzahlungen auf Bestellungen
- 1760 Wechselverbindlichkeiten (Schuldwechsel)
  - 1761 Prolongationswechselverbindlichkeiten

18 Umsatzsteuer
- 1810 Umsatzsteuer Normalsteuersatz
- 1820 Umsatzsteuer ermäßigter Steuersatz

19 Sonstige Verbindlichkeiten
- 1910 Verbindlichkeiten aus Steuern
- 1920 Verbindlichkeiten im Rahmen der sozialen Sicherheit
- 1930 Verbindlichkeiten gegenüber Gesellschaftern
- 1940 Sonstige Verbindlichkeiten
- 1950 Verbindlichkeiten aus Vermögensbildung
- 1980 Zollverbindlichkeiten

2 Abgrenzungskonten

20 Außerordentliche und sonstige Aufwendungen
- 2010 Außerordentliche Aufwendungen i. S. § 277 HGB
- 2020 Betriebsfremde Aufwendungen
- 2030 Periodenfremde Aufwendungen für frühere Jahre
- 2040 Verluste aus dem Abgang von AV
- 2050 Verluste aus dem Abgang von UV (außer Vorräte)
- 2060 Sonstige Aufwendungen
- 2070 Spenden (bei Kapitalges.)

21 Zinsen und ähnliche Aufwendungen
- 2110 Zinsaufwendungen für kurzfristige Verb.
- 2120 Zinsaufwendungen für langfristige Verb.
- 2130 Diskontaufwendungen
- 2140 Zinsähnliche Aufwendungen
- 2150 Aufwendungen aus Kursdifferenzen

22 Steuern vom Einkommen
- 2210 Körperschaftsteuer
- 2230 Kapitalertragsteuer
- 2250 Steuernachzahlungen für frühere Jahre

23 Forderungsverluste
- 2310 Übliche Abschreibungen auf Forderungen
- 2320 Über das übliche Maß hinausgehende Abschreibungen auf Forderungen
- 2330 Zuführungen zu Einzelwertberichtigungen
- 2340 Zuführungen zu Pauschalwertberichtigungen zu Forderungen

24 Außerordentliche und sonstige Erträge
- 2410 Außerordentliche Erträge i. S. § 277 HGB
- 2420 Betriebsfremde Erträge
- 2430 Periodenfremde Erträge aus früheren Jahren
- 2460 Sonstige Erträge

25 Erträge aus Beteiligungen, Wertpapieren und Ausleihungen des Finanzanlagevermögens
- 2510 Erträge aus Beteiligungen
- 2520 Erträge aus Wertpapieren

26 Sonstige Zinsen und ähnliche Erträge
- 2610 Zinserträge aus kurzfristigen Forderungen
- 2620 Zinserträge aus langfristigen Forderungen
- 2630 Diskonterträge
- 2640 Zinsähnliche Erträge

Basis: Kontenrahmen für den Groß- und Außenhandel, BGA, Bonn. Großhandelskontenplan, AKA, Nürnberg. Die dreistelligen Kontennummern sind hier EDV-gerecht mit Nullen auf vier Stellen ergänzt worden.

Kontenklassen

3 Wareneinkaufskonten[1] Warenbestandskonten

30 Sammelkonto Waren
- 3010 Wareneingang
- 3020 Warenbezugskosten
- 3050 Rücksendungen an Lieferanten
- 3060 Nachlässe von Lieferanten
- 3070 Lieferantenboni
- 3080 Lieferantenskonti

31 Warengruppe I

32 Warengruppe II

33 Warengruppe III

34 Warengruppe IV

35 Warengruppe V

38 Wareneingang aus innergemeinschaftlichem Erwerb
- 3800 Wareneingang aus innergemeinschaftlichem Erwerb

39 Warenbestände
- 3910 Warengruppe I
- 3920 Warengruppe II
- 3930 Warengruppe III
- 3940 Warengruppe IV
- 3950 Warengruppe V
- 3960 Warengruppe VI

Fortsetzung Kontenklasse 2

- 2650 Erträge aus Kursdifferenzen
- 2660 Dividendenerträge aus UV

27 Sonstige betriebliche Erträge
- 2700 Erlöse aus Anlageabgängen
- 2710 Erträge aus dem Abgang von AV
- 2720 Erträge aus dem Abgang von UV (außer Vorräte)
- 2730 Erträge aus Zuschreibungen
- 2740 Erträge aus abgeschriebenen Forderungen
- 2750 Erträge aus der Auflösung von Wertberichtigungen zu Forderungen
- 2751 Auflösung von Einzelwertberichtigungen zu Forderungen
- 2752 Auflösung von Pauschalwertberichtigungen zu Forderungen
- 2760 Erträge aus der Auflösung von Rückstellungen
- 2780 Entnahmen von sonstigen Gegenständen und Leistungen

4 Konten der Kostenarten

40 Personalkosten
- 4010 Löhne
- 4020 Gehälter
- 4030 Aushilfslöhne
- 4040 Gesetzliche soziale Aufwendungen
- 4050 Freiwillige soziale Aufwendungen
- 4060 Aufwendungen für Altersversorgung
- 4070 Vermögenswirk. Leistungen
- 4080 Übrige sonstige Personalaufwendungen

41 Mieten, Pachten, Leasing
- 4110 Mieten
  - 4111 Gebäude
  - 4112 Pkws
- 4120 Pacht
- 4130 Leasing

42 Steuern, Beiträge, Versicherungen
- 4210 Gewerbesteuer
- 4220 Kfz-Steuer
- 4230 Grundsteuer
- 4240 Sonstige Betriebsteuern
- 4260 Versicherungen
- 4270 Beiträge
- 4280 Gebühren und sonstige Abgaben

43 Energie, Betriebsstoffe
- 4310 Heizung
- 4320 Gas, Strom, Wasser
- 4330 Treib-, Schmierstoffe
- 4340 Kraftstoffe

44 Werbe- und Reisekosten
- 4400 Werbe- und Reisekosten

45 Provisionen
- 4500 Provisionen

46 Kosten der Warenabgabe
- 4610 Verpackungsmaterial
- 4620 Ausgangsfrachten
- 4630 Gewährleistungen

47 Betriebskosten, Instandhaltung
- 4710 Instandhaltung
- 4730 Sonstige Betriebskosten

48 Allgemeine Verwaltung
- 4810 Bürobedarf
- 4820 Porto – Telefon – Telefax
- 4830 Kosten der Datenverarbeitung
- 4840 Rechts- und Beratungskosten
- 4850 Personalbeschaffungskosten
- 4860 Kosten des Geldverkehrs

49 Abschreibungen
- 4910 Abschreibungen auf Sachanlagen
- 4911 Abschreibungen auf GwG
- 4912 Abschreibungen auf GwG Sammelkonto
- 4913 Außerplanmäßige Abschreibung auf Sachanlagen
- 4930 Abschreibungen auf Finanzanlagen des AV
- 4940 Abschreibungen auf Wertpapiere des UV

5 Konten der Kostenstellen

Für die Konten der Kostenstellen sind betriebs- und branchenbedingt unterschiedliche Aufteilungen möglich. Die nachfolgende Untergliederung nach Funktionen ist beispielhaft aufgeführt:
- Einkauf
- Lager
- Vertrieb
- Verwaltung
- Fuhrpark
- Be-/Verarbeitung

6 Kosten für Umsatzkostenverfahren

7 Freie Kontenklasse

8 Warenverkaufskonten (Umsatzerlöse)

80 Sammelkonto Waren
- 8010 Warenverkauf
- 8050 Rücksendungen von Kunden
- 8060 Nachlässe an Kunden
- 8070 Kundenboni
- 8080 Kundenskonti

81 Warengruppe I

82 Warengruppe II

83 Warengruppe III

84 Warengruppe IV

85 Warengruppe V

87 Sonstige Erlöse aus Warenverkäufen
- 8710 Entnahme von Waren
- 8720 Provisionserträge

88 Ausfuhrerlöse
- 8810 Ausfuhrerlöse (Drittländer)
- 8820 Warenverkauf aus steuerfreier innergemeinschaftlicher Lieferung

9 Abschlusskonten

9100 Eröffnungsbilanzkonto

9200 Warenabschlusskonto

9300 Gewinn- und Verlustkonto
- 9310 Ergebnisverwendungskonto

9400 Schlussbilanzkonto

1. Die Konten der Kontengruppe 30 bzw. 80 sind bei den Geschäftsgängen als Sammelkonten definiert. Die Kontengruppe 31 bzw. 81 bezieht sich dann auf die Warengruppe I, die Kontengruppe 32 bzw. 82 auf die Warengruppe II usw.

9709509

Hilfreiche Tipps zur Prüfungsvorbereitung

Wenn Sie die folgenden Tipps beherzigen, sind Sie mit Sicherheit sehr gut auf Ihre Prüfung vorbereitet.

1. Lernen mit Lust statt mit Frust

Formulieren Sie alles, was mit dem Lernen zu tun hat, ausschließlich positiv:

- Der Inhalt des Lernstoffs interessiert mich brennend.
- Ich werde jeden Tag ein bisschen besser.
- Ich habe mit diesem Buch eine tolle Hilfe zum Lernen.
- Ich will die Prüfung schaffen.

2. Lernen mit allen Sinnen

Das Lernen und Behalten läuft nicht nur übers Gehirn ab, sondern zusätzlich auch über die Sinne. Finden Sie heraus, was Ihnen am besten hilft:

- Prägen sich Ihnen Inhalte besser ein, wenn Sie ein Bild dazu gesehen haben? Dann machen Sie sich kleine Skizzen zu Lerninhalten. Stellen Sie sich das, was Sie gerade lesen, bildlich vor und nutzen Sie optische Merkhilfen wie Unterstreichen oder farbiges Markieren.
- Behalten Sie besser, was Sie einmal gehört haben? Dann wiederholen Sie wichtige Lerninhalte mit Ihren Worten laut oder noch besser: Erzählen Sie jemandem, was Sie gerade gelernt haben.
- Brauchen Sie zum „Be-greifen" auch das Greifen? Dann setzen Sie Ihre Hände sinnvoll ein, indem Sie das zuvor Gelernte in Ihren eigenen Worten niederschreiben.

3. Die Zeit voll im Griff haben

Ihre Prüfung ist an einem Tag, den Sie wahrscheinlich schon kennen. Bis dahin wollen Sie den Inhalt dieses Buches gelesen, verstanden und den Lernstoff so wiederholt haben, dass Sie ihn am Tag der Prüfung perfekt beherrschen. Um das in der gegebenen Zeit zu schaffen, macht ein Terminkalender Sinn:

- Tragen Sie den Prüfungstermin ein.
- Rechnen Sie aus, wie viele Monate, Wochen und Tage bis zur Prüfung bleiben.
- Teilen Sie Ihren Lern- und Wiederholungsstoff – d. h. die einzelnen Kapitel oder Seiten dieses Buches – gleichmäßig auf den gegebenen Zeitrahmen auf.
- Machen Sie einen *realistischen* Zeitplan, das heißt: An Ihrem Geburtstag, am Tag des Betriebsausfluges oder zu sonstigen besonderen Anlässen werden Sie nicht lernen können. Notieren Sie diese Ausfallzeiten in Ihrem Kalender.
- Stimmen Sie Ihren persönlichen Zeitplan mit Ihrer Familie und Ihren Freunden ab, damit nicht zu viel Unvorhergesehenes dazwischenkommt.

4. In kleinen Portionen lernen

Was für die langfristige Planung gilt, gilt im selben Maß fürs tägliche Lernen:

- Lernen Sie zu den Tageszeiten, zu denen Sie dafür am fittesten sind.
- Nehmen Sie sich nie zu viel auf einmal vor.
- Portionieren Sie Ihre Tages-Lernration in viele kleine Häppchen, die Ihr Geist so besser verarbeiten kann.
- Gönnen Sie sich eine kleine Belohnung, sobald Sie ein Zwischenziel erreicht haben (z. B. ein Glas Saft, etwas Bewegung oder entspannende Musik).
- Legen Sie nach zwanzig Minuten Lernen immer eine Fünf-Minuten-Pause ein.
- Achten Sie auf die Signale Ihres Körpers: Wenn Sie merken, dass Sie dem Text auf einmal nicht mehr folgen können, ist eine längere Pause angesagt!

5. Konzentriert lernen

Um effektiv, das heißt nicht nur gut, sondern auch schnell lernen zu können, braucht man eine Umgebung, die die Konzentration fördert. Dazu gehören:

- ein ruhiger Lernort,
- ein (fast) leerer Schreibtisch oder eine freie Arbeitsfläche,
- ein guter, rückenfreundlicher Stuhl, Sitz oder Sitzball,
- helles Licht und
- frische Luft.

6. Störquellen ausschalten

Darüber hinaus gilt es, Störquellen auszuschalten:

- Verbannen Sie alles, was nicht mit dem Lernen zu tun hat, aus Ihrem Kopf.
- Das Telefon wird ausgestöpselt oder überhört, das Handy ganz abgestellt.
- Der Fernseher wird aus dem Blickfeld geräumt und die Musik abgestellt.
- Familienmitglieder/Freunde sollten lernen Ihre Lernzeiten zu respektieren.
- Damit Sie nicht ständig auf die Uhr sehen: Stellen Sie sich einen Wecker oder Küchenwecker. Dann müssen Sie keine Angst haben, etwas zu verpassen.

7. Wiederholen zum richtigen Zeitpunkt

Um das Gelernte ins Langzeitgedächtnis zu übernehmen, ist es sehr hilfreich, den Stoff in einem bestimmten Rhythmus *systematisch* zu wiederholen:

- Erste kurze Wiederholung nach jeweils einer Stunde Lernen.
- Zweite kurze Wiederholung am Abend desselben Tages.
- Dritte Wiederholung nach einer Woche.
- Vierte Wiederholung des gesamten Stoffes nach einem Monat.

8. Den Ernstfall proben

Während der Prüfung stehen Sie unter großem Zeitdruck.

- Üben und trainieren Sie das Arbeiten unter Zeitdruck regelmäßig, z. B. einmal in der Woche oder wenigstens einmal im Monat.
- Greifen Sie Fragestellungen aus den Kapiteln, die Sie in diesem Buch bereits durchgearbeitet haben, heraus und schaffen Sie sich „Echtzeitbedingungen".
- Versuchen Sie eine bestimmte Anzahl Fragen in einer bestimmten Zeit schriftlich zu beantworten und überprüfen Sie anschließend Ihre Ergebnisse.

Auch das klare, laute, deutliche und konzentrierte Reden und Formulieren, ohne dass man dabei den Faden verliert oder ins Stottern gerät, sollte geübt werden:

- Lassen Sie sich regelmäßig, z. B. einmal pro Woche, von einem guten Freund „abhören".

9. Am Tag vor der Prüfung

Einen Tag vor der Prüfung hat es keinen Zweck, noch etwas zu lernen. Lassen Sie es sich an diesem Tag vielmehr gut gehen:

- Ruhen Sie sich aus, lassen Sie die Seele baumeln.
- Machen Sie einen Spaziergang oder eine kurze Spazierfahrt mit dem Fahrrad.
- Ordnen Sie die Unterlagen, die Sie zur Prüfung mitbringen sollen.
- Wählen Sie etwas Hübsches zum Anziehen, worin Sie sich wohl fühlen.
- Nehmen Sie nach einem leichten Abendessen noch ein entspannendes Bad.
- Vermeiden Sie lästige Telefonanrufe, hören Sie lieber schöne Musik.
- Stellen Sie den Wecker eine halbe Stunde früher als gewöhnlich.
- Schlafen Sie mit schönen Gedanken über Ihren Erfolg ein.

10. Tipps für die schriftliche Prüfung

- Überfliegen Sie alle Aufgaben kurz, aber konzentriert.
- Beginnen Sie mit den Aufgaben, die Ihnen am leichtesten erscheinen.
- Gehen Sie anschließend zu den schwierigeren Aufgaben über.
- Wenn Sie eine Aufgabe nicht lösen können, schreiben Sie trotzdem Teile Ihres Wissens hin; denn ein bisschen ist besser als gar nichts.
- Wenn möglich, kontrollieren Sie am Ende alles noch einmal.

11. Tipps für die mündliche Prüfung

Haben Sie keine Angst vor den Prüfern, denen Sie in der Prüfung begegnen, denn das sind auch nur Menschen. Mit ganz großer Sicherheit haben sie keinerlei persönliches Interesse daran, Sie „durchfallen" zu lassen. Freuen Sie sich vielmehr über jede gute und richtige Antwort, die Sie während der Prüfung abgeben. Damit nichts schief geht, beherzigen Sie abschließend noch die folgenden Ratschläge:

- Gehen Sie auf die Fragen des Prüfers genau und sachlich ein, aber erzählen Sie nicht einfach irgendetwas.
- Sprechen Sie selbstbewusst, klar und deutlich.
- Sehen Sie den Prüfer an und achten Sie auf kleine, aber feine Signale, wie etwa ein Lächeln oder Nicken (Ermutigung, so weiterzumachen).

A

9709516

9709518

9709522

9709524

Literaturverzeichnis:

- Deutscher Sportbund: Sport in Deutschland, Herausgeber Deutscher Sportbund, 19. Auflage, Frankfurt am Main, Mai 2003
- Deutscher Sportbund, Ich werde kontrolliert, Der Ablauf einer Dopingkontrolle, Gemeinsame Anti-Doping-Kommission (ADK) vom DSB/NOK, Mai 2001
- Dr. Ulrich Weisemann/Manfred Spieker, Sport, Spiel, Recht, 2. Auflage, C. H. Beck Verlag, München 1977
- Refit Kamberovic/Giovanna Fadda, Leitfaden für Fitnessunternehmer, Herausgeber Deutscher Sportstudio Verband e. V. (SSV Verlag GmbH), Hamburg 2001
- Refit Kamberovic/Schwarze, Fitness Management, SSV Verlag GmbH, Hamburg 2001
- Detlef Burhoff, Vereinsrecht, 4. Auflage, Verlag Neue Wirtschaftsbriefe Herne, Berlin 2000
- Eugen Sauter/Gerhard Schweyer/Dr. Wolfram Waldner, Der eingetragene Verein, Verlag C. H. Beck, 17. Auflage, München 2001
- Prof. Dr. Arnold Hermanns/Florian Riedmüller, Management-Handbuch, Sport Marketing, Vahlen Verlag, München 2001
- Prof. Dr. Arnd Krüger/Prof. Dr. Axel Dreyer, Sportmarketing, Oldenbourg Verlag, München Wien 2004
- Andreas Preißner/Stefan Engel, Marketing, Oldenbourg Verlag, 3. Aufl., München, Wien 1997
- Heribert Meffert/Manfred Bruhn, Dienstleistungsmarketing Grundlagen – Konzepte – Methoden, Gabler Verlag, 2. Auflage, Wiesbaden 2002
- Ulrich Holzbauer/Edwin Jettinger/Bernhard Knauß/Ralf Moser/Markus Zeller, Eventmanagement, Springer Verlag, 2. Auflage Berlin 2003
- Stefan Schäfer-Mehdi, Event Marketing, 2. Auflage, Cornelsen Verlag, Berlin 2005
- Schmitt Irmtraud, Praxishandbuch Event Management, Gabler Verlag, Wiesbaden 2005
- Deutscher Sportbund, Umweltpolitische Grundsätze des Deutschen Sportbundes, Herausgeber Deutscher Sportbund, 2. Auflage, Frankfurt am Main 1999
- Berufsgenossenschaftliche Vorschrift für Sicherheit und Gesundheit bei der Arbeit BG-Vorschrift, BVG A1, Unfallverhütungsvorschrift Grundsätze der Prävention in der Fassung vom 01. Januar 2004, Veröffentlicht im Bundesanzeiger Nr. 243 vom 31. Dezember 2003

Autoreninformation

Herr Karl-Heinz Linow: Er hat den Fachbereich der Sport- und Fitnesskaufleute an der Max-Weber-Schule in Gießen aufgebaut und ist als Fachbereichsleiter tätig. Von der zuständigen Industrie- und Handelskammer ist er in den Prüfungsausschuss berufen worden, den er als Vorsitzender der Prüfungskommission wahrnimmt. Darüber hinaus ist er in den AkA-Fachausschuss für die Erstellung der Zwischen- und Abschlussprüfungen in diesem Ausbildungsberuf in Nürnberg berufen.
Als aktives Mitglied im Budokan Ju-Jutsu Wetzlar e. V. hat er an der Prüfung des Hessischen Ju-Jutsu-Verbandes teilgenommen und konnte als Repräsentant der 50Plus-Gruppe den Braungurt von der Prüfungskommission in Empfang nehmen. Ehrenamtlich ist er als Übungsleiter im Kinder- und Jugendbereich des Vereins tätig.

Herr Jürgen Baumann: Er stammt aus Lünen/Westf. und befasst sich jetzt als Fachlehrer an der Kaufmännischen Berufsschule Greifswald mit den Schwerpunkten Wirtschaft/Sozialkunde und Recht. Studium an der Carl von Ossietzky Universität Oldenburg. Schwimmer und Wasserballspieler in Nordrhein-Westfalen (Westdeutsche Jugendmeisterschaft), Langstreckenläufer (5 Marathonläufe, 1-mal Berlin), Kampfsportler (Taekwondo).

Herr Hartwig Heinemeier: Neben seiner Arbeit in der Referendarausbildung, seiner Referententätigkeit bei diversen Lehrerfortbildungsveranstaltungen und seinen Dozentenaufgaben bei unterschiedlichen Bildungsträgern und privatwirtschaftlichen Wirtschaftsunternehmen ist/war er Mitglied resp. Vorsitzender in mehreren Prüfungsausschüssen (u. a. Groß- und Einzelhandel, Bilanzbuchhalter). Herr Heinemeier war acht Jahre lang Leiter des Berufsbildungszentrums Hongkong.

Herr Hans Jecht: Er ist Fachleiter für Handel und angewandte Informationstechnologie. In der Berufsschule unterrichtet er auch in Fachklassen für Bürokaufleute. Seine Interessengebiete liegen im Bereich der EDV und der Logistik.

Abkürzungsverzeichnis

bzw.	= beziehungsweise
ca.	= zirka
d. h.	= das heißt
DIN	= Deutsche Industrienorm
DV	= Datenverarbeitung
ehem.	= ehemalige/r/s
elektr.	= elektronische/r/s
evtl.	= eventuell
ggf.	= gegebenenfalls
H	= Haben
i. d. R.	= in der Regel
IKR	= Industriekontenrahmen
Kfz	= Kraftfahrzeug
KLR	= Kosten- und Leistungsrechnung
Kto	= Konto
LZB	= Landeszentralbank
m	= Meter
p. a.	= per anno
PC	= Personalcomputer
S	= Soll
sec	= Sekunde
sog.	= so genannte/r/s
u. a.	= unter anderem
u. Ä. m.	= und Ähnliches mehr
u. U.	= unter Umständen
usw.	= und so weiter
Verb.	= Verbindlichkeiten
z. B.	= zum Beispiel

andere Abkürzungen siehe Register

9709528